2025
경찰·경비지도사 시험대비

박상민
Justice

범죄학

[적중지문 총정리]

W 미래인재경찰학원

박영사

차례

심화 법령지문 OX

PART 01

범죄학 적중지문 OX

— CHAPTER 01 —
범죄와 범죄학 및 범죄원인론 일반

1. 법률이 없으면 범죄도 없고 형벌도 없다는 주장에서 제시된 범죄와 관련되어 있는 개념은 실질적 범죄개념이다. ( )

   해설 법률이 없으면 범죄도 없고 형벌도 없다는 주장에서 제시된 범죄와 관련되어 있는 개념은 <u>형식적 범죄개념이다.</u>

   정답 X

2. 범죄학은 형사정책에 비해 규범과학의 성격이 강하다. ( )

   해설 범죄학은 형사정책에 비해 <u>경험학(사실학)적 성격이 강하다.</u>

   정답 X

3. 고전주의 범죄학은 인간에 대한 기본가정은 인간이 선하게 태어났는데 다양한 이유로 범죄를 하게 된다는 입장을 갖는다. ( )

   해설 실증주의 범죄학에 대한 내용이다. 고전주의 범죄학은 범죄를 하는 이유가 아니라 범죄를 하지 않는 이유를 설명한다.

   정답 X

4. 범죄학에서 범죄를 바라보는 합의론적 관점은 범죄를 법률의 위반인 동시에 사회의 전체 요소에 모순되는 행위로 규정한다. ( )

   정답 O

5. 형식적 의미의 범죄개념에 따르면, 범죄는 사회적 유해성 또는 법익을 침해하는 반사회적 행위이다. ( )

   해설 <u>실질적 의미의 범죄개념</u>에 따르면, 범죄는 사회적 유해성 또는 법익을 침해하는 반사회적 행위이다.

   정답 X

6. 범죄피해조사는 설문조사를 통하여 보통 지난 1년 동안 각 유형별로 몇 건의 범죄나 비행을 했는지를 질문하는 방식이다. (   )

해설 해당내용은 자기보고식 조사에 대한 내용이다. 범죄피해조사는 보통 설문조사를 통해 지난 1년 동안 자신이 당한 범죄피해건수를 유형별로 진술하는 방식을 이용한다.

정답 ✕

7. 참여적 관찰방법은 연구자가 집단의 활동에 참여함으로써 연구대상을 관찰하여 자료를 수집하는 연구방법이다. (   )

정답 ○

8. 상호작용론적 관점에서는 범죄를 사회권력을 가진 사람들의 선호 내지는 견해를 반영하는 것으로 보고 있어 언제든 변할 수 있다고 본다. (   )

정답 ○

9. 범죄의 개념과 원인 등은 합의론적 관점, 갈등론적 관점, 상호주의적 관점에서 접근할 수 있다. (   )

정답 ○

10. 상호주의적 관점은 형사사법을 포함한 사회의 다양한 부분들이 하나의 통합된 구조로 조직되고, 어느 한 부분의 제도 변화가 다른 부분에 상당한 영향을 미친다고 본다. (   )

해설 하나의 통합된 구조로 조직된다고 보는 견해는 합의론적 관점이다. 상호주의적 관점은 우리의 현실에 대한 인식과 반응이 사실 그 자체보다는, 그 사실을 어떻게 해석하여 의미를 부여하는지에 더 큰 영향을 받는다고 보는 견해이고, 상호작용주의적 관점은 범죄에는 고유하고 객관적 실체가 없고, 권력집단의 선택에 따라 임의적으로 규정된다고 보는 낙인이론가의 관점이다.

정답 ✕

11. '법률이 없으면, 범죄도 없고, 형벌도 없다'라는 주장은 형식적 의미의 범죄개념을 의미한다. (   )

정답 ○

12. 범죄학은 범죄와 범죄자, 범죄원인 및 이에 대한 통제방법 등을 연구하는 경험과학적인 성격이 강하다. (   )

정답 ○

13. 법의 제정과 집행은 사회 일반의 이익을 보호하기 위해서가 아니라, 국가운영을 통제하는 지배계층의 이익을 보호하기 위해 존재한다. ( )

정답 ○

14. 범죄원인을 밝히기보다는 '대부분의 사람은 왜 범죄를 저지르지 않고, 사회규범에 동조하는가'라는 의문에서 출발하고 있다. ( )

> 해설 '대부분의 사람은 왜 범죄를 저지르지 않고, 사회규범에 동조하는가'라는 의문에서 출발하는 이론은 통제이론이다. 갈등이론은 특정 집단 · 계층과 갈등관계에 있는 집단 · 계층에서만 주로 범죄자가 발생하는 문제에 대한 의문에서 출발하였다.

정답 ✕

15. 살인, 강도, 절도, 도박 등 일반범죄의 원인을 설명하는 것은 한계가 있다. ( )

정답 ○

16. 법과 범죄에 대한 합의론적 관점은 범죄는 실제 행위의 위해 여부와는 관계없이 사회세력에 의해 유지된다는 입장을 갖는다. ( )

> 해설 갈등론적 관점이다. 범죄는 사회구성원 대다수가 동의한 것이 아닌, 힘 있는 집단이 만든 하나의 정의에 불과하다고 한다. 돌레샬(Doleschal)과 클랍뭇(Klapmuts)은 범죄란 실제 행위의 위해 여부와는 아무런 관계도 없는 사회세력에 의해서 유지된다고 보고 있다.

정답 ✕

17. 최근 정책에 대한 연구는 연구결과들을 요약하여 평균적인 효과를 계산하는 수준으로 발전하고 있는데, 최근 의견기반 정책결정과정을 통해 정책이 결정된다. ( )

> 해설 최근 형사사법 분야에서 증거기반정책의 획기적인 발전은 캠벨협력재단(Campbell Corraboration)이 증거기반정책을 위한 체계적 리뷰를 생산하는 분야로서, 교육, 사회복지와 함께 형사사법 분야를 선정한 데서 기인한다. 이 재단은 지금도 형사사법 분야의 다양한 프로그램(ex, 방범용 CCTV)의 효과를 리뷰하여, 이들의 평균적인 효과를 보고하고 있다. 정부기관들은 재정지원을 통해서 증거기반정책을 독려하였다.

정답 ✕

18. 양적 연구는 질적 연구에 비해 연구결과의 외적 타당성을 확보하기 어렵다는 단점이 있다. ( )

> 해설 통계자료등 객관적인 자료를 바탕으로 결론을 도출하는 양적연구는 직접 관찰한 자료의 질을 바탕으로 결론을 도출하는 질적연구에 비해 연구결과의 외적 타당성 즉, 일반화가 용이하다.

정답 ✕

19. 범죄통계를 이용하는 연구방법은 두 변수 사이의 관계를 넘어서는 다변량 관계를 살펴볼 수 있다는 장점이 있다. ( )

> **해설** 범죄통계를 이용하는 연구방법은 두 변수 사이의 이차원 관계 수준의 연구를 넘어서기 어렵지만 설문 조사를 통한 연구방법은 청소년 비행 또는 암수범죄등 공식통계로 파악하기 어려운 주제에 적합하며, 두 변수 사이의 관계를 넘어서는 다변량 관계를 연구할 수 있다는 장점이 있다.
>
> 정답 ✕

20. 실험연구는 연구자가 필요한 조건을 통제함으로써 내적 타당성을 확보하기에 용이하다. ( )

> **해설** 실험연구방법은 연구의 내적 타당성에 영향을 미치는 요인들을 통제하는 데 가장 유리한 연구방법으로 서 연구자 자신이 실험조건 중 자극 · 환경 · 처우시간 등을 통제함으로써 스스로 관리가 가능하지만 한정된 데이터의 한계에 의하여 외적 타당성 확보는 어려울 수 있다.
>
> 정답 ○

21. 인간의 행동은 개인적 기질과 다양한 환경요인에 의하여 통제되고 결정된다고 보는 것은 실증주의 범죄학파의 기본입장이다. ( )

> **해설** 실증주의 학파는 인간은 이성적 판단에 따라 행동하는 자율적 존재가 아닌 인간의 행위는 이미 결정된 대로 행동하는 것으로 보는 입장으로, 인간의 행위는 개인의 개별적 소질과 그 주변의 환경에 따라 결정된다고 보았다.
>
> 정답 ○

22. 고전주의 범죄학은 처벌이 아닌 개별적 처우를 통한 교화개선을 가장 효과적인 범죄예방 대책으로 본다. ( )

> **해설** 실증학파에 대한 설명이다. 고전주의는 범죄를 효과적으로 제지하기 위해서는 처벌이 엄격 · 확실하고, 집행이 신속해야 하고, 효과적인 범죄예방은 형벌을 통해 사람들이 범죄를 포기하게 만드는 것이라 주장한다.
>
> 정답 ✕

23. 실증주의 범죄학파는 야만적인 형사사법제도를 개편하여 효율적인 범죄예방을 위한 형벌제도 개혁에 힘썼다. ( )

> **해설** 야만적 시대에 과거의 야만적인 형사사법제도를 개편하여 효율적인 범죄예방을 위한 형벌제도 개혁에 힘쓴 것은 고전주의 범죄학파이다. 고전학파는 합리적인 형사사법제도를 통해 범죄자의 형벌로 인한 고통이 범죄로 인한 이익보다 크도록 하였을 때 범죄행위들이 억제될 수 있다고 본다. 고전학파는 범죄에 상응하는 일정한 형벌이 존재하고 엄중하게 집행된다면 범죄가 예방될 수 있다는 형이상학적 관념으로 법과 제도의 개혁에 관심을 기울였다.
>
> 정답 ✕

24. 범죄학은 범죄의 현상·원인 및 대책 분석을 위해 사실학적으로 접근할 필요가 있으므로 경험과학성을 본질로 하고 있다. ( )

정답 ○

25. 범죄학이라는 용어는 미국의 범죄학자인 서덜랜드가 처음 사용했다. ( )

해설 형사정책이라는 말과 구별하여 범죄학이라는 용어를 처음 사용한 학자는 가로팔로이다.

정답 ✕

26. 볼드(Vold)의 집단갈등이론은 인종분쟁, 노사분쟁과 같은 이익집단 간의 갈등에서 비롯된 범죄현상을 설명하는 데 유용하다. ( )

정답 ○

27. 롬브로조는 범죄학의 연구범주에는 법의 제정과정, 제정된 법의 위반과정, 법의 위반행위에 대한 대응과정 등이 포함된다고 정의하였다. ( )

해설 서덜랜드에 대한 설명이다. 서덜랜드는 법, 범죄, 범죄에 대한 조치와 관련된 과정들에 대한 일반적이고 신뢰할 수 있는 원칙을 확립하는 것이 범죄학의 궁극적 목적이라고 보았다.

정답 ✕

28. 리스트(F. v. Liszt)는 범죄학에 대해 형사정책이 범죄대책을 목적으로 하기 때문에 형법의 한계를 넘어설 수 있다고 보았다. ( )

해설 리스트는 "형법은 범죄인의 대헌장인 동시에 형사정책의 극복할 수 없는 한계이다."라고 말했다.

정답 ✕

29. 범죄 및 범죄원인에 대해 미시적 환경론과 거시적 환경론은 개인의 소질보다는 각자가 처해 있는 상황을 주요한 범죄 발생 원인으로 고려한다는 점에서 공통된다. ( )

정답 ○

30. 범죄원인의 결정론적 입장은 인간의 자유의지를 중요시한다. ( )

해설 범죄원인에 대해 비결정론은 자유의사를 가진 인간의 선택으로 인한 결과로 보는 반면, 결정론은 인간이 어찌할 수 없는 환경과 요인에 의해 결정된 결과로 본다.

정답 ✕

31. 죄형법정주의의 강조는 범죄학의 연구대상으로 보기 어렵다. ( )

> 해설 죄형법정주의와 같은 순수한 규범적 측면은 범죄학이 아니라 형법학의 연구대상이다.
>
> 정답 ○

32. 형식적 의미의 범죄는 법규정과 관계없이 반사회적인 법익침해행위이고, 실질적 의미의 범죄는 형법상 범죄구성요건으로 규정된 행위이다. ( )

> 해설 실질적 의미의 범죄는 법규정과 관계없이 반사회적인 법익침해행위이고, 형식적 의미의 범죄는 형법상 범죄구성요건으로 규정된 행위이다.
>
> 정답 ✕

33. 일탈과 실질적 범죄는 사회학적 개념이라는 공통점이 있으나 일탈과 실질적 범죄가 동일한 개념은 아니다. ( )

> 정답 ○

34. 형식적 범죄개념과 상대적 범죄개념은 실정법을 전제로 하는 개념이다. 형식적 범죄개념은 범죄학적 개념이라고도 한다. ( )

> 해설 실질적 범죄개념을 범죄학적 개념이라고 한다.
>
> ▌범죄학에서의 범죄개념
>
> | 형식적 의미의 범죄 | 실질적 의미의 범죄 |
> |---|---|
> | • 순수한 법적 개념
• 법의 명확성
• 입법 지체에 따른 사회문제 발생 | • 법규정과는 관계없이 '반사회적인 법익침해행위'를 말한다.
• 범죄 개념의 탄력성
• 범죄화, 비범죄화의 척도 |
>
> 정답 ✕

35. 범죄와 구별되는 개념으로 일탈은 비범죄화 정책을 수립할 때 중요한 판단척도가 된다. ( )

> 해설 비범죄화는 그 사회를 지배하는 국민적 공감대의 추세에 따라 가치기준이 달라질 수 있는 성격을 지닌 범죄유형이 그 대상이 된다. 일탈과 형식적 의미의 범죄의 경계에서 비범죄화의 논의가 시작된다.
>
> 정답 ✕

36. 젤리히(Sellig)은 범죄인의 인격적 특성과 행동양식을 종합하여 범죄인을 8가지 유형으로 분류한다. ( )

> 정답 ○

37. 국제형사학협회(IKV)는 범죄인을 기회범과 상대범으로 분류한다. ( )

> 해설 국제형사학협회(IKV)는 범죄인을 기회범죄인, 사회생활능력이 약화된 범죄인, 합법적 사회생활을 기대할 수 없는 범죄인으로 분류한다.
>
> 정답 X

38. 에이커스(Akers)와 셀러스(Sellers)가 제시한 범죄학 이론 평가의 기준에는 검증 가능성, 시대적 대응성, 경험적 타당성이 있다. ( )

> 해설 시대적 대응성은 평가의 기준에 포함되지 않는다.
>
> ▍에이커스와 셀러스의 범죄학이론을 평가하는 기준
> • 논리적 일관성: 범죄학 이론의 설명은 논리적으로 일관적이어야 한다.
> • 검증 가능성: 범죄학은 사회과학의 한 분야로서 관찰 및 실험에 의해 검증이 가능하여야 한다.
> • 경험적 타당성: 어떤 이론이 주장하는 명제나 가설이 경험적 증거인 설문조사, 실험, 관찰 등에 의해 지지된다면 경험적 타당성이 높은 좋은 이론이라 할 수 있다. (평가기준 중 가장 중요)
> • 정책적 함의: 정책적 함의가 풍부하여 유용성이 있어야 한다. 좋은 범죄학이론은 정책에 적용할 수 있는 다양한 정책함의를 가져야 한다.
>
> 정답 X

39. 가로팔로는 자연범의 개념을 인정하여 범죄학을 국가마다 다른 법체계로부터 독립시켰다. ( )

> 해설 가로팔로는 규범학인 형법학과 정책학적 성격을 가진 형사정책을 구별하는 기초를 마련했다는 평가를 받는다.
>
> 정답 O

40. 범죄행위에 대한 설명으로서의 귀신론은 초자연주의적 범죄이론에 속한다. ( )

> 해설 고전주의나 실증주의는 자연주의적 범죄이론이다. 초자연주의 범죄이론은 심령론이라고도 한다. 자연주의적 범죄이론은 초월적인 힘이나 존재를 믿지 않고 자연만을 가치의 근본으로 인정하는 입장이다. 초자연주의에서 자연주의로의 전환의 사상적 기초는 계몽주의로 본다.
>
> 정답 O

41. 일탈행위는 일반적으로 기대되는 행위와 모범적 행위에서 벗어나는 행위를 의미하므로 그 자체가 범죄가 되지 않는 알코올 중독이나 자살기도 등이 이에 해당하고, 형식적 의미의 범죄는 일탈행위에 해당하지 않는다. ( )

> 해설 형식적 의미의 범죄도 일탈행위에 해당한다.
>
> 정답 X

42. 집단현상으로서의 범죄는 사회 병리적 현상이므로 사회심리학의 관점에서 다루어야 하며 범죄학의 연구대상이 되지 않는다. ( )

    해설 집단현상으로서의 범죄는 사회적 병리현상에 해당하므로 사회에 미치는 영향이 크고 지속적이므로 형사정책이 중점적으로 연구대상으로 삼아야 한다.
    정답 ✕

43. 기븐스(Gibbons)는 범죄학을 법의 기원, 형법의 제정과정과 범법행위에 대한 형사사법제도, 범죄량과 분포, 범죄의 원인 등을 연구하는 학문으로 정의하였다. ( )
    정답 ○

44. 아샤펜부르크(Aschaffenburg)는 개인적 요인과 환경적 요인을 결합하여 범죄인으로부터 생겨나는 법적 위험성을 기준으로 범죄인을 분류하였다. ( )

    해설 아샤펜부르크는 범죄인을, 우발범, 격정범, 기회범, 누범, 직업적 범죄인 등으로 분류하였다.
    정답 ○

45. 범죄학 연구방법 중 실험연구는 외적 타당도에 영향을 미치는 요인들을 통제하는 데 가장 유리한 연구방법이다. ( )

    해설 실험연구는 집단의 등가성 확보, 사전과 사후조사, 대상집단과 통제집단이라는 세 가지 전제조건을 특징으로 하고, 연구의 내적 타당성에 영향을 미치는 요인들을 통제하는데 유리한 연구방법이다.
    정답 ✕

46. 범죄학 연구방법 중 질적 연구는 사회현상의 인과관계를 밝혀 법칙을 발견하고 인간행동의 예측이 가능하다. ( )

    해설 양적 연구에 관한 설명이다. 양적 연구는 객관적이고, 인과관계를 바탕으로 자료를 개량화하며, 공식통계를 이용한 연구나 설문조사가 대표적이다. 질적 연구는 소규모로 진행하다 보니 일반화(객관화)가 어려운 단점이 있으나, 사회현상에 대한 심층적 이해가 가능하다.
    정답 ✕

47. 범죄통계는 암수가 발생하기 때문에, 암수를 조사하는 방법으로 참여적 관찰, 비참여적 관찰, 인위적 관찰 방법 등이 있다. ( )
    정답 ○

48. 범죄피해조사는 공식 형사사법기관에 보고되지 않은 암수범죄를 밝히는 데 유용하지만 살인, 강도, 강간, 절도 등 전통적인 범죄가 조사대상이 된다는 한계가 있다. (　　)

    해설　살인은 피해자의 사망으로 인해 범죄피해조사가 불가능하다.

    정답 ✕

49. 경찰의 범죄통계는 각 경찰관서에서 입력한 범죄발생 사항을 집계한 것으로, 범죄발생 및 검거, 범죄발생 상황, 범죄자 및 피해자 특성에 대한 내용을 포함한다. (　　)

    정답 ○

50. 우리나라는 암수범죄의 규모를 파악하기 위해 해마다 범죄피해 패널조사를 실시한다. (　　)

    해설　우리나라는 한국형사정책연구원에서 2년 주기로 전국범죄피해조사를 수행하고 있다.

    정답 ✕

51. 우리나라의 범죄통계자료로 경찰청에서 발생하는 범죄백서가 있다. (　　)

    해설　범죄백서는 경찰청이 아닌 법무연수원의 범죄통계자료이다.

    ▌우리나라에서 발간되는 대표적인 공식범죄통계자료
    • 경찰청 : 범죄통계
    • 대검찰청 : 범죄분석
    • 법무연수원 : 범죄백서
    • 법원행정처 : 사법연감

    정답 ✕

52. 공식범죄통계는 범죄자의 태도, 가치, 행동에 대한 구체적인 정보를 얻을 수 있다. (　　)

    해설　공식범죄통계는 수사기관에 발각 혹은 신고된 범죄에 한정되기 때문에 범죄자의 태도, 가치, 행동에 대한 상세한 정보를 얻기 어렵다.

    정답 ✕

53. 공식범죄통계에서 범죄율은 일정 기간(보통 1년) 동안 인구 10만 명당 몇 건의 범죄가 발생했는지를 나타내며, 검거율은 경찰이 한 해 동안 범인을 검거한 사건에서 한 해 동안 인지한 사건 수를 나누어 백분율로 계산한다. (　　)

    정답 ○

54. 공식범죄통계는 질적 분석보다 양적 분석을 위주로 하므로 개별사건의 비중이 무시될 가능성이 있다. ( )

[정답] ○

55. 경찰, 검찰, 법원 등 형사사법기관에 따라 공식범죄통계에 차이가 발생할 수 있다. ( )

[정답] ○

56. 절대적 암수범죄는 실제로 발생하였으나 수사기관이 인지하지 못하여 범죄통계에 반영되지 못한 범죄를 말한다. ( )

[정답] ○

57. 상대적 암수범죄의 발생은 수사기관의 검거율과 채증력의 정도뿐만 아니라 법집행과정에서 경찰, 검찰, 법관 등의 개인적 편견에 따른 차별적 취급과도 관련이 있다. ( )

[정답] ○

58. 암수조사 방법 중 직접적 관찰에는 지연적 관찰, 즉 조사자가 암수범죄를 직접 실증적으로 파악하는 방법으로 참여적 관찰과 비참여적 관찰이 있다. ( )

[해설] ▎암수조사의 방법
- 직접적 관찰(자연적 관찰) : 조사자가 암수범죄를 직접 실증적으로 파악하는 방법으로, 참여적 관찰과 비참여적 관찰이 있다.
  - 참여적 관찰 : 범죄행위에 직접 가담하여 암수범죄를 관찰하는 것을 말한다.
  - 비참여적 관찰 : CCTV 등을 설치하여 암수범죄를 관찰하는 것을 말한다.
- 인위적 관찰(실험) : 인위적인 실험을 통해 암수범죄를 관찰하는 것을 말한다. 대표적인 예로 위장된 절도범과 관찰자를 보내 상점절도 발각위험성을 조사한 「블랑켄부르그(Blankenburg)의 실험」이 있다.
- 간접적 관찰(설문조사) : 피해자조사, 자기보고조사, 정보제공자조사 등이 있다.

[정답] ○

59. 수사기관에 의해서 인지는 되었으나 해결되지 않은 범죄는 암수범죄 개념에서 제외된다. ( )

[해설] 수사기관에 의해서 인지는 되었으나 해결되지 않은 범죄는 상대적 암수범죄이다.

| 절대적 암수범죄 | 실제로 범죄가 발생하였으나 인지하지 못한 범죄 예 매춘, 낙태, 도박, 마약 등 |
| 상대적 암수범죄 | 인지하였으나 해결되지 않아 범죄통계에 반영되지 못한 범죄 |

[정답] ✕

60. 공식범죄통계는 공식범죄를 대상으로 하기 때문에 암수범죄를 반영하기 어렵다. (   )

정답 ○

61. 암수범죄의 직접적 관찰 방법에는 범죄피해 조사, 정보제공자 조사가 있다. (   )

해설 암수범죄의 <u>간접적 관찰방법</u>에는 범죄피해 조사, 정보제공자 조사가 있다.

정답 ✕

62. 암수범죄의 유형 중 절대적 암수범죄는 수사기관이 인지하였으나 해결되지 않은 범죄를 의미하는 것이다. (   )

해설 암수범죄의 유형 중 <u>상대적 암수범죄</u>는 수사기관이 인지하였으나 해결되지 않은 범죄를 의미하는 것이다.

| 절대적 암수범죄 | 실제로 범죄가 발생하였으나 인지하지 못한 범죄 예 매춘, 낙태, 도박, 마약 등 |
| 상대적 암수범죄 | 인지하였으나 해결되지 않아 범죄통계에 반영되지 못한 범죄 |

정답 ✕

63. 암수범죄로 인한 문제는 범죄통계학이 도입된 초기부터 케틀레(A. Quetelet) 등에 의해 지적되었다. (   )

정답 ○

64. 암수범죄는 자기보고식 조사, 피해자 조사 등의 설문조사방법을 통해 간접적으로 관찰할 수 있다. (   )

해설 ▮암수범죄 조사방법

직접적 관찰	간접적 관찰(설문조사)

• 자연적 관찰
  – 참여적 관찰 : 직접 범죄에 가담하여 조사
  – 비참여적 관찰 : CCTV 등을 설치하여 조사
• 인위적 관찰(실험) : 인위적 실험으로써 조사
	• 피해자 조사
	• 자기보고 조사
	• 정보제공자 조사

정답 ○

65. 절대적 암수범죄란 수사기관에 의해서 인지는 되었으나 해결되지 않은 범죄를 의미하는 것으로, 완전범죄가 대표적이다. (   )

해설 절대적 암수범죄는 인지 자체가 되지 않은 범죄를 말한다.

정답 ✕

66. 상대적 암수범죄는 마약범죄와 같이 피해자와 가해자의 구별이 어려운 범죄에서 많이 발생한다. ( )

> 해설 마약범죄와 같이 피해자 없는 범죄에서는 처음부터 고소 · 고발이 잘 이루어지지 않아 수사기관이 인지조차 하지 못하는 절대적 암수범죄가 많이 발생한다.
>
> 정답 ×

67. 참여관찰조사는 현장에서 보이는 행동특성을 직접 관찰하는 연구를 말한다. ( )

> 해설 현장에서 직접 관찰하는 연구방법을 현장연구조사라고 한다.
>
> 정답 ×

68. 참여관찰은 연구자가 스스로 범죄집단에 들어가 범죄자의 일상을 관찰할 수 있다는 장점이 있지만, 연구의 객관화가 어렵고, 윤리문제가 제기될 수 있다. ( )

> 정답 ○

69. 실험연구는 일정한 기간을 정하고, 이 기간 동안 연구대상 집단에 대한 시계열 분석을 하는 방법이다. ( )

> 해설 실험연구는 설정된 가정을 검증하기 위해 제한된 조건하에서 반복적으로 실행하는 관찰로, 집단의 등가성 확보, 사전 · 사후조사 및 실험집단과 통제집단이라는 세 가지 전제조건을 요한다. 즉, 실험집단과 통제집단에 대한 사전 · 사후검사로써 종속변수에 미치는 효과를 검증하는 것이다.
>
> 정답 ×

70. 사례연구는 과거중심적 연구방법으로, 특정 범죄자의 성격, 성장과정, 범죄경력 등을 종합적으로 분석함으로써 연구결과의 일반화가 가능하다는 장점이 있다. ( )

> 해설 한정된 개인을 대상으로 하므로 연구결과를 일반화하기가 어렵다.
>
> 정답 ×

71. 문헌연구는 연구자가 설문 및 사례 등을 계량적으로 분석하는 방법으로, 연구결과의 신뢰성을 높일 수 있다는 장점이 있다. ( )

> 해설 문헌의 신뢰도에 문제가 있으면 연구의 신빙성이 문제될 수 있다.
>
> 정답 ×

72. 범죄피해 조사는 살인범죄, 경제범죄, 경미한 범죄피해 등에 대해서 정확한 조사를 하는 것이 가능하다는 장점이 있다. ( )

해설 살인범죄, 경제범죄, 경미한 범죄피해 등의 분석에는 도움이 되지 못한다는 단점이 있다.

정답 ✕

73. 패널 조사설계는 인간생애를 종단적으로 연구하는 것으로, 선별된 표본을 일정한 시간 간격을 두고 중복적으로 관찰하여 생애사를 연구하는 설계를 의미하며 범죄자의 장기적인 범죄경력 연구에 가장 적합한 조사설계에 해당한다. ( )

정답 ○

74. 사례조사방법은 범죄자의 일기, 편지 등 개인의 정보 획득을 바탕으로 대상자의 인격 및 환경의 여러 측면을 분석하고, 그 각각의 상호 연계관계를 밝힐 수 있다. ( )

해설 개별적 사례조사는 조사대상자에 대한 개별적 사례조사나 그의 과거사를 조사하는 것으로 개인의 내밀한 정보의 획득이 요구되며, 범죄자 개개인의 인격, 성장과정, 범죄경력 등을 종합적으로 분석하여 각 요소 간의 상호관계를 규명하는 방법이다.

정답 ○

75. 서덜랜드(Suthland)의 전문절도범(Professional Thief) 연구는 대표적인 사례연구(Case Study)이다. ( )

정답 ○

76. 실험연구는 일정한 조건을 인위적으로 설정한 후 그 속에서 발생하는 사실을 관찰하여 특정 가설의 타당성을 검증하는 방법이다. ( )

정답 ○

77. 추행(추적) 조사(follow-up-study)는 수직(종단)적 연구방법에 해당한다. ( )

정답 ○

78. 표본집단조사는 일반적으로 범죄인군에 해당하는 실험집단과 정상인군에 해당하는 대조집단을 선정하여 양 집단을 비교하는 방법을 취한다. ( )

정답 ○

79. 자기보고식 조사는 보통 설문조사를 통하여 지난 1년 동안 각 유형별로 몇 건의 범죄를 했는지를 질문하는 방식인데, 익명조사로 이루어지는 경우가 많다. ( )

정답 ○

80. 참여관찰(perticipant observation)은 체포되지 않은 자만을 연구대상으로 하므로 시설에 수용된 자를 대상으로 삼을 수는 없다. (   )

> 해설 오스번(T. M. Osborn)이 자원수형자로 참여하여 수형자를 관찰한 것은 체포된 자를 대상으로 삼았다 할 것이므로, 체포된 자도 참여관찰의 연구대상이다. 참여관찰의 초점은 대상이 아닌 관찰의 직접성 여부이다.
>
> 정답 ✕

81. 비참여적 관찰연구는 연구자가 직접 연구대상에 들어가 함께 생활하면서 집단구성원의 생활을 자연스럽게 관찰하는 연구방법으로, 연구자의 주관적 편견이 개입될 소지가 많아 사실이 왜곡될 수 있다. (   )

> 해설 참여적 관찰연구에 대한 설명이다.
>
> 정답 ✕

82. 자기보고식 조사(self-report survey)는 응답자에게 자신의 범죄나 비행을 스스로 보고하도록 하는 조사방법이다. (   )

> 해설 | 암수범죄 조사방법
> - 직접관찰 : 조사자가 직접 암수범죄를 파악하는 방법으로, 자연적 관찰(실제 발생하는 암수범죄 관찰로서 참여관찰과 비참여관찰)과 실험적 관찰(인위적인 실험으로 실증)이 있다.
> - 간접관찰 : 주로 설문조사를 통해 진행되며 조사대상에 따라 구분
>   - 자기보고식 조사 : 일정한 집단을 대상으로 개개인의 범죄·비행을 스스로 보고토록 하는 방법(= 행위자 조사)
>
> | 장점 | 대상자의 인격적 특성, 가치관, 태도, 환경 등을 동시에 조사하므로, 범죄원인에 대한 파악 가능 |
> |---|---|
> | 단점 | • 대상자의 정직성 · 진실성 의문 : 조사의 타당성 문제
• 범죄유형 행위자의 대표성 의문 : 조사결과의 일반화 문제 |
>
>   - 피해자 조사 : 실제 범죄피해자에게 피해경험을 보고하게 하는 방법이다.
>
> | 장점 | 범죄의 발생과정 파악이 가능하므로 범죄예방에 유용 |
> |---|---|
> | 단점 | • 범죄유형에 따른 한계 : 전통적 범죄만 파악 가능
• 범죄 피해사실 왜곡문제 : 피해축소, 과장보고 등 |
>
> ※ 이외에도 정보제공자 조사(범죄 · 비행을 인지하고 있는 제3자에게 그 내용을 보고토록 하는 방법)를 피해자 조사의 보조수단으로 활용하고 있다.
>
> 정답 ○

83. 종단적 연구방법에는 패널연구, 추세연구, 실태연구가 있다. (   )

> 해설 실태연구는 종단적 연구방법에 해당하지 않는다. 종단적 연구방법은 같은 집단 또는 개인을 연구대상으로 하여 그 대상의 특성을 일정기간에 걸쳐서 반복적으로 관찰하고 조사하는 연구방법이다. 패널연구, 추세연구, 코호트 연구가 여기에 해당한다.
>
> 정답 ✕

84. 범죄농담은 한 지역사회에서 일정 기간 발생한 총 범죄를 강도·살인과 같은 중범죄로 나눈 것을 의미하며, 범죄농담률이 높을수록 지역사회의 중범죄가 많이 발생하는 것으로 볼 수 있다. (　　　)

> **해설** 범죄농담: 한 지역사회의 일정 기간 발생하는 총 범죄를 강도·살인과 같은 중범죄로 나눈 것을 말한다. 범죄농담률이 높을수록 중범죄가 많이 발생한다고 본다.
> [정답] ○

85. 범죄율과 범죄시계는 인구변화율을 반영하여 범죄의 심각성을 인식할 수 있게 한다. (　　　)

> **해설** 범죄시계(crime clock)란 매 시간마다 범죄발생현황을 표시한 것을 말한다. 범죄시계는 인구성장률을 반영하지 않고 있으며, 시간을 고정적인 비교단위로 사용하는 문제점이 있기 때문에 통계적 가치는 없다.
> [정답] ✕

86. 공식범죄통계에서 범죄율은 중요범죄와 상대적으로 가벼운 범죄를 차별화하여 계산한다. (　　　)

> **해설** 공식범죄통계에서 범죄율은 중요범죄와 상대적으로 가벼운 범죄가 동등한 범죄로 취급되어 통계화된다는 단점이 있기 때문에 질적 평가가 어렵다.
> - 경찰청의 「범죄통계」는 각 지역경찰서에서 입력한 범죄발생 사항을 집계한 전형적인 발생통계이고, 검찰청의 「범죄분석」은 경찰청의 「범죄통계」에 다시 검찰이 인지한 사건을 더한 것으로 이것 역시 발생통계라고 할 수 있다.
> - 한 해에 일어난 사건의 범인이 한참 후에 검거되는 경우도 많으므로 검거율은 100%가 넘는 경우도 발생한다.
> [정답] ✕

87. 추행조사방법은 일정한 범죄자 또는 비범죄자들에 대해 시간적 간격을 두고 추적·조사하여 그들의 인격과 사회적 조건의 변화를 관찰함으로써 그 상호연결관계를 파악할 수 있다. (　　　)

> **해설** | 범죄학 연구방법
> - 범죄통계를 이용하는 연구방법은 두 변수 사이의 이차원 관계 수준의 연구를 넘어서기 어렵지만 설문조사를 통한 연구방법은 청소년 비행 또는 암수범죄 등 공식통계로 파악하기 어려운 주제에 적합하며, 두 변수 사이의 관계를 넘어서는 다변량 관계를 연구할 수 있다는 장점이 있다.
> - 통계자료 등 객관적인 자료를 바탕으로 결론을 도출하는 양적 연구는 직접 관찰한 자료의 질을 바탕으로 결론을 도출하는 질적 연구에 비해 연구결과의 외적 타당성, 즉 일반화가 용이하다.
> - 실험연구방법은 연구의 내적 타당성에 영향을 미치는 요인들을 통제하는 데 가장 유리한 연구방법으로서 연구자 자신이 실험조건 중 자극·환경·처우시간 등을 통제함으로써 스스로 관리가 가능하지만 한정된 데이터의 한계에 의하여 외적 타당성 확보는 어려울 수 있다.
> - 설문조사, 즉 간접적 관찰은 기억의 불확실함과 사실의 축소 및 과장의 문제로 인한 행위자, 피해자, 정보제공자의 부정확한 응답의 가능성에 대한 고려가 필요하다.

- 코호트연구는 유사한 특성을 공유하는 집단을 시간의 흐름에 따라 추적하여 관찰하는 연구방법으로 종단연구방법의 하나이다.
- 참여관찰연구는 질적 연구로 연구자가 직접 범죄자 집단에 들어가 함께 생활하면서 그들의 생활을 관찰하는 조사방법을 말하며 타당성확보에 유리하나 주관적이어서 일반화가 곤란하다.
- 데이터 마이닝이라 함은 최신 연구 기법으로 대규모 데이터 집합에서 패턴, 규칙, 통계적 구조 등의 유용한 정보를 발견하는 과정을 의미하며, 이를 위해 통계학, AI, 딥 러닝 등의 기술과 알고리즘을 사용하여 데이터를 탐색하고 분석한다.

[정답] ○

88. 우리나라는 우발범죄인, 상습범죄인, 소년범죄인, 직업범죄인, 사상범죄인으로 분류한다.

(   )

[해설] 우리나라는 우발범죄인, 상습범죄인, 심신장애범죄인, 사상범죄인, 소년범죄인으로 분류하고 있다.

[정답] ✕

89. 서덜랜드는 범죄학을 사회현상으로서 간주하는 범죄에 대한 지식의 총합체로 보아, 범죄의 현상과 원인, 법제정·법위반 및 그 위반에 대한 반응과정까지 범죄학 연구의 대상으로 삼았다.

(   )

[정답] ○

90. 서덜랜드(Suthland)와 크래시(Cressey)에 따르면, 범죄학은 그 범위 내에 법제정과정, 법위반과정, 법위반에 대한 대응과정을 포함하고 있다.

(   )

[정답] ○

91. 억제(deterrence)는 고전주의 범죄학파의 주요 개념 중 하나이다.

(   )

[해설] 억제의 개념은 고전주의 범죄학자인 베카리아와 벤담의 주장에 근거한다.

[정답] ○

92. 코호트 연구는 특정한 조사 대상자들을 사전에 선정한 후 상이한 시점에 동일한 조사대상에 대하여 동일질문을 반복 실시하여 조사한다.

(   )

[해설] 패널연구에 대한 설명이다. 코호트 연구는 특정한 시기에 태어났거나 특정한 경험을 같이 한 동류 집단을 대상으로 장기간에 걸쳐 변화를 관찰하여 비교, 연구하는 조사를 말한다.

[정답] ✕

93. 실증주의 범죄학파는 인간을 자유로운 의사에 따라 합리적으로 결정하여 행동할 수 있는 이성적 존재로 인식한다.

(   )

> **해설** 실증주의 학파의 의사 결정론에 따르면 인간의 사고나 판단은 이미 결정된 행위과정을 정당화하는 것에 불과하므로 자신의 사고나 판단에 따라 자유롭게 행위를 선택할 수 없다고 본다. 설문은 고전학파의 의사자유론에 대한 설명이다.
>
> 정답 ✕

94. 실증주의 범죄학파는 개인의 생물학적·심리학적 소질과 사회적 환경이 복합적으로 작용하여 인간이 범죄행위를 범한다고 보는 입장이다. ( )

정답 ○

95. 신고전주의 범죄학의 등장은 실증주의 범죄학 및 관련 정책의 효과에 대한 비판적 시각과 관련이 있다. ( )

> **해설** 실증주의 범죄학은 범죄의 원인을 생물학적, 심리학적, 사회학적 요인에 기반하여 설명하고, 이를 바탕으로 범죄자 교화와 치료를 주장하며, 경제적 기회와 사회복지에 집중하는 다수의 범죄예방정책을 펼쳤으나 이 시기에 범죄율은 지속적으로 증가하는 결과를 보이자 그에 대한 비판으로 신고전주의 범죄학이 등장하였다.
>
> 정답 ○

96. 고전주의 범죄학의 영향을 받은 현대 범죄이론에는 합리적 선택이론, 일상활동이론, 인지이론, 행동주의이론 등이 있다. ( )

정답 ○

97. 고전주의 범죄학은 범죄를 설명함에 있어 인간이 자유의지(free-will)에 입각한 합리적 존재라는 기본가정을 바탕으로 한다. ( )

> **해설** | 고전주의 범죄학과 실증주의 범죄학의 비교

구분	고전주의 범죄학	실증주의 범죄학
인간행위에 대한 기본전제	인간은 이성적이며, 자유의지를 가지고 있다.	인간의 행위는 생물학적·심리학적·사회학적 등 여러 가지 요인에 의해서 결정된다.
범죄의 원인	인간의 자유선택에 의한 결과이다.	인간의 이성을 제한하는 여러 가지 요인에 의해서 범죄성이 발생한다.
범죄에 대한 대응	형벌의 위협을 통해서 범죄를 억제한다(사후적 대응 위주).	범죄의 원인이 되는 요인을 과학적으로 발견하여 그것들을 통제해야 한다(사전적 예방 위주).
소년사법제도와 일반사법제도에 미친 영향	성인들을 위한 일반사법제도의 근간을 이루는 원칙을 제시한다. 예 죄형법정주의, 적법절차	소년사법제도의 근간을 이루는 이론을 제시한다.
범죄학과 형사사법제도에 미친 영향	현대 형사사법제도의 근간이 되었다.	현대 범죄학적 연구의 대부분을 차지한다.

정답 ○

98. 고전주의 범죄학의 입장은, 인간은 합리적 의사결정에 따른 자유의지를 갖는 존재이므로 경미한 범죄에도 강력한 처벌이 필요하다고 주장한다. ( )

정답 ○

99. 고전주의 범죄학은 규문주의 형사사법을 비판하고, 적법절차에 바탕을 둔 합리적 형사사법제도를 정립하는 데 공헌하였다. ( )

해설 고전주의 범죄학자들은 적법절차에 바탕을 둔 합리적 형사사법제도를 정립하는 데 공헌하였다.

정답 ×

100. 고전주의는 형벌이 범죄결과의 정도에 상응하여야 한다고 주장한 반면, 실증주의는 부정기형과 사회 내 처우를 중요시하였다. ( )

정답 ○

101. 고전주의는 인간은 누구나 자유의지를 지닌 존재이기 때문에 평등하고, 범죄인이나 비범죄인은 본질적으로 다르지 않다고 인식하였다. ( )

정답 ○

102. 19세기의 과학적 증거로 현상을 논증하려는 학문사조는 실증주의 범죄학의 등장에 영향을 끼쳤다.

( )

정답 ○

103. 형벌의 특수적 억제효과란 범죄를 저지른 사람에 대한 처벌이 일반시민들로 하여금 처벌에 대한 두려움을 불러일으켜서 결과적으로 범죄가 억제되는 효과를 말한다. ( )

해설 일반 억제효과에 관한 설명이다.

일반억제	범죄자에 대한 처벌을 통해 일반시민이 처벌에 대한 두려움을 느껴 범죄가 억제되는 것
특수억제	범죄자 자신이 처벌의 고통을 느낌으로써 이후 범죄를 저지르지 않게 되는 것

정답 ×

104. 미시적 환경론과 거시적 환경론은 개인의 소질보다는 각자가 처해있는 상황을 주요한 범죄발생원인으로 고려한다는 점에서 유사하다. ( )

해설 범죄원인에 있어 환경론은 미시적이든, 거시적이든 관계없이 소질론에 대비되는 개념이다.

정답 ○

105. 비결정론적 범죄원인이론은 공리주의적 사고와 관련이 깊다. ( )

해설 비결정론은 인간을 자유의사를 가진 합리적 존재라고 보는 고전주의 입장이다. 공리주의적 사고는 범죄를 자유로운 의사결정의 결과로 파악하고 자유의사를 가진 개인이 범죄로 인한 이익이 이로 인한 손해보다 크다고 판단했기 때문에 저지른다고 인식한다.

정답 ○

106. 고전학파는 형법이론에 대해 관념론적 입장에서 처우를 통한 범죄인의 개선가능성을 과신하였다고 비판받는다. ( )

해설 처우를 통한 범죄인의 개선가능성을 과신한 것은 실증주의 입장이다.

정답 ×

107. 실증주의학파는 인간행위보다 인간 자체에 초점을 두면서 인간에 대한 과학적 분석을 통해 범죄원인을 규명하고자 하였다. ( )

해설 ▮ 고전주의와 실증주의 비교

고전주의	• 여러 가지 대안 행위 중에서 어떠한 행위를 선택하는 데 있어 자신의 자유의사를 활용한다고 가정한다. • 피의자에 대한 정부의 임의적이고 가혹한 처벌로부터 보호하고자 발전하였다. • 모든 범죄에 대하여 명확하게 계산된 처벌을 함으로써 범죄에 상응한 처벌을 내리도록 노력하였다.
실증주의	• 인간의 행위가 과학적으로 설명될 수 있는 방식으로 결정된다고 가정한다. • 범죄자는 비범죄자와는 근본적으로 다르며, 차이점의 발견이 실증학파의 과업이라는 것이다. • 실증학파는 범죄자의 연구를 위하여 과학적인 방법을 적용하기 위한 시도로 발전하였다. • 특정의 범죄자에게 상응한 개별화된 처우와 더불어 범죄자로부터 사회의 보호를 동시에 강조하였다.

정답 ○

108. 베카리아의 형사사법제도 개혁에서 형벌의 목적은 범죄예방을 통한 사회안전의 확보가 아닌 범죄자에 대한 엄중한 처벌에 있다. ( )

해설 베카리아는 처벌하는 것보다 범죄를 예방하는 것이 더욱 중요하며, 처벌은 범죄예방에 도움이 된다고 판단할 때에 정당화된다는 범죄예방주의를 표방하였다.

정답 ×

109. 베카리아는 국가가 인간을 처벌할 수 있는 근거는 오직 사회계약에 있으며, 사회계약 시 인간은 생명에 대한 권리까지 국가에 양도하지 않았기 때문에 사형은 폐지되어야 한다고 주장하였다. (   )

정답 ○

110. 베카리아의 주장 중 입법부의 역할은 각각의 범죄에 대한 형벌을 규정하는 것이고, 판사의 역할은 재량권을 가지고 유죄의 여부 및 양형을 결정하는 것이다. (   )

해설 베카리아(Beccaria)는, 입법부의 역할은 각각의 범죄에 대한 형벌을 규정하는 것일 뿐, 법관들에게 법을 해석할 권한은 없다고 보았다.

정답 ✕

111. 베카리아는 형벌의 목적은 범죄를 억제하는 것이고, 범죄를 억제하는 효과를 높이기 위해서는 처벌의 신속성뿐만 아니라 처벌의 확실성도 필요하다고 하였다. (   )

정답 ○

112. 베카리아(C. Beccaria)는 사형을 폐지하고 종신 노역형으로 대체할 것을 주장하였다.

(   )

정답 ○

113. 베카리아의 주장은 형벌이 그 목적을 달성하기 위해서는 형벌로 인한 고통이 범죄로부터 얻는 이익을 약간 넘어서는 정도가 되어야 한다고 하였다. (   )

정답 ○

114. 베카리아는 인도주의의 실천을 위하여 사형제도는 폐지되어야 하고 사면제도가 활용되어야 한다고 하였다. (   )

해설 베카리아(Beccaria)는 사형이란 예방목적의 필요한도를 넘는 불필요한 제도로서 폐지되어야 하고, 사면제도 또한 폐지되어야 한다고 주장하였다.

정답 ✕

115. 벤담(Bentham)은 범죄자에 대한 적개심에 따라 강도가 달라질 수 있는 채찍질처럼 감정에 따라 불공정하게 형벌이 부과되는 것을 경계하였다. (   )

해설 벤담이 주장한 채찍이론에 대한 설명이다.

정답 ○

116. 벤담(Bentham)의 파놉티콘(Panopticon)은 봄-보여짐의 비대칭적 구조를 갖고 있다. ( )

> 해설 봄-보여짐의 비대칭적 구조란 감시자는 모든 것을 볼 수 있지만 피감시자는 아무것도 볼 수 없는 구조로, 이로써 최소한의 노력으로 최대한의 감시효과를 얻는 것이 핵심이다.
>
> 정답 ○

117. 벤담의 파놉티콘은 채찍이론을 통하여 범죄와 형벌의 비례성을 비판하고 수형자를 강하게 처벌해야 한다는 엄격함의 원칙을 주장하였다. ( )

> 해설 채찍이론을 통하여 범죄와 형벌의 비례성을 강조하였다.
>
> 정답 ×

118. 벤담(Bentham)은 처벌의 비례성과 형벌의 특별예방을 강조하였고 최대다수의 최대행복을 주장하였다. ( )

> 정답 ○

119. 페스탈로찌는 사생아 방지를 위한 미혼모 처벌규정이 오히려 영아를 살해하게 만든다고 주장하면서 범죄예방은 사회교육에 의할 것을 강조하였다. ( )

> 정답 ○

120. 이탈리아의 초기 실증주의 학파는 자연범과 법정범을 구분하고, 자연범은 동정심과 정직성을 침해하는 속성을 가진다고 하였다. ( )

> 해설 가로팔로의 주장이다.
>
> 정답 ○

121. 포이에르바하는 심리강제설과 결정주의의 사상을 바탕으로 하여 국가는 시민의 자유를 보장하는 것에 목적이 있다고 보아 법률위반 행위에 대한 물리적 강제를 반대하였다. ( )

> 해설 포이에르바하는 심리강제설과 비결정주의 사상을 바탕으로 심리적 강제를 통한 범죄억제를 주장하였다. 특히 형사정책을 '입법을 지도하는 예지'라고 이해하고 집행기관은 형벌목적에 부합하도록 법을 집행해야 한다고 보았다.
>
> ▌포이에르바하
> • 심리강제설
>   – 국가는 심리강제설과 비결정주의 사상을 배경으로 하여 시민의 자유를 보장함에 그 목적이 있다고 하였다.
>   – 법률을 어길 때, 물리적인 강제를 가해서는 안 되고, 심리적 강제로써 위법행위와 고통을 결부시

켜야 한다고 주장하였다.
- 형법의 보조수단 - 형사정책
  - 입법을 지도하는 국가의 예지로서 이해하고, 법을 집행하는 기관은 형벌목적에 대한 정당성을 고려하되 인간적·자유주의적으로 법을 집행하여야 한다.
  - 정책적 목적을 유지하기 위한 형법의 보조수단으로서 의미가 크다.

정답 ✕

122. 포이어바흐(A. Feuerbach)는 일반예방과 특별예방을 구별하고, 재사회화와 관련된 심리강제설을 주장하면서 특별예방을 강조하였다. ( )

> 해설 포이어바흐는 심리강제설에 의한 일반예방 사상을 주장하고, 일반 국민에게 범죄로 얻는 쾌락보다 범죄로 받는 고통이 더욱 크다는 것을 알려 주는 심리적 강제로써만 범죄를 방지할 수 있으며, 이와 같은 심리적 강제는 형벌을 법전에 규정하고 이를 집행함으로써 효과적으로 이루어진다고 한다.

정답 ✕

123. 페리(E. Ferri)는 마르크스의 유물사관, 스펜서의 발전사관, 다윈의 진화론 등의 영향을 받았고, 형벌대용물사상과 범죄포화의 법칙을 주장하였다. ( )

정답 ○

124. 페리는 범죄방지를 위해서는 범죄를 발생하게 하는 원인인 사회제도를 변경하는 방법밖에는 없다고 주장하였다. ( )

정답 ○

125. 페리는 범죄자의 개인적(인류학적)·물리적 요인이 일정한 사회적 요인과 결합할 때 반드시 그에 상응한 일정량의 범죄가 발생한다고 하였다. ( )

정답 ○

126. 페리는 과도한 개인주의에 국가가 개입함으로써 사회문제에 효과적 대처가 이루어질 수 있다고 믿었기 때문에 독재적 전체주의 국가이념을 표방하는 파시즘(Fascism)에 동조하였다. ( )

정답 ○

127. 가로팔로는 범죄원인의 사회학적 측면을 중시하여 범죄의 시간적·공간적 종속성을 인정하지 않는 자연범은 존재하지 않는다고 주장하였다. ( )

해설 가로팔로는 범죄인을 자연범과 법정범으로 구별하면서, 시간적·공간적으로 종속되지 않는 자연범은 존재한다고 주장하였다.

정답 ×

128. 가로팔로(Garofalo)는 범죄학(Criminologia)이라는 저서를 통해 사실학적 의미의 '범죄학'이라는 용어를 최초로 사용하였다.　　　　　(　　　)

정답 ○

129. 가로팔로(Garofalo)는 정상적인 사람은 정직성, 동정심, 성실 등과 같은 이타적 정서를 기본적으로 지니고 있는 데 반해 범죄자는 이러한 정서가 결핍되었다고 하였다.　(　　　)

정답 ○

130. 타르드(Tarde)는 모방의 법칙을 주장하여 미국의 학습이론에 영향을 미쳤다.　(　　　)

해설 타르드는 롬브로조의 생래적 범죄인설을 부정하고, 모든 사회적 현상은 모방의 결과이며 범죄행위도 타인의 행위를 모방함으로써 발생한다고 하여 모방의 법칙을 주장하였다.

정답 ○

131. 롬브로조(Lombroso)는 생물학적 퇴행성 때문에 범죄를 저지를 수밖에 없는 유형의 범죄자는 교정의 효과를 거의 기대할 수 없기 때문에 영구격리 또는 도태처분을 해야 한다고 하였다.　　　　　(　　　)

정답 ○

132. 롬브로조(Lombroso)는 범죄자를 생래적 범죄자, 정신병적 범죄자, 상습성 범죄자, 우발성 범죄자, 격정성 범죄자, 폭력성 범죄자 여섯 가지 유형으로 분류하였다.　(　　　)

해설 범죄자를 생래적 범죄인, 정신병 범죄인, 격정(우범)범죄인, 기회범죄인, 관습범죄인 및 잠재적 범죄인 여섯 가지 유형으로 분류하였다. 즉, 폭력성 범죄인은 해당되지 않는다.

정답 ×

133. 고링은 롬브로조의 연구에 대해 격정범·우발범과 누범자 사이에 형태상의 차이가 전혀 존재하지 않는다고 비판하였다.　　　　　(　　　)

정답 ○

134. 고링은 범죄자들은 일반인보다 키가 작고, 몸무게도 적은 것으로 나타나 범죄행위란 신체적인 변이형태와 관계된 것이 아니라, 이들의 유전학적 열등성에 의한 것이라고 주장하였다.
( )

정답 ○

135. 뒤르켐(E. Durkheim)은 범죄가 사회유지를 위해 중요한 기능은 하지만 정상적인 현상은 아니라고 하였다.
( )

해설 뒤르켐은 범죄에 관한 범죄정상설과 범죄필요설을 주장했다.

정답 ✕

136. 뒤르켐(E. Durkheim)은 아노미 이론을 처음 주장하였고, 집단적 비승인이 존재하는 한 범죄는 모든 사회에 어쩔 수 없이 나타나는 현상으로 병리적이기보다는 정상적인 현상이라고 주장하였다.
( )

해설 뒤르켐은 1893년 발간된 「분업론」에서 아노미 개념을 제시하였다.

정답 ○

137. 리스트(Liszt)의 형사정책이론에서 범죄원인은 범죄인을 제외한 모든 사람에게 있다고 보았으며, 범죄원인에 있어서 심리적 요인을 중시하였다.
( )

해설 범죄원인은 범죄인을 제외한 모든 사람에게 있다고 본 것은 타르드이고, 리스트는 범죄원인에 있어 사회적 요인을 중시하였다.

▌리스트(Liszt)
• 하멜(Hamel) 등과 함께 국제형사학협회(I.K.V.)를 창설하였다.
• 범죄학과 형법학이 통합되어 총체적 형법학으로 발전되어야 한다고 주장하였다.
• 개선이 가능한 범죄자는 개선을, 개선이 필요 없는 범죄자는 위하를, 개선이 불가능한 범죄자는 격리(무해화)를 하여야 한다.
• 부정기형의 채택, 단기자유형의 폐지
• 집행유예 · 벌금형 · 누진제도의 합리화, 소년범죄에 대한 특별처우를 해야 한다.
• 형법은 범죄인의 마그나카르타이다.
• 개선이 불가능한 범죄인에 대해서는 무해화 조치를 취해야 한다.
• 형법은 형사정책의 넘을 수 없는 한계이다.
• 범죄원인은 소질과 환경을 종합적으로 고려하여 파악되어야 한다.

정답 ✕

138. 라까사뉴(Lacassagne)는 사회환경은 범죄의 배양기이며 범죄자는 미생물에 해당하므로, 벌해야 할 것은 범죄자가 아니라 사회라고 강조한다.
( )

정답 ○

139. 일상활동이론의 범죄발생 3요소는 '동기가 부여된 잠재적 범죄자', '적절한 대상', '범행의 기술'이다. ( )

> **해설** 동기가 부여된 잠재적 범죄자, 적절한 대상, <u>감시의 부재(보호자의 부재)</u>이다.
>
> 정답 ✕

140. 범죄패턴이론은 범죄에는 여가활동장소, 이동경로, 이동수단 등 일정한 장소적 패턴이 있다고 주장하며 지리적 프로파일링을 통한 범행지역의 예측활성화에 기여해야 한다는 입장이다. ( )

> 정답 ○

141. 특별억제(specific deterrence)는 직업적 범죄자들이 재범을 범하지 못하도록 자제시킬 수 있다는 것을 뜻한다. ( )

> 정답 ○

142. 일반억제(general deterrence)는 미래의 기법에 대한 인식에 의존하는 한편, 특별억제는 그것의 집행에 근거한다. ( )

> 정답 ○

143. 억제이론은 대체로 특성이론(trait theory)에 기초하여 법위반 행동과 규범적 행동 사이의 선택을 결정하는 원인이 된다고 본다. ( )

> **해설** <u>억제이론은 합리적 선택이론에 기초하여</u> 법위반 행동과 규범적 행동 사이의 선택을 결정하는 원인이 된다고 본다. 참고로, 특성이론에 따르면, 범죄는 비정상적인 생물학적·심리학적 특성의 결과이다.
>
> 정답 ✕

144. 합리적 선택이론은 인간의 자유의지를 인정하지 않는 결정론적인 인간관에 입각하여 범죄자는 자신에게 유리한 경우에 범죄를 행한다고 본다. ( )

> **해설** 합리적 선택이론은 비결정론적 인간관에 입각하여 인간의 자유의지를 인정하고, 합리적 인간관을 바탕으로 범죄자는 자신에게 유리한 경우에 범죄를 행한다고 본다.
>
> 정답 ✕

145. 클라크 & 코니쉬의 합리적 선택이론은 체포의 위험성과 처벌의 확실성을 높여 효과적으로 범죄를 예방할 수 있다. ( )

> 정답 ○

146. 월슨 & 켈링의 깨진유리창이론-경미한 무질서에 대한 무관용 원칙과 지역주민 간의 상호 협력이 범죄를 예방하는 데 중요한 역할을 한다. (   )

정답 ○

147. 일상활동이론은 지역사회 구성원들이 범죄문제를 해결하기 위해 적극적으로 참여하는 것이 중요한 범죄예방의 열쇠라고 한다. (   )

해설 로버트 샘슨의 집합효율성이론은 범죄를 예방하기 위해서는 지역사회 구성원들이 범죄문제를 해결하기 위해 적극적으로 참여해야 한다고 본다.

정답 ✕

148. 범죄원인에 있어 프랑스 실증주의이론가들은 사회적 원인을 강조하면서 소질도 범죄의 원인으로 함께 고려한다. (   )

해설 프랑스 학파는 소질은 범죄의 원인이 될 수 없다고 보고, 환경일원론을 취한 것이 특징이다.

정답 ✕

149. 치료 및 갱생이론은 결정론적 인간관에 입각하여 특별예방효과에 중점을 둔다. (   )

해설 치료 및 갱생이론은 실증주의 범죄통제이론이다.

정답 ○

150. 합리적 선택이론, 일상활동이론, 범죄패턴이론은 사회학적 이론 중 사회발전이론에 속한 내용으로 분류된다. (   )

해설 합리적 선택이론, 일상활동이론, 범죄패턴이론은 현대적 범죄예방이론 가운데 상황적 범죄예방이론으로 분류된다. (생태학적 이론: 상황적 범죄예방이론 · 환경범죄학 · 집합효율성이론 · 깨진유리창이론)

정답 ✕

151. 폴락(Pollack)은 통계상 여성의 범죄율이 남성의 범죄율보다 현저히 낮은 이유는 여성이 범죄를 저지를 만한 상황에 이르면 남성이 여성을 대신하여 범죄를 저지르는 기사도 정신을 발휘하기 때문이라고 보았다. (   )

해설 폴락의 기사도 가설은 남성이 여성을 대신하여 범죄를 저지르는 것이 아니라, 사법처리과정에서 여성을 관대하게 처벌한다는 이론이다.

정답 ✕

152. 타르드(Tarde)가 주장한 모방의 법칙 중 삽입의 법칙에 의하면 처음에 단순한 모방이 유행이 되고, 유행은 관습으로 변화·발전된다. ( )

해설 | 타르드의 모방의 법칙

제1법칙 (거리의 법칙)	• 사람들은 서로를 모방하며, 모방정도는 타인과의 접촉정도에 비례 • 거리란 심리학적 의미의 거리와 기하학적 의미의 거리를 포함 • 도시에서는 모방의 빈도가 높고 빠름(유행), 시골에서는 모방의 빈도가 덜하고 느림(관습)
제2법칙 (방향의 법칙)	• 열등한 사람이 우월한 사람을 모방 • 하층계급은 상층계급의 범죄를 모방하고, 시골에서는 도시의 범죄를 모방
제3법칙 (삽입의 법칙)	• 새로운 유행이 기존의 유행을 대체 • 모방 → 유행 → 관습의 패턴으로 확대·진전

정답 ○

153. 일상활동이론(Routine Activity Theory)은 범죄 발생의 3요소 중 가해자의 범행 동기를 가장 중요한 요소로 제시한다. ( )

해설 일상생활이론은 범행의 조건에 관한 이론으로서 범행을 촉발하는 요인으로 범행을 동기화한 사람, 적절한 범행 대상, 범행을 막을 수 있는 사람의 부존재를 들고 있으며, 이 범죄의 세 가지 요소 중 적절한 범행 대상, 범행을 막을 수 있는 사람의 부존재가 중요하다고 본다.
정답 ✕

154. 합리적 선택이론(Rational Choice Theory)은 사람들이 이윤을 극대화하고 손실을 최소화하기 위한 결정을 한다는 경제학의 기대효용원리에 기초하고 있다. ( )

해설 클라크(Clarke)와 코니쉬(Cornish)의 합리적 선택이론은 경제이론에서의 기대효용의 법칙을 범죄학에 적용하여 인간은 범죄로 인하여 얻게 될 효용과 손실의 크기를 비교하여 범행여부를 결정한다고 본다. 이는 고전 범죄학에서 이해하는 인간본성에 대한 가정과 일치한다.
정답 ○

155. 실증주의 범죄학파는 합의의 결과물인 실정법에 반하는 행위를 범죄로 규정하고, 범죄에 상응하는 제재(처벌)를 부과하여야 한다고 본다. ( )

해설 실증주의 학파는 인간에 대한 과학적 분석을 통해 범죄원인을 규명하고자 하였으며, 범죄원인을 규명해서 범죄자에 따라 형벌의 개별화를 해야 한다고 주장하였다. 설문은 고전학파에 대한 설명이다.
정답 ✕

156. 코헨(Cohen)과 펠슨(Felson)의 일상활동이론(Routine Activity Theory)은 사람들의 일상활동에 영향을 미친 사회변화에 관한 거시적 차원의 고찰이 없다는 비판을 받는다. ( )

해설 일상활동이론은 1970년대 미국의 범죄증가율을 설명하기 위하여 코헨과 펠슨이 제안한 이론으로, 억제이론과 합리적 선택이론의 요소들을 근간으로 한다. 이 이론은 범죄율을 설명함에 있어서 미시적이고 거시적인 접근을 시도한다.

정답 ✕

157. 토비(J. Toby)는 경제환경과 범죄에 대해 이야기 하면서 자신이 속한 사회에서 스스로 느끼고 경험하는 상대적 결핍감이 범죄원인이 된다고 하였다.   (   )

해설 ▮빈곤과 범죄
- 빈곤층의 범죄율이 상대적으로 높은 것으로 나타나고 있다. 다만, 빈곤이 범죄의 직접적인 원인이라고 단정하기 어렵다는 것이 일반적 견해이다.
- 빈곤층의 범죄유발요인: 빈곤이 범죄의 직접적인 원인라기보다는 빈곤층에 수반되기 쉬운 열등감, 좌절감, 소외감, 가정기능의 결함, 삶의 목표에 대한 포기 등이 매개가 되어 범죄가 유발된다.
- 절대적 빈곤과 상대적 빈곤

절대적 빈곤	• 절대적 빈곤과 범죄의 상관성을 인정하는 추세이다. • 1894년 이탈리아의 비어스(Verce), 1938년 영국의 버어트(Burt), 1942년 미국의 쇼(Shaw)와 맥케이(Mckay), 1965년 밀러(Miller)의 연구가 있다.
상대적 빈곤	• 타인과 비교함으로써 느끼는 심리적 박탈감을 의미한다. • 이는 범죄가 하류계층에 국한되지 않고 광범위한 사회계층의 문제라고 지적한다. • 케틀레(Quetelet), 스토우퍼(Stouffer), 머튼(Merton), 토비(Toby) 등을 들 수 있다.

정답 ○

158. 룬덴은 산업사회와 도시는 전통사회와 농촌보다 범죄발생률이 높다고 주장하였다.(   )

해설 ▮룬덴(Lunden)의 지역사회와 범죄발생론
- 산업사회와 도시는 전통사회와 농촌보다 범죄발생률이 높다. 즉 생활양식이 전통적 농촌사회에서 도시의 산업화적 생활로 변화함으로써 범죄가 증가한다는 것이다.
- 이질적 문화를 가진 사회는 동질적 문화를 가진 사회보다 범죄율이 높다.
- 수평, 수직적 사회이동이 많은 사회는 사회이동이 적은 사회에 비하여 범죄율이 높다.
- 사회구조와 그 기능의 갑작스러운 변화는 범죄를 증가시킨다.
- 상호적, 공식적 계약에 의한 사회는 가족적, 종족적 연대에 의한 사회보다 범죄율이 높다.
- 강제력과 권력에 의하여 통제되는 사회는 계약적이고 가족적 체계에 의한 사회보다 범죄율이 높다.
- 계급 간의 차이가 큰 사회는 계급 간의 차이가 작은 사회보다 범죄율이 높다.
- 심리적 고립감, 무규범의 정도가 높은 사회는 사회적 통합성과 유대가 높은 사회보다 범죄율이 높다.
- 물질적으로 풍요로운 사회는 빈곤한 사회보다 범죄율이 높다.
- 공식적 규범과 비공식적 규범 간의 갈등이 심한 사회는 두 요소가 일치하는 사회보다 범죄율이 높다.
- 전쟁에서 패배한 사회는 권위구조의 붕괴로 인하여 범죄율이 증가한다.
- 홍수, 지진 등의 갑작스러운 재해는 도덕과 규범적 통제를 약화시켜 범죄발생을 증가시킨다.

정답 ○

159. 신고전주의 범죄학은 1970년대 후반 고전주의 범죄학의 효과에 대한 비판적 시각으로 발전하였다.   (   )

해설 신고전주의 범죄학은 1970년대 후반 실증주의 범죄학의 효과에 대한 비판적 시각으로 발전하였다.

▎범죄학의 연혁
- 고전학파: 18C 중반, 초자연주의적인 중세의 형사사법의 자의적 집행과 잔혹한 처벌에 대한 반성을 계기로 출발하였다.
- 실증학파: 19세기 자연과학의 발전이 이루어졌고, 인간(행위)에 대한 과학적 탐구의 필요성 철학적 논의가 아닌 객관적인 증거와 관찰을 통한 연구 주장 하며 범죄의 원인도 인간 행위에 대한 체계적인 연구로 해결이 가능하다고 보았다.
- 시카고학파: 1920~30년대 미국 시카고 대학의 범죄사회학파로 시카고 지역의 범죄 원인 규명.
- 비판범죄학: 1960~1970년대 유럽과 미국의 정치적 위기와 저항적 사회운동에서 학문발전, 일탈의 문제를 자본주의 사회의 모순에 대한 총체적 해명 속에서 이해하고자 하였다.
- 신고전주의 범죄학(현대고전주의): 1970년대 후반 실증주의 범죄학의 효과에 대한 비판적 시각으로 발전하였다.

정답 X

160. 헤겔(G.W.F. Hegel)은 절대적 형벌론자였으며, 범죄행위는 법의 부정이고, 형벌은 법의 부정을 부정하는 것이라고 주장하였다.   (   )

정답 O

161. 칸트(I. Kant)는 응보이론을 옹호했으며, 형벌은 일정한 목적을 추구하기 위해 존재하는 것이 아니라, 범죄자에게 고통을 주는 그 자체가 가치 있는 것이라고 주장하였다. (   )

정답 O

— CHAPTER 02 —
범죄유형론

1. 유엔마약범죄사무국(UNODC)의 종합범죄보고서(UCR)는 범죄의 유형을 크게 1군 범죄와 2군 범죄로 구분하며 1군 범죄는 지표범죄(index crimes)로 살인·과실치사, 강간, 강도, 가중폭행, 침입절도, 단순절도, 차량절도, 방화를 포함한다. (　　　)

> 해설 미국 연방수사국(FBI)의 종합범죄보고서(UCR)에 관한 내용이다. 유엔마약범죄사무국(UNODC)의 국제범죄분류(International Classification of Crime for Statistical Purposes)는 범죄행위를 기준으로 범죄를 11개 대분류(사망에 이르게 하거나 의도한 행위, 상해를 야기했거나 의도한 행위, 성범죄, 폭력 또는 협박동반 재산 침해, 재산만 침해, 사기·기만·부패 관련 행위 등)로 구분하였다.
>
> 정답 ✕

2. 도구적 범죄(instrumental crime)의 유형에는 절도, 사기, 횡령이 있다. (　　　)

> 해설 <u>도구적 범죄</u>는 원하는 것을 관습적인 방법으로 얻을 수 없어 불법적인 방법을 사용하는 범죄이고, <u>표출적 범죄</u>는 가난한 사람이 스스로를 나쁜 사람으로 인식함으로써 긍정적 자아상을 개발할 수 없게 된 상황하에서 그 분노나 좌절감 등을 표현하는 범죄(폭행, 강간 등의 폭력성 범죄)이다. 따라서 절도, 사기, 횡령은 도구적 범죄에 속한다.
>
> 정답 ○

3. 가로팔로는 피해자 유형을 공동책임의 수준에 따라 완전히 무고한 피해자, 경미한 책임, 가해자와 동등한 책임, 가해자보다 높은 책임, 전적인 책임, 피해를 모의한(simulating) 피해자를 포함한 여섯 가지 유형으로 구분하였다. (　　　)

> 해설 멘델슨(Mendelsohn)은 피해자 유형을 공동책임의 수준에 따라 완전히 무고한 피해자, 경미한 책임, 가해자와 동등한 책임, 가해자보다 높은 책임, 전적인 책임, 피해를 모의한(simulating) 피해자를 포함한 여섯 가지 유형으로 구분하였고, 범죄 피해의 횟수에 따라 범죄피해자를 일회성, 두세 번의 개별 피해, 짧은 기간 동안 반복적 피해, 만성 피해자 등으로 분류하였다.
>
> 정답 ✕

4. 홈즈와 드버거(Holmes & De Burger)는 연쇄살인범을 크게 사명형, 권력형, 재물형으로 분류한다. (　　　)

> **해설** 홈즈와 드버거(Holmes & De Burger)는 연쇄살인범은 크게 망상형, 사명형, 쾌락형, 권력형으로 구분된다. 망상형은 환청이나 환각 등의 망상증을 포함한 정신적 장애를 앓고 있는 자가 누군가를 살해해야 한다는 망상 때문에 살인을 하는 유형을 의미하고, 사명형은 정상인이 특정 집단에 대한 혐오 등의 이유로 특정한 사람들을 세상에서 제거해야 한다는 신념으로 살해하는 유형을 말하며, 쾌락형은 본인의 쾌락을 충족하기 위해 살해를 하는 유형으로 정의된다. 이 유형은 쾌락의 유형에 따라, 성적 욕구를 충족하기 위한 성욕형, 피해자의 고통을 즐기면서 쾌감을 느끼는 스릴형, 경제적 이익을 목적으로 하는 재물형으로 세분된다(허경미, 2020). 끝으로, 권력형 연쇄살인범은 피해자를 완전히 지배할 수 있다는 정복감과 힘의 우위를 통한 만족감을 얻기 위해 타인을 살해하는 유형을 의미한다.

[정답] ✕

5. 폭스(Fox)와 레빈(Levin)은 복수형 살인범(Revenge Killers), 사랑형 살인범(Love Killers), 이익형 살인범(Profit Killers), 테러형 살인범(terror Killers)으로 구분하였다. (　　　)

[정답] ○

6. 폭스(Fox)와 레빈(Levin)이 분류한 대량 살인범의 유형에 사명형 살인범(Mission Killers)이 존재한다. (　　　)

> **해설** 폭스와 레빈은 대량살인범의 유형을 복수형 살인범(Revenge Killers), 사랑형 살인범(Love Killers), 이익형 살인범(Profit Killers), 테러형 살인범(terror Killers)으로 구분하였다.

[정답] ✕

7. 살인 동기에 따라 분류한 유형 중 제2유형인 보통 동기살인은 원한 관계에 기인한 살인, 가정불화로 인한 살인, 채권·채무관계에서 비롯된 불만으로 인한 살인 등을 포함한다. (　　　)

[정답] ○

8. Siegel & McCormick은 강도행위의 주요 목적은 금품취득에 있으며, 강도의 대상이나 목표물은 일반적으로 강취가능한 금품의 규모, 체포의 위험성, 범행의 용이성 등을 고려하여 합리적으로 결정된다는 입장을 갖는다. (　　　)

> **해설** 강도행위의 주요 목적은 금품취득에 있으며, 강도의 대상이나 목표물은 일반적으로 강취가능한 금품의 규모, 체포의 위험성, 범행의 용이성 등을 고려하여 합리적으로 결정되며, 우발적인 강도범죄라 하더라도 범행 실행에 있어서 최소한의 합리적 의사결정과정이 존재하기 때문에 강도는 합리적 의사결정자로 간주된다.

[정답] ○

9. Gardner & Anderson은 미국의 경우, 50주의 형법에 따라 강도의 유형은 상이하나, 강도범죄를 크게 침입강도, 인질강도, 주거침입강도, 차량탈취강도로 구분한다. (　　　)

> **해설** 미국의 경우, 50주의 형법에 따라 강도의 유형은 상이하나, 강도범죄를 크게 일반강도, 무장강도, 주거
> 침입강도, 차량탈취강도로 구분한다.
>
> **정답** ✕

10. 살인동기에 따라 분류한 유형 중 제4유형인 비난 동기 살인은 보복살인, 금전, 불륜, 조직의
이익을 목적으로 한 살인 등 동기에 있어서 특히 비난할 사유가 있는 살인행위를 의미한다.
                                                                                (   )

> **해설**
> • 제1유형: 참작 동기 살인은 동기에 있어서 특별히 참작할 사유가 있는 살인행위로 피해자로부터 자
> 기 또는 가족이 장기간 가정폭력, 성폭행 등 지속적으로 육체적 · 정신적 피해를 당한 경우와 같이
> 피해자에게 귀책사유가 있는 살인을 의미한다.
> • 제2유형: 보통 동기 살인은 원한 관계에 기인한 살인, 가정불화로 인한 살인, 채권 · 채무관계에서
> 비롯된 불만으로 인한 살인 등을 포함한다.
> • 제3유형: 비난 동기 살인은 보복살인, 금전, 불륜, 조직의 이익을 목적으로 한 살인 등 동기에 있어
> 서 특히 비난할 사유가 있는 살인행위를 의미한다.
> • 제4유형: 중대범죄 결합 살인은 강간살인, 강제추행살인, 인질살해, 약취, 유인, 미성년자 살해, 강
> 도살인 등과 같이 중대범죄와 결합된 살인행위를 의미한다.
> • 제5유형: 극단적 인명경시 살인은 불특정 다수를 향한 무차별 살인으로서 2인 이상을 살해한 경우
> 를 말한다.
>
> **정답** ✕

11. 강간범죄는 다른 범죄와 동일하게 학습되고, 학습의 효과는 강간장면을 직접 목격하거나 대중매체
를 통한 간접경험이 많을수록, 개인의 성적 취향과 폭력의 연관성이 높을수록, 강간의 수용도가
높을수록, 성폭력에 대한 고통, 두려움 등의 부정적 감정에 무감각할수록 증가한다. (   )

> **정답** ○

12. 모이어(Moyer)는 대상과 방법에 따라 정서적 폭력, 성폭력, 신체적 폭력, 집단적 폭력, 테
러리즘 등으로 구분하였다.   (   )

> **해설** 모이어(Moyer)는 대상과 방법에 따라 정서적 폭력, 도구적 폭력, 무작위 폭력, 집단적 폭력, 테러리즘
> 등으로 구분하였다.
>
> **정답** ✕

13. FBI는 주거침입절도와 단순절도의 차이점은 타인의 재물을 절취하기 위해 주거를 위한 건축
물을 불법적으로 침입했는지 여부가 중요하며, 침입을 위해서는 반드시 무력이 필요하다는
입장이다.   (   )

> **해설** 주거침입절도와 단순절도의 차이점은 타인의 재물을 절취하기 위해 주거를 위한 건축물을 불법적으로
> 침입했는지 여부가 중요하며 침입을 위해 반드시 무력을 사용할 필요는 없다.
>
> **정답** ✕

14. 경찰청 범죄분류에서는 사기, 컴퓨터 등 사용사기, 준사기, 편의시설부정이용, 부당이득을 지능범죄의 한 유형인 사기로 분류하고 대검찰청의 형법범죄 분류체계에서는 재산범죄의 하위 유형으로 분류하고 있다.   (   )

> 해설 ▌사기의 유형
> • 연성사기: 처음부터 사기를 계획하지 않았지만 사업의 실패, 과다한 채무발생, 불의의 사고 등으로 인해 중간에 변제능력이 없어져 발생하는 사기행위
> • 경성사기: 처음부터 피해자를 기망하여 재산상 이익을 취득하는 사기행위
> • 악성사기: 보이스피싱이나 다단계 투자 사기와 같이 2인 이상이 공모한 계획적 사기행위
> • 전통적 사기: 사람을 직접 만나서 기망하고 재물을 취득하는 사기행위
> • 사이버 사기: 정보통신망 또는 컴퓨터시스템을 통해 이용자들에게 물품이나 용역을 제공할 것처럼 기망하여 금품을 편취하는 사기행위
> • 국가사기: 국고보조금 사기, 세금부정환급 사기 등이 포함되고, 조직사기에는 업무상 횡령 · 배임 등이 포함
> • 다중사기: 보이스피싱, 스미싱 등을 포함한 사이버 금융사기
> • 개인사기: 투자사기 등
>
> 정답 ○

15. 무어(Moore)는 화이트칼라범죄를 범죄동기에 따라 신용사기(stings/swindles), 사취(chiseling), 조직 내의 권한의 사적 이용, 횡령, 고객사기, 정보판매와 뇌물, 고의적으로 규정을 위반하는 행위 등 7가지 유형으로 구분하였다.   (   )

> 해설 무어(Moore)는 화이트칼라범죄를 범행수법에 따라 신용사기(stings/swindles), 사취(chiseling), 조직 내의 권한의 사적 이용, 횡령, 고객사기, 정보판매와 뇌물, 고의적으로 규정을 위반하는 행위 등 7가지 유형으로 구분하였다.
>
> 정답 ×

16. 미국 FBI의 정의에 따르면, 증오범죄란 피해자에 대한 개인적 원한 또는 복수심이 원인이 되어 발생하는 범죄를 말한다.   (   )

> 해설 미국 FBI의 정의에 따르면, 증오범죄란 인종, 종교, 장애, 성적 지향, 성별 또는 성정체성에 대한 범죄자의 편견이 범행의 전체 또는 일부 동기가 되어 발생하는 범죄를 의미한다. 개인적 복수심은 거리가 멀다.
>
> 정답 ×

17. 환경범죄는 범죄수법에 따라 환경범죄는 크게 불법처분, 불법운송, 불법저장, 부적절한 조치 및 처리로 구분된다.   (   )

> 정답 ○

18. 어떠한 범죄가 화이트칼라범죄인지 여부는 범죄자의 사회적 지위만으로 판단할 수 있는 것이 아니다.   (   )

> **해설** 화이트칼라범죄는 서덜랜드에 따르면 높은 사회적 지위를 가지고 존경받고 있는 사람이 자신의 직업 활동과 관련하여 행하는 범죄로 정의된다.
>
> 정답 ○

19. 일상생활에 도움이 필요한 아동과 노인을 적절히 돌보지 않는 행위는 가정폭력의 범주에 포함되지 않는다. (   )

> **해설** 방임은 아동학대와 노인학대에서 주로 많이 나타나는 가정폭력의 유형의 하나로 경제적 자립 능력이 부족하거나 일상생활에 도움이 필요한 아동과 노인을 방치하는 행위를 말한다.
>
> 정답 ×

20. 아동복지법에서는 가정폭력에 아동을 노출시키는 행위를 정서적 학대에 포함한다. (   )

> 정답 ○

21. 전통적 범죄와 달리 사이버범죄는 비대면성, 익명성, 피해의 광범위성 등의 특성이 있다. (   )

> 정답 ○

22. 여성범죄에 대해 체스니-린드(Chesney-Lind)는 형사사법체계에서 소년범들의 성별에 따른 차별적 대우가 존재한다고 보았다. (   )

> **해설** 체스니-린드(Chesney-Lind)는 경찰을 비롯해 형사사법시스템에 종사하는 대부분의 사람들은 남성이며 이들이 남성 범죄자와 여성 범죄자를 대하는 태도 및 방식에 있어서 차이가 존재한다고 주장한다. 예를 들어 여자청소년의 비행과 범죄는 남자청소년에 비해 더 엄한 법적 처벌을 받는다고 주장하며 소년범 중 전통적인 성역할을 벗어나는 범죄의 경우 여성 범죄자를 남성 범죄자보다 더 가혹하게 처우하는 경향이 있다고 보았다.
>
> 정답 ○

23. 경찰청 사이버범죄 분류(2021년 기준)에 따르면 몸캠피싱은 불법 컨텐츠 범죄 중 사이버 성폭력에 속한다. (   )

> **해설** 경찰청 사이버안전국의 사이버범죄 분류에 따르면 몸캠피싱은 정보통신망 이용범죄 중 사이버 금융범죄에 속한다. 경찰청 사이버범죄는 기본적으로 정보통신망 침해 범죄, 정보통신망 이용 범죄, 불법 컨텐츠 범죄로 분류하고 있다.
>
> ▌ 경찰청 사이버안전국의 사이버범죄 분류
>
> | 구분 | 유형 | 세부유형 |
> | --- | --- | --- |
> | 사이버 범죄 | 정보통신망 침해 범죄 | 해킹 |
> | | | 서비스거부공격(DDoS 등) |

		악성프로그램
사이버 범죄	**정보통신망 침해 범죄**	악성프로그램
		기타 정보통신망 침해형 범죄
	정보통신망 이용 범죄	사이버 사기
		사이버 금융범죄(피싱, 파밍, 스미싱, 메모리해킹, 몸캠피싱 등)
		개인 · 위치정보 침해
		사이버 저작권침해
		사이버 스팸메일
		기타 정보통신망 이용형 범죄
	불법 컨텐츠 범죄	사이버 성폭력
		사이버 도박
		사이버 명예훼손 · 모욕, 사이버 스토킹
		기타 불법콘텐츠 범죄
		사이버 스팸메일

정답 ✕

24. e-후킹은 해킹기법의 한 종류로 이용자가 키보드를 누른 정보를 밖으로 빼돌리는 것으로, 카드비밀번호 등 중요한 정보를 유출시키는 기법으로 정보통신망 침해 범죄에 해당한다.
(   )

정답 ○

25. 파밍은 피해자의 PC를 악성프로그램에 감염시켜 정상 사이트 주소를 입력하더라도 가짜 사이트로 접속되도록 조작한 후 금융거래정보를 빼내어 금전을 부당하게 인출하는 기법이다.
(   )

정답 ○

26. 스미싱은 인터넷이 가능한 휴대폰 사용자에게 문자 메시지를 보낸 후 사용자가 웹사이트에 접속하면, 악성코드를 주입하여 휴대폰을 통제하는 기법이다.   (   )

정답 ○

27. 스푸핑이란, 속이거나 골탕먹이다는 의미로 직접적으로 시스템에 침입을 시도하지 않고 피해자가 공격자의 악의적인 시도에 의한 잘못된 정보, 혹은 연결을 신뢰하게끔 만드는 일련의 기법들을 의미한다. 참고로 스니핑이란 냄새를 맡다는 의미로 컴퓨터 네트워크상에 돌아다니는 패킷들을 훔쳐보는 것을 말하고 정보통신망 이용 범죄에 해당한다.   (   )

정답 ○

28. 스미싱은 인터넷이 가능한 휴대폰 사용자에게 문자 메시지를 보낸 후, 사용자가 웹사이트에 접속하면, 악성코드를 주입해 휴대폰을 통제하는 수법을 말하고 정보통신망 이용 범죄에 해당한다. ( )

정답 ○

29. 피싱은 피해자를 기망하거나 협박하여 개인정보, 금융거래정보 등을 요구하거나 금전을 이체토록하는 기법이다. ( )

정답 ○

30. 비싱은 피싱이 발전된 수법으로, 금융기관을 가장하여 인터넷 전화를 이용하여 은행계좌에 문제가 있다는 자동 녹음된 메시지를 보낸 뒤, 사용자가 비밀번호 등을 입력하면 빼내가는 수법을 말하고 정보통신망 이용 범죄에 해당한다. ( )

정답 ○

31. 메모리해킹은 피해자의 PC 메모리에 상주하는 악성프로그램을 심어 정상 사이트에 접속하더라도 거래오류가 발생되거나, 별도의 팝업창을 띄워 금융거래정보를 입력하게 하여 금전을 부당하게 인출하는 기법이다. ( )

정답 ○

32. 스피어피싱은 특정 대상을 선정하여 그의 정보를 조사한 후 맞춤형 메시지를 보내 개인정보를 수집하는 기법이다. ( )

정답 ○

33. 살라미 기술은 작은 사기나 불법행위를 여러 번에 걸쳐 실행하여 피해를 최소화시킴으로써 가해자의 존재를 감추는 기법으로, 이름은 저미어 먹는 살라미 소시지에서 유래되었다. ( )

정답 ○

34. 돼지도살 사기는 피해자와 신뢰를 쌓은 후 고수익을 약속하며 투자를 유도하는 사이버 범죄로, 초기 투자 시 가짜 수익을 보여주면서 추가 투자를 유도하고, 결국에는 모든 돈을 가지고 사라지므로 피해자는 대부분 큰 재정적 손실을 입게 된다. ( )

정답 ○

35. 슈퍼재핑은 특정 대상이나 집단의 데이터를 조작하거나 훔치는 기법으로, 재핑보다 더 고도화된 기법이다. 주로 해커가 대량의 데이터를 효율적으로 수집하기 위해 사용하는데, 목표대상의 취약점을 이용하여 빠르게 많은 정보를 얻는 데 집중한다.

(　　)

정답 ○

36. 폭스와 레빈(Fox & Levin)은 세상을 변혁시키기 위한 어떤 임무를 수행하는 일환으로 연쇄살인 범죄를 저지르는 유형을 이익추구형이라고 보았다.　　(　　)

해설 지문에 제시된 내용은 미션추구형(사명감형)에 대한 설명이다.

▮ 폭스와 레빈(Fox & Levin, 1992)의 연쇄살인범 유형

스릴형 (thrill)	성적 가학형	성적학대를 이유로 하며 연쇄살인범의 대다수를 차지한다.
	지배형	상대방에 대한 우월감을 얻기 위해 행하는 유형이다.
미션형(사명감형) (mission)	개혁형	사회의 악을 제거한다는 명분으로 행하는 유형이다. 살해대상은 매춘부, 노숙자, 성소수자 등이다.
	망상형	신으로부터 지시를 받고 행한다는 망상에 잡힌 유형이다. 빈도는 가장 낮다.
편의형 (expedience)	이익추구형	금전적 이익을 얻기 위한 유형이다.
	보호수단형	범죄후 이를 은폐하고자 하는 유형이다.

정답 ✕

37. 살인범죄는 낯선 사람에 의한 범행보다 면식범에 의한 범행이 다수이며, 일방적인 가해에 의한 경우뿐만 아니라 피해자가 유발하는 경우도 상당하다.　　(　　)

해설 볼프강(Wolfgang)에 따르면 피해자가 유발하는 살인도 25% 정도를 차지한다고 한다.

정답 ○

38. 연쇄살인은 1970년대 미국 FBI 요원인 '로버트 레슬리'가 처음으로 용어를 사용하였으며, 동기가 분명하지 않아 범인 검거에 어려움이 크다.　　(　　)

정답 ○

39. 2급살인은 상대방을 살해할 의도를 갖고 사전계획을 하고, 살인을 저지른 경우를 말한다.

(　　)

해설 1급살인에 대한 내용이다. 2급살인은 사람을 죽일 의도가 있는 경우, 생명이 위험할 수 있다는 것을 알면서 그 행동을 하는 경우 등에 해당한다.

정답 ✕

40. 연쇄살인과 연속살인을 구분하는 기준은 심리적 냉각기이다. ( )

해설 연쇄살인은 사건 간에 냉각기를 가지고 다수의 장소에서 네 건 이상의 살인을 저지르는 것을 말하며, 연속살인은 짧은 시간 내에 여러 장소를 다니며 두 명 이상의 살인을 저지르는 것을 말한다.

정답 ○

41. 피해자 수에 따라 살인은 일반살인과 다중살인으로 구분되며 다중살인은 다시 한 사건과 다음 사건 사이에 심리적 냉각기의 존재 여부에 따라 연속살인과 대량살인으로 구분된다.

( )

해설 피해자 수에 따라 살인은 일반살인(1명의 피해자)과 다중살인(2명 이상의 피해자)으로 구분되며, 다중살인은 대량살인, 연속살인 및 연쇄살인으로 세분된다.

정답 ✕

42. 헤어(Hare)가 주장한 사이코패스 진단 척도는 PCL-R이 가장 많이 사용된다. ( )

해설 PCL-R은 20문항에 걸쳐 각 항목별로 3점 척도로 응답하고, 총 40점 만점으로 구성되어 있으며, 2명 이상의 전문가가 평균을 낸 점수로 사이코패스를 진단하게 되는데, 총점 40점에 가까울수록 사이코패스 성향이 높은 것으로 본다.

정답 ○

43. 젠더폭력에는 리벤지포르노, 데이트강간, 학교폭력 등이 해당된다. ( )

해설 젠더(gender)폭력은 여성과 남성의 성차에 기반을 두고 발생하는 신체적, 성적, 정서적 폭력을 말한다. 성폭력, 가정폭력 등 전통적인 여성폭력 외에도 스토킹, 데이트강간, 사이버성폭력, 리벤지포르노 등이 여기에 해당한다.

정답 ✕

44. 범죄동기에 따라 이욕범, 곤궁범, 격정범, 유쾌범, 정치범으로 구분하기도 한다. ( )

해설 | 범죄동기에 의한 분류

이욕범	• 자신의 경제적 이익을 위해 행한 범죄 • 절도, 횡령, 배임, 통화위조 등
곤궁범	• 경제적인 곤궁에서 벗어나기 위해 실행한 범죄 • 절도, 영아살인, 유기 등
격정범	• 증오, 질투, 복수심, 성욕 등 격정에 휩싸여 저지른 범죄 • 폭행, 상해, 살인, 강간 등
유쾌범	• 스릴이나 흥분을 얻고자 하는 목적으로 저지른 범죄 • 가게물건 절도, 과속운전 등
정치범	• 정치적인 목적으로 저지른 범죄

정답 ○

45. 그로스(Groth)는 폭력적 강간의 유형에는 분노 강간, 스릴 추구적 강간, 지배 강간이 있다고 주장하였다.　　　　　　　　　　　　　　　　　　　　(　　)

해설　그로스가 주장한 폭력적 강간의 유형은 지배 강간, 분노 강간, 가학적 변태성욕강간이다.

지배 강간	피해자를 자신의 통제하에 놓고 싶어 하는 유형으로, 능력 있는 남성이라는 자부심을 유지하기 위해 강간이라는 비정상적인 행위를 통해 자신의 힘을 과시·확인하고자 한다.
분노 강간	강간자의 증오와 분노의 감정에 의해 촉발되는 우발적·폭력적인 유형으로, 성적 만족을 위한 강간이 아닌 자신의 분노를 표출하고 상대방을 모욕하기 위한 행위로서 신체적인 학대가 심하다.
가학성 변태성욕강간	분노와 권력에의 욕구가 성적으로 변형되어 가학적인 공격행위 그 자체에서 성적 흥분을 느끼는 정신병리적 유형으로, 사전계획하에 상대방을 묶거나 성기, 유방 등을 물어뜯거나 불로 지지는 등 다양한 방법으로 모욕하는 등 반복적인 행동으로써 쾌락과 만족감을 얻는다.

정답 ✕

46. 성범죄는 다수가 가해사실을 부인하므로 DNA 및 체액, 타액 검사 등 첨단 과학적인 수사기법에 기초하여 유죄를 입증하는 경우가 대다수이다.　　　　　　　　(　　)

해설　강간범죄는 증거의 오염과 시일의 경과 등으로 증거확보가 어렵다. 따라서 가해자의 자백 등에 의존한 범죄사실 입증이 다수를 차지한다.

정답 ✕

47. 코헨(Cohen)은 강간의 형태를 대체적 공격, 보상적 공격, 성공격 동시 수행, 충동에 의한 경우로 분류하였다.　　　　　　　　　　　　　　　　　　　　　　(　　)

해설　▌코헨의 강간 분류

대체적 공격	특정 여성에게 성적 거절을 당했을 때 발생한 불만해소를 위해 임의로 선택한 여성에게 성적 공격
보상적 공격	여자를 만나기 어려운 성격의 자가 방어력이 약한 여성을 대상으로 성적 공격
성(性)공격 동시 범행	피해자가 공격하면 더욱 흥분하고 이에 대한 반격으로 성적 공격
충동	순간적인 충동에 의한 경우

정답 ○

48. 사기범죄는 사전에 범행계획을 세우고 실행하며, 전문지식과 기술을 바탕으로 지능적인 범행수법을 사용한다.　　　　　　　　　　　　　　　　　　　　　　　　(　　)

해설　▌사기범죄의 특징
- 재범률이 높다.
- 전문지식과 기술이 필요하다.
- 철저한 사전 계획이 필요하다.
- 피해자가 될 만한 사람을 찾아 나선다(범죄의 광역성).

정답 ○

49. 향정신성 의약품에는 메트암페타민, 날부핀, LSD 등이 있다. ( )

> 해설 ┃마약의 분류 「마약류 관리에 관한 법률」

분류	종류
향정신성 의약품	메트암페타민, 바르비탈류, 벤조디아제핀류, LSD, 날부핀, 덱스트로메토르판, 카리소프로돌, 펜플루라민, 케타민
대마	대마
마약	헤로인, 모르핀, 아편, 모르핀, 코카인, 메타돈, 염산페티딘

> 정답 ○

50. 약물범죄는 대표적인 피해자 없는 범죄로 불법약물의 사용, 제조, 판매, 유통하는 행위를 통칭한다. ( )

> 정답 ○

51. 작용에 따른 약물의 종류 중 각성제는 중앙신경계통 자극제로 아편, 몰핀, 헤로인, 합성제재 등이 있다. ( )

> 해설 작용에 따른 약물의 종류 중 각성제는 중앙신경계통 자극제로, 에너지 증가나 집중력 향상, 기분상승, 피로감소 등의 효능이 있는데, 메스암페타민이나 코카인 등이 이에 해당한다. 아편, 몰핀, 헤로인 등은 중추신경계통 억제제(진정제)로, 신체와 정신의 긴장을 완화하고 불안감소, 수면유도 등의 효능이 있는데, 합성제제 등이 이에 해당한다.

> 정답 ×

52. 코카인에 베이킹파우더를 섞어 담배형태로 피울 수 있는 크랙(Crack)은 가격이 저렴하여 흑인, 유색인종들에게 애용되고 있다. ( )

> 정답 ○

53. 한국 · 중국 · 일본 3국을 중심으로 하는 메트암페타민 유통체계는 황금의 삼각지대(golden triangle)로 불린다. ( )

> 해설 백색의 삼각지대에 대한 설명으로, 대만에서 원료를 밀수입하여 우리나라에서 제조한 후 일본에 판매하는 구조였으며, 이후 중국에서 제조하고 한국, 일본에 수출하는 구조로 바뀌었다.

> 정답 ×

54. L.S.D는 호밀에 생기는 곰팡이인 맥락에서 추출된 물질로, 향정신성의약품에 해당한다. ( )

> 정답 ○

55. YABA는 주로 종이에 묻혔다가 뜯어서 혓바닥을 통해 입에 넣는 방법으로 남용된다.
( )

정답 ○

56. 파키스탄, 이란, 아프가니스탄 등의 국경지대로 양귀비를 재배해서 모르핀, 헤로인 등으로 가공하여 세계 각국에 공급하는 지대는 황금의 초승달지대(golden crescent)이다.
( )

해설 양귀비를 재배하여 모르핀, 헤로인 등으로 가공해서 세계 각국에 공급하는 지역으로, 아프가니스탄, 파키스탄, 이란 등 3국의 접경지대이다.

정답 ○

57. 아바딘스키(Abadinsky)는 조직범죄에 대해 정치적·이념적 목적이 개입된 경우가 많다고 보았다.
( )

해설 조직범죄에는 정치적 목적이나 이해관계가 개입되지 않으며, 일부 정치적 참여는 자신들의 보호나 면책수단에 지나지 않는 비이념적 특성을 지닌다.

▎Abadinsky의 조직범죄에 대한 견해

비이념적	조직범죄는 정치적 목적이나 이해관계가 개입되지 않고, 일부 정치적 참여는 자신들의 보호나 면책을 위한 수단에 지나지 않는 비이념적 특성을 갖는다.
위계적 권력구조	조직범죄는 위계적·계층적이다.
구성원의 폐쇄성(제한)	조직범죄의 구성원은 매우 제한적이며 배타적이다.
영구적 활동	조직활동이나 구성원의 참여가 거의 영구적이며, 내부구성원이 따라야 할 규칙을 가지고 있다.
분업화 / 전문화	조직 내 위치에 따라 임무와 역할이 철저하게 분업화되고 전문화되어 있다.
불법수단(폭력, 뇌물)사용	이익을 증대시키기 위해 폭력을 사용하고 부패공무원을 매수하여 특정지역이나 사업분야를 독점한다.
사업의 독점성	특정사업을 독점하여 경제적 이익을 취한다.
규범통제	합법적 조직과 동일하게 조직내 규범통제가 이루어진다.

정답 ×

58. 여성범죄에 대해 폴락(Pollak)의 기사도 가설(chivalry hypothesis)에 따르면 형사사법기관 종사자들이 남성범죄자보다 여성범죄자를 더 관대하게 대하는 태도를 가졌다고 본다.
( )

해설 폴락(Pollak)은 「여성의 범죄성」(1950)에서 통계적으로 남성범죄자보다 여성범죄자의 비율이 낮은 이유에 대해서 그는 첫째, 형사사법이 여성에게 관대한 처분을 내리기 때문이라는 기사도 가설(chivalry hypothesis)을 주장하였다. 둘째, 여성은 그들의 범죄를 잘 감추는 능력을 타고나기 때문이라고 주장하였다.

정답 ○

59. 폴락(Pollak)은 여성이 남성에 비해 범죄행위를 덜 할 뿐만 아니라, 은폐되는 경향이 있기 때문에 통계상 적게 나타난다고 하였다. (   )

> 해설 폴락은 여성의 범죄율이 남성의 범죄율보다 현저히 낮은 원인 중 하나는 기사도정신이라고 보았는데, 여기서 기사도정신이란 남성이 여성을 대신하여 죄를 저지르는 것이 아니라, 범죄행위에 대하여 남성의 여성에 대한 일반적 태도, 즉 경찰은 여성을 체포하기를 꺼려하고, 검찰은 여성을 기소하기를 꺼려하며, 재판관이나 배심원은 여성을 유죄로 판결하기를 꺼려하는 것 등을 의미한다. 즉, 여성의 범죄는 남성과 비교하여 덜하지 않다고 주장하였다.
>
> 정답 ✕

60. 데일리(Daly)와 체스니-린드(Chesney-Lind)는 여성이 남성보다 일관되게 가벼운 처벌을 받는 것은 아니며, 전통적인 여성성을 위반했다고 인정되는 경우에는 오히려 더 엄중한 처벌을 받는다고 하였다. (   )

> 정답 ◯

61. 헤이건(Hagen)은 권력-통제이론에서 계급, 성별 불평등과 청소년의 성별 범죄율 차이를 분석하였다. (   )

> 정답 ◯

62. 가정환경과 범죄에 있어 나이(Nye)는 극단적으로 엄격한 훈육은 청소년의 자유로운 동료집단과의 상호작용을 방해하여 동집단과의 상호작용을 방해한다고 보았다. (   )

> 정답 ◯

63. 화이트칼라 범죄는 범죄피해의 규모는 크지만, 범죄자는 물론 일반인도 중대한 범죄로 보지 않은 경향이 있다. (   )

> 해설 화이트칼라 범죄의 특징은 범죄자의 규범의식이 희박하고, 피해자의 피해의식도 낮다는 점에 있다.
>
> 정답 ◯

64. 화이트칼라 범죄는 직접적인 피해자를 제외하고는 다른 사람들에게 영향을 미치지 않는다. (   )

> 해설 화이트칼라 범죄는 피해자에 대한 직접적 피해야기뿐만 아니라 사회 전체에 광범위한 피해를 야기하는 점에서 일반범죄와 구별된다.
>
> 정답 ✕

65. 화이트칼라 범죄의 통제방법 중 법을 따르도록 시장의 인센티브를 만들려는 시도로 행위자보다 행위에 초점을 맞추는 전략을 준수전략이라 한다.　　　　　(　)

정답 ○

66. 화이트칼라 범죄는 사회적 지위가 높은 사람이 주로 직업 및 업무수행 과정에서 범하는 범죄를 의미하고, 피해가 직접적이고 암수범죄의 비율이 낮으며 선별적 형사소추가 문제된다.　　　　　　　　　　　　　　　　　　　　　　　(　)

해설 화이트칼라 범죄는 피해가 간접적이고 암수범죄의 비율이 높다.

정답 ✕

67. 화이트칼라 범죄는 범행동기에 따라 조직적 범죄와 직업적 범죄로 나눌 수 있는데, 직업적 범죄는 사기기만형, 시장통제형, 뇌물매수형, 기본권 침해형으로 구분된다.　　(　)

해설 조직적 범죄는 사기기만형, 시장통제형, 뇌물매수형, 기본권 침해형으로 구분되고, 직업적 범죄는 범죄자의 신분에 따라 기업범죄, 정부범죄, 전문가범죄 등으로 구분된다.

정답 ✕

68. 사이버범죄는 전문가나 내부자의 범행은 극소수이다.　　　　　　(　)

해설 사이버범죄는 전문가나 내부자가 전문성과 기술성을 가지고 행하는 경우가 많기 때문에 범죄의 지능화로 인한 수사의 어려움이 생길 수 있다.

정답 ✕

69. 경찰청(KNP)에서는 사이버범죄를 테러형 사이버범죄와 일반 사이버범죄로 구분하였으며, 해킹·서비스거부 공격(디도스)·개인정보 침해 등은 테러형 사이버범죄에 속한다.　(　)

해설 해킹·서비스거부 공격(디도스)은 테러형 사이버범죄, 개인정보 침해는 일반 사이버범죄에 속한다.

▌사이버 범죄의 분류(경찰청)

테러형 사이버범죄	의의	정보의 기밀성, 무결성을 침해하는 범죄
	분류	해킹, 컴퓨터바이러스, 디도스(서비스 거부), 인터넷 웜
일반 사이버범죄	의의	사이버 공간에서 이루어지는 일반 형사범죄
	분류	음란물 유통, 사이버 도박, 개인정보침해, 사이버 스토킹, 사이버 명예훼손 등

정답 ✕

70. 성매매의 법률적 통제에 있어 우리나라는 원칙적으로 성매매를 금지하고 있으며, 성판매자와 성구매자를 모두 처벌하는 엄격한 금지주의를 취한다.　　　　　(　)

정답 ○

71. 증오범죄는 대면성, 범행대상의 특정성, 비합리성, 잔인성, 지속성 등의 특징을 가진다.
　　　　　　　　　　　　　　　　　　　　　　　　　　　　　　　　　　　　　（　　　）

> **해설** 비대면성, 범행대상의 불특정성, 비합리성, 잔인성, 지속성, 모방성, 피해대량성, 보복유발성 등
>
> ▌ 레빈과 맥데빗(Levin & McDevitt)의 증오범죄 분류
>
> | 스릴추구형 | • 소수 집단에 대한 편견, 괴롭힘 재산 파괴
• 상대방에게 고통을 주며 스릴을 느낌 |
> |---|---|
> | 방어형 | • 자신과 가치관이 다른 자들이 자신에게 위협이 된다고 인식함
• 외부세력에 대한 방어적 차원에서 공격이 곧 최선의 방어라 봄 |
> | 사명형 | • 종교적 믿음 등에 기초함
• 상대방을 증오하는 것이 사명이라고 인식 |
> | 보복형 | • 자신의 이익훼손에 대한 보복 |

정답 ✕

72. 증오범죄는 특정 대상에 대한 편견을 바탕으로 범행을 실행하므로 표적범죄(target crime)의 한 유형으로 볼 수 있다.　　　　　　　　　　　　　　　　　　　　　　（　　　）

정답 ○

73. 증오범죄의 유형 중 스릴추구형은 특정 대상에게 고통을 주는 행위를 통한 가학성 스릴을 즐기는 경향이 있다.　　　　　　　　　　　　　　　　　　　　　　　　　（　　　）

정답 ○

74. 증오범죄의 유형 중 사명형은 특정 대상을 괴롭히는 것이 세상의 악을 없애기 위해 자신에게 부여된 신성한 사명이라고 여긴다.　　　　　　　　　　　　　　　　（　　　）

정답 ○

75. 증오범죄는 피해자에 대한 개인적 원한이나 복수심에 의하여 주로 발생되며, 증오범죄자는 자신의 행동이 옳다고 믿는다.　　　　　　　　　　　　　　　　　　（　　　）

> **해설** 증오범죄는 대상의 인종, 종교, 장애, 성적 지향, 성별, 성정체성 등에 대한 범죄자의 편견이 범행의 전체 또는 일부의 동기가 되어 발생한다.
>
> ▌ 증오범죄의 분류(McDevitt, Levin, & Bennett)
> • 스릴형(가장 많음) : 가학성 스릴을 즐기기 위해 범죄를 저지른다.
> • 방어형 : 자신의 구역과 집단을 지키기 위해 범죄를 저지른다.
> • 복수형 : 복수를 위해 상대 집단이나 개인을 대상으로 범죄를 저지른다.

• 사명형(가장 적음) : 집단의 이익을 위해 사탄이나 마귀로 여겨지는 상대 집단이나 개인을 대상으로 범죄를 저지른다.

정답 ✕

76. 우리나라는 스토킹범죄 행위에 대해 '경범죄처벌법'상 장난전화, 지속적 괴롭힘 및 '정보통신망 이용촉진 및 정보보호 등에 관한 법률'상 공포심·불안감 유발로 처벌하고 있다. (　　　)

해설 2021.3.24. 스토킹범죄의 처벌 등에 관한 법률이 통과되어 2021.10.21.부터 시행중이다.

정답 ✕

77. 스토킹범죄를 저지른 사람은 3년 이하의 징역 또는 3천만원 이하의 벌금에 처한다. 흉기 또는 그 밖의 위험한 물건을 휴대하거나 이용하여 스토킹범죄를 저지른 사람은 5년 이하의 징역 또는 5천만원 이하의 벌금에 처한다. (　　　)

해설 스토킹범죄의 처벌 등에 관한 법률 제18조 제1항·제2항 참조.

▌미국의 전국범죄피해자센터에서 제시한 스토킹범죄의 4가지 유형
• 단순집착형: 가해자와 피해자는 '사실적 관계'(=서로 아는 사이)가 가장 많고 위험성이 높다.
• 애정집착형: 가해자와 피해자는 서로 전혀 알지 못하는 낯선 관계로 주로 유명인사, 공인을 대상으로 하는 경우가 많고, 피해자와 특별한 관계가 되는 상상에 빠져 있다.
• 연애망상형: 피해자는 가해자의 존재를 전혀 모르고, 가해자는 피해자와 특별한 관계라고 망상에 빠져 있다. 가해자 대부분은 강박관념, 망상 등 성격장애가 있어 정상적인 관계, 일상을 유지하는 능력이 낮다.
• 허위피해망상형: 실제로는 스토커가 없는데 피해자 자신이 스토킹 피해를 당하고 있다는 망상에 빠진 유형이다.

정답 ◯

78. 미국에서는 범행대상 및 수법에 따라 절도범죄를 주거침입절도, 단순절도, 차량 절도로 구분한다. 주거침입절도와 단순절도의 차이점은 타인의 재물을 절취하기 위해 주거를 위한 건축물을 불법적으로 침입했는지 여부가 중요하며 침입을 위해 반드시 무력을 사용할 필요는 없다. (　　　)

정답 ◯

79. 현행 「스토킹범죄의 처벌 등에 관한 법률」상 신고를 받은 사법경찰관리가 즉시 현장에 나가서 취해야 할 응급조치로 재발우려 시 임시조치를 신청할 수 있음을 통보할 수 있다. (　　　)

해설 재발우려 시 임시조치를 신청할 수 있음을 통보가 아니라, 향후 스토킹행위의 중단통보 및 스토킹행위를 지속적 또는 반복적으로 할 경우 처벌 서면경고이다.

스토킹범죄의 처벌 등에 관한 법률 정리

사법경찰관리 현장응급조치	• 스토킹행위의 제지, 향후 스토킹행위의 중단통보 및 스토킹행위를 지속적 또는 반복적으로 할 경우, 처벌 서면경고 • 스토킹행위자와 피해자등의 분리 및 범죄수사 • 피해자등에 대한 긴급응급조치 및 잠정조치 요청의 절차 등 안내 • 스토킹피해 관련 상담소 또는 보호시설로의 피해자등 인도(동의한 경우)	단, 긴급응급조치의 기간은 1개월 초과 X	응급조치변경	• 긴급응급조치 대상자나 대리인은 취소 또는 종류변경을 사경에 신청 가능 • 상대방이나 대리인은 상대방 등의 주거등을 옮긴 경우 사경에 긴급응급조치 변경신청 가능 • 상대방이나 대리인은 긴급응급조치 필요하지 않은 경우, 취소신청 가능 • 사경은 직권 또는 신청에 의해 긴급조치를 취소할 수 있고, 지방법원 판사의 승인을 받아 종류변경 가능
사법경찰관 긴급응급조치 (직권 또는 피해자등 요청)	• 스토킹행위의 상대방등이나 그 주거등으로부터 100m 이내의 접근금지 • 스토킹행위의 상대방등에 대한 전기통신을 이용한 접근금지			※ 통지와 고지 • 상대방 등이나 대리인은 취소 또는 변경취지 통지 • 긴급조치대상자는 취소 또는 변경조치내용 및 불복방법 등 고지
검사의 잠정조치 (청구)	검사는 스토킹범죄가 재발될 우려가 있다고 인정하면 직권 또는 사경의 신청에 따라 잠정조치 청구할 수 있음	–		• 피해자, 동거인, 가족, 법정대리인은 2호(100m 이내 접근금지) 결정 있은 후 주거 등 옮긴 경우 법원에 잠정조치 결정 변경신청 가능 • 스토킹행위자나 그 법정대리인은 잠정조치 취소 또는 종류변경을 법원에 신청 가능 • 검사는 직권이나 사경의 신청에 따라 기간의 연장 또는 종류변경 청구 가능, 필요하지 않은 경우 취소청구도 가능 • 법원은 결정할 수 있고, 고지하여야 함
법원의 잠정조치	① 피해자에 대한 스토킹범죄 중단에 관한 서면경고 ② 피해자 또는 그의 동거인, 가족이나 그 주거등으로부터 100m 이내의 접근금지 ③ 피해자 또는 그의 동거인, 가족에 대한 전기통신을 이용한 접근금지 ④ 전자장치의 부착 ⑤ 국가경찰관서의 유치장 또는 구치소 유치	①·②·③·④는 3개월 초과 X(두 차례에 한정하여 각 3개월의 범위에서 연장 가능) ⑤는 1개월 초과 X	잠정조치변경신청	

정답 ✕

80. 법원은 스토킹범죄의 피해자 보호를 위하여 필요하다고 인정하는 경우, 결정으로 스토킹행위자에게 '피해자의 주거로부터 100미터 이내의 접근금지' 조치를 할 수 있다.　　（　　）

정답 ○

81. 사법경찰관은 스토킹범죄의 원활한 조사·심리를 위하여 필요하다고 인정하는 경우, 직권으로 스토킹행위자에게 '국가경찰관서의 유치장 또는 구치소에의 유치' 조치를 할 수 있다.
　　　　　　　　（　　）

해설 법원은 스토킹범죄의 원활한 조사·심리 또는 피해자 보호를 위하여 필요하다고 인정하는 경우에는 결정으로 스토킹행위자에게 다음 각 호의 어느 하나에 해당하는 조치(이하 "잠정조치"라 한다)를 할 수 있다(스토킹범죄의 처벌 등에 관한 법률 제9조 제1항).
1. 피해자에 대한 스토킹범죄 중단에 관한 서면경고
2. 피해자 또는 그의 동거인, 가족이나 그 주거 등으로부터 100미터 이내의 접근금지
3. 피해자 또는 그의 동거인, 가족에 대한 「전기통신기본법」 제2조제1호의 전기통신을 이용한 접근금지
3의2. 「전자장치 부착 등에 관한 법률」 제2조 제4호의 위치추적 전자장치의 부착
4. 국가경찰관서의 유치장 또는 구치소에의 유치

정답 ✕

82. 검사는 기간이 만료된 접근금지 잠정조치를 청구했을 때와 동일한 스토킹범죄사실과 스토킹범죄 재발우려를 이유로 다시 새로운 잠정조치를 청구할 수 있다. (   )

정답 ○

83. 행위자가 전화를 걸어 피해자의 휴대전화에 벨소리가 울리게 하거나 부재중 전화 문구 등이 표시되도록 하여 피해자에게 불안감이나 공포심을 일으키는 행위는 스토킹행위에 해당한다. (   )

정답 ○

84. 법원이 기존에 내려진 잠정조치 결정 당시 스토킹범죄사실과 동일한 스토킹범죄사실만을 이유로 한 새로운 접근금지 잠정조치 결정을 하는 경우, 각 2개월의 범위에서 두 차례에 한정해서만 추가로 가능하다. (   )

해설 기간이 정하여져 있으나 연장이 가능한 접근금지 잠정조치(스토킹처벌법 제9조 제1항 제2호의 100m 이내 접근금지, 제3호의 전기통신을 이용한 접근금지) 결정은 특별한 사정이 없는 한 그 기간의 연장 결정 없이 기간이 만료되면 효력을 상실하고, 그 이후에는 해당 잠정조치 기간을 연장하는 결정을 할 수 없다. 그러나 검사는 기간이 만료된 접근금지 잠정조치를 청구했을 때와 동일한 스토킹범죄사실과 스토킹범죄 재발 우려를 이유로 제8조 제1항에 의하여 다시 새로운 잠정조치를 청구할 수 있고, 법원도 제9조 제1항에 의하여 피해자 보호 등을 위하여 필요하다고 인정하면 다시 새로운 접근금지 잠정조치 결정을 할 수 있다. 다만 접근금지 잠정조치 기간연장과의 균형을 위해 기존에 내려진 잠정조치 결정 당시 스토킹범죄사실과 동일한 스토킹범죄사실만을 이유로 한 새로운 접근금지 잠정조치 결정은 각 2개월의 범위에서 두 차례에 한정해서만 추가로 가능하다(대법원 2023.2.23. 2022모2092). 그러나 현행 개정법률은 제9조 제7항에서 "제1항 제2호(피해자 또는 그의 동거인, 가족이나 그 주거등으로부터 100미터 이내의 접근금지)·제3호(피해자 또는 그의 동거인, 가족에 대한 「전기통신기본법」 제2조 제1호의 전기통신을 이용한 접근금지) 및 제3호의2(「전자장치 부착 등에 관한 법률」 제2조 제4호의 위치추적 전자장치의 부착)에 따른 잠정조치기간은 3개월, 같은 항 제4호(국가경찰관서의 유치장 또는 구치소에의 유치)에 따른 잠정조치기간은 1개월을 초과할 수 없다. 다만, 법원은 피해자의 보호를 위하여 그 기간을 연장할 필요가 있다고 인정하는 경우에는 결정으로 제1항 제2호·제3호 및 제3호의2에 따른 잠정조치에 대하여 두 차례에 한정하여 각 3개월의 범위에서 연장할 수 있다."고 규정하고 있다. 따라서 현행 개정법령에 따르면 이는 틀린 지문이 된다.

정답 ✕

85. 상대방을 따라다니는 행위가 객관적·일반적으로 볼 때 이를 인식한 상대방에게 불안감 또는 공포심을 일으키기에 충분한 정도라고 평가되더라도 현실적으로 상대방이 불안감 내지 공포심을 갖게 되지 않는 경우에는 스토킹행위에 해당하지 않는다.　　　　（　　　）

> **해설** 스토킹행위를 전제로 하는 스토킹범죄는 행위자의 어떠한 행위를 매개로 이를 인식한 상대방에게 불안감 또는 공포심을 일으킴으로써 그의 자유로운 의사결정의 자유 및 생활형성의 자유와 평온이 침해되는 것을 막고 이를 보호법익으로 하는 위험범이라고 볼 수 있으므로, 구 스토킹범죄의 처벌 등에 관한 법률(2023.7.11. 법률 제19518호로 개정되기 전의 것, 이하 '구 스토킹처벌법'이라 한다) 제2조 제1호 각 목의 행위가 객관적·일반적으로 볼 때 이를 인식한 상대방에게 불안감 또는 공포심을 일으키기에 충분한 정도라고 평가될 수 있다면 현실적으로 상대방이 불안감 내지 공포심을 갖게 되었는지와 관계없이 '스토킹행위'에 해당하고, 나아가 그와 같은 일련의 스토킹행위가 지속되거나 반복되면 '스토킹범죄'가 성립한다. 이때 구 스토킹처벌법 제2조 제1호 각 목의 행위가 객관적·일반적으로 볼 때 상대방에게 불안감 또는 공포심을 일으키기에 충분한 정도인지는 행위자와 상대방의 관계·지위·성향, 행위에 이르게 된 경위, 행위태양, 행위자와 상대방의 언동, 주변의 상황 등 행위 전후의 여러 사정을 종합하여 객관적으로 판단하여야 한다(대법원 2023.12.14. 2023도10313).
>
> 　　　　　　　　　　　　　　　　　　　　　　　　　　　　　　　[정답] ✕

86. 법원은 스토킹범죄의 원활한 조사·심리 또는 피해자 보호를 위하여 필요하다고 인정하는 경우에는 결정으로, 피해자에 대한 스토킹범죄 중단에 관한 서면 경고를 할 수 있다.
　　　　　　　　　　　　　　　　　　　　　　　　　　　　　　（　　　）

> **해설** ┃ 잠정조치 정리
>
> | 잠정조치 | 기간 | 연장 |
> |---|---|---|
> | • 피해자에 대한 스토킹범죄 중단에 관한 서면경고 | – | – |
> | • 피해자 또는 그의 동거인, 가족이나 그 주거등으로부터 100미터 이내의 접근 금지
• 피해자 또는 그의 동거인, 가족에 대한 「전기통신기본법」 제2조 제1호의 전기통신을 이용한 접근 금지
• 「전자장치 부착 등에 관한 법률」 제2조 제4호의 위치추적 전자장치의 부착 | 3개월을 초과 ✕ | 두 차례에 한정하여 각 3개월의 범위에서 연장 ○ |
> | • 국가경찰관서의 유치장 또는 구치소에의 유치 | 1개월을 초과 ✕ | – |
>
> 　　　　　　　　　　　　　　　　　　　　　　　　　　　　　　　[정답] ○

┃ 스토킹범죄의 처벌 등에 관한 법률 [시행 2024.1.12.]

제1장 총칙
제1조(목적) 이 법은 스토킹범죄의 처벌 및 그 절차에 관한 특례와 스토킹범죄 피해자에 대한 보호절차를 규정함으로써 피해자를 보호하고 건강한 사회질서의 확립에 이바지함을 목적으로 한다.
제2조(정의) 이 법에서 사용하는 용어의 뜻은 다음과 같다.
1. "스토킹행위"란 상대방의 의사에 반(反)하여 정당한 이유 없이 다음 각 목의 어느 하나에 해당하는 행위를 하여 상대방에게 불안감 또는 공포심을 일으키는 것을 말한다.
　가. 상대방 또는 그의 동거인, 가족(이하 "상대방등"이라 한다)에게 접근하거나 따라다니거나 진로를 막아서는 행위
　나. 상대방등의 주거, 직장, 학교, 그 밖에 일상적으로 생활하는 장소(이하 "주거등"이라 한

　　　　다) 또는 그 부근에서 기다리거나 지켜보는 행위

　　다. 상대방등에게 우편·전화·팩스 또는「정보통신망 이용촉진 및 정보보호 등에 관한 법률」제2조 제1항 제1호의 정보통신망(이하 "정보통신망"이라 한다)을 이용하여 물건이나 글·말·부호·음향·그림·영상·화상(이하 "물건등"이라 한다)을 도달하게 하거나 정보통신망을 이용하는 프로그램 또는 전화의 기능에 의하여 글·말·부호·음향·그림·영상·화상이 상대방등에게 나타나게 하는 행위

　　라. 상대방등에게 직접 또는 제3자를 통하여 물건등을 도달하게 하거나 주거등 또는 그 부근에 물건등을 두는 행위

　　마. 상대방등의 주거등 또는 그 부근에 놓여져 있는 물건등을 훼손하는 행위

　　바. 다음의 어느 하나에 해당하는 상대방등의 정보를 정보통신망을 이용하여 제3자에게 제공하거나 배포 또는 게시하는 행위

　　　　1)「개인정보 보호법」제2조 제1호의 개인정보

　　　　2)「위치정보의 보호 및 이용 등에 관한 법률」제2조 제2호의 개인위치정보

　　　　3) 1) 또는 2)의 정보를 편집·합성 또는 가공한 정보(해당 정보주체를 식별할 수 있는 경우로 한정한다)

　　사. 정보통신망을 통하여 상대방등의 이름, 명칭, 사진, 영상 또는 신분에 관한 정보를 이용하여 자신이 상대방등인 것처럼 가장하는 행위

2. "스토킹범죄"란 지속적 또는 반복적으로 스토킹행위를 하는 것을 말한다.
3. "피해자"란 스토킹범죄로 직접적인 피해를 입은 사람을 말한다.
4. "피해자등"이란 피해자 및 스토킹행위의 상대방을 말한다.

제2장 스토킹범죄 등의 처리절차

제3조(스토킹행위 신고 등에 대한 응급조치) 사법경찰관리는 진행 중인 스토킹행위에 대하여 신고를 받은 경우 즉시 현장에 나가 다음 각 호의 조치를 하여야 한다.

1. 스토킹행위의 제지, 향후 스토킹행위의 중단 통보 및 스토킹행위를 지속적 또는 반복적으로 할 경우 처벌 서면경고
2. 스토킹행위자와 피해자등의 분리 및 범죄수사
3. 피해자등에 대한 긴급응급조치 및 잠정조치 요청의 절차 등 안내
4. 스토킹 피해 관련 상담소 또는 보호시설로의 피해자등 인도(피해자등이 동의한 경우만 해당한다)

제4조(긴급응급조치) ① 사법경찰관은 스토킹행위 신고와 관련하여 스토킹행위가 지속적 또는 반복적으로 행하여질 우려가 있고 스토킹범죄의 예방을 위하여 긴급을 요하는 경우 스토킹행위자에게 직권으로 또는 스토킹행위의 상대방이나 그 법정대리인 또는 스토킹행위를 신고한 사람의 요청에 의하여 다음 각 호에 따른 조치를 할 수 있다.

1. 스토킹행위의 상대방등이나 그 주거등으로부터 100미터 이내의 접근금지
2. 스토킹행위의 상대방등에 대한「전기통신기본법」제2조 제1호의 전기통신을 이용한 접근금지

② 사법경찰관은 제1항에 따른 조치(이하 "긴급응급조치"라 한다)를 하였을 때에는 즉시 스토킹행위의 요지, 긴급응급조치가 필요한 사유, 긴급응급조치의 내용 등이 포함된 긴급응급조치결정서를 작성하여야 한다.

제5조(긴급응급조치의 승인 신청) ① 사법경찰관은 긴급응급조치를 하였을 때에는 지체 없이 검사에게 해당 긴급응급조치에 대한 사후승인을 지방법원 판사에게 청구하여 줄 것을 신청하여야 한다.

② 제1항의 신청을 받은 검사는 긴급응급조치가 있었던 때부터 48시간 이내에 지방법원 판사에

게 해당 긴급응급조치에 대한 사후승인을 청구한다. 이 경우 제4조 제2항에 따라 작성된 긴급응급조치결정서를 첨부하여야 한다.

③ 지방법원 판사는 스토킹행위가 지속적 또는 반복적으로 행하여지는 것을 예방하기 위하여 필요하다고 인정하는 경우에는 제2항에 따라 청구된 긴급응급조치를 승인할 수 있다.

④ 사법경찰관은 검사가 제2항에 따라 긴급응급조치에 대한 사후승인을 청구하지 아니하거나 지방법원 판사가 제2항의 청구에 대하여 사후승인을 하지 아니한 때에는 즉시 그 긴급응급조치를 취소하여야 한다.

⑤ 긴급응급조치기간은 1개월을 초과할 수 없다.

제6조(긴급응급조치의 통지 등) ① 사법경찰관은 긴급응급조치를 하는 경우에는 스토킹행위의 상대방등이나 그 법정대리인에게 통지하여야 한다.

② 사법경찰관은 긴급응급조치를 하는 경우에는 해당 긴급응급조치의 대상자(이하 "긴급응급조치대상자"라 한다)에게 조치의 내용 및 불복방법 등을 고지하여야 한다.

제7조(긴급응급조치의 변경 등) ① 긴급응급조치대상자나 그 법정대리인은 긴급응급조치의 취소 또는 그 종류의 변경을 사법경찰관에게 신청할 수 있다.

② 스토킹행위의 상대방등이나 그 법정대리인은 제4조 제1항 제1호의 긴급응급조치가 있은 후 스토킹행위의 상대방등이 주거등을 옮긴 경우에는 사법경찰관에게 긴급응급조치의 변경을 신청할 수 있다.

③ 스토킹행위의 상대방이나 그 법정대리인은 긴급응급조치가 필요하지 아니한 경우에는 사법경찰관에게 해당 긴급응급조치의 취소를 신청할 수 있다.

④ 사법경찰관은 정당한 이유가 있다고 인정하는 경우에는 직권으로 또는 제1항부터 제3항까지의 규정에 따른 신청에 의하여 해당 긴급응급조치를 취소할 수 있고, 지방법원 판사의 승인을 받아 긴급응급조치의 종류를 변경할 수 있다.

⑤ 사법경찰관은 제4항에 따라 긴급응급조치를 취소하거나 그 종류를 변경하였을 때에는 스토킹행위의 상대방등 및 긴급응급조치대상자 등에게 다음 각 호의 구분에 따라 통지 또는 고지하여야 한다.

1. 스토킹행위의 상대방등이나 그 법정대리인: 취소 또는 변경의 취지 통지
2. 긴급응급조치대상자: 취소 또는 변경된 조치의 내용 및 불복방법 등 고지

⑥ 긴급응급조치(제4항에 따라 그 종류를 변경한 경우를 포함한다. 이하 이 항에서 같다)는 다음 각 호의 어느 하나에 해당하는 때에 그 효력을 상실한다.

1. 긴급응급조치에서 정한 기간이 지난 때
2. 법원이 긴급응급조치대상자에게 다음 각 목의 결정을 한 때(스토킹행위의 상대방과 같은 사람을 피해자로 하는 경우로 한정한다)
    가. 제4조 제1항 제1호의 긴급응급조치에 따른 스토킹행위의 상대방등과 같은 사람을 피해자 또는 그의 동거인, 가족으로 하는 제9조 제1항 제2호에 따른 조치의 결정
    나. 제4조 제1항 제1호의 긴급응급조치에 따른 주거등과 같은 장소를 피해자 또는 그의 동거인, 가족의 주거등으로 하는 제9조 제1항 제2호에 따른 조치의 결정
    다. 제4조 제1항 제2호의 긴급응급조치에 따른 스토킹행위의 상대방등과 같은 사람을 피해자 또는 그의 동거인, 가족으로 하는 제9조 제1항 제3호에 따른 조치의 결정

제8조(잠정조치의 청구) ① 검사는 스토킹범죄가 재발될 우려가 있다고 인정하면 직권 또는 사법경찰관의 신청에 따라 법원에 제9조 제1항 각 호의 조치를 청구할 수 있다.

② 피해자 또는 그 법정대리인은 검사 또는 사법경찰관에게 제1항에 따른 조치의 청구 또는 그 신청을 요청하거나, 이에 관하여 의견을 진술할 수 있다.

③ 사법경찰관은 제2항에 따른 신청 요청을 받고도 제1항에 따른 신청을 하지 아니하는 경우에는 검사에게 그 사유를 보고하여야 하고, 피해자 또는 그 법정대리인에게 그 사실을 지체 없이 알려야 한다.

④ 검사는 제2항에 따른 청구 요청을 받고도 제1항에 따른 청구를 하지 아니하는 경우에는 피해자 또는 그 법정대리인에게 그 사실을 지체 없이 알려야 한다.

제9조(스토킹행위자에 대한 잠정조치) ① 법원은 스토킹범죄의 원활한 조사·심리 또는 피해자 보호를 위하여 필요하다고 인정하는 경우에는 결정으로 스토킹행위자에게 다음 각 호의 어느 하나에 해당하는 조치(이하 "잠정조치"라 한다)를 할 수 있다.

1. 피해자에 대한 스토킹범죄 중단에 관한 서면경고

2. 피해자 또는 그의 동거인, 가족이나 그 주거등으로부터 100미터 이내의 접근금지

3. 피해자 또는 그의 동거인, 가족에 대한 「전기통신기본법」 제2조 제1호의 전기통신을 이용한 접근금지

3의2. 「전자장치 부착 등에 관한 법률」 제2조 제4호의 위치추적 전자장치(이하 "전자장치"라 한다)의 부착

4. 국가경찰관서의 유치장 또는 구치소에의 유치

② 제1항 각 호의 잠정조치는 병과(倂科)할 수 있다.

③ 법원은 제1항 제3호의2 또는 제4호의 조치에 관한 결정을 하기 전 잠정조치의 사유를 판단하기 위하여 필요하다고 인정하는 때에는 검사, 스토킹행위자, 피해자, 기타 참고인으로부터 의견을 들을 수 있다. 의견을 듣는 방법과 절차, 그 밖에 필요한 사항은 대법원규칙으로 정한다.

④ 제1항 제3호의2에 따라 전자장치가 부착된 사람은 잠정조치기간 중 전자장치의 효용을 해치는 다음 각 호의 행위를 하여서는 아니 된다.

1. 전자장치를 신체에서 임의로 분리하거나 손상하는 행위

2. 전자장치의 전파(電波)를 방해하거나 수신자료를 변조(變造)하는 행위

3. 제1호 및 제2호에서 정한 행위 외에 전자장치의 효용을 해치는 행위

⑤ 법원은 잠정조치를 결정한 경우에는 검사와 피해자 또는 그의 동거인, 가족, 그 법정대리인에게 통지하여야 한다.

⑥ 법원은 제1항 제4호에 따른 잠정조치를 한 경우에는 스토킹행위자에게 변호인을 선임할 수 있다는 것과 제12조에 따라 항고할 수 있다는 것을 고지하고, 다음 각 호의 구분에 따른 사람에게 해당 잠정조치를 한 사실을 통지하여야 한다.

1. 스토킹행위자에게 변호인이 있는 경우: 변호인

2. 스토킹행위자에게 변호인이 없는 경우: 법정대리인 또는 스토킹행위자가 지정하는 사람

⑦ 제1항 제2호·제3호 및 제3호의2에 따른 <u>잠정조치기간은 3개월</u>, 같은 항 제4호에 따른 <u>잠정조치기간은 1개월을 초과할 수 없다.</u> 다만, 법원은 피해자의 보호를 위하여 그 기간을 연장할 필요가 있다고 인정하는 경우에는 결정으로 제1항 제2호·제3호 및 제3호의2에 따른 잠정조치에 대하여 <u>두 차례에 한정하여 각 3개월의 범위에서 연장할 수 있다.</u>

제10조(잠정조치의 집행 등) ① 법원은 잠정조치 결정을 한 경우에는 법원공무원, 사법경찰관리, 구치소 소속 교정직공무원 또는 보호관찰관으로 하여금 집행하게 할 수 있다.

② 제1항에 따라 잠정조치 결정을 집행하는 사람은 스토킹행위자에게 잠정조치의 내용, 불복방법 등을 고지하여야 한다.

③ 피해자 또는 그의 동거인, 가족, 그 법정대리인은 제9조 제1항 제2호의 잠정조치 결정이 있은 후 피해자 또는 그의 동거인, 가족이 주거등을 옮긴 경우에는 법원에 잠정조치 결정의 변경을 신청할 수 있다.

④ 제3항의 신청에 따른 변경 결정의 스토킹행위자에 대한 고지에 관하여는 제2항을 준용한다.
⑤ 제1항부터 제4항까지에서 규정한 사항 외에 제9조 제1항 제3호의2에 따른 잠정조치 결정의 집행 등에 관하여는 「전자장치 부착 등에 관한 법률」 제5장의2에 따른다.
제11조(잠정조치의 변경 등) ① 스토킹행위자나 그 법정대리인은 잠정조치 결정의 취소 또는 그 종류의 변경을 법원에 신청할 수 있다.
② 검사는 수사 또는 공판과정에서 잠정조치가 계속 필요하다고 인정하는 경우에는 직권이나 사법경찰관의 신청에 따라 법원에 해당 잠정조치기간의 연장 또는 그 종류의 변경을 청구할 수 있고, 잠정조치가 필요하지 아니하다고 인정하는 경우에는 직권이나 사법경찰관의 신청에 따라 법원에 해당 잠정조치의 취소를 청구할 수 있다.
③ 법원은 정당한 이유가 있다고 인정하는 경우에는 직권 또는 제1항의 신청이나 제2항의 청구에 의하여 결정으로 해당 잠정조치의 취소, 기간의 연장 또는 그 종류의 변경을 할 수 있다.
④ 법원은 제3항에 따라 잠정조치의 취소, 기간의 연장 또는 그 종류의 변경을 하였을 때에는 검사와 피해자 및 스토킹행위자 등에게 다음 각 호의 구분에 따라 통지 또는 고지하여야 한다.
1. 검사, 피해자 또는 그의 동거인, 가족, 그 법정대리인: 취소, 연장 또는 변경의 취지 통지
2. 스토킹행위자: 취소, 연장 또는 변경된 조치의 내용 및 불복방법 등 고지
3. 제9조 제6항 각 호의 구분에 따른 사람: 제9조 제1항 제4호에 따른 잠정조치를 한 사실
⑤ 잠정조치 결정(제3항에 따라 잠정조치기간을 연장하거나 그 종류를 변경하는 결정을 포함한다. 이하 제12조 및 제14조에서 같다)은 스토킹행위자에 대해 검사가 불기소처분을 한 때 또는 사법경찰관이 불송치결정을 한 때에 그 효력을 상실한다.
제12조(항고) ① 검사, 스토킹행위자 또는 그 법정대리인은 긴급응급조치 또는 잠정조치에 대한 결정이 다음 각 호의 어느 하나에 해당하는 경우에는 항고할 수 있다.
1. 해당 결정에 영향을 미친 법령의 위반이 있거나 중대한 사실의 오인이 있는 경우
2. 해당 결정이 현저히 부당한 경우
② 제1항에 따른 항고는 그 결정을 고지받은 날부터 7일 이내에 하여야 한다.
제13조(항고장의 제출) ① 제12조에 따른 항고를 할 때에는 원심법원에 항고장을 제출하여야 한다.
② 항고장을 받은 법원은 3일 이내에 의견서를 첨부하여 기록을 항고법원에 보내야 한다.
제14조(항고의 재판) ① 항고법원은 항고의 절차가 법률에 위반되거나 항고가 이유 없다고 인정하는 경우에는 결정으로 항고를 기각(棄却)하여야 한다.
② 항고법원은 항고가 이유 있다고 인정하는 경우에는 원결정(原決定)을 취소하고 사건을 원심법원에 환송하거나 다른 관할법원에 이송하여야 한다. 다만, 환송 또는 이송하기에 급박하거나 그 밖에 필요하다고 인정할 때에는 원결정을 파기하고 스스로 적절한 잠정조치 결정을 할 수 있다.
제15조(재항고) ① 항고의 기각 결정에 대해서는 그 결정이 법령에 위반된 경우에만 대법원에 재항고를 할 수 있다.
② 제1항에 따른 재항고의 기간, 재항고장의 제출 및 재항고의 재판에 관하여는 제12조 제2항, 제13조 및 제14조를 준용한다.
제16조(집행의 부정지) 항고와 재항고는 결정의 집행을 정지하는 효력이 없다.
제17조(스토킹범죄의 피해자에 대한 전담조사제) ① 검찰총장은 각 지방검찰청 검사장에게 스토킹범죄 전담 검사를 지정하도록 하여 특별한 사정이 없으면 스토킹범죄 전담 검사가 피해자를 조사하게 하여야 한다.
② 경찰관서의 장(국가수사본부장, 시·도경찰청장 및 경찰서장을 의미한다. 이하 같다)은 스토킹범죄 전담 사법경찰관을 지정하여 특별한 사정이 없으면 스토킹범죄 전담 사법경찰관이 피해자를 조사하게 하여야 한다.

③ 검찰총장 및 경찰관서의 장은 제1항의 스토킹범죄 전담 검사 및 제2항의 스토킹범죄 전담 사법경찰관에게 스토킹범죄의 수사에 필요한 전문지식과 피해자 보호를 위한 수사방법 및 수사절차 등에 관한 교육을 실시하여야 한다.

제17조의2(피해자 등에 대한 신변안전조치) 법원 또는 수사기관이 피해자등 또는 스토킹범죄를 신고(고소 · 고발을 포함한다. 이하 이 조에서 같다)한 사람을 증인으로 신문하거나 조사하는 경우의 신변안전조치에 관하여는 「특정범죄신고자 등 보호법」 제13조 및 제13조의2를 준용한다. 이 경우 "범죄신고자등"은 "피해자등 또는 스토킹범죄를 신고한 사람"으로 본다.

제17조의3(피해자등의 신원과 사생활 비밀 누설 금지) ① 다음 각 호의 어느 하나에 해당하는 업무를 담당하거나 그에 관여하는 공무원 또는 그 직에 있었던 사람은 피해자등의 주소, 성명, 나이, 직업, 학교, 용모, 인적사항, 사진 등 피해자등을 특정하여 파악할 수 있게 하는 정보 또는 피해자등의 사생활에 관한 비밀을 공개하거나 다른 사람에게 누설하여서는 아니 된다.

1. 제3조에 따른 조치에 관한 업무
2. 긴급응급조치의 신청, 청구, 승인, 집행 또는 취소 · 변경에 관한 업무
3. 잠정조치의 신청, 청구, 결정, 집행 또는 취소 · 기간연장 · 변경에 관한 업무
4. 스토킹범죄의 수사 또는 재판에 관한 업무

② 누구든지 피해자등의 동의를 받지 아니하고 피해자등의 주소, 성명, 나이, 직업, 학교, 용모, 인적 사항, 사진 등 피해자등을 특정하여 파악할 수 있게 하는 정보를 신문 등 인쇄물에 싣거나 「방송법」 제2조 제1호에 따른 방송 또는 정보통신망을 통하여 공개하여서는 아니 된다.

제17조의4(피해자에 대한 변호사 선임의 특례) ① 피해자 및 그 법정대리인은 형사절차상 입을 수 있는 피해를 방어하고 법률적 조력을 보장받기 위하여 변호사를 선임할 수 있다.

② 제1항에 따라 선임된 변호사(이하 이 조에서 "변호사"라 한다)는 검사 또는 사법경찰관의 피해자 및 그 법정대리인에 대한 조사에 참여하여 의견을 진술할 수 있다. 다만, 조사 도중에는 검사 또는 사법경찰관의 승인을 받아 의견을 진술할 수 있다.

③ 변호사는 피의자에 대한 구속 전 피의자심문, 증거보전절차, 공판준비기일 및 공판절차에 출석하여 의견을 진술할 수 있다. 이 경우 필요한 절차에 관한 구체적 사항은 대법원규칙으로 정한다.

④ 변호사는 증거보전 후 관계 서류나 증거물, 소송계속 중의 관계 서류나 증거물을 열람하거나 복사할 수 있다.

⑤ 변호사는 형사절차에서 피해자 및 법정대리인의 대리가 허용될 수 있는 모든 소송행위에 대한 포괄적인 대리권을 가진다.

⑥ 검사는 피해자에게 변호사가 없는 경우 국선변호사를 선정하여 형사절차에서 피해자의 권익을 보호할 수 있다.

제3장 벌칙

제18조(스토킹범죄) ① 스토킹범죄를 저지른 사람은 3년 이하의 징역 또는 3천만원 이하의 벌금에 처한다.

② 흉기 또는 그 밖의 위험한 물건을 휴대하거나 이용하여 스토킹범죄를 저지른 사람은 5년 이하의 징역 또는 5천만원 이하의 벌금에 처한다.

③ 삭제

제19조(형벌과 수강명령 등의 병과) ① 법원은 스토킹범죄를 저지른 사람에 대하여 유죄판결(선고유예는 제외한다)을 선고하거나 약식명령을 고지하는 경우에는 <u>200시간의 범위에서</u> 다음 각 호의 구분에 따라 재범 예방에 필요한 수강명령(「보호관찰 등에 관한 법률」에 따른 수강명령을 말한다. 이하 같다) 또는 스토킹 치료프로그램의 이수명령(이하 "이수명령"이라 한다)을 병과할 수 있다.

1. 수강명령: 형의 집행을 유예할 경우에 그 **집행유예기간 내**에서 병과
2. 이수명령: 벌금형 또는 징역형의 실형을 선고하거나 약식명령을 고지할 경우에 병과
② 법원은 스토킹범죄를 저지른 사람에 대하여 형의 집행을 유예하는 경우에는 제1항에 따른 수강명령 외에 그 집행유예기간 내에서 보호관찰 또는 사회봉사 중 하나 이상의 처분을 병과할 수 있다.
③ 제1항에 따른 수강명령 또는 이수명령의 내용은 다음 각 호와 같다.
1. 스토킹 행동의 진단·상담
2. 건전한 사회질서와 인권에 관한 교육
3. 그 밖에 스토킹범죄를 저지른 사람의 재범 예방을 위하여 필요한 사항
④ 제1항에 따른 수강명령 또는 이수명령은 다음 각 호의 구분에 따라 각각 집행한다.
1. 형의 집행을 유예할 경우: 그 **집행유예기간 내**
2. 벌금형을 선고하거나 약식명령을 고지할 경우: **형 확정일부터 6개월 이내**
3. 징역형의 실형을 선고할 경우: **형기 내**
⑤ 제1항에 따른 수강명령 또는 이수명령이 벌금형 또는 형의 집행유예와 병과된 경우에는 보호관찰소의 장이 집행하고, 징역형의 실형과 병과된 경우에는 교정시설의 장이 집행한다. 다만, 징역형의 실형과 병과된 이수명령을 모두 이행하기 전에 석방 또는 가석방되거나 미결구금일수 산입 등의 사유로 형을 집행할 수 없게 된 경우에는 보호관찰소의 장이 남은 이수명령을 집행한다.
⑥ 형벌에 병과하는 보호관찰, 사회봉사, 수강명령 또는 이수명령에 관하여 이 법에서 규정한 사항 외에는 「보호관찰 등에 관한 법률」을 준용한다.
제20조(벌칙) ① 다음 각 호의 어느 하나에 해당하는 사람은 3년 이하의 징역 또는 3천만원 이하의 벌금에 처한다.
1. 제9조 제4항을 위반하여 전자장치의 효용을 해치는 행위를 한 사람
2. 제17조의3 제1항을 위반하여 피해자등의 주소, 성명, 나이, 직업, 학교, 용모, 인적사항, 사진 등 피해자등을 특정하여 파악할 수 있게 하는 정보 또는 피해자등의 사생활에 관한 비밀을 공개하거나 다른 사람에게 누설한 사람
3. 제17조의3 제2항을 위반하여 피해자등의 주소, 성명, 나이, 직업, 학교, 용모, 인적 사항, 사진 등 피해자등을 특정하여 파악할 수 있게 하는 정보를 신문 등 인쇄물에 싣거나 「방송법」 제2조 제1호에 따른 방송 또는 정보통신망을 통하여 공개한 사람
② 제9조 제1항 제2호 또는 제3호의 잠정조치를 이행하지 아니한 사람은 2년 이하의 징역 또는 2천만원 이하의 벌금에 처한다.
③ 긴급응급조치(검사가 제5조 제2항에 따른 긴급응급조치에 대한 사후승인을 청구하지 아니하거나 지방법원 판사가 같은 조 제3항에 따른 승인을 하지 아니한 경우는 제외한다)를 이행하지 아니한 사람은 1년 이하의 징역 또는 1천만원 이하의 벌금에 처한다.
④ 제19조 제1항에 따라 이수명령을 부과받은 후 정당한 사유 없이 보호관찰소의 장 또는 교정시설의 장의 이수명령 이행에 관한 지시에 따르지 아니하여 「보호관찰 등에 관한 법률」 또는 「형의 집행 및 수용자의 처우에 관한 법률」에 따른 경고를 받은 후 다시 정당한 사유 없이 이수명령 이행에 관한 지시를 따르지 아니한 경우에는 다음 각 호에 따른다.
1. 벌금형과 병과된 경우에는 500만원 이하의 벌금에 처한다.
2. 징역형의 실형과 병과된 경우에는 1년 이하의 징역 또는 1천만원 이하의 벌금에 처한다.

— CHAPTER 03 —
생물학적 & 심리학적 범죄이론

1. 제이콥스(Jacobs)와 스트롱(Strong)의 연구는 성염색체에 대한 연구로, 인간의 성염색체는 그 형태·구성·개수 등에 있어서 이상이 나타날 수 있고 이로 인하여 성격적 결함을 초래할 수 있으며 이것이 범죄성과 어떠한 상관관계를 갖는가에 대한 연구이다.   (   )

    정답 ○

2. 낮은 수준의 세로토닌은 특히 기질, 공격성, 충동 등에 영향을 미친다.   (   )

    정답 ○

3. 범죄행위에 영향을 미치는 뇌와 신경전달물질에 관하여 세로토닌 수치가 너무 높을 경우 충동, 욕구, 분노 등이 제대로 통제되지 않을 수 있다.   (   )

    해설 세로토닌 시스템은 사람의 충동성이나 욕구를 조절하고 억제하는 역할을 담당한다. 세로토닌이 너무 적은 경우 충동성, 욕구, 분노 등이 제대로 통제되지 않아 폭력, 자살, 알코올 중독 등이 유발되기도 한다.

    정답 ✕

4. 서덜랜드(Sutherland)는 조나단 에드워드(Jonathan Edward)가의 연구를 통해 선조 중에는 살인범이 있었으나 후손 중에는 살인범이 전혀 없다는 점을 들어 범죄의 유전성을 부정하였다.   (   )

    정답 ○

5. 신경전달물질 중에서 범죄와 가장 긴밀한 연관이 있는 것은 도파민과 세로토닌이다.
                                                                (   )

    해설 대뇌 안에 적절한 양의 도파민과 세로토닌이 유지되고 이들의 신경전달이 효율적일 경우 정상적 감정, 사고, 행동이 가능하며 범죄나 공격성의 억제와 적절한 조절이 가능해진다.

    정답 ○

6. 초남성(supermale)으로 불리는 XXY 성염색체를 가진 남성은 보통 남성보다 공격성이 더 강한 것으로 알려져 있다. ( )

> **해설** 보통의 남성보다 공격성이 더 강한 것으로 알려져 있는 초남성(supermale)이란 XYY의 성염색체를 가진 남성을 말하며 지능이 낮고, 성적인 조숙, 조발성, 뇌파측정에서 간질환자의 뇌파와 유사한 이상파를 보이는 자로 폭력적이고 강한 범죄성향을 가지며 공격성이 강하여 교정교화는 불가능하다고 보고 있다.

정답 ✕

7. Walsh & Yun은 스트레스가 너무 강렬하거나 오랜 기간 지속되는 경우에는 반복적으로 활성화되는 교감신경계와 HPA축으로 인해 알로스테시스 부하(allostatic load)가 발생하고, 그 결과 DNA 메틸화, 신경전달물질 이상, 뉴런 손상 및 시냅스 가지치기가 심하게 발생하고, 인지능력 결핍, 정신장애, 마약중독, 범죄행위 등 다양한 신경심리행동 장애가 유발된다고 강조한다. ( )

> **해설** 스트레스가 많거나 오랜 기간 지속되는 경우에는 반복적으로 활성화되는 교감신경계와 HPA 축으로 인해 알로스테시스 부하(allostatic load)가 발생하고, 원래 지표들의 균형점을 점점 일탈하게 되어 결국 정상적 스트레스 반응 기능을 아예 상실하게 된다. 그 결과 DNA 메틸화, 신경전달물질 이상, 뉴런 손상 및 시냅스 가지치기가 심하게 발생하고, 인지능력 결핍, 정신장애, 마약중독, 범죄행위 등 다양한 신경심리행동 장애가 유발된다.

정답 ○

8. 콜버그(Kohlberg)의 도덕발달이론에 관한 경험적 연구결과에 따르면 대부분의 범죄자는 도덕발달 6단계 중 중간단계인 3-4단계에 속하는 것으로 보았다. ( )

> **해설** 콜버그(Kohlberg)는 행위의 옳고 그름에 대한 이해와 그에 상응하는 행동은 세 가지 수준의 여섯 가지 과정(사회화)을 통해 발달한다. 도덕발달단계를 전인습수준(1-2단계), 인습수준(3-4단계), 후인습수준(5-6단계)로 나누고, 대부분의 일반청소년들은 3~4단계에 속하는 반면, 대부분의 비행청소년들은 1~2단계에 속한다고 보았다.
>
> ▎콜버그(Kohlberg)의 도덕발달이론
> * 1수준: 전인습적 도덕성(비행소년)
>   - 1단계: 처벌받지 않을 행동, 처벌과 복종단계
>   - 2단계: 일반적으로 이익이 되는 행동, 쾌락주의
> * 2수준: 인습적 도덕성(일반청소년)
>   - 3단계: 타인의 인정을 받고 비난받지 않을 행동, 대인관계 조화
>   - 4단계: 법과 질서에 의해 엄격히 규정된 행동
> * 3수준: 후인습적 도덕성
>   - 5단계: 법은 대중의 복리를 위한 사회계약이라는 입장에 근거하여 판단
>   - 6단계: 보편적인 윤리원칙에 입각해서 판단

정답 ✕

9. 슈나이더(Schneider)의 정신병질에 대한 10가지 분류에서 발양성은 자신의 운명과 능력에 대해 과도하게 비관적이며, 경솔하고 불안정한 특징을 보인다. 현실가능성이 없는 약속을 남발하기도 한다. 상습사기범과 무전취식자 등에서 이러한 정신병질이 많이 발견된다. ( )

> 해설 발양성 정신병질자는 자신의 운명과 능력에 대해 지나치게 낙관적이며, 이로 인해 경솔하고 불안정한 특징을 보인다. 상습사기범이 되기 쉽다. 무전취식자가 많고 특히 상습누범자가 많다.
>
> 정답 ✕

10. 덕데일(Dugdale)은 1700년대 중반에 미국에 살았던 쥬크라는 여자 범죄자의 후손들을 조사한 결과 상당수가 전과자, 포주, 창녀, 극빈자였다는 사실을 밝혀내어 범죄는 유전과 관계되는 것으로 결론지었다. ( )

> 정답 ○

11. 덕데일(Dugdale)은 쥬크가(The Jukes) 연구를 통해 범죄의 유전적 요인에 주목하였다. ( )

> 정답 ○

12. 심리학적 범죄이론에는 범죄자의 정신을 중심으로 범죄의 원인을 규명하려는 '정신분석이론', 범죄자의 행위가 과거의 학습 경험을 통해 발달한다고 파악하는 '행동이론', 범죄자의 개인적 추론 과정이 행동에 미치는 영향을 바탕으로 범죄원인을 밝히고자 하는 '인지이론', 각 개인의 성격적 결함에서 비행성을 찾으려는 '인성(성격)이론' 등이 있다. ( )

> 해설 심리학적 범죄이론에는 범죄자의 정신을 중심으로 범죄의 원인을 규명하려는 정신의학적 또는 정신분석적 접근, 인간의 인격 특성의 차이에서 범인성을 찾으려는 인성(성격)이론, 범죄자의 인지발달 정도에 따라 범죄자를 밝히고자 하는 인지발달이론, 범죄를 범죄자의 과거학습경험의 자연적인 발전으로 파악하는 학습 및 행동이론, 심리학적 관점뿐만 아니라 생물학적 관점도 동시에 고려하는 심리생물학적 접근 등이 있다.
>
> 정답 ○

13. 범죄생물학적이론은 범죄원인에 대한 설명과 더불어 대응방안을 제시해주는 실천 학문으로서 가치가 있다. ( )

> 해설 범죄생물학이론은 생물학적 이유로 범죄가 발생했다는 사실은 설명하지만, 이에 대한 대응방안을 제시하지 못한다. 또한 생물학적 원인과 범죄와의 상관성도 일관성이 부족하여 실천학문으로서의 가치는 약하다.
>
> 정답 ✕

14. 롬브로조는 생래적 범죄인, 기회범죄인, 과실범죄인, 잠재적 범죄인으로 범죄인을 분류하
였다.   (   )

해설 롬브로조는 생래적 범죄인, 정신적 범죄인, 격정 범죄인, 기회범죄인, 상습범죄인, 잠재적 범죄인으로
분류하였다.

정답 ✕

15. 페리는 상습범죄인에 대해서 개선가능한 자에게는 훈련을 통한 개선 조치, 개선불가능한 자
에게는 무기격리를 주장하였다.   (   )

해설 ▮ 범죄자 유형 분류기준
• 가로팔로(Garofalo)의 범죄자유형: 개인적 유형화
• 페리(Ferri)의 범죄자유형: 개인적 유형화
• 린드스미스와 던햄(Lindesmith & Dunham)의 범죄유형: 사회적 유형화
• 클리나드(Clinard)의 범죄유형: 다차원적 유형화
• 트레비노(Trevino)의 범죄유형: 다차원적 유형화

▮ 젤리히(Seelig): 인격적 특성과 행동양식의 양면을 종합한 범죄인의 유형으로 분류

분류	내용
일하기 싫어하는 직업범죄인	부랑자, 소매치기, 좀도둑 등
의지력이 약한 재산범죄인	환경변화에 저항이 약하여 때때로 재산범죄
공격적인 폭력범죄인	내재된 만성흥분이나 긴장상태로 사소한 자극에 폭발적으로 적대 행위를 하는 자
성적 억제력이 부족한 범죄인	성도착상태에서 억제력의 결여로 쉽게 성범죄를 저지르는 자
위기범죄인	갱년기, 파산 등 갈등상황을 극복하기 위해 범행하는 자
원시적 반응의 범죄인	월경시 등 자기 통제가 곤란한 상태에서 범행하는 자
확신범죄인	일정한 개인적 · 사회적 신조를 지키기 위하여 범행하는 자
사회적 적응훈련이 부족한 범죄인	교통법규 · 경제법규 등의 위반자 또는 과실범

▮ 슈툼플(Stumpfl): 성격적 태도나 장래징후를 기준으로 한 범죄인 분류

분류기준		내용
성격적 태도	경범죄인 또는 갈등범죄인	외적 · 내적 갈등으로 인해 경미범죄를 범하는 자
	중범죄인	소질에 의하여 갈등없이 범죄를 범하게 되는 자
장래 징후	조발성(早發性) 범죄인	25세 이전에 처음 범죄를 저지른 자
	지발성(遲發性) 범죄인	25세 이후에 처음 범죄를 저지른 자

정답 ○

16. 허칭스와 매드닉(Hutchings & Madnick)의 연구에 따르면, 친부와 양부 모두 범죄경력이
있는 경우가 한쪽만 범죄경력이 있는 경우에 비해 입양아의 범죄가능성에 더 큰 영향력을
미치는 것으로 나타났다.   (   )

정답 ○

17. 허칭스와 메드닉(Hutchings & Mednick)이 연구한 입양아 연구에서 생부가 범죄자일 때보다 양부가 범죄자일 경우, 입양아가 범죄자가 될 가능성이 높다고 보았다. (   )

> 해설 양자의 범죄율은 '생부와 양부 모두 범죄자 > 생부만 범죄자 > 양부만 범죄자 > 생부와 양부 모두 비범죄자' 순으로 나타난다.
>
> ▌입양아의 범죄율이 높게 나타난 순서
> 허칭스와 메드닉(Hutchings & Mednick)은 초기 입양아 연구들의 문제점을 개선하기 위하여 친아버지(=유전)와 양아버지(=환경)의 범죄율을 비교하여 입양아의 범죄율을 조사하였다. 이 연구결과는 생물학적 부모에 의한 유전의 영향(20%)이 입양부모에 의한 환경의 영향(14.7%)보다 더 크다는 사실을 밝혔고 더불어 생물학적 부모와 입양부모가 모두 범죄경력이 있을 때, 즉 유전과 환경의 영향이 중첩될 때 범죄성향이 가장 증가(25%)한다는 사실도 보여 주었다.
> ※ 입양아의 범죄율이 높게 나타난 순서: 친아버지ㆍ양아버지 모두 범죄 > 친아버지만 범죄 > 양아버지만 범죄
>
> 정답 X

18. 랑게(Lange)는 가계연구에서 밝히기 어려운 범죄성에 대한 유전과 환경의 관계를 밝히기 위해 쌍생아 연구를 하였다. (   )

> 정답 ○

19. 랑게(Lange)는 일란성 쌍생아들이 이란성 쌍생아들보다 범죄일치율이 현저히 높다는 점을 근거로 유전적 소질이 범죄에 영향을 미친다고 주장하였다. (   )

> 해설 랑게는 일란성 쌍둥이가 이란성 쌍둥이에 비해 쌍둥이가 함께 범죄를 저지를 가능성이 높다고 하였다.
>
> ▌쌍생아 연구
> 랑게(Lange)는 정신의학자(독일)로 범죄생물학에 쌍생아연구 도입, 일란성 쌍생아의 범죄일치율이 높게 나타나서 범죄는 개인이 타고난 유전적 소질에 의해 저지르게 된다고 주장한다. 랑게는 일란성 13쌍과 이란성 17쌍 모두 30쌍의 쌍생아를 대상으로 연구한 결과, 일란성 쌍생아의 경우 13쌍 중에서 10쌍이, 이란성 쌍생아의 경우 2쌍만이 양쪽 모두 범죄를 저질러, 일란성 쌍생아에서 쌍생아 모두가 범죄를 저지른 비율이 이란성 쌍생아에서 쌍생아 모두가 범죄를 저지른 비율보다 높다는 것을 확인하여, '범죄란 개인이 타고난 유전적 소질에 의해 저질러지는 것'으로 이해하였다.
>
> 정답 ○

20. 랑게(Lange)는 일란성 쌍둥이가 이란성 쌍둥이보다 범죄를 저지를 가능성이 높다고 하였다. (   )

> 해설 랑게(Lange)는 한 형제가 범죄자일 때 다른 형제도 범죄자일 확률인 '범죄일치율'이 일란성 쌍둥이가 이란성 쌍둥이보다 높다고 하였다.
>
> 정답 X

21. 범죄자의 신체 유형을 내배엽, 중배엽, 외배엽으로 나누고 운동형 신체를 가진 사람이 공격적 성향을 가지기 때문에 범죄를 많이 저지른다고 주장한 학자는 셸던이다. (   )

해설 ▎셀던의 체형연구

체형	기질형	특징	범죄 유형
외배엽형(세장형)	두뇌긴장형	내성적 · 민감 · 비사교적	우발성 범죄
중배엽형(투사형)	신체긴장형	활동적 · 공격적 · 권력지향	비행소년 범죄
내배엽형(비만형)	내장긴장형	온화 · 활달 · 사교적	배신적 범죄

▎체형이론

글룩(Glueck)부부

• 연구방법
  - 집단표본조사: 나이, 지능지수, 인종, 거주지역 등이 유사한 11세부터 16세 사이의 범죄소년 500명과 일반소년 500명을 비교 연구대상으로 삼았다.
  - 연구의 특징: 가정적, 가족적 관계, 성격구조나 체형적, 인류학적 체질 평가 등 다양한 측면의 통계를 비교하고, 동태적으로 추적하는 다원인자적이고, 예측적인 관점과 임상적 관점을 통합하는 특징을 보여주고 있다.
• 연구결과
  - 체형특징: 비행소년은 체격적으로 투사형(중배엽우월성, 신체긴장형)이 많고 기질적으로도 보통소년과 차이점이 있다고 지적하였다.
    범죄성: 중배엽 > 외배엽 > 균형형 > 내배엽
  - 심리적 특징: 비행소년은 심리적으로는 직업적, 구체적 표현을 하는 경향이 있고 침착하지 못하며, 태도가 적대적이거나 의혹적이고 문제의 해결에 있어 무계획적이라는 특성을 가지고 있다고 보았다.

코르테(Cortes)

• 체형과 정신적 기질연구
  - 체형과 기질: 앞선 체형이론이 신체적 특징에만 관심을 두어 왜 중배엽형의 사람이 범죄를 저지를 가능성이 높은가에 대해 충분히 설명하지 못했으나, 코르테는 체형에 따른 정신적 성향을 고려하여 체형과 범죄발생과의 인과관계를 보다 정교히 발전시켰다.
  - 체형이 뚜렷한 73명의 소년 및 100명의 여대생과 20명의 성인범죄자를 대상으로 조사한바, 체형별로 뚜렷한 정신적 기질의 차이를 발견할 수 있었다.
• 연구결과
  - 내배엽형: 정신기질이 내장긴장형, 즉 몸가짐이 부드럽고 온순한 성향이었다.
  - 중배엽형: 정신기질이 신체긴장형, 즉 활동적이며 공격적인 성향과 상관성이 높았다.
  - 외배엽형: 정신기질이 두뇌긴장형, 즉 내향적이며 비사교적인 성향이 강한 상관도를 보였다.

[정답] ○

22. 크레츠머(Kretschmer)는 체형을 비만형, 운동형(투사형), 세장형으로 분류한 후 체형과 범죄성 간의 관계를 설명하였다.					( )

[정답] ○

23. 슈나이더(Schneider)의 정신병질에 대한 10가지 분류에서 기분이변성은 기분 동요가 많아서 예측이 곤란하고, 폭발성과 유사하나 정도가 낮은 특징을 가지고 있다. 방화범, 상해범에서 이러한 정신병질이 많이 발견된다.					( )

[정답] ○

24. 제이콥스(P. Jakobs)는 남성성을 나타내는 Y염색체가 많은 자는 외배엽형으로 공격적인 행동을 하는 신체긴장형에 속하는 것으로 보았다. ( )

> 해설 Y염색체가 많은 자는 중배엽형으로 공격적인 행동을 하는 신체긴장형에 속한다.
>
> ‖ 위트킨(Witken)
> 위트킨은 코펜하겐에서 태어난 XYY(초남성)형 12명을 대상으로 범죄내역을 조사하였지만, 정상인과 비교해 폭력적인 범죄를 더 자주 저지른다는 증거를 발견하지 못했다.
> 실제 XYY(초남성)형 중에서 범죄자보다는 그렇지 않은 사람들이 더 많다는 것은 타고난 소질만을 범죄의 원인으로 고려하는 XYY염색체론으로는 쉽게 설명할 수 없는 현상이다.
>
> 정답 ✕

25. 범죄가계 연구의 가장 큰 문제점은 범죄자가 이미 많이 출현한 가계를 중심으로 통계조사를 한다는 점이다. ( )

> 정답 ○

26. 고다드(H. Goddard)는 범죄연구에 있어 범죄자의 정신박약이나 지능과의 관계에 대하여 연구하였다. ( )

> 해설 고다드는 정신박약자 가계인 칼리카크 家의 연구에서 범죄성의 유전성을 긍정하였다.
>
> 정답 ○

27. 크리스티안센(Christiansen)은 일란성 쌍생아의 경우, 성별을 불문하고 이란성 쌍생아보다 한쪽이 범죄자인 경우에 다른 쪽도 범죄자인 비율이 높은 것을 확인하였고, 범죄성의 환경적 요인에 따른 영향력은 없다고 하였다. ( )

> 해설 크리스티안센(Christiansen, 1968)은 1881년부터 1910년 사이에 덴마크에서 태어난 모든 쌍생아들의 범죄일치율을 조사하였는데, 남자 일란성쌍생아와 이란성쌍생아는 각각 35.8%와 12.5%, 여자의 경우 각각 21.4%와 4.3%로 나타났다. 연구결과 일란성쌍생아 집단의 범죄일치율이 높았기 때문에 유전이 범죄에 미치는 영향이 존재함을 입증하였다. 다만, 범죄발생이 환경과는 무관하게 오로지 유전에 의한다면 일란성쌍생아의 범죄일치율은 100%여야 하지만, 남녀 집단 모두 50%에도 미치지 못한다는 점을 토대로 판단해 보면, 환경이 범죄에 미치는 영향 또한 강하다는 사실을 확인할 수 있다. 더불어 비록 일란성쌍생아의 범죄일치율이 이란성쌍생아보다 더 높은 것으로 드러났지만, 이 결과가 유전적 영향을 방증하는 것이라고 단정 지을 수도 없다. 왜냐하면 일란성쌍생아는 외모나 성향이 더 유사하므로 부모나 주위 사람들로부터 이란성쌍생아에 비해 더 유사한 대접이나 처우를 받았을 수 있고, 그들의 높은 범죄일치율이 사실은 유사한 환경적 경험에 기인하는 것일 수도 있기 때문이다.
>
> 정답 ✕

28. 달가드(Dalgard)와 크링그렌(Kringlen)은 쌍생아연구에서 환경적 요인을 고려하여 연구하였고, 그 결과 '범죄발생의 유전적 요소성이란 존재하지 않는다.'라고 주장하였다. ( )

> 정답 ○

29. 고링은 정신병원에 수용된 환자들을 대상으로 하여 이들의 염색체를 조사한 결과 XYY형은 다른 정상인들에 비해 수용시설에 구금되는 정도가 높다고 하였다. ( )

해설 제이콥스(P. Jacobs)에 관한 설명이다. 고링은 부모의 범죄성과 자식의 범죄성이 관련이 있다는 연구 결과에 근거하여 범죄성은 유전에 의해 전수되는 것으로 보았다.

정답 ×

30. 고링은 통계학의 상관계수법으로 범죄성이 유전되는지를 검토하였는데, 범죄성의 정도를 구금빈도와 구금기간 두 가지 측면에서 연구한 결과 범죄성이란 유전되는 것으로 보았다. ( )

정답 ○

31. 고링(Goring)은 롬브로소(Lombroso)의 생래적 범죄자의 생물학적 열등성에 대한 연구방법에 문제가 있다고 비판하였다. ( )

정답 ○

32. 범죄인 가계연구는 환경적 측면을 과대평가하고 유전적 요인을 과소평가했다. ( )

해설 범죄인 가계연구는 환경적 측면을 과소평가하고 유전적 요인을 과대평가했다는 비판이 있다.

정답 ×

33. 쌍생아 연구를 수행한 연구자는 슐싱어, 갈튼, 랑게, 크로우 등이 있다. ( )

해설 크로우는 어머니가 범죄자였던 양자들의 상태를 조사하여 상관성을 입증하였다.

정답 ×

34. 초남성형 범죄이론은 범죄의 종류 중에서 비폭력적 범죄를 잘 설명할 수 있다는 장점이 있다. ( )

해설 초남성형 범죄이론은 폭력적 범죄와 이상염색체와의 관련성을 연구한 것으로 비폭력적 범죄와 여성 관련 범죄를 잘 설명하지 못한다.

정답 ×

35. 클라인펠더 증후군을 가진 사람은 동성애 경향, 성범죄, 조폭범, 절도 등을 범하는 경향이 있으나 범죄학적으로는 크게 위험시되지는 않는다. ( )

정답 ○

36. 초남성(Supermale)으로 불리는 XXY성염색체를 가진 남성은 보통 남성보다 공격성이 더 강한 것으로 알려져 있다. ( )

> 해설 초남성(Supermale)으로 불리는 XYY 성염색체를 가진 남성은 보통 남성보다 공격성이 더 강한 것으로 알려져 있다.
>
> ▌성염색체 '과잉'현상에 관한 연구들
> • XXY 염색체(=클라인펠터 증후군)
> - 정상적인 남성보다 'X 염색체'의 수가 증가한 경우(=여성적 남성)
> - 여성의 신체적 특징이 나타나고 반사회적 경향, 자신감 결여, 낮은 지능 등이 범죄성(예 절도범, 성범죄 등)과 관련 있다.
> • XYY 염색체
> - 정상적인 남성보다 'Y 염색체'의 수가 증가한 경우(=초남성)
> - 제이콥스(Jakobs)의 연구 : 정신질환자 중에는 XYY형이 많다.
> - 강한 공격성을 가지고 있어 강력범죄자가 될 확률이 높다.
> - Y 염색체 과잉은 폭력범죄와 관련이 높다.
>
> 정답 ✕

37. 뇌 알레르기와 신경알레기 문제는 반사회적 행동과 연결되는 조건인 아동의 과잉행동과도 연결되어 있다고 본다. ( )

> 해설 알레르기는 외부 물질에 대한 몸의 일반적이지 않거나 과도한 반응을 말한다.
>
> 정답 ○

38. 진화범죄론을 주장하는 학자들에 따르면 범죄성을 나타내는 인간의 특성은 진화의 과정에서 형성된 것이라고 본다. ( )

> 해설 진화범죄학자들은 인간의 행위도 다른 동물처럼 자연선택이라는 진화과정을 통해 형성되어가는 것이며, 범죄성도 자연선택에 따른 적응의 방식으로 이어진다고 본다.
>
> 정답 ○

39. IQ 검사 등을 통해 지능이 낮게 측정되었다면 범죄와 직접적 관련이 있다고 볼 수 있다는 결정론은 일반적으로 받아들여지고 있다. ( )

> 해설 지능과 범죄의 상관성은 일반적인 검증이 이루어지지 않았다.
>
> 정답 ✕

40. 고링(Goring)은 신체적 특징과 범죄의 관계를 분석하여, 범죄자가 일반인과 현저히 구별되는 신체적 특징을 지녔다는 롬브로조의 주장을 지지하였다. ( )

> 해설 고링은 범죄인이 신체적으로 일반인과 구별되는 특징을 발견할 수 없었다고 주장하여 롬브로조의 견해를 비판하였다.

정답 ✕

41. 고링(C. Goring)은 생물학적 결정론과 내적 요인에 관한 탐구의 필요성을 역설하고, 생래적 범죄인설을 지지하였다. ( )

> 해설 고링에 따르면, 범죄는 개인마다 처해 있는 사회적 · 자연적 환경의 결과가 아니고, 영국에서의 비교연구를 통해 <u>수형자와 일반인의 차이점을 발견할 수 없었으며</u>, 신체적 변이형태와 관계된 것이 아니라 <u>유전되는 것</u>이라고 하였다.

정답 ✕

42. 코르테는 1972년 「비행과 범죄」에서 셀던이 제기한 체격형과 기질과의 관계를 중점적으로 연구하여 체형과 기질 특성은 상관성이 매우 크다고 주장했다. ( )

정답 ○

43. 일란성 쌍생아, 이란성 쌍생아의 범행일치율을 비교하여 이란성 쌍생아의 범행일치율이 높은 경우에는 범죄가 소질에 의해 좌우된다는 결론을 얻을 수 있다. ( )

> 해설 일란성 쌍생아의 범행일치율이 높을 때 범죄가 소질에 의해 좌우된다는 결론을 얻을 수 있다.

정답 ✕

44. 고다드(H. Goddard)의 범죄연구는 매스컴과 범죄의 무관성을 주장하였다. ( )

> 해설 클레퍼, 리커티, 트래셔 등이 매스컴과 범죄의 무관성을 주장하였다.

정답 ✕

45. 힐리와 브론너는 범죄연구에 대해 상습범죄자에 대한 조사에서 비행소년의 학업태만 등은 '범죄의 유치원'이라고 하였다. ( )

정답 ○

46. 메드닉(Mednick)은 MMPI를 개발하였다. ( )

> 해설 MMPI는 하더웨이와 맥킨리에 의해 개발되었다.

정답 ✕

47. 현대의 특성이론가들은 단일한 생물학적 속성이나 심리학적 속성이 모든 범죄성을 적절하게 설명할 수 있다고 본다. ( )

해설 현대의 특성이론가들은 단일한 생물학적 속성이나 심리학적 속성이 모든 범죄성을 적절하게 설명할 수 있다고 보지는 않는다. 다만 범죄인은 신체적·정신적으로 독특하며, 따라서 각자의 행동에 대해 개별적인 원인이 있을 것이라고 본다.

정답 ✕

48. 여성의 생리주기가 시작될 때 과다한 양의 여성호르몬이 분비되고, 이것이 반사회적이고 공격적인 행동에 영향을 미친다는 월경전 증후군(premenstrual syndrome)은 카타리나 달튼(Katharina Dalton)에 의해 연구되었다. (　　　)

정답 ○

49. 매드닉(Sarnoff A. Mednick)은 범죄를 범하기 쉬운 사람은 각성(arousal)이 느리거나 자극에 대한 반응이 둔감한 자율신경계를 가지고 있다고 주장한다. (　　　)

해설 메드닉은 자율신경계와 범죄성향에 대해 연구한 학자이다.

정답 ○

50. 아이젠크(Eysenck)는 사이코패스에 대한 표준화된 진단표(PCL-R)를 개발하였으며, 오늘날 사이코패스 검사 도구로 광범위하게 사용되고 있다. (　　　)

해설 헤어(Hare)에 대한 내용이다. 로버트 헤어(Hare)가 개발한 사이코패스에 대한 표준화된 진단표(PCL-R) 20개의 문항으로 범죄적 사이코패스의 정서적·대인적·행동적·사회적 일탈 측면을 평가하는 가장 많이 사용하는 사이코패스 측정 도구이다.

정답 ✕

51. 스키너(Skinner)는 실험상자(Skinner box) 지렛대 실험에서 쥐의 행동이 보상과 처벌에 따라 변화하는 것을 확인하였고, 이를 통해 인간의 행위 역시 조절할 수 있다고 보았다. (　　　)

해설 스키너는 어떤 특정 상황에서 행동을 취하게 되면 그것에 따른 결과물이 제공되며 이 결과가 보상으로 인식될 때 강화가 이루어지고 행동을 반복하게 되는 강화학습이 이루어진다고 하였다. 스키너(Skinner)가 쥐의 행동을 관찰한 조작적 조건반사 작용에 관한 실험으로, 쥐가 실험상자 안에서 지렛대를 눌렀을 때 음식 한 덩어리가 나오는 것을 통한 조작적 조건반사에 관한 연구가 인간의 행위에도 적용될 수 있다는 것이다.

정답 ○

52. 정신분석이론은 정교한 측정도구를 이용한 경험적 연구에서 범죄의 원인을 잘 설명하는 이론으로 평가받고 있다. (　　　)

해설 정신분석이론은 경험적 연구에서 개량화된 조작적 정의나 측정도구를 이용하여 이론의 타당성을 입증하는 데 한계가 있다.

정답 ✕

53. 에이크흔(Aichhorn)에 따르면 비행소년은 슈퍼에고(Superego)의 과잉발달로 이드(Id)가 통제되지 않아 양심의 가책 없이 비행을 하게 된다고 보았다. ( )

> 해설 에이크흔(Aichhorn)에 따르면 비행소년은 슈퍼에고가 제대로 발달하지 않았기 때문에 비행을 하게 된다고 보았다.
>
> ▍정신분석학 이론 정리
> • 힐리(Healy)와 브론너(Bronner): 형제 중에서 한 명은 범죄를 일삼고 다른 한 명은 정상적인 105명의 형제들을 대상으로 비교하여 어린 시절 부모와의 관계를 조사하였다. 대체로 부모들과 애정관계를 갖지 못한 사람들이 자신의 가족으로부터 충족하지 못한 욕구를 대신 충족시키려는 잠재적 의도에 의해 범죄가 일어난다고 주장하였다.
> • 볼비(Bowlby): 모성의 영향을 강조하고, 어린 시절 어머니가 없는 경우에는 아이들이 기초적인 애정관계를 형성할 수 없기 때문에 불균형적인 인성구조를 갖게 되고, 이후에 범죄와 같은 반사회적 행위에 빠져든다고 보았다.
> • 레들(Redl)과 와인맨(Wineman)의 비행적 자아: 증오심이 강한 소년들의 특성은 고립되어서 성장한 결과, 어른들이 자기를 사랑하고, 원하고, 보호하고, 격려받는다는 느낌을 가지지 못한 것으로 나타났다. 비행소년들은 적절한 슈퍼에고를 형성하지 못하고, 에고도 이드의 욕구를 무조건 옹호하는 방향에서 구성되었다고 보고, 에고가 슈퍼에고의 규제 없이 이드의 욕구대로 형성된 경우를 '비행적 자아'라고 지칭하였다.

정답 ✕

54. 아이크호온(Aichhorn)은 초자아가 과잉발달한 경우 범죄에 대한 처벌을 통하여 죄의식을 해소하고 심리적 균형감을 얻기 위하여 범죄를 저지를 수 있다고 하였다. ( )

> 해설 프로이트는 슈퍼에고(초자아)가 지나치게 발달하면 항상 죄책감이나 불안을 느껴 범죄를 저지르고 처벌을 받음으로써 죄의식 해소와 심리적 안정을 느낀다고 보았다.
>
> ▍프로이트와 상반된 견해 : 범죄원인은 슈퍼에고의 미발달
> 아이히호른(Aichhorn)은 소년비행의 원인에 대해 (슈퍼에고에 의해) 통제되지 않은 이드(본능)로 인해 양심의 가책 없이 비행을 저지르게 된다고 하였다.

정답 ✕

55. 슈나이더(K. Schneider)가 구분한 정신병질 중 감정변화가 심하여 행동예측이 곤란하고 방화범과 상해범에서 많이 나타나는 유형은 폭발성 정신병질자이다. ( )

> 해설 기분이변성은 기분의 동요가 심하여 행동을 예측할 수 없는 것이 특징이다. 방화범과 상해범 중에 이러한 성향이 많다.
>
> ▍슈나이더의 성격 분류법: 정신병질적 성격 10유형
> • 발양성
>   - 자신의 운명과 능력에 대해 지나치게 낙관적임
>   - 충동적 행동, 범죄 유혹에 쉽게 빠짐
>   - 경솔하고 불안정한 성격
>   - 실현가능성 없는 약속을 남발하여 상습사기범이 되기 쉬움

- 우울성
  - 염세적 · 회의적인 인생관을 갖고 있으며 항상 우울하고 자책적임
  - 항상 최악의 상황을 생각하고 미래를 걱정함
  - 범죄와는 관련이 적음(강박증상으로 성범죄를 저지르는 경우 有)
- 의지박약성
  - 외향적 · 내면적 의지 모두 박약하고, 주변 환경의 영향에 매우 취약함
  - 지능도 낮아 상습범이 많음
- 무정성(=정성박약성): 범죄학에서 가장 문제시하는 유형
  - 인간의 기본적인 감정(=동정심, 연민, 수치심, 양심 등)이 결여
  - 잔인한 행동에 대한 죄책감을 느끼지 못하여 '도덕적 백치'라 불림
  - 흉악범 중에 많음 → 생래적 범죄인, XYY형 범죄자 등이 해당
- 폭발성
  - 사소한 자극에 병적으로 흥분함 → 뇌파검사에서 간질성 기질
  - 음주를 하면 공격성이 증폭되고, 강력범죄자가 많음
- 기분이변성: 기분의 동요가 심하여 예측이 불가능함 → 폭행범 · 방화범이 많음
- 허영성
  - 지나치게 자기중심적이고 타인의 주목을 받기 위해 허언을 남발
  - (=자기현시욕성) 고급사기범이 많음
- 자신결핍성
  - 우월하고 싶으나 능력부족을 항상 의식하여 강박관념에 시달림
  - 주변을 의식하여 도덕성을 지키기 때문에 범죄와는 관련이 적음
- 광신성
  - (=열광성) 개인적인 가치 · 신념에 열중하여 소신에 따라서만 행동
  - 정의감에 따라 소송을 즐김
  - 종교적 · 정치적 광신자가 많음
- 무력성
  - 심신의 부조화 상태로 인해 타인의 동정을 바라는 성격
  - 인격적 상실로 번민하며 신경질적이나 범죄와는 관련이 적음
- 기분이변성 > 무력성 > 발양성 순으로 범죄자와 관련이 있다.

정답 ✕

56. 슈나이더(Schneider)의 정신병질에 대한 10가지 분류 중 무정성 정신병질자는 동정심이나 수치심 등 인간의 고등감정이 결여되어 있는 유형으로, 토막살인법 등에서 많이 나타난다.

( )

정답 ○

57. 프로이드(Freud)의 인성구조 중 이드(Id)는 모든 행동의 기초를 이루는 생물학적 · 심리학적 욕구와 충동 자극 등을 대표하는 것으로서 즉각적인 만족을 요구하는 쾌락원리(pleasure principle)를 따른다.

( )

해설 프로이드(Freud)의 인성구조이론의 기본 원리에 관한 설명이다. 프로이드의 인성구조 중 이드(Id)는 생물학적 · 심리학적 충동의 커다란 축적체를 가리키는 것으로서 모든 행동의 밑바탕에 놓여 있는 동기들을 의미하며, 모든 행동의 기초를 이루는 생물학적 · 심리학적 욕구와 충동 자극 등을 대표하는 것으로서 태어날 때부터 존재하는 무의식적 개념이고, 타인의 권리를 배려치 않는 즉각적인 만족을 요구하

는 쾌락의 원칙을 따른다.

▮ 프로이드의 리비도 발달

성장단계	시기	고착 발생시
구강기	0~18개월	입으로 뭐든지 씹으려 함, 구강성교에 집착, 조그만 방화범이 되기 쉽다.
항문기	18개월~3세	학대를 많이 함, 감정조절을 잘 못하고 폭력적 성향을 가지게 된다.
남근기	3~5세	정상적인 이성교제를 하지 못하고, 동성애, 변태적 성향을 가진다.
잠복기	6~12세	사랑받고 싶어 하는 욕구와 관심을 끌려고 하는 욕구가 강해진다.
성기기	성인	이성에 대한 관심이 높아진다. 이성에 대한 차이점을 잘 설명해 주지 않으면, 여성공포증이나 여성비하적 태도를 가지기 쉽다.

정답 ○

58. 프로이트(Freud)의 정신분석학에서 이드(id)를 구성하는 핵심요소에는 성(性)적 에너지인 리비도(libido)가 있다. (   )

정답 ○

59. 프로이트는 의식의 영역에는 에고(ego)와 이드(id)가 있고, 무의식의 영역에는 슈퍼에고(superego)가 있다고 주장하였다. (   )

해설 프로이트는 자아(ego)를 의식의 영역, 본능(id)과 초자아(superego)를 무의식의 영역으로 나누었고, 초자아의 과잉발달도 범죄의 원인이 될 수 있다고 보았다.

정답 ×

60. 정신분석이론에서 범죄자의 성장배경, 가족생활, 인성력, 태도 등에 대한 심리분석탐구를 통해 범죄인의 현재 상태, 즉 문화적 · 환경적 요인을 명확히 파악한다고 비판하였다. (   )

해설 정신분석이론은 현재 상황보다는 어린 시절 왜곡된 성의식을 지나치게 강조하는 경향이 있으며 현재의 문화적 · 환경적 요인을 무시하고 오로지 심리학적 분석에만 초점을 맞춘다는 비판을 받고 있다.

정답 ×

61. 아이젠크의 성격 위계모형에서 구체적 반응 수준에 해당하는 것은 제3수준이다. (   )

해설 **▮ 아이젠크의 성격의 위계모형**

제1수준	구체적 반응 수준으로 단일한 행위나 인지로 이루어진다.
제2수준	습관적 반응 수준으로 습관적 행위나 인지들로 이루어진다.
제3수준	상이한 습관적 행위들 간의 유의미한 상관으로 정의한다.
제4수준	유형수준 특질들 간 관찰된 상관으로 정의된다.

정답 ×

62. 프로이드는 심리적 세계를 'id. ego. superego' 등 세 가지의 동질적인 체제로 구성된다고 보았다. ( )

> 정답 ○

63. 오이디푸스 콤플렉스는 남자아이가 어머니에게 성(性)적 욕망을 느끼고 아버지에게서는 거세의 공포를 느끼는 것이다. ( )

> 정답 ○

64. 프로이트(Freud)의 정신분석학적 범죄이론에서 인간의 무의식은 에고(ego)와 슈퍼에고 (superego)로 구분된다. ( )

> 해설 에고는 의식의 영역, 이드와 슈퍼에고는 무의식의 역영에 해당한다. 다시 말해 프로이드의 정신분석학에서 인간의 무의식 세계는 무의식적 본능이나 충동인 이드와, 무의식적 통제나 양심의 세계인 슈퍼에고로 구분된다. 에고는 이와 달리 현실인식의 세계, 즉 의식의 영역에 해당한다.
>
> 정답 ✕

65. 사이코패스는 자신의 능력과 의지를 과대 포장하는 특징이 있고, 일상생활에서도 주의의 모든 사안에 광적으로 집착한다. ( )

> 해설 사이코패스는 자신의 능력과 의지를 과대 포장하는 특징이 있고, 일상생활에서 특정한 사안에 광적으로 집착한다.
>
> 정답 ✕

66. 융(Jung)은 원형들 중 가장 강하고 잠재적으로 매우 위험한 속성을 가진 것을 '아니마 (anima)' 라고 하며, 아니마가 억압되거나 배출이 어려운 경우 비참한 결과를 초래한다. ( )

> 해설 ▌융(Jung)이 분석심리학에서 사용한 개념
>
> | | |
> |---|---|
> | 페르조나(persona) | 타인과의 관계에서 내보이는 공적인 얼굴로써 진정한 내면의 나와 분리될 경우에 자신의 본성을 상실하며, 과도한 페르조나는 자신이나 타인에게 해를 끼치고 범죄에 휘말릴 수도 있다. |
> | 그림자(shadow) | 프로이드의 원초아(id)에 해당하며 인간의 기본적인 동물적 본성을 포함하는 원형으로, 매우 위험한 속성을 가진다고 보았다. 그림자가 자아와 조화를 이루면 위험에 효과적으로 대응할 수 있다. |
> | 아니마(anima) | 남성의 여성적인 심상으로, 남성들이 여성적인 행동을 하는 것을 의미한다. |
> | 아니무스(animus) | 여성의 남성적인 심상으로, 여성들의 공격적인 행동을 의미한다. |
>
> 정답 ✕

67. 프로이드의 방어기제 중 가장 전형적인 방어기제로서 불쾌한 경험이나 받아들여지기 어려운 욕구, 반사회적인 충동 등을 무의식 속으로 몰아넣거나 생각하지 않도록 억누르는 것은 억제이다. ( )

> 해설 지문은 억압(repression)에 해당한다. 억압을 사용하면 충동이나 욕구 혹은 좋지 않은 기억이 의식으로 돌아오지 못하고 무의식에 머무르게 된다.
>
> 정답 ×

68. 비네(Binet)는 정신지체 아동의 선별을 위한 도구를 개발하여 지능결함과 범죄의 상관관계를 연구하였다. ( )

> 정답 ○

69. 심리학적 범죄원인론은 범죄를 범죄자의 과거 학습경험의 자연적 발전으로 파악하는 학습 및 행동이론도 여기에 속한다. ( )

> 해설 범죄심리학에는 인간의 인격적 특성에서 범인성을 찾으려고 하는 인성이론, 인지발달과정에서 범죄원인을 찾는 인지발달이론, 위에서 말하는 학습 및 행동이론, 심리학적 원인에 생물학적 특징을 함께 고려하는 심리생물학적 이론 등으로 연구되고 있다.
>
> 정답 ○

70. 프로이드(S. Freud)는 여성은 심리적 형성과정에서 남성에 대한 열등감, 시기심 등의 경향을 가지게 되고, 이를 극복하지 못하면 극단적인 경우 공격적인 성향을 갖게 되어 범죄 원인이 된다고 주장한 학자이다. ( )

> 해설 프로이드는 정신분석학적 입장에서 범죄원인을 주장하였다.
>
> 정답 ○

71. 심리학적 원인론은 생물학적 원인론과는 달리 환경을 중시하는 이론이고, 외인적 원인론에 속한다. ( )

> 해설 심리학적 원인론은 개인의 정신(심리) 상태와 범죄와의 관계를 중시하는 이론이고, 내인성 원인론에 속한다.
>
> 정답 ×

72. 프로이드(S. Freud)는 의식을 에고(Ego)라고 하고, 무의식을 이드(Id)와 수퍼에고(Superego)로 나누었다. ( )

| 해설 | 프로이드의 정신분석

이드(id) (원초아)	• 생물학적 · 심리학적 충동의 커다란 축적체를 가르키는 것으로서 모든 행동의 밑바탕에 놓여 있는 충동들을 의미한다. • 이는 영원히 무의식의 세계에 자리 잡고 있으면서 이른바 쾌락추구원칙에 따라 행동한다.
에고(ego) (자아)	• 의식할 수 있는 성격 내지 인격으로서 현실원리를 말한다. • 본능적인 충동에 따른 이드의 요구와 사회적 의무감을 반영하는 슈퍼에고의 방해 사이에 중재를 시도하며 살아가는 현실세계를 지향한다.
슈퍼에고 (superego) (초자아)	• 자아비판과 양심의 힘을 가르키는 것으로서 개개인의 특수한 문화적 환경에서의 사회적 경험으로부터 유래하는 요구를 반영한다. • 도덕의식이나 윤리의식과 같이 스스로 지각할 수 있는 요인과 무의식 상태에서 영향력을 행사하기도 한다(어렸을 때 부모와 맺는 애정관계의 중요성을 강조).

정답 ○

73. 프로이트(Freud)는 특정한 사람들은 슈퍼에고(Superego)가 과잉발달되어 죄책감과 불안을 느끼게 되어 죄의식 해소와 심리적 균형감을 얻고자 범죄를 저지르게 된다고 하였다.

( )

정답 ○

74. 아들러(Adler)는 인간의 무의식에는 열등감 콤플렉스가 내재해 있는데, 일부는 이러한 열등감을 과도하게 보상받기 위해 비행이나 범죄를 저지르게 된다고 하였다. ( )

정답 ○

75. 에릭슨(Erikson)은 모성의 영향을 중시했는데, 어렸을 때 엄마가 없는 경우에는 기초적인 애정관계를 형성하지 못해 불균형적 인성구조를 형성하게 되어 범죄와 같은 반사회적 행동에 빠져든다고 하였다. ( )

해설 보울비(Bowlby)는 모성의 영향을 강조하였는데, 어린 시절 어머니가 없는 아이들은 기초적인 애정관계를 형성할 수 없어 불균형적인 인성구조를 갖게 되고, 이후에 범죄와 같은 반사회적 행위에 빠져든다고 보았다. 참고로, 에릭슨(Erikson)은 사회문화적 요소에 따른 발달을 강조하여 청소년기 이후의 심리발달을 중시하였다.

정답 ✕

76. 레들과 와인맨(Redl & Wineman)은 비행소년들이 적절한 슈퍼에고(Superego)를 형성하지 못하고 에고(Ego) 또한 이드(Id)의 충동을 무조건 수용하는 방향으로 형성되어, 에고(Ego)가 슈퍼에고(Superego)의 억제 없이 이드(Id)의 욕구대로 형성된 경우를 '비행적 자아'라고 지칭하였다.

( )

정답 ○

77. 슈나이더(K. Schneider)의 정신병질자의 유형 중 무정성 정신병질자는 자신의 정성과 행동을 아무 생각 없이 끌고 가는 심신부조화의 유형으로서 비교적 범죄와 관련이 적은 유형이다. ( )

> **해설** 무정성은 인간이 고유하게 갖는 고등감정인 타인에 대한 동정심이나 연민의 정이 결여되어 있어 잔인하고 냉혹하여 죄책감을 느끼지 못하고, 범죄학상 가장 문제되는 유형이며, 강력범죄와 관련이 깊다.
>
> **정답** ✕

78. 왈도와 디니츠는 MMPI검사를 이용하여 '범죄자의 성격 프로파일'을 분석하였고 비행자와 일반인은 인격특성상 구별된다고 주장하였다. ( )

> **정답** ○

79. 글룩 부부는 비행소년과 일반소년을 대상으로 로르샤흐 검사를 통해 성격적 특성에 대한 검사를 실시하였다. ( )

> **정답** ○

80. 심리학적 이론들은 MMPI 등과 같은 정확한 결과를 담보하는 연구방법론이 도입되면서 경험적 타당성이 인정되고 있으며, 범죄자의 교정분야에 활발하게 활용되고 있다. ( )

> **해설** 심리학적 연구의 가장 큰 단점 중 하나가 경험적 검증이 쉽지 않다는 것이다. 또한 심리학적 이론은 세련된 방법론을 결여하고 있으며 연구결과의 일반화나 대표성이 결여되어 있다.
>
> **정답** ✕

81. 소질과 환경을 범죄발생원인으로서 보는 에이커스(Akers)는 범죄발생은 개인의 소질이 아니라 자본주의의 모순으로 인해 자연적으로 발생하는 사회현상이라고 보았다. ( )

> **해설** 퀴니(Quinney)에 관한 설명으로, 퀴니는 1970년 「범죄의 사회적 실재」를 통해 볼드의 집단갈등이론을 바탕으로 형사법의 제정과 집행과정이 개인 및 집단의 이익을 추구하는 정치적 환경에서 이루어진다고 주장했다.
>
> **정답** ✕

82. 아이젠크(Eysenck)는 내향인은 사회적 금지사항을 더욱 쉽게 학습하며 그 결과 행동이 억제되어 있어, 학습에서 내향인은 처벌의 영향을 더 많이 받는다. 반면, 외향인은 사교적이고 흥미로운 것을 추구함에 따라 처벌보다는 보상에 의한 영향을 더욱 많이 받는다. ( )

> **해설** 아이젠크는 성격이란 환경에 대한 개인의 독특한 적응에 영향을 미치는 인격, 기질, 신체요소들이 안정되고 영속적으로 조직화된 것으로 전제하고 인성이론을 제시하였다. 지문은 모두 옳다.
>
> **정답** ○

83. 프로이드(Freud)는 리비도(Libido, 성욕. 성격)의 발달을 5단계로 구분하였고, 리비도는 3세 이전 '잠복기'에 형성되며 이 시기에 리비도가 정상적으로 형성되지 못하면 범죄를 저지를 확률이 높아진다고 주장하였다. ( )

> **해설** 프로이드는 리비도의 발달을 구강기 · 항문기 · 남근기 · 잠복기 · 생식기 등 5단계로 구분하였으며, 리비도는 '6세 이전 남근기'에 형성된다고 보았다. 이 시기에 리비도가 적절하게 형성되지 못하면 범죄를 저지를 확률이 높아진다고 주장하였다.
>
> 정답 ✕

84. 워렌(Warren)의 대인성숙도(I-Level) 검사법에 따르면 비행자는 정상자보다 단계가 높게 나왔으며 특히 5단계부터 7단계까지 비행자가 가장 많이 발견되었다. ( )

> **해설** | 워렌(Warren)의 대인성숙도(I-Level)
> 1965년 개발한 인성검사법으로 인간관계의 성숙 정도의 발전수준을 1~7단계로 나누고 I-level로 명명하였다 이 검사법에 따르면 비행자는 정상자보다 단계가 낮게 나왔으며 특히 2단계부터 4단계까지 비행자가 가장 많이 발견되었다.
>
> | **2단계** | 비사회적 · 공격적 그리고 폭력지향적 성향 | 반사회적 모사자 |
> |---|---|---|
> | **3단계** | 비행집단의 규칙에 동조하는 성향 | 문화적 동조자 |
> | **4단계** | 전형적인 신경과민과 정신이상의 성향 | 신경증적 행위자 |
>
> 대인성숙도검사의 단점은 교정효과가 향상되었다는 실증적 연구가 없고, 훈련이 잘된 전문가를 필요로 하며, 비교적 비용이 많이 든다는 점이다.
>
> 정답 ✕

85. 성적 충동이 강한 사람이 이러한 성향을 누드를 그린다거나 매우 관능적인 춤을 추는 행위 등을 통해 사회가 인정하는 방법으로 표출하는 방어 기제는 '승화'이다. ( )

> **해설** | '에고'의 갈등 해결 유형(=방어기제)
> • 억압: 충동/부정적 경험을 억눌러서 (의식이나 기억하지 못하고) 무의식에 머무르게 하는 것(전형적인 방어 기제)
> • 부정: 있는 그대로 받아들이는 것이 고통스러워서 인정하지 않으려 함
> • 반동형성: 금지된 충동을 억제하기 위해 그와 반대되는 생각/행동을 함
> • 투사: 받아들일 수 없는 생각/욕구를 (자신이 아닌) 타인 또는 외부 환경 때문이라고 돌리는 것
> • 승화: 사회적으로 허용되지 않는 충동을 허용되는 행위로 바꿔서 하는 것(방어 기제 중 가장 성숙하고 건설적인 유형)
>   예 성적 충동을 고상한 예술 활동으로 돌리는 무의식적 과정
> • 합리화: 죄책감/자책을 느끼지 않기 위해 현실을 왜곡하여 상처받지 않도록 함
> • 전위: 내적인 충동/욕구를 다른 대상에게 분출하는 것
>
> 정답 ○

86. 아이젠크에 따르면 신경증의 정도가 낮은 사람의 경우, 불쾌한 자극에 대해 강력하게 반발
하는 불안정한 자율신경계를 가지고 있어 불안감이 커진다고 한다. ( )

   해설 신경증의 정도가 높은 경우와 관련된 지문이다.

   정답 ×

87. 달라드와 밀러(Dollard & Miller)는 공격하고자 하는 발양성의 강도는 욕구좌절의 양에 반
비례한다고 주장하였다. ( )

   해설 달라드와 밀러(Dollard & Miller)는 공격하고자 하는 발양성의 강도는 욕구좌절의 양에 정비례한다고
   주장하였다.

   정답 ×

88. 고프(Gough)의 반사회적 인성이론에 따르면 일반적으로 '정신병리' 또는 '사회병리'와 동의
로 사용되며, 미래의 목표보다는 현실의 목표를 과대평가하고 목표 성취에 대한 사고와 계
획성이 결여된 특징을 갖는다. ( )

   정답 ○

89. 심리학적 범죄론에서는 범죄성을 치료할 수 있는 심리적 상태라고 가정하고 범죄자들에게
치료감호처분 등 처벌이 아닌 치료행위를 해야 한다고 강조한다. ( )

   정답 ○

90. 반두라에 의하면 사회학습이론의 학습과정에서 관찰을 통해 학습한 정보를 기억하는 단계에
해당하는 것은 '집중단계'이다. ( )

   해설 ‖ 반두라의 사회학습이론에서의 학습과정
   • 집중단계: 관찰한 행동이 학습되려면 그 행동이 '주의'나 '관심'을 끌어야 한다.
   • 인지단계: 학습한 행동에 관한 정보를 내적으로 '기억'함으로써 '인지'한다.
   • 재생단계: 실제 행동으로 옮기기 위해서 저장한 기억을 재생시켜 행동을 조정한다.
   • 동기화단계: 학습한 내용대로 실제 행동에 옮기기 전에 기대감(=동기부여)을 가진다.

   정답 ×

91. 반두라(Bandura)는 보보인형(Bobo Doll) 실험을 통해 강화자극이 없더라도 관찰과 모방을
통해 학습될 수 있다고 보았다. ( )

   정답 ○

92. 반두라(Bandura)는 동기화를 세 가지 측면으로 구분하였는데, 타인의 행위가 강화되거나 처벌받는 것을 관찰함으로써 이루어지는 것을 외부강화라고 명명하였다. ( )

해설 외부강화가 아닌 <u>대리강화</u>이다.

▌반두라의 동기화 세 가지 측면

구분	설명	예시
대리강화	다른 사람의 행동결과를 보고 자신에게 적용하여 동기부여	부모가 요리를 하고 칭찬받는 것을 보고 아이도 요리를 하고 싶어 함
자기효능감	자신이 특정 행동을 성공적으로 수행할 수 있다는 믿음	운동을 시작하기 전에 자신이 목표체중을 달성할 수 있다고 믿음
목표설정	구체적인 목표를 설정하여 동기부여를 유지	새해 다이어트 목표를 구체적으로 설정하고 매일 체중을 기록

반두라의 동기화는 단순한 모방이 아니라, 다른 사람의 경험, 자신의 능력에 대한 믿음, 그리고 구체적인 목표 설정이 상호작용하여 행동을 유발하는 과정이다.

정답 X

93. "조작적 조건화"란 어떤 반응에 대해서 선택적으로 보상을 하고 그 반응이 일어날 확률을 감소시키거나 증가시키는 방법을 말한다. ( )

해설 ▌스키너의 조작적 조건화 비판
스키너는 고전적 조건형성과 도구적 조건형성을 철저하게 구분할 것을 주장하였다. 인간행동에 대한 환경의 결정력을 지나치게 강조하여 인간의 내적·정신적 영향력을 배제하였고, 인간을 조작이 가능한 대상으로 취급하고 인간의 모든 행동이 조작화를 통해 수정 가능하다고 보는 시각 때문에 인간의 자유의지와 존엄성을 무시하고 인간을 지나치게 단순화, 객관화하는 것이라는 비판을 받고 있다.

정답 ○

94. 스키너(Skinner)는 조작적 조건화 실험을 통하여 인간의 행동은 조절할 수 있다고 주장하였다. ( )

정답 ○

95. 행동주의 학습이론(Behavioral Learning Theory)에서 범죄행위는 비정상적 성격이나 도덕적 미성숙의 표현에서 시작되므로 무의식적인 성격이나 인지발달의 정도를 중시한다. ( )

해설 도덕발달(인지발달)이론에 관한 내용이다. 행동학습이론은 학습을 경험이나 관찰의 결과, 또는 유기체 내에서 일어나는 비교적 영속적인 행동이나 행동잠재력의 변화로 정의 내리고, 유기체를 자극에 수동적으로 반응하는 존재라고 본다.

정답 X

96. 피아제는 인지발달과정에서 인지한 것을 의미 있게 만드는 방식을 '조절'이라고 한다.

( )

> 해설 인지한 것을 유의미하게 만드는 방법은 조직(organization)이라고 한다.
>
> ▌피아제의 인지발달과정(경험을 통한 단계적인 형성과정)
> • 도식(Scheme): 개인이 가지고 있는 이해의 틀
> • 동화: 이미 형성되어 있는 '도식'과 동일시(➡ '동화')하여 쉽게 이해한다.
> • 조절: 기존의 '도식'에 맞지 않아 변형/대체하는 과정(➡ '조절')을 통해 해소
> • 조직: 인지능력이 발달하게 되면 비슷한 대상을 같은 범주로 분류한다.

정답 ✕

97. 허쉬와 힌델랑(Hirschi & Hindelang)은 지능은 직접적으로 비행이나 범죄를 야기하는 요인은 아니며 간접적인 방식으로 비행에 관련된다고 보았다.

( )

정답 ○

98. 패스팅거의 본능이론은 보상이 따를 만한 행위를 일부러 하지 않고, 좋지 않은 결과로 여겨지는 선택을 하는 경우를 설명하고자 하는 이론이다.

( )

> 해설 인지부조화이론에 대한 설명이다. 인지부조화이론에 따르면 어느 정도의 일탈을 허용하는 것이 범죄예방에 효율적이라고 본다.
>
> ▌인지부조화 감소방법
>
> | 부인 | 정보의 출처를 무시하고 과소평가하여 문제의 존재 자체를 부인한다. |
> |---|---|
> | 변경 | 기존의 사고를 변경하여 일관성을 가지려고 한다. |
> | 재구성 | 자신의 사고를 변경하거나 문제 자체의 중요성을 과소평가한다. |
> | 조사 | 상대방의 입장에서 오류를 발견하고 출처를 의심한다. |
> | 분리 | 상충관계에 있는 태도를 각각 분리한다. |
> | 합리화 | 불일치를 수용할 수 없는 변명거리나, 자신의 행동이나 의견을 정당화할 수 있는 이유를 찾는다. |

정답 ✕

99. 로렌즈와 위그(Rorenz & Weig)는 외부공격에 대한 반응을 외벌형, 내벌형, 무벌형으로 나누어 분석하였다.

( )

> 해설 ▌로렌즈와 위그(Rorenz & Weig)의 공격반응
>
> | 외벌형 | 좌절(분함)을 신체적, 언어적으로 타인에게 돌린다. |
> |---|---|
> | 내벌형 | 불만의 원인을 자신에게 돌리고 자신을 비난하며 상처받는다. |
> | 무벌형 | 공격에 대한 반응을 최소화하거나 무시한다. |

정답 ○

100. 콜버그는 도덕발달이론을 통해 피아제의 이론을 확장하였고, 도덕적 딜레마 상황에서 인간의 행동을 분석하였다. ( )

정답 ○

101. 콜버그(Kohlberg)의 도덕발달이론에 관한 경험적 연구결과에 따르면, 도덕발달 6단계 중 1단계, 2단계에 있는 사람이 범죄를 범할 가능성이 높다고 했다. ( )

정답 ○

102. 소질과 환경에 대한 범죄발생원인으로서 소질의 내용에는 유전, 신체, 빈곤, 가정해체 등이 포함된다. ( )

해설 소질론은 범죄의 개인의 생리적, 정신적인 내부적 특질이 범죄발생원인의 주요원인이라고 보는 입장이다. 지문에서의 빈곤, 가정해체에 대한 내용은 환경론의 내용이다.

정답 ✕

103. 정신병과 범죄와의 관계에 있어 정신적 결함을 가진 사람은 다른 일반인들보다 범죄를 저지를 가능성이 높다. ( )

해설 정신질환을 앓고 있는 사람들의 범죄율이 일반인들보다 높다고 할 만한 과학적인 증거가 없다. 오히려 일반인들보다 범죄율이 낮다고 주장하는 학자들도 있다.

정답 ✕

104. 인지이론은 범죄행동 패턴에서 왜 사람들이 성숙해지고 추론능력이 발달하면서 범죄성향이 줄어드는지를 잘 설명한다. ( )

해설 | 심리학적 범죄이론에 관한 평가
- 프로이드(Freud)의 정신분석이론은 범죄자의 현재 상황보다 초기 아동기의 경험을 지나치게 강조한다는 비판을 받는다.
- 스키너는 고전적 조건형성과 도구적 조건형성을 철저하게 구분할 것을 주장하였다. 인간행동에 대한 환경의 결정력을 지나치게 강조하여 인간의 내적·정신적 영향력을 배제하였고, 인간을 조작이 가능한 대상으로 취급하고 인간의 모든 행동이 조작화를 통해 수정 가능하다고 보는 시각 때문에 인간의 자유의지와 존엄성을 무시하고 인간을 지나치게 단순화, 객관화하는 것이라는 비판을 받고 있다.
- 콜버그(Kohlberg)의 도덕발달이론은 도덕적 판단과 도덕적 행위 간의 불일치가 문제점으로 지적되고 있다.
- 아이젠크(Eysenck)의 성격이론은 극단적인 범행동기를 파악하는 데 유용하지만, 그렇지 않은 범죄자의 범행원인 파악은 어려운 것으로 평가된다.
- 반두라는 보보인형실험을 통해 TV 등 미디어를 통한 공격성 학습원리를 증명하였다.

정답 ○

105. 슈나이더(Schneider)의 10분법 중 무정성 정신병질자는 사이코패스적인 성격 특징을 가진다.
(   )

> 해설 **| 사이코패스**
> - 사이코패스 개념은 반사회적 성격장애의 하위개념에 포함된다.
> - 후천적 · 환경적 요인보다는 유전적 · 생물학적 요인이 더 크게 작용한다.
> - 슈나이더가 아닌 로버트 헤어가 개발하였다.
> - 슈나이더(Schneider)의 10분법 중 무정성 정신병질자는 사이코패스적인 성격 특징을 가진다.
>
> 정답 ○

106. CPI 검사는 1956년 캘리포니아 버클리대학의 고프(Gough)가 개발한 18개 척도의 성격검사도구로, MMPI가 신경증이나 정신병과 같은 정서적 문제를 진단하기 위한 것인데 비하여, CPI는 정상적인 사람의 심리적 특성을 이해하기 위한 것이라고 할 수 있다. (   )

정답 ○

107. 노르에피네프린(Norepinephrine)은 정신치료감호소에 있는 폭력범죄자들의 경우 이것의 수치가 높을수록 과도한 공격성을 보였으나, 반대로 폭력범죄자들에게 낮은 수치가 발견되기도 하였다. 결국 높고 낮은 수치 모두 도구적 공격성과 관계가 있다. (   )

정답 ○

108. 짐바르도(Zimbardo)는 선량한 인간이 어떻게 악인으로 변하게 되는지를 설명하기위해 루시퍼 효과(Lucifer Effect)라는 용어를 사용하였고, 모의교도소 실험을 통해 인간의 행위와 본성을 연구하였다. (   )

정답 ○

109. 파크(Park)는 도시에 사는 사람들이 동 · 식물집단과 마찬가지로 유기적 통일성을 가지고 살아가고 있는 모습을 연구하고, 이를 인간생태학이라고 하였다. (   )

정답 ○

110. 비정상적인 도파민 수치는 충동적 행위 및 폭력 범죄와 관련이 있을 수 있다. (   )

정답 ○

111. 노르에피네프린(norepinephrine)은 충동성, 공격성과 관련된 신경전달물질이다. (   )

정답 ○

112. 모노아민 산화효소 A(moamine oxidase A) 유전자가 과활성화 형태를 가지게 되면 폭력 행위를 보일 가능성이 높아지게 된다. ( )

> 해설 모노아민 산화효소 A(moamine oxidase A) 는 도파민, 세로토닌,노르에페네프린을 분해하는 효소로, 저활성화되면 신경전달 물질이 급격히 증가되어 폭력행위를 보일 가능성이 높아지게 된다.
>
> 정답 ✕

— CHAPTER 04 —
사회학적 범죄이론 종합

미시적 이론	거시적 이론

1. 학습이론
  • 차별적 접촉이론(서덜랜드)
  • 차별적 동일화이론(글래이져)
  • 차별적 강화이론(버제스, 에이커스)
2. 통제이론
  • 개인 및 사회통제이론(라이스, 나이)
  • 자기관념이론(디니츠, 머레이, 레클리스)
  • 봉쇄이론(레클리스)
  • 중화기술이론(맛차, 사이크스)
  • 표류이론((맛차)
  • 사회연대이론(허쉬)
  • 동조성전념이론(브라이어, 필리아빈)
3. 낙인이론(탄넨바움, 레머트, 베커, 슈어)
	1. 사회해체이론(쇼, 맥케이)
	2. 아노미이론(머튼)
	3. 범죄적 하위문화이론
	  • 하위계층문화이론(밀러)
	  • 비행적 하위문화이론(코헨)
	  • 차별적 기회구조이론(클로워드, 오린)
	4. 갈등론적 이론
	  • 보수적 갈등이론
	    – 문화갈등이론(셀린)
	    – 집단갈등이론(볼드)
	    – 범죄화론(터크)
	  • 급진적 갈등이론(봉거, 퀴니, 스핏쩌 등)

1. 쇼(Shaw)와 맥케이(Mckay)는 미국 시카고시의 범죄발생률을 조사하면서, 이 지역에 거주하는 주민의 인종, 국적과 그 지역의 특성이 범죄 발생과 매우 중요한 관련성이 있다고 보았다. ( )

> 해설 쇼(Shaw)와 맥케이(Mckay)는 미국 시카고시의 범죄발생률을 조사하면서, 지역의 특성이 범죄 발생과 매우 중요한 관련성이 있다고 보았다.
>
> 정답 ✕

2. 사회해체이론은 비행이 사회해체에 기인하기 때문에 비행예방을 위해서는 개별비행자의 처우보다 도시생활환경에 영향을 미치는 사회의 조직화가 필요하다고 한다. ( )

> 정답 ○

3. 사회해체이론은 비판범죄학의 갈등론적 관점을 취한다. ( )

> 해설 사회구조이론 내지 거시환경론의 한 유형에 속한다.
>
> 정답 ✕

4. 인구이동이 많은 지역에서 흔히 볼 수 있는 주민이동과 주민이질성은 사회해체의 원인이
   된다. ( )

   정답 ○

5. 사회해체이론의 중요한 업적은 행위자 개인의 특성이 아니라 도시의 생태를 범죄나 비행의
   발생 원인으로 파악한 것이다. ( )

   정답 ○

6. 버식(Bursik)과 웹(Webb)은 지역사회가 주민들에게 공통된 가치체계를 실현하지 못하고 지
   역주민들이 공통적으로 겪는 문제를 해결할 수 없는 상태를 사회해체라고 정의하고, 그 원인
   을 주민의 이동성과 이질성으로 보았다. ( )

   정답 ○

7. 버식(Bursik)과 웹(Webb)은 사회해체지역에서는 공식적인 행동지배규범이 결핍되어 있으므
   로 비공식적 감시와 지역주민에 의한 직접적인 통제가 커진다고 주장하였다. ( )

   해설 직접적인 통제가 약해진다고 주장하였다.

   정답 ✕

8. 허쉬(Hirschi)는 쇼와 맥케이의 이론이 지역사회의 해체가 어떻게 범죄 발생과 관련되는지를
   명확하게 설명하지 못했다고 비판하면서, 사회해체의 원인을 주민이동과 주민이질성의 양 측
   면에서 파악하였다. ( )

   해설 버식과 웹이 비판한 내용이다.

   정답 ✕

9. 사회해체이론은 주로 경찰이나 법원의 공식기록에 의존하였기 때문에 그 연구결과의 정확성
   은 문제되지 않는다. ( )

   해설 연구결과의 정확성을 신뢰하기 어렵다(암수범죄).

   정답 ✕

10. 아노미이론은 머튼이 기초를 제공하고, 뒤르켐이 체계화하였다. ( )

   해설 뒤르켐이 기초를 제공하고, 머튼이 체계화하였다.

▌뒤르켐과 머튼의 아노미의 구별

구분	뒤르켐(Durkheim)의 아노미	머튼(Merton)의 아노미
의의	무규범, 사회통합의 결여상태	문화적 목표와 제도적 수단의 불일치 상태
인간관	• 성악설적 인간 • 인간의 욕구를 생래적인 것으로 파악	• 성선설적 인간 • 인간의 욕구도 사회의 관습이나 문화적 전통에 의해 형성되는 것으로 파악
발생시기	사회적 변혁기	사회일상적 상황
아노미의 개념	현재의 사회구조가 개인의 욕구에 대한 통제력을 유지할 수 없는 상태	문화적 목표(부의 성취·성공)와 제도적 수단(합법적 수단)의 괴리에 의한 긴장의 산물
범죄원인	욕망의 분출 또는 좌절에 의한 긴장의 해소 (개인적 차원)	강조되는 문화적 목표에 비해 제한된 성취 기회(사회구조적 차원)

정답 ✕

11. 머튼(Merton)은 아노미의 발생원인을 문화적 목표와 제도화된 수단 간의 괴리에서 찾았다. ( )

해설 **▌아노미이론과 사회해체이론 비교**

아노미이론	사회해체이론
보다 더 큰 사회적 조건 목표와 기회 간 모순 → '계층' 간 차별	사회해체를 유발하는 지역사회의 조건 =인구이동 많음+빈곤+인종·국적의 다양성
'하위계층'에 의한 범죄	

정답 ◯

12. 머튼의 아노미이론은 낙인이론으로 분류된다. ( )

해설 사회구조론(거시적)이론이다.

정답 ✕

13. 머튼의 아노미이론은 어느 사회에서나 문화적 목표나 가치에 대해서는 사람들 간에 기본적인 합의가 이루어져 있다는 가치공유설을 전제로 한다. ( )

정답 ◯

14. 머튼(R.K. Merton)은 문화적으로 규정된 목표는 사회의 모든 구성원이 공유하고 있으나 이들 목표를 성취하기 위한 수단은 주로 사회경제적인 계층에 따라 차등적으로 분배되며, 이와 같은 목표와 수단의 괴리가 범죄의 원인으로 작용한다고 보았다. ( )

정답 ◯

15. 머튼은 아노미 상황에서 개인의 적응 방식을 동조형(conformity), 혁신형(innovation), 의례형(ritualism), 도피형(retreatism), 반역형(rebellion)으로 구분하였다. (   )

해설

적응유형	문화적 목표	제도적 수단	적응대상
동조형	+	+	정상인
개혁(혁신)형	+	−	전통적 의미의 범죄자 (강도·절도 등 재산범죄)
의례형	−	+	샐러리맨, 관료
도피형	−	−	마약·알코올중독자, 부랑자
반항(혁명)형	+, −	+, −	혁명가, 투쟁적 정치가

정답 ○

16. 머튼의 긴장이론에 의하면 다섯 가지 적응유형 중에 혁신형(Innovation)이 범죄의 가능성이 제일 높은 유형이라고 보았다. (   )

정답 ○

17. 의례형(ritualism)은 문화적 성공의 목표에는 관심이 없으면서도 제도화된 수단은 지키려는 유형으로 출세를 위한 경쟁을 포기한 하위직원들 사이에서 발견된다. (   )

정답 ○

18. 머튼(Merton)은 사람들이 사회적 긴장에 반응하는 방식 중 "혁신형"은 문화적 목표와 사회적 수단을 모두 자신의 의지에 따라 새로운 것으로 대체하려는 특성을 갖는다고 하였다. (   )

해설 혁신형이 아닌 반항형이 가진 특성이다.

정답 ✕

19. 머튼의 긴장이론은 하층계급을 포함한 모든 계층이 경험할 수 있는 긴장을 범죄의 주요 원인으로 제시하였다. (   )

해설 하류계층이 경험할 수 있는 긴장을 범죄의 주요 원인으로 제시하였고 모든 계층은 에그뉴의 일반긴장이론이다.

❙ 머튼과 애그뉴의 이론 비교

머튼(거시적)	애그뉴(미시적)
• 사회계층의 차이 → 범죄율 • 경제적 하위계층의 범죄율 높음	• 긴장을 느끼는 개인적 차이 → 범죄율 • 긴장·스트레스가 많은 개인의 범죄율 높음(모든 사회계층에 적용 가능)

정답 ✕

20. 밀러(W. Miller)는 하위계층 청소년들의 '관심의 초점'(focal concerns)이 중산층 문화의 그 것과는 다르기 때문에 범죄에 빠져들기 쉽다고 보았다. (   )

[정답] ○

21. 코헨은 비행하위문화의 특징으로 사고치기(trouble), 강인함(toughness), 기만성(smartness), 흥분 추구(excitement), 운명주의(fatalism), 자율성(autonomy) 등을 들었다. (   )

[해설] 코헨이 아닌 밀러에 대한 설명이다.

▌밀러의 하류계층문화이론

하류계층 관심의 초점 + 여성가장 가정	→	하류계층 청소년의 동일성별 집단에서의 지위와 남성상 추구	→	하류계층 관심의 초점에 부응하는 행동	→	때로는 범죄적 또는 비행적 행위

▌하류계층의 주요 관심사: 말썽-사고치기, 강건함-사나움, 교활-영리함, 흥분추구, 숙명-운명주의, 독자성

▌코헨의 비행하위문화이론

하류계층 사회화 + 중류계층 잣대	→	하류 계층의 실패	→	거부감과 좌절감	→	동료집단 형성	→	반응 형성	→	집단적으로 부정적·악의적 비행을 통해 자신에게 의미부여

▌코헨이 제시한 소년들의 3가지 대안적 행동유형(='반응형성' 개념)
- 모퉁이소년(corner boy): 가장 일반적인 반응, 친구들과 거리를 서성이며 사소한 비행을 저지름
- 대학생소년(College boy): 비행·일탈반응 없음, 중산층의 문화·가치를 수용하고자 노력
- 비행소년(delinquent boy): 비행하위문화 형성, 중산층의 문화·가치를 거부하고 정반대의 문화 형성

[정답] ✕

22. 코헨(A. Cohen)은 하위계층 청소년들 간에 형성된 하위문화가 중산층의 문화에 대해 대항적 성격을 띠고 있다고 본다. (   )

[정답] ○

23. 코헨(Albert Cohen)은 사회의 중심문화와 빈곤계층 출신 소년들이 익숙한 생활 사이에 긴장이나 갈등이 발생하며 이러한 긴장관계를 해결하려는 시도에서 비행적 하위문화가 형성된다고 하였으며, 그 특징으로 비공리성, 악의성, 부정성(否定性) 등을 들고 있다. (   )

[정답] ○

24. 밀러(Miller)나 코헨(Cohen)의 하위문화이론으로는 중산층 출신 청소년의 범죄를 설명하기 곤란하다. (   )

정답 ○

25. 코헨(Cohen)의 비행하위문화이론은 하위계층의 비행소년들이 자신의 행동을 후회하는 이유를 설명하지 못한다. ( )

정답 ○

26. 코헨(A. Cohen)의 비행하위문화이론에 의하면 하류계층의 비행은 중류계층의 가치와 규범에 대한 저항이다. ( )

정답 ○

27. 밀러(Miller)가 하위문화란 중상류층의 보편적인 문화에 대항하고 반항하기 위해서 형성되는 것이라고 생각한 반면, 코헨(Cohen)은 하위문화를 하위계층의 고유문화로 보았다. ( )

해설 코헨(Cohen)이 하위문화란 중상류층의 보편적인 문화에 대항하고 반항하기 위해서 형성되는 것이라고 생각한 반면, 밀러(Miller)는 하위문화를 하위계층의 고유문화로 보았다.

정답 ✕

28. 클로워드(Cloward)와 올린(Ohlin)의 차별적 구조이론은 뒤르켐(E. Dukheim) 이론과 하위문화이론을 통합하여 만든 이론이다. ( )

해설 머튼의 아노미이론과 서덜랜드의 차별적 접촉이론을 통합하여 만든 이론이다.

정답 ✕

29. 클로워드(Cloward)와 올린(Ohlin)의 차별적 기회구조이론은 아노미 현상을 비행적 하위문화의 촉발요인으로 본다는 점에서 머튼의 영향을 받았다. ( )

정답 ○

30. 차별적 기회구조이론은 합법적 수단을 사용할 수 없는 사람들은 곧바로 불법적 수단을 사용할 것이라는 머튼(Merton)의 가정을 계승하고 있다. ( )

해설 머튼의 가정에 동의하지 않는다.

정답 ✕

31. 밀러(Mller)는 하류계층의 문화를 범죄적 하위문화, 갈등적 하위문화, 도피적 하위문화로 분류하였다. ( )

> **해설** 밀러(Miller)가 아닌 클로워드(Cloward)와 올린(Ohlin)에 대한 설명이다.

정답 ✕

32. 범죄적 하위문화는 청소년 범죄자에게 성공적인 역할모형이 될 수 있는 조직화된 성인범죄자들의 활동이 존재하는 지역에서 나타난다. (　　　)

정답 ○

33. 클로워드(Cloward)와 올린(Ohlin)의 차별적 기회구조이론에 의하면 성인들의 범죄가 조직화되지 않아 청소년들이 비합법적 수단에 접근할 수 없는 지역에서는 갈등적 하위문화가 형성되는데, 범죄기술을 전수할 기회가 없기 때문에 이 지역의 청소년들은 비폭력적이며 절도와 같은 재산범죄를 주로 저지른다. (　　　)

> **해설** 과시적인 폭력과 무분별한 갱 전쟁을 주로 저지른다.

적응유형	문화적 목표	합법적 수단	비합법적 수단	폭력수용	비행적 하위문화의 유형	머튼과 비교
동조형	+	+			일반인	동조형
개혁(혁신)형	+	−	+		범죄적 하위문화	개혁형
공격(폭력)형	+	−	−	+	갈등적 하위문화	−
도피형 (퇴행, 은둔)	+	−	−	−	도피적 하위문화	도피형

정답 ✕

34. 서덜랜드(Sutherland)의 차별적 접촉이론은 범죄자의 학습과정과 비범죄자의 학습과정에 차이가 있다는 데에서 출발한다. (　　　)

> **해설** 차이가 없다는 데에서 출발한다.

▌서덜랜드의 차별적 접촉이론 9가지 명제

명제	특 징
제1명제	범죄행위는 학습의 결과이다.
제2명제	범죄행위는 의사소통과정에 있는 다른 사람과의 상호작용을 수행하는 과정에서 학습된다.
제3명제	범죄행위 학습의 중요한 부분은 친밀 관계를 맺고 있는 집단들에서 일어난다(친밀한 집단들과의 직접적 접촉에 의해서 학습)(라디오·TV·영화·신문·잡지 등과 같은 비인격적 매체는 범죄행위의 학습과 크게 관련이 없다).
제4명제	범죄행위의 학습에는 범행기술의 학습과 동기, 욕망, 합리화 방법 그리고 태도와 구체적 방향의 학습을 포함한다.
제5명제	법규범을 우호적·비우호적으로 정의하는가에 따라 동기와 욕구의 특정한 방향을 학습한다.
제6명제	법에 대한 비우호적 정의가 우호적 정의보다 클 때 범죄를 실행한다.

제7명제	차별적 접촉은 접촉의 빈도·기간·시기·강도에 따라 다르다. 즉, 접촉의 빈도가 많고 길수록 학습의 영향은 더 커지고, 시기가 빠를수록 접촉의 강도가 클수록 더 강하게 학습된다.
제8명제	범죄행위의 학습과정은 다른 행위의 학습과정과 동일한 메커니즘을 가진다. 범죄자와 준법자와의 차이는 접촉양상에 있을 뿐 학습이 진행되는 과정에는 아무런 차이가 없다(범죄자와 비범죄자 간의 차이는 학습과정의 차이가 아니라 접촉유형의 차이이다).
제9명제	범죄행위도 욕구와 가치의 표현이란 점에서 다른 일반행동과 동일하나, 일반적인 욕구나 가치관으로는 범죄행위를 설명할 수 없다.

정답 ✕

35. 서덜랜드는 범죄의 원인을 경제제도나 사회구조의 특성에서 찾고자 하였다. ( )

해설 학습의 결과에서 찾고자 하였다.

정답 ✕

36. 서덜랜드(Sutherland)는 범죄자는 원래부터 정상인과 다르기 때문에 범죄를 저지르는 것이 아니라, 타인들과 접촉하는 과정에서 범죄행위를 학습하기 때문에 범죄를 저지른다고 보았다. ( )

정답 ○

37. 서덜랜드(Sutherland)의 차별적 접촉이론에 따르면 범죄행위는 타인과의 의사소통을 위한 상호작용으로 학습된다. ( )

정답 ○

38. 서덜랜드는 범죄행위의 학습에 있어서 대중매체의 영향을 중시하지 않았다. ( )

정답 ○

39. 서덜랜드(Sutherland)의 차별적 접촉이론에 의할 때 범죄행위를 학습할 때에 학습되는 내용은 범죄기술, 범죄행위에 유리한 동기, 충동, 합리화방법, 태도 등이다. ( )

정답 ○

40. 차별적 접촉이론은 범죄행위에 대해 우호적으로 정의하는 사람들과 비우호적으로 정의하는 사람들과의 접촉의 차이로 범죄행위를 설명한다. ( )

정답 ○

41. 서덜랜드(E. Sutherland)의 차별적 교제이론(differential association theory)에 따르면, 범죄행위는 학습되며, 법 위반에 대한 우호적 정의(definition)가 비우호적 정의보다 클 때 개인은 비행을 저지르게 된다. ( )

정답 ○

42. 서덜랜드(Sutherland)에 따르면 범죄자와 비범죄자의 차이는 접촉유형의 차이가 아니라 학습과정의 차이에서 발생한다. ( )

해설 학습과정의 차이가 아니라 접촉유형의 차이에서 발생한다.

정답 ✕

43. 서덜랜드(Sutherland)의 차별적 접촉이론에 의할 때 범죄행위는 일반적인 욕구나 가치관의 표현이지만 동일한 욕구와 가치관이 비범죄적 행동을 통해 표현될 수도 있다. ( )

정답 ○

44. 글레이저(D. Glaser)는 범죄의 학습에 있어서는 직접적인 대면접촉보다 자신의 범죄적 행동을 지지해 줄 것 같은 실존 또는 가상의 인물과 자신을 동일시하는가가 더욱 중요하게 작용한다고 하였다. ( )

정답 ○

45. 글레이저(D. Glaser)의 차별적 동일화이론(differential identification theory)은 공간적으로 멀리 떨어져 있는 준거집단도 학습의 대상으로 고려했다는 점에서 차별적 접촉이론과 차이가 있다. ( )

해설 ┃ 차별적 접촉이론의 보완이론
• 글레이저(Glaser)의 차별적 동일화이론: 매스미디어 등 준거되는 접촉집단을 확대하여 적용
• 버제스와 에이커스(Burgess & Akers)의 차별적 강화이론: 학습과정에 대한 설명을 보완
• 클로워드와 오린(Cloward & Ohlin)의 차별적 기회구조이론: 학습환경에의 접근가능성 문제
• 레클리스(Reckless)의 자기관념이론: 차별적 반응의 무시에 대한 비판을 보완

정답 ○

46. 중학생 甲은 친구들의 따돌림을 받고 인터넷에 빠져 살던 중 어느 조직폭력단 두목의 일대기에 심취하여 그의 행동을 흉내내다가 범죄를 저지르기에 이르렀다. 甲의 범죄화 과정을 설명하는 이론으로 적절한 이론은 글레이저(Glaser)의 차별적 동일화(시)이론이다. ( )

정답 ○

47. 버제스(Burgess)와 에이커스(Akers)의 차별적 강화이론도 차별적 접촉이론과 마찬가지로 범죄행위의 학습에 기초하고 있다. ( )

정답 ○

48. 버제스(Burgess)와 에이커스(Akers)에 따르면 범죄행위를 학습하는 과정은 과거에 이러한 행위를 하였을 때에 주위로부터 칭찬, 인정, 더 나은 대우를 받는 등의 보상이 있었기 때문이다. ( )

정답 ○

49. 버제스(R. Burgess)와 에이커스(R. Akers)의 사회적 학습이론(social learning theory)은 사회적 상호작용만을 중시하고 개인의 욕구와 같은 비사회적 사정들을 배제시킨 이론이라는 점에 특징이 있다. ( )

해설 배제하지 않는 이론이라는 점에 특징이 있다.

정답 ✕

50. 에이커스(R. Akers)의 사회학습이론이 개인의 범죄활동을 설명하기 위하여 제시한 4가지 개념으로 차별접촉(differential association), 정의(definition), 차별강화(differential reinforcement), 모방(imitatinon)이 있다. ( )

정답 ○

51. 나이(Nye)는 사회통제방법을 직접통제, 간접통제, 내부통제로 나누고, 소년비행예방에 가장 효율적인 방법은 내부통제라고 보았다. ( )

해설 비공식적 간접통제라고 보았다.

정답 ✕

52. 라이스(A. Reiss)는 개인적 통제 및 사회적 통제의 실패가 범죄의 원인이라고 보고, 가족 등 일차집단의 역할수행에 주목하였다. ( )

정답 ○

53. 나이(F. Nye)는 가정이나 학교에서 소년에게 자신의 행위가 주위 사람에게 실망과 고통을 줄 것이라고 인식시키는 것이 소년비행을 예방할 수 있는 가장 효율적인 방법이라고 하였다. ( )

정답 ○

54. 라이스(Reiss)와 나이(Nye)의 내적·외적 통제이론에 따르면, 애정·인정·안전감 및 새로운 경험에 대한 청소년의 욕구가 가족 내에서 충족될수록 범죄를 저지를 확률이 낮아진다. ( )

정답 ○

55. 통제이론은 사람들이 왜 범죄행위로 나아가지 않고 합법적인 행동을 하는가라는 물음에 중점을 두고 있다. ( )

정답 ○

56. 통제이론은 인간은 범죄성을 본질적으로 지니고 있기 때문에 그대로 두면 누구든지 범죄를 저지를 것이라는 가정에서 출발한다. ( )

정답 ○

57. 통제이론은 특히 하층계급의 중범죄를 설명하는 데 적절하다. ( )

해설 주로 청소년의 가벼운 절도나 싸움 등 대체로 사소한 비행의 원인을 설명하는 데에 적절하다.

정답 ×

58. 레클리스(Reckless)는 올바른 자아관념이 비행에 대한 절연체라고 보았다. ( )

정답 ○

59. 레클리스의 자아관념이론에 따르면 비행다발지역의 청소년들 중에서 다수가 비행에 가담하지 않는 것은 자신에 대한 좋은 이미지를 통해 비행에의 유혹이나 압력을 단절시키기 때문이다. ( )

정답 ○

60. 레클리스(W. Reckless)는 대부분의 사람이 수많은 압력과 유인에도 불구하고 범행에 가담하지 않고 순응상태를 유지하는 이유 중의 하나를 사회화 과정에서 형성되는 내적(자기) 통제에서 찾았다. ( )

정답 ○

61. 레클리스(Reckless)는 봉쇄이론(containment theory)을 주장하면서 범죄나 비행으로 이끄는 힘을 압력요인, 유인요인, 배출요인으로 나누었다. ( )

정답 ○

62. 맛차(Matza)의 표류이론(drift theory)에 의하면 비행청소년들은 비행의 좌절감을 모면하기 위해 다양한 중화의 기술을 구사한다. ( )

정답 ○

63. 맛차(Matza)의 표류이론에 의하면 대부분의 비행청소년들은 합법적인 영역에서 오랜 시간을 보낸다. ( )

정답 ○

64. 맛차(Matza)와 사이크스(Sykes)에 따르면 일반소년과 달리 비행소년은 처음부터 전통적인 가치와 문화를 부정하는 성향을 가지고 있으며, 차별적 접촉과정에서 전통규범을 중화시키는 기술이나 방법을 습득한다. ( )

해설 맛차와 사이크스에 따르면 비행소년이라 할지라도 대부분의 경우에는 다른 사람들과 마찬가지로 일상적이고 준법적인 행위를 하며 특별한 경우에 한하여 위법적인 행위에 빠져들게 된다.

정답 ✕

65. 맛차의 표류이론에 의하면 비행이론은 표류를 가능하게 하는, 즉 사회통제를 느슨하게 만드는 조건을 설명해야 한다고 주장하였다. ( )

해설 ▌중화기술유형

구분	내용
책임의 부정	의도적인 것이 아니었거나 자기의 잘못이 아니라 주거환경, 친구 등에 책임을 전가하거나 또는 자신도 자기를 통제할 수 없는 외부세력의 피해자라고 여기는 경우가 이에 해당한다(사람·환경에 책임 전가하는 것).
가해(손상)의 부정	훔친 것을 빌린 것이라고 하는 등 자신의 행위가 위법한 것일지는 몰라도 실제로 자신의 행위로 인하여 손상을 입은 사람은 아무도 없다고 주장하며 합리화하는 경우가 이에 해당한다(자신의 범죄사실을 부정하는 것).
피해자의 부정	자신의 행위가 피해를 유발한 것은 인정하지만 그 피해는 당해야 마땅한 사람에 대한 일종의 정의로운 응징이라고 주장하거나(도덕적 복수자) 또는 피해를 본 사람이 노출되지 않은 경우에 피해자의 권리를 무시함으로써 중화시키는 것을 말한다(범행 행위의 원인을 피해자가 제공).
비난자에 대한 비난	자신을 비난하는 사람, 즉 경찰·기성세대·부모·선생님 등이 더 나쁜 사람이면서 소년 자신의 작은 잘못을 비난하는 것은 모순이라는 식으로 합리화해 가는 것을 말한다.

상위가치에 대한 호소 (고도의 충성심에의 호소)	자신의 행위가 옳지는 않지만 친구 등 중요한 개인적 친근집단에 대한 충성심이나 의리에서 어쩔 수 없었다는 주장으로 중화시키는 것을 말한다.

┃중화기술의 새로운 유형

구분	내용
대차대조의 비유	자신이 일생 동안 한 일을 비교해보면 선행을 더 많이 했으므로 이번에 비행행위를 하였더라도 자신은 선한 사람에 해당한다는 주장
정상의 주장	자신이 한 행위 정도는 누구나 하는 행위로서 특별히 자신만의 행위가 비난 받아서는 안 된다는 주장이다. 사무실에서 간단한 물건 가져오기, 혼외정사 등
악의적 의도의 부정	단순한 장난행위였다는 주장과 같이 고의적으로 한 행위가 아니었다고 자신의 행위를 정당화하는 것
상대적 수용성의 주장	나보다 더 나쁜 사람도 많다는 식으로 자신의 행위 정도는 받아들여져야 한다는 주장

[정답] ○

66. 사이크스(Sykes)와 맛차(Matza)의 중화기술(techniques of neutralization)이론에 의하면 중화기술의 유형에는 책임의 부정, 가해의 부정, 피해자의 부정, 비난자에 대한 비난, 고도의 충성심에 호소 등 5가지가 있다. (　　　)

[해설] **┃중화기술 이론**
- 비행소년도 자유의지와 책임이 어느 정도 존재함을 인정한다.
- 규범위반에 대한 합리화(중화)를 통한 내적 통제 약화를 범죄의 원인으로 본다.
- 비행소년도 대부분 일상적이고 준법적인 생활을 하며 특별한 경우에 한하여 위법적인 행위를 한다.
- 범죄행위를 비난하고 견제하는 규범(법·윤리) 자체는 부인하지 않는다.
- 내적 통제에 중점을 두고, 사회심리학적 측면에서 접근하였다.
- 중화기술이론은 맛차의 **표류이론**과 맛차와 사이크스의 **잠재가치론**으로 발전하였다.

[정답] ○

67. 사이크스(Sykes)와 맛차(Matza)의 중화이론은 범죄란 사회의 문화적이고 제도적 영향의 결과로 바라본다. (　　　)

[해설] 중화이론에 따르면 범죄란 사회의 문화적이고 제도적 영향의 결과로 바라보는 것이 아니라, 범죄자에게 내면화되어 있는 규범의식과 가치관이 중화·마비되면서 발생한다는 것이다.

┃중화기술의 유형

책임의 부정(회피)	자신이 아닌 다른 사람, 환경 등에 책임을 전가 [예] 나와 같은 처지였다면 누구나 그러한 행동을 했을 것이다.
가해(해악)의 부정	자신의 행위는 누구에게도 피해를 주지 않았다고 생각함으로써 합리화 [예] 물건을 빌린 것이지 훔친 것이 아니다.
피해자의 부정	피해자는 피해를 받아 마땅하고, 따라서 자신의 행위는 정의로운 응징이라고 주장 [예] 내가 비록 상점의 물건을 훔쳤지만, 그 상점주인은 정직하지 못한 사람이다.
비난하는 자를 비난	사회통제기관을 부패한 자들로 규정하여 자신을 심판할 자격이 없다고 주장 [예] 경찰은 부패한 공무원인데 왜 나를 비난하는가?

| 고도의 충성심에의
호소 | 친근한 집단을 위한 충성심이나 의리 때문에 저지른 불가피한 행위였다고 주장
예) 나의 범죄는 가족을 먹여 살리기 위한 행위였을 뿐이다. |

정답 ✕

68. 사이크스(Sykes)와 맛차(Matza)의 중화(기술)이론에 따르면, 자신의 비행에 대하여 책임이 없다고 합리화하는 것도 중화기술의 하나에 해당한다. (   )

정답 ○

69. 허쉬(Hirschi)의 사회유대이론은 누구나 반사회적 행위를 하려는 본성을 가지고 있다고 전제한다. (   )

정답 ○

70. 허쉬(Hirschi)의 사회통제이론(social control theory)은 "왜 범죄는 범하지 않는가"가 아니라 "왜 범죄를 범하는가"를 탐구한다. (   )

해설 "왜 범죄를 범하는가"가 아니라 "왜 범죄를 범하지 않는가"를 탐구한다.

정답 ✕

71. 허쉬의 사회통제이론에 의하면 개인이 일상적 사회와 맺고 있는 유대가 범죄발생을 통제하는 기능을 하며, 개인과 사회 간의 애착(attachment), 전념(commitment), 참여(involvement), 신념(belief)의 네 가지 관계를 중요시한다. (   )

정답 ○

72. 허쉬의 사회유대이론의 요소 중 '전념'은 미래를 위해 교육에 투자하고 저축하는 것처럼 관습적 활동에 소비하는 시간과 에너지, 노력 등을 의미한다. (   )

정답 ○

73. 사회유대이론은 형사사법기관에 의한 공식적 통제를 강조하였다. (   )

해설 사회유대이론은, 범죄는 범죄동기가 아니라 그것을 통제해 줄 수 있는 비공식적 통제, 즉 사회유대의 여부에 달려 있다고 본다.

정답 ✕

74. 허쉬(Hirschi)는 개인의 사회적 활동에 대한 참여가 높을수록 일탈행동의 기회가 증가하여 비행이나 범죄를 저지를 가능성이 많다고 보았다. (   )

[해설] 비행이나 범죄를 저지를 가능성이 낮다고 보았다.

[정답] ✕

75. 허쉬(T. Hirschi)는 전념(commitment)은 참여(involvement)의 결과물로 장래의 목표성취와 추구에 관한 관심과 열망이 강한 경우 범죄나 비행이 감소한다고 하였다.　　　(　　　)

[해설] 참여가 전념의 결과물이라고 한다. 허쉬의 유대이론에서 전념은 규범준수에 따른 사회적 보상에 대한 관심의 정도로, 미래를 위해 교육에 투자하고 저축하는 것처럼 관습적 활동에 소비하는 시간과 에너지, 노력 등에 따라 일정한 보상이 주어짐을 의미한다.

[정답] ✕

76. 허쉬(Hirschi)의 사회유대이론은 누구나 범죄를 저지를 가능성이 있지만, 그것을 통제하는 요인은 개인이 사회와 맺고 있는 일상적인 유대이며, 그 유대가 약화되거나 단절되었을 때 범죄를 저지르게 된다고 하였다.　　　(　　　)

[정답] ○

77. 허쉬의 사회유대이론에서 사회유대의 요소에는 애착(Attachment), 전념(Commitment), 참여(Involvement), 신념(Belief)이 있다.　　　(　　　)

[정답] ○

78. 타르드(G. Tarde)의 학습이론에 따르면, "사람들이 왜 범죄를 저지르는가?"에 대한 질문보다는 "왜 누군가는 규범에 순응하며 합법적인 행동을 하는가?"라는 질문이 중요하다.
　　　(　　　)

[해설] 허쉬(Hirschi)의 사회통제이론에 대한 설명이다. 허쉬는 사회통제이론에서 "우리는 모두 동물이며 자연적으로 누구든지 범죄를 저지를 수 있다."고 하면서 반사회적 행위의 근본적인 원인은 인간의 본성에 있으나, 사회적 통제가 그 본성을 억제하여 범죄를 저지르지 않게 된다고 하였다. 참고로, 타르드는 모방의 법칙을 주장하였다.

[정답] ✕

79. 허쉬의 사회통제이론 중 참여(involvement)는 사회생활에 대하여 참여가 높으면 그만큼 일탈행위의 기회가 증가됨으로써 비행이나 범죄를 저지를 가능성이 높다는 것을 의미한다.
　　　(　　　)

[해설] 사회생활에 대하여 참여가 높으면 그만큼 일탈행위의 기회가 감소함으로써 비행이나 범죄를 저지를 가능성이 낮다.

▌갓프레드슨과 허쉬의 일반이론(자기통제력+기회)
• 범죄성향(자기통제력)과 범죄기회를 통합함으로써 유사한 환경 속에서 자란 아이들이 왜 범죄를 저지르

고, 또는 저지르지 않는가를 설명한 이론(충동적 성격 → 낮은 자아통제력 → 사회유대의 약화+범죄적 기회=범죄적 행동)
- 자기통제력은 어릴 때 부모의 양육방식에 의해 결정된다고 하여 가정에서 부모의 역할을 강조(실증주의적 시각)
- 욕구충족을 위한 기회가 주어진다면, 자기통제력이 강한 사람도 범죄를 저지를 수 있다는 것으로, 결론적으로 범행을 위한 기회가 주어진다면 자기통제력은 제 기능을 발휘하지 못한다는 주장(고전주의)

▌통제이론 정리

라이스&나이	개인의 자기통제력, 사회통제방법 유형 분류
레클리스&디니츠	자아관념이론, 범죄원인=자아관념 차이
브라이어&필리아빈	동조성 전념이론=내적 통제 의미
허쉬	사회유대이론(사회유대 맺는 방법), 갓프레드슨&허쉬, 범죄일반이론(자기통제력+범행기회)
콜빈	차별적 강제이론, 강제적 환경>낮은 자기통제력
사이크스&맛차	중화기술이론, 일탈의 계기=중화(합리화)기술

▌발전이론 정리

손베리	상호작용이론 • 비행 또는 범죄의 발생이 가족의 애착이 중요한 청소년기의 왜곡된 사회적 유대에서 비롯된다. • 청소년 초기에는 가족의 애착이 중요하고, 중기에는 가족의 영향력이 친구, 학교, 청소년문화로 대체된다.
샘슨과 라웁	생애발달이론 • 생애과정의 모든 나이에서 비공식적 사회관계와 사회유대의 중요성을 강조한다. • 성인기에 의미가 깊은 사회유대인들이 형성되면 범죄자들을 정상적으로 이끄는 전환점이 될 수 있다는 주장이다. • 어떤 계기로 사회와의 유대가 회복되거나 강화될 경우 더 이상 비행을 저지르지 않고 사회유대 혹은 교육 참여, 활발한 대인관계 등의 사회자본을 형성하게 된다. • 군대, 결혼, 직업 등의 경험이 비행청소년의 성인기 범죄 활동에 큰 영향을 미친다.
모피트	생애과정 이원적 경로이론 범죄자를 청소년기에 한정된 범죄자와 생애지속형 범죄자로 구별하였다.

▌샘슨과 라웁의 연령등급이론
어린 시절에는 가족요인이 결정적이고, 성인기에는 결혼이나 직장요인이 범죄행위에 큰 영향(사회자본: 결혼과 취업)

▌톰베리의 상호작용이론
- 약화된 유대 → 비행친구들과의 관계를 발전시켜 비행에 참여 → 다른 친구들과의 유대를 약화 → 만성적 범죄경력을 유지
- 범죄와 사회적 과정은 상호작용적

▌모피트의 이원적 경로이론
범죄자를 청소년기에 한정된 범죄자와 생애지속형 범죄자로 구별하였다.

▌엘리아 앤더슨의 거리의 규범이론 – 소외감·고립감의 정도에 따라 구분
- 고상한 집단: 중산층 가치반영(시민규범 내면화)
- 거리집단: 거리규범

정답 ✕

80. 낙인이론은 범죄행위 자체보다 범죄행위에 대한 형사사법기관의 반작용에 관심을 둔다.
( )

해설 ┃ 낙인이론의 인과관계

| 1차적 일탈 | → | 공식적 낙인 | → | • 차별적 기회구조 초래
• 차별적 접촉의 초래
• 부정적 자기관념 초래 | → | 2차적 일탈 |

정답 ○

81. 낙인이론에 의하면 범죄는 일정한 행위속성의 결과가 아니라 통제기관에 의해 범죄로 규정된다고 한다.
( )

해설 ┃ 베커와 슈어 이론의 차이점

베커	슈어
• 규범위반 → 자동적으로 낙인찍힘 • 최초의 일탈 → 2차적 일탈은 단계적 과정	• × • 단계적 · 즉각적 ×, (스스로와의) 우회적인 협상과정

┃ 낙인에 대한 '개인의 적응'을 고려: '개인적 노력' 여하에 따라 '낙인'의 영향이 다름 → 낙인을 '수용'하기도 하고, '회피'하기도 한다.

정답 ○

82. 낙인이론은 범죄는 귀속과 낙인의 산물이 아니라 일정한 행위의 속성이라고 본다.
( )

해설 행위의 속성이 아니라 귀속과 낙인의 산물이라고 본다.

정답 ×

83. 낙인이론가들은 범죄의 원인보다 범죄자에 대한 사회적 반응을 중시하고, 사회적 금지가 일탈행위를 유발하거나 강화시킨다고 주장하였다.
( )

정답 ○

84. 낙인이론은 형사입법자나 법집행종사자들의 가치관과 행동양식 등을 그 연구대상으로 한다.
( )

정답 ○

85. 낙인이론에 의하면 범죄현실은 범죄행위의 구조와 범죄자의 선별로써 결정되며, 그 결정은 사회적 강자가 내린다고 한다.
( )

정답 ○

86. 낙인이론에 의하면 공식적 낙인은 차별적 기회구조와 차별적 접촉을 낳는다. ( )

○

87. 낙인이론은 규범이나 가치에 대하여 단일한 사회적 합의가 존재한다는 관점에 입각하고 있다. ( )

해설 단일한 사회적 합의의 존재를 부정한다는 관점에 입각하고 있다.

정답 ×

88. 낙인이론은 범죄의 사회구조적 원인을 규명하려는 거시적 이론이다. ( )

해설 사회과정을 규명하려는 미시적 이론이다.

정답 ×

89. 낙인이론에 의하면 부정적 자기관념의 형성은 2차적 일탈의 원인이 된다. ( )

정답 ○

90. 탄넨바움(F. Tannenbaum)은 일탈행위를 1차적 일탈과 2차적 일탈로 구분한다. ( )

해설 탄넨바움이 아닌 레머트의 견해이다.

정답 ×

91. 레머트는 행위자의 정체성과 그의 사회적 역할수행에 영향을 미치는 이차적 일탈에 관심을 보였다. ( )

정답 ○

92. 허쉬(Hirschi)는 1차적 일탈과 2차적 일탈이란 용어를 사용하여 일탈행위를 설명하였는데, 2차적 일탈은 심리적 구조와 사회적 역할에 큰 영향을 미치지 않는다고 보았다. ( )

해설 레머트의 이론이다. 허쉬는 통제이론가로서 사회유대이론을 주장하였는데, 개인이 일상적인 사회와 맺고 있는 유대가 약화되거나 깨졌을 때 범죄가 발생한다고 하였다.

┃ 레머트의 1차적 일탈과 2차적 일탈

1차적 일탈 (일시적 일탈)	• 1차적 일탈이란 우연적·일시적 일탈로, 개인의 자아정체감이 훼손되지 않은 상태에서 야기되는 규범위반행위를 말한다(예) 학생들이 재미삼아 상점에서 물건을 훔치는 행위). • 1차적 일탈의 경우, 자신을 일탈자로 여기지 않고 일탈에 대한 사회적 반작용도 발생하지 않는다.

2차적 일탈 (경력적 일탈)	• 2차적 일탈이란 1차적 일탈의 결과로 받게 되는 사회적 반응, 즉 일탈자라는 낙인이 사회적 지위로 작용하고, 그에 상응하여 야기되는 규범위반행위를 말한다. • 2차적 일탈은 일반적으로 오래 지속되고, 행위자의 정체성이나 사회적 역할수행에 중요한 영향을 미친다. • 레머트가 특히 관심을 두고 분석한 사항은 2차적 일탈이다.

정답 ✕

93. 레머트가 주장한 낙인효과 중 부정적 정체성의 긍정적 측면은 일차적 일탈자는 자신에 대한 부정적 평가를 거부하는 과정을 통해 긍정적 정체성을 형성한다는 것이다.　　　(　　　)

해설 일차적 일탈자를 이차적 일탈자로 악화시키는 공식반응이 미치는 낙인효과에는 오명 씌우기, 불공정에 대한 자각, 제도적 강제의 수용, 일탈하위문화에 의한 사회화, 부정적 정체성의 긍정적 측면이 있다. 여기서 부정적 정체성의 긍정적 측면이란 형사사법기관이 일차적 일탈자에게 도덕적 열등아와 같은 부정적 정체성을 부여하더라도, 이를 수용했을 때 얻게 되는 이익 때문에 일차적 일탈자가 자신에 대한 부정적인 평가를 거부하지 않는 것이다.

| 공식적 반응이 미치는 낙인효과

오명씌우기	사법기관에 의한 공식반응으로써 일차적 일탈자에게 도덕적 열등아라는 오명이 씌워지고, 이와 같은 사실이 대중매체를 통해 알려지면서 전과자로 기록되어 종전과는 달리 타인과의 관계설정이나 구직 등이 어려워지면, 정상적인 사회생활을 하지 못하게 된다.
불공정에 대한 자각	공식적인 처벌과정에서 일차적 일탈자는 사법집행의 불공정한 측면을 경험하게 되고, 사법제도의 공정성과 사회정의에 대한 신뢰를 유지할 수 없게 된다.
제도적 강제의 수용	공식적인 처벌을 받는 일차적 일탈자는 자신에 대한 사법기관의 판단을 수용할 수밖에 없게 된다.
일탈하위문화에 의한 사회화	집행시설 내에서는 특유의 일탈하위문화가 존재하는데, 공식적인 처벌과정에서 이를 접한 일차적 일탈자는 범죄를 옹호하는 가치나 새로운 범죄기술을 습득하게 된다.
부정적 정체성의 긍정적 측면	사법기관이 부정적 정체성을 부여하더라도, 이를 수용함으로써 얻게 되는 책임감 면책, 죄책감으로부터의 도피 등과 같은 이익 때문에 일차적 일탈자는 부정적 정체성을 거부할 수 없게 된다.

정답 ✕

94. 베커(Becker)에 따르면, 일탈자라는 낙인은 그 사람의 사회적 지위와 타인과의 상호작용에 부정적인 영향을 미친다.　　　(　　　)

정답 ○

95. 베커(H.S. Becker)의 낙인이론에 따르면, 일탈자라는 낙인은 그 사람의 지위를 대변하는 주 지위(master status)가 되기 때문에 다른 사람들과의 원활한 상호작용에 부정적인 영향을 미치는 장애요인이 된다.　　　(　　　)

정답 ○

96. 베커(Becker)는 직업, 수입, 교육정도와 무관하게 낙인은 주지위가 될 수 없다고 한다.
(   )

해설 주지위가 될 수 있다고 한다.

정답 ✕

97. 슈어(Schur)에 의하면 이차적 일탈로의 발전은 레머트(Lemert)의 주장처럼 정형화된 발전 단계를 거치는 것이 아니라, 그 사람이 사회적 반응에 어떻게 반응하느냐에 따라 외부적 낙인이 자아정체성에 영향을 미칠 수도 있고 미치지 않을 수도 있다고 한다.   (   )

정답 ○

98. 슈어(E. Schur)는 사회적 낙인보다 스스로 일탈자라고 규정함으로써 2차적 일탈에 이르는 경우도 있다는 점을 강조한다.   (   )

정답 ○

99. 낙인이론에 입각한 범죄대응 정책으로는 전환제도(diversion), 비시설화, 비범죄화 그리고 적정절차(due process) 등을 들 수 있다.   (   )

정답 ○

100. 낙인이론에 의하면 범죄자에 대한 엄격한 처벌이 범죄억제에 효과적이라고 본다. (   )

해설 비형벌화가 범죄억제에 효과적이라고 본다.

정답 ✕

101. 낙인이론은 국가의 범죄통제가 오히려 범죄를 증가시키는 경향이 있으므로 과감하게 이를 줄여야 한다고 주장한다.   (   )

정답 ○

102. 낙인이론가들은 공식적 처벌은 특정인에게 낙인을 가함으로써 범죄를 양산하는 것보다 오히려 범죄를 억제하는 효과가 더 크다고 주장하였다.   (   )

해설 낙인을 가하는 것이 오히려 범죄를 양산하는 효과가 더 크다고 주장하였다.

정답 ✕

103. 낙인이론은 특히 법집행 과정에서 발생하는 암수의 문제를 강조한다.　　　(　　)

정답 ○

104. 차별적 기회구조이론은 수사기관이나 사법기관에 의한 범죄자의 차별적 취급이 암수범죄의 가장 큰 원인이라고 주장한다.　　　(　　)

해설 낙인이론에 대한 설명이다.

정답 ✕

105. 낙인이론은 주로 초범의 범죄원인을 규명하는 데 탁월한 장점을 지닌다.　　　(　　)

해설 단점을 지닌다.

정답 ✕

106. 낙인이론은 주로 2차적인 일탈보다는 개인적·사회적 원인들로부터 야기되는 1차적인 일탈을 설명하는 것이 핵심이다.　　　(　　)

해설 1차적인 일탈보다는 2차적인 일탈을 설명하는 것이 핵심이다.

정답 ✕

107. 낙인이론은 범죄현상을 파악함에 있어서 범죄자의 입장보다 범죄피해자의 입장에서 접근한다.　　　(　　)

해설 사회통제기관의 입장에서 접근한다.

정답 ✕

108. 낙인이론은 범죄의 원인을 범죄자의 개인적 특성에서 찾는다.　　　(　　)

해설 행위자에 대한 사회통제기관의 작용에서 찾는다.

정답 ✕

109. 갈등이론에 의하면 법의 제정과 적용은 권력을 차지한 집단의 이익을 도모하는 방향으로 이루어진다.　　　(　　)

정답 ○

110. 갈등이론에 의하면 형사사법절차에 있어서 빈부나 사회적 지위에 따라 불평등하게 법이 집행된다.　　　(　　)

해설	구 분	낙인이론	비판범죄학
	이론적 관점	• 미시적 이론 • 사회과정이론(사회적 상호작용)	• 거시적 이론 • 사회구조이론(자본주의사회의 구조적 모순)
	보호관찰	긍정	부정
	대 책	불간섭주의	자본주의체제 타파와 사회주의체제로의 전환

정답 ○

111. 갈등이론에 의하면 범죄통제는 지배계층의 피지배계층에 대한 억압수단이다.　　　（　　　）

| 해설 | 보수적 갈등이론의 개념 정리 |

셀린	볼드	터크
• 문화갈등 • 문화적 차이	• 집단갈등 • 집단 간 이익갈등	• 권력갈등 • 집단 간 권력확보 • 지배집단 vs 피지배집단 • 범죄화 3요소

정답 ○

112. 갈등이론에 의하면 "어떤 사람들은 범죄를 범하고 그 외의 다른 사람들은 범죄를 범하지 않는가"를 물을 것이 아니라 "어떤 행위들은 범죄로 정의되는 데 비해 그 외의 다른 행위들은 왜 범죄로 보지 않는가"를 물어야 한다.　　　（　　　）

정답 ○

113. 셀린(Selin)은 동일한 문화 안에서 사회변화에 의하여 갈등이 생기는 경우를 일차적 문화갈등이라 보고, 상이한 문화 안에서 갈등이 생기는 경우를 이차적 문화갈등으로 보았다.　　　（　　　）

해설　동일한 문화 안에서 사회변화에 의하여 갈등이 생기는 경우를 이차적 문화갈등이라 보고, 상이한 문화 안에서 갈등이 생기는 경우를 일차적 문화갈등으로 보았다.

정답 ✕

114. 셀린(Sellin)은 이질적인 문화 사이에서 발생하는 갈등을 일차적 문화갈등이라고 하고, 하나의 단일문화가 각기 독특한 행위규범을 갖는 여러 개의 상이한 하위문화로 분화될 때 일어나는 갈등을 이차적 문화갈등이라고 하였다.　　　（　　　）

정답 ○

115. 볼드의 집단갈등이론에 의하면 범죄는 집단 사이에 갈등이 일어나고 있는 상황에서 자신들의 이익과 목적을 제대로 방어하지 못한 집단의 구성원들이 자기의 이익을 추구하기 위해 표출하는 행위이다.　　　（　　　）

정답 ○

116. 셀린(Sellin)은 이해관계의 갈등에 기초한 집단갈등론을 1958년 이론범죄학에서 주장하였다.
( )

해설 셀린이 아닌 볼드(Vold)의 주장이다.

정답 ×

117. 터크(Turk)는 피지배집단의 저항력이 약할수록 법의 집행가능성이 높아진다고 보았다.
( )

정답 ○

118. 터크(Turk)는 우리 사회의 갈등과 그로 인한 범죄성을 지배와 복종관계에서 규명하려 했기에 그의 이론을 지배-복종(authority-subject) 이론이라고 한다. ( )

정답 ○

119. 터크의 범죄화론에 의하면 피지배집단의 힘이 약하면 법집행도 약화된다. ( )

해설 법집행은 강화된다.

정답 ×

120. 비판범죄학은 갈등론적 관점에서 기존의 범죄학을 비판하는 데에서 출발하였다. ( )

정답 ○

121. 비판범죄학은 자본주의 사회의 모순을 가장 중요한 범죄의 원인으로 보고, 범죄는 왕국에 대한 사회적 약자의 레지스탕스라고 주장한다. ( )

정답 ○

122. 비판범죄학은 형법은 국가와 지배계급이 기존의 사회·경제질서를 유지하고 영속화하기 위한 도구라고 보고, 형법의 정당성에 대하여 의문을 제기한다. ( )

정답 ○

123. 비판범죄학은 범죄원인을 개인의 반사회성에서 찾는 종래의 범죄원인론을 비판한다.
( )

정답 ○

124. 비판범죄학은 어떤 행위가 범죄로 규정되는 과정보다 범죄행위의 개별적 원인을 규명하는
데 주된 관심이 있다. ( )

> 해설 범죄행위의 개별적 원인의 규명보다는 범죄발생의 저변에 작용하고 있는 구조적 요인을 규명하는 데에
> 주된 관심이 있다.

정답 ✕

125. 비판범죄학은 법의 기원을 사회적 합의에서 찾는다. ( )

> 해설 갈등론에서 찾는다.

정답 ✕

126. 비판범죄학은 형사사법기관은 행위자의 빈부나 사회적 지위에 관계없이 중립적이고 공정하
게 법을 집행한다고 본다. ( )

> 해설 권력과 지위를 차지하고 있는 소수집단의 이익을 위해 차별적으로 법을 집행한다고 본다.

정답 ✕

127. 비판범죄학은 낙인이론에 영향받은 바가 크다. ( )

정답 ○

128. 비판범죄학은 낙인이론에 영향을 크게 받았음에도 불구하고 낙인이론의 가치중립성과 추상
성을 비판한다. ( )

정답 ○

129. 낙인이론은 비판범죄학의 결함을 보완하기 위하여 주장된 것이다. ( )

> 해설 비판범죄학은 낙인이론의 결함을 보완하기 위하여(즉 반대이다).

정답 ✕

130. 낙인이론과 비판범죄학 모두 범죄와 범죄통제의 문제를 개인적 · 사회적 차원에서 미시적으
로 분석한다는 점에서 유사하다. ( )

> 해설 낙인이론은 미시적, 비판범죄학은 거시적이다.

정답 ✕

131. 비판범죄학은 권력형 범죄의 분석에 무력하다는 비판이 있다.　　　　　(　　)

　　　해설　권력형 범죄의 분석에 유용하다.

　　　　　　　　　　　　　　　　　　　　　　　　　　　　　　　　　정답 ✕

132. 비판범죄학은 기존 형사사법체계의 개선을 위한 구체적 대안을 제시하지 못한다는 비판을
　　　받는다.　　　　　　　　　　　　　　　　　　　　　　　　　　　(　　)

　　　　　　　　　　　　　　　　　　　　　　　　　　　　　　　　　정답 ○

133. 봉거는 자본주의적 생산양식 때문에 범죄가 발생한다고 보았다.　　　　(　　)

　　　　　　　　　　　　　　　　　　　　　　　　　　　　　　　　　정답 ○

134. 봉거(Bonger)는 법규범과 문화적·사회적 규범의 일치도, 법 집행자와 저항자 간의 힘의
　　　차이, 법규범 집행에 대한 갈등의 존재 여부가 범죄화에 영향을 미친다고 보았다.
　　　　　　　　　　　　　　　　　　　　　　　　　　　　　　　　　(　　)

　　　해설　터크(A. Turk)의 범죄진화론에 대한 설명이다. 봉거는 가진 자와 못 가진 자의 갈등적 양상이 심화되
　　　　　　면서 양자 모두 비인간화되고, 여기서 범죄생산의 비도덕성(탈도덕화)이 형성된다고 보았다.
　　　　　　　　　　　　　　　　　　　　　　　　　　　　　　　　　정답 ✕

135. 봉거(Bonger)는 범죄발생의 원인을 계급갈등과 경제적 불평등으로 보고, 근본적 범죄대책
　　　은 사회주의 사회의 달성이라고 하였다.　　　　　　　　　　　　　　(　　)

　　　　　　　　　　　　　　　　　　　　　　　　　　　　　　　　　정답 ○

136. 퀴니(Quinney)는 마르크스의 경제계급론을 부정하면서 사회주의 사회에서의 범죄 및 범죄
　　　통계를 분석하였다.　　　　　　　　　　　　　　　　　　　　　　　(　　)

　　　해설　마르크스의 경제계급론을 긍정하면서 자본주의 사회에서의 범죄 및 범죄통계를 분석하였다.
　　　　　　　　　　　　　　　　　　　　　　　　　　　　　　　　　정답 ✕

137. 퀴니(R. Quinney)는 범죄를 정치적으로 조직화된 사회에서 권위가 부여된 공식기관들에
　　　의해 만들어진 인간의 행동으로 정의하였다.　　　　　　　　　　　　　(　　)

　　　　　　　　　　　　　　　　　　　　　　　　　　　　　　　　　정답 ○

138. 퀴니는 피지배집단(노동자계급)의 범죄를 적응(accommodation)범죄와 대항(resistance)범죄로 구분하였다. ( )

> 정답 ○

139. 퀴니의 대항범죄란 자본가들의 지배에 대항하는 범죄행태이다. ( )

> 정답 ○

140. 퀴니(R. Quinny)는 자본가들에 의한 범죄를 지배와 억압의 범죄로 보았다. ( )

> 정답 ○

141. 퀴니(Quinney) 등의 급진적 갈등이론에 따르면 자본주의 사회의 붕괴와 사회주의 건설을 통해서만 범죄문제를 해결할 수 있다고 하였다. ( )

> 해설 ▮ 퀴니가 구분한 노동자 계급과 자본가 계급에 의한 범죄유형
> 1. 노동자(피지배계급)
>   - 적응범죄＝자본주의 체제에 대한 일정의 적응행위
>   자본주의로 인해 열악한 생활을 하는 노동자들은 약탈범죄를 통한 보상심리, 대인범죄를 통한 폭력성을 표출
>   - 대항범죄＝자본가 계급의 지배에 대항하는 범죄유형
>   노동자 계급이 자본주의의 모순에 저항·극복하는 과정에서 발생하는 행위를 국가가 '범죄'로 규정한 경우 예 비폭력 혁명행위
> 2. 자본가(지배계급)
>   - 지배와 억압의 범죄
>   – 자본가 계급이 자신의 이익을 보호하기 위해 저지르는 범죄유형
>   – 지배체제를 유지해 나가는 과정에서 자신이 만든 법을 스스로 위반하는 경우에 발생
>   - 기업범죄: 경제적 지배를 도보하기 위해 유발되는 범죄유형 예 부당내부거래, 가격담합
>   - 통제범죄: 불공정한 사법기관의 활동
>   - 정부범죄 예 공무원, 정부관리들이 저지르는 부정부패범죄
>
> ▮ 급진적 갈등이론 정리
>
> | 마르크스 | 봉거 | 퀴니 |
> |---|---|---|
> | • 계급투쟁
• 경제적 계급 간 갈등 | • 자본주의＞도덕적 타락
• 불공평한 경제적 분배 | • 범죄의 사회적 현실
• 지배계급의 (범죄를 이용한) 계급 통제 |
>
> 정답 ○

― CHAPTER 05 ―

사회해체이론

1. 시카고학파인 쇼(Shaw)와 맥케이(McKay)는 지역 거주민의 인종과 민족이 바뀌었을 때 해당 지역의 범죄율도 함께 변했다는 연구 결과를 얻었다. (   )

    해설 지역 거주민의 인종과 민족이 바뀌었을 때 해당 지역의 범죄율은 차이가 없었다. 전이지역 내 구성원의 인종이나 국적이 바뀌었음에도 불구하고 계속적으로 높은 범죄율을 보이는 것은 개별적으로 누가 거주하든지 관계없이 지역의 특성과 범죄발생과는 중요한 연관이 있다는 것이다. 즉 범죄 및 비행은 지대와 관련된 것이지 행위자의 특성이나 사회전체의 경제적 수준 등과는 관계없다는 것이다. 결과적으로 쇼와 맥케이는 높은 범죄율의 원인이 특정 인종이나 민족과 같은 개인적 특성과 관련된 것이 아니라 지역적 특성과 관련되어 있다고 보았다.

    정답 ✕

2. 집합효율성(collective efficacy)이란 공통의 선을 유지하기 위한 지역주민들 사이의 사회적 응집력을 의미하며, 상호신뢰와 유대 및 사회통제에 대한 공통된 기대를 포함하는 개념이다.
    (   )

    해설 샘슨(Sampson)은 집합효율성이라는 용어를 통해 범죄를 설명하고자 했는데, 집합효율성이란 공공장소에서 질서를 유지할 수 있는 능력을 말한다.

    정답 ○

3. 샘슨(Sampson)은 집합효율감(collective efficacy)의 강화가 범죄율 감소에 긍정적인 영향을 미친다는 점을 발견하였다. (   )

    정답 ○

4. 사회해체이론에서 비행이나 범죄가 가장 많이 발생한다고 보는 도시생태학적 지역은 '틈새지역'이다. (   )

    해설 제2지역의 범죄 발생율이 가장 높다. 제2지역을 '틈새지역', '전이지역', '과도퇴화지역', '슬럼지역'이라고 지칭한다.

    정답 ○

5. 사회해체이론은 범죄를 예방하기 위해서는 도시의 지역사회를 재조직함으로써 사회통제력을 증가시키는 것이 중요하다고 주장한다. ( )

정답 ○

6. 초기의 시카고 학파 학자인 토마스는 범죄에 대한 상황 정의는 비록 범죄에 대한 처벌수준이 실제 범죄율의 증감과 관계없이 안정적인 수준을 유지한다고 하여도 일반인들의 범죄 인식 및 대응에 큰 영향을 미친다고 강조했다. ( )

정답 ○

7. 조보(Zorbaugh)는 청소년비행의 지리적 집중현상이 중심상업지역으로부터 외곽으로 벗어날수록 약화된다고 지적하면서 도심집중현상이 가장 극심한 곳은 전이지대(zone in transition)라고 주장하였다. ( )

해설 해당 주장은 쇼와 맥케이가 한 주장이다. 조보(Zorbaugh)는 문화적 독특성에 따라 자연적으로 발생하는 문화지역(cultural areas)들이 도시의 성장과 발전과정에 따른 무계획적이고 자연적인 산물이라는 점에서 자연지역(natural areas)이라고 규정하였다.

정답 ✕

8. 쇼와 맥케이(Shaw & McKay)는 동심원을 형성한 도시 가운데 급격한 인구유입이 이루어진 전이지대에서 청소년비행 등 많은 문제를 발견하고, 이를 사회해체라고 하였다. ( )

정답 ○

9. 초기 시카고학파의 학자들은 지역사회수준의 연구결과를 개인의 행동에 적용하는 생태학적 오류(ecological fallacy) 문제를 해결하였다는 평가를 받는다. ( )

해설 초기 시카고학파 학자이론에 대하여 로빈슨(Robinson)은 개인적 상관관계와 생태학적 상관관계를 구분하면서 생태학적 오류의 문제점을 지적하였다. 쇼와 맥케이를 포함한 다수의 학자들이 개인의 특성에 대해 파악하고자 하는 목적을 가지고 있었음에도 개인적 상관관계에 근거하지 않고 오히려 생태학적 상관관계에 근거해 자신들의 주장을 입증하려 하였다. 즉 초기 시카고학파의 학자들의 연구는 방법론적으로 공식통계에 지나치게 의존하고 있어 연구결과에 대한 정확성에 대한 비판이 있고, 지역사회수준의 연구결과를 개인의 행동에 적용하는 과정에서 연구결과와는 다른 제3의 원인에 의한 것일 수도 있다는 비판을 받는다.

정답 ✕

10. 콘하우저는 이론적 차원에서 비행의 발생에 중요한 역할을 하는 것은 비행 하위문화이지 사회해체가 아니라고 본다. ( )

해설 콘하우저는 사회해체가 어느 정도 진행된 동네에서는 비행 하위문화의 형성 여부와 관계없이 비행행위가 발생하지만, 사회해체가 진행되지 않은 동네에서는 비행이 발생하지 않기 때문에 비행을 지지하는 하위문화의 존재 자체가 가능하지 않다고 보았다. 따라서 이론적 차원에서 보면 비행의 발생에 중요한 역할을 하는 것은 사회해체이지 비행 하위문화가 아니라고 강조한다.

정답 ✕

11. 콘하우저(Kornhauser)는 사회해체가 진행된 지역에 비행하위문화가 형성되어야만 무질서 및 범죄가 발생된다고 주장하였다. ( )

해설 콘하우저는 사회해체가 어느 정도 진행된 동네에서는 비행하위문화의 형성 여부와 관계없이 비행이 발생하지만, 사회해체가 진행되지 않은 동네에서는 비행이 발생하지 않기 때문에 비행을 지지하는 하위문화의 존재 자체가 발생하지 않는다고 보았다. 따라서 이론적 차원에서 보면, 비행의 발생에 중요한 역할을 하는 것은 사회해체이지 비행하위문화가 아니라고 강조한다.

정답 ✕

12. 사회해체이론은 비행이 사회해체에 기인하기 때문에 비행예방을 위해서는 개별비행자의 처우보다 도시 생활환경에 영향을 미치는 사회의 조직화가 필요하다고 한다. ( )

정답 ○

13. 샘슨은 집합효율성(공동체효능)이론을 주장하고, '장소가 아니라 사람 바꾸기'의 범죄 대책을 권고한다. ( )

해설 샘슨은 범죄원인을 개인에서 찾은 것이 아니므로 '사람이 아니라 지역(장소)바꾸기'를 범죄대책으로 강조하였다. 집합효율성이론은 시카고 학파의 사회해체이론을 현대적으로 계승한 것으로 사회자본, 주민 간의 관계망 및 참여등을 중시하는 이론이다.

▎조보(Zorbaugh)의 자연지역
조보(Zorbaugh)는 문화적 독특성에 따라 자연적으로 발생하는 문화지역(cultural areas)들이 도시의 성장과 발전과정에 따른 무계획적이고 자연적인 산물이라는 점에서 자연지역(natural areas)이라고 규정하였다.

▎콜만의 사회자본
• 사회적 자본이 집단의 집합적 자산이며 권력과 지위의 불평등한 배분을 낳을 소지가 없다고 보았다. 특정 개인의 소유가 되지 않고 오히려 집단이 공유함으로써 불평등과 불균형을 낳기보다는 집단구성원들에게 유익이 되는 공동의 자산인 셈이다.
• 사회적 자본은 집단의 형성에 기여하든 안하든 관계없이 집단 구성원 모두에게 도움이 되는 사익이자 공익이다.
• 가족이나 공동체가 강한 응집력과 단합력을 보이면 결국 그 가족과 공동체는 점진적인 이득 의 결과물을 공유하게 된다.
• 뉴욕의 다이아몬드 도매상: 도매상은 감정사에게 다이아몬드 감정을 의뢰하면서 아무런 공식적 계약서나 보험을 들지 않은 채 다이아몬드 가방을 넘기면 감정이 끝나 돌아온 다이아몬드는 위조품이거나 품질이 낮은 다이아몬드로 바뀌어 있을 위험이 있다. 비록 이런 사기의 기회가 드물지 않음에도 불구하고, 실제 이런 일이 일어나는 경우는 거의 없다.
• 유럽의 한 동네에서 음악회에 초청된 많은 노인이 아무런 교환권 없이 자신의 외투를 공공 옷걸이에

걸어놓고 음악감상을 한 후 되돌아 왔을 때 자신의 외투를 잃어버리는 경우가 거의 발생하지 않는다.

정답 ✕

14. 샘슨(Sampson)은 사회해체된 지역의 문제를 해결하기 위하여 구성원 상호 간의 응집력이 강한 공동체를 만들어야 한다는 집합효율성이론을 제시하였다.　　　　　　（　　　）

정답 ○

15. 시카고학파는 1920년대부터 미국 시카고대학을 중심으로 하여 생태학적으로 범죄를 설명한 시카고학파는 범죄를 사회환경과 개인의 소질에 의한 것이라고 보아 종합적인 범죄원인을 연구하였다.　　　　　　（　　　）

해설 1920년대부터 미국 시카고대학을 중심으로 하여 생태학적으로 범죄를 설명한 시카고학파는 범죄 원인을 사회환경에 있다고 보았다. 개인의 소질은 고려하지 않았다.

정답 ✕

16. 초기 시카고학파의 학자들은 생태학적 오류(ecological fallacy)를 극복하지는 못했다는 평가를 받는다.　　　　　　（　　　）

정답 ○

17. 버식(Bursik)과 웹(Webb)은 주민들에게 공통된 가치체계를 실현하지 못하고 지역주민들이 공통적으로 겪는 문제를 해결할 수 없는 상태를 사회해체라고 정의하고, 원인을 주민의 비이동성과 동질성으로 보았다.　　　　　　（　　　）

해설 버식과 웹은 지역사회해체를 '지역사회의 무능력', 즉 '지역사회가 주민들에게 공통된 가치체계를 실현하지 못하고 지역주민들이 공통적으로 겪는 문제를 해결할 수 없는 상태'라고 보았다. 그는 사회해체의 원인은 주민이동성과 주민이질성의 측면에서 파악할 수 있다고 보았다.

정답 ✕

18. 버식과 웹(Bursik & Webb)은 사회해체지역에서는 공식적인 행동 지배규범이 결핍되어 있으므로 비공식적인 감시와 지역주민에 의한 직접적인 통제가 어렵다고 주장하였다.　　　　　　（　　　）

정답 ○

19. 사회해체이론은 지역사회의 생태학적 변화를 범죄 발생의 주요 원인으로 본다.　（　　　）

해설 지역사회를 지탱하고 보호하던 공동체적 전통이 사라지고 도덕적 가치가 약화되며 이를 틈타 비행과 범죄자가 늘어난다고 본다.

정답 ○

20. 사회해체이론은 사회해체론은 구조기능주의에 바탕을 두고 있으며 시카고 지역 프로젝트
(Chicago area project)의 배경이 되었다.　　　　　　　　　　　　　　　(　　　)

정답 ○

21. 동심원 이론에서 버제스(E.W. Burgess)가 범죄학적으로 가장 문제시되는 지역은 '전이지대'
라고 하였다.　　　　　　　　　　　　　　　　　　　　　　　　　　　　(　　　)

해설 ┃ 버제스의 동심원이론

제1지대(업무중심지대)	도시의 중심부에 위치하는 상공업 기타 각종 직업의 중심적 업무지역
제2지대(전이지대)	불량조건들이 산재하고, 일종의 빈민가를 형성하여 범죄학적으로 가장 문제되는 지역
제3지대(노동자 주거지대)	저소득의 노동자들이 많이 거주하는 지역으로 2~3세대가 한 건물에서 공동거주
제4지대(주거지대)	중류층 거주지대로 단일가구주택으로 구성
제5지대(통근자지대)	통근자 주거지대로 교외지역에 위치

정답 ○

22. 버제스의 동심원 이론은 소위 변이지역(zone in transition)의 범죄율이 거주민들의 국적이
나 인종의 변화에도 불구하고 지속해서 높다는 것을 보여 준다.　　　　　　(　　　)

정답 ○

23. 버제스(Burgess)는 특정 도시의 성장은 도시 주변부에서 중심부로 동심원을 그리며 진행되
는데, 그러한 과정에서 침입·지배·계승이 이루어진다고 하였다.　　　　　　(　　　)

해설 버제스는 특정 도시의 성장을 도시 중심부에서 주변부로 동심원을 그리며 진행한다고 하였다. 동심원
모델은, 중심은 같지만 지름이 다른 다수의 원이 중심에서 외곽으로 확장해 가듯 도시가 성장해 가는
모습을 이론화한 것이다.

정답 ✕

24. 파크와 버제스의 동심원이론에 따라 시카고지역을 5단계로 분리하였을 때, 빈민가가 형성되
어 있으며 범죄발생률이 가장 높은 지역은 중심상업지역이다.　　　　　　　(　　　)

해설 중심상업지역이 아닌 전이지역(변이지역)이 가장 문제시되는 지역이다.
※ 상공업지역으로 잠식되어 가는 과정 : 열악한 생활환경으로 빈민 거주 → 슬럼 형성

정답 ✕

25. 사회해체이론의 중요한 업적은 행위자 개인의 특성이 아닌 도시의 생태를 범죄나 비행의 발생 원인으로 파악한 것이다. ( )

정답 ○

26. 사회해체이론은 주로 경찰이나 법원의 공식기록에 의존하였기 때문에 그 연구결과의 정확성은 문제되지 않는다. ( )

해설 동심원이론이나 문화전달이론 등은 모두 미국형사사법기관의 공식적인 통계에 지나치게 의존하여 연구결과의 정확성을 신뢰하기 어렵다는 비판이 있다.

정답 ✕

27. 쇼(Shaw)와 맥케이(McKay)는 사회해체론에서 처벌의 강도가 낮은 지역일수록 비행과 성인범죄가 높다고 주장하였다. ( )

해설 사회해체된 지역의 대표적 특징은 비공식적 통제의 약화이다. 공식적인 처벌의 강도와는 직접적인 관련이 없다.

정답 ✕

28. 샘슨(Sampson)은 범죄지역의 속성으로 '낮은 자본론'을 거론하고, 범죄자나 비행자들이 지역거주자 사이의 관계성이 부족하고 지역자치활동이 활발하지 못한 변이지역을 차지하게 된다고 주장하였다. ( )

정답 ○

29. 쇼(Shaw)와 맥케이(McKay)가 주장한 문화전달이론에 따르면 남자소년의 비행률이 높은 지역은 여자소년의 비행률도 높은 것으로 나타났다. ( )

정답 ○

30. 윌슨(Wilson)과 켈링(Kelling)이 주장한 깨진유리창이론은 특정 지역사회에 무질서가 확산하게 되면 지역주민들은 그 지역이 안전하지 않다는 불안감을 느끼게 되고, 이는 범죄에 대한 두려움으로 이어진다고 주장한다. ( )

정답 ○

31. 사회해체이론은 화이트칼라 범죄 등 기업범죄를 설명하는 데 유용하다. ( )

해설 사회해체이론은 급격한 도시화·산업화는 지역사회에 기초한 통제의 붕괴를 낳게 되고, 이는 사회해체로 이어져 범죄나 비행이 유발된다는 이론이다. 이는 틈새지역에서의 하류계층의 높은 범죄율을 설명하는 데에 유용하다. 화이트칼라, 기업 범죄 등을 설명하는 데 유용한 이론은 차별적 접촉이론이다.

[정답] ✕

32. 시카고의 범죄다발지역은 거주민이 달라지더라도 계속 범죄율이 높다고 하면서, 이는 그 지역의 특수한 환경이 범죄를 발생시키는 것이며, 그러한 환경은 전달된다고 보았다.

( )

[해설] 쇼(Shaw)와 맥케이(McKay)가 주장한 문화전달이론에 대한 내용이다.

[정답] ○

33. 사회해체론은 비판범죄학의 갈등론적 입장을 취한다. ( )

[해설] 사회해체론은 도시화 및 산업화에 따른 사회해체가 통제력을 약화시켜 범죄에 이른다는 사회구조이론 혹은 거시환경론에 속한다.

┃ 사회해체이론
- 사회해체(Social Disorganization)란 지역사회가 공동체의 문제해결을 위한 능력이 상실된 상태를 의미한다.
- 초기 사회해체이론가인 쇼와 맥케이는 사회해체의 개념을 명확히 하지 못했다.
- 비행의 원인이 사회해체에 기인한 것이기 때문에 개별비행자의 처우는 비효과적이며, 따라서 도시생활환경에 영향을 미치는 지역사회의 조직화가 필요하고, 그 예가 시카고지역프로젝트이다.
- 윌슨(Wilson)과 켈링(Kelling)의 깨진 유리창 이론, 샘슨(Sampson)의 집합효율성이론, 환경범죄학 등은 사회해체이론을 계승·발전시킨 것이다.
- 버식과 웹은 쇼와 맥케이의 이론이 지역사회의 해체가 어떻게 범죄발생과 관련되는지를 명확하게 설명하지 못했다고 비판하며 사회해체론의 입장을 지역사회의 안정성의 관점에서 바라보았다. 지역사회해체를 지역사회의 무능력, 즉 지역사회가 주민들에게 공통된 가치체계를 실현하지 못하고 지역주민들이 공통적으로 겪는 문제를 해결할 수 없는 상태라고 정의하고, 사회해체의 원인을 주민의 이동성과 주민의 이질성으로 보았다.
- 집합효율성(collective efficacy)이란 공통의 선을 유지하기 위한 지역주민들 사이의 사회적 응집력을 의미하며, 상호신뢰와 유대 및 사회통제에 대한 공통된 기대를 포함하는 개념이다.
- 초기 시카고학파 학자이론에 대하여 로빈슨(Robinson)은 개인적 상관관계와 생태학적 상관관계를 구분하면서 생태학적 오류의 문제점을 지적하였다. 쇼와 맥케이를 포함한 다수의 학자들이 개인의 특성에 대해 파악하고자 하는 목적을 가지고 있었음에도 개인적 상관관계에 근거하지 않고 오히려 생태학적 상관관계에 근거해 자신들의 주장을 입증하려 하였다. 즉 초기 시카고학파의 학자들의 연구는 방법론적으로 공식통계에 지나치게 의존하고 있어 연구결과에 대한 정확성에 대한 비판이 있고, 지역사회수준의 연구결과를 개인의 행동에 적용하는 과정에서 연구결과와는 다른 제3의 원인에 의한 것일 수도 있다는 비판을 받는다.

[정답] ✕

34. 거리 효율성은 샘슨(Sampson)의 집합효율성 이론을 확장하는 이론으로, 집합효율성을 거리의 개념에서 측정하는 것이다. 거리 효율성이 높은 청소년은 폭력적 행동을 회피하는 것으로 나타났다.

( )

[정답] ○

— CHAPTER 06 —

아노미-긴장이론

1. 머튼(Merton)은 아노미의 발생원인으로 물질적 성공만을 과도하게 강조하는 문화, 성공을 위한 제도화된 기회의 부족, 급격한 사회변동과 위기 등이 원인이라 보았다. (　　)

   > 해설 머튼(Merton)은 아노미 상황으로 인한 사회적 긴장은 문화적 목표를 지나치게 강조하면서 반면에 사회의 구조적 특성에 의해 특정집단의 사람들이 제도화된 수단으로 문화적 목표를 성취할 수 있는 기회가 제한되었을 때에 발생한다고 하였다. 그에 반하여 뒤르켐은 급격한 사회변동으로 인한 기존 규범력의 상실과 혼란을 아노미라 하였다.
   >
   > 정답 ✕

2. 코헨(Cohen)은 1955년에 발표한 비행하위문화이론에서 주로 사회학습이론의 틀을 빌어 비행하위문화의 형성과정 및 유래를 제시한다. (　　)

   > 해설 코헨(Cohen)은 하류층 남자 청소년들에게서 발견되는 비행적인 하위문화의 형성과정을 아노미이론으로 설명한다.
   >
   > 정답 ✕

3. 메스너(Messner)와 로젠펠드(Rosenfeld)의 제도적 아노미이론(Institutional Anomie Theory)은 머튼의 긴장개념을 확장하여 다양한 상황이나 사건들이 긴장상태를 유발할 수 있다고 하였다. (　　)

   > 해설 머튼의 긴장이론이 갖고 있던 미시적 관점을 계승하여 발전시켰던 에그뉴의 일반긴장이론에 대한 설명이다.
   >
   > 정답 ✕

4. 메스너(Messner)와 로젠펠드(Rosenfeld)의 제도적 아노미이론(Institutional Anomie Theory)에서 아메리칸 드림이라는 문화사조는 경제제도와 다른 사회제도 간 '힘의 불균형' 상태를 초래했다고 주장한다. (　　)

   > 해설 아메리칸 드림이라는 문화사조는 경제제도가 다른 사회제도들을 지배하는 제도적 힘의 불균형상태를 초래했다는 것이 메스너와 로젠펠드의 주장이다. 경제제도의 지배는 평가절하, 적응, 침투라는 세 가지 상호 연관된 방식으로 나타난다고 하였다.

┃ 아메리칸 드림이 일탈행동을 유발할 수 있는 가능성 4가지

성취주의	수단과 방법을 안가리고 성공해야 한다는 문화적 압박이 강함
개인주의	규범적인 통제를 무시하고 개인적인 목표를 이루기 위해서는 어떤 수단과 방법을 써도 좋다는 생각을 하게 만듦
보편주의	대부분의 구성원들이 유사한 가치를 갖고 있으며 같은 목표에 대한 열망이 있음
물신주의	성공에 대한 열망이 있고, 그중 가장 대표적 척도는 경제적 성공

정답 ○

5. 코헨(Cohen)은 하류계층의 청소년들은 중류사회의 성공목표를 합법적으로 성취할 수 없기 때문에 지위좌절(status frustration)이라고 하는 문화갈등을 경험하게 된다고 강조한다. ( )

해설 코헨의 비행하위문화이론으로 코헨은 사회가 중류계층의 기준 위주로 평가되기 때문에 하류계급 청소년들은 학교 교육과정에서 부적응과 지위좌절을 경험하면서 하류계층의 청소년들은 중류사회의 성공목표를 합법적으로 성취할 수 없기 때문에 지위좌절이라고 하는 문화갈등을 경험하게 되고, 지위좌절을 겪는 하위계층 청소년들은 지위문제를 해결하기 위해 나름대로 해결책을 강구한다. 비행하위문화는 이러한 가치관으로 인해 기존의 규범을 무시하고 비행을 저지르기가 쉽다는 것이다.

정답 ○

6. 코헨(A. Cohen)이 주장한 비행하위문화(delinquent subculture)에서 부정성(negativism)은 사회의 지배적 가치체계에 대해 무조건 거부반응을 보이는 것이다. ( )

해설 ┃ 밀러(W.B. Miller)의 하층계급문화이론의 주요관심사

구분	관심사항
Trouble(말썽 · 걱정)	법이나 법집행기관과 말썽 및 사고를 일으키는 것이 오히려 영웅적 · 정상적 · 성공적인 것으로 생각함.
Toughness(강인 · 완강)	남성다움과 육체적인 힘의 과시 및 용감성 · 대담성에 대해 관심을 가짐.
Smartness(교활 · 영악)	사기 · 탈법 등과 같이 남을 속일 수 있는 능력을 말함. 남이 나를 속이기 이전에 내가 먼저 남을 속이는 것을 말함.
Excitment(흥분 · 자극)	스릴 · 모험 등 권태감을 떨쳐버리는 것에 관심을 가짐.
Fatalism(숙명 · 운명)	자신의 생활을 숙명이라고 생각해 현실을 정당화함. 성공은 요행이 중요하다고 생각하며 잡히면 운수가 없다고 함.
Autonomy(자율)	외부의 통제나 간섭을 받기 싫어하고, 명령이나 간섭을 받는 현실에 대해 반발함.

정답 ○

7. 코헨(Cohnen)의 비행하위문화이론(Delinquent Subculture Theory)은 중간계층이 향유하고 있는 문화적 가치에 대한 부적응이 긴장을 낳는다고 주장한다. ( )

정답 ○

8. 비행하위문화이론(Delinquent Subculture Theory)에서 비행하위문화의 특성 중 '부정성(negativism)'은 사회적으로 널리 보편화되어 있는 하류계층의 가치관을 거부하는 속성을 말한다. ( )

> 해설 비행하위문화의 특성 중 '부정성(negativism)'은 사회적으로 널리 보편화되어있는 <u>중류 계층의 가치관</u>을 거부하는 속성을 말한다.
>
> ▌코헨의 비행하위문화의 성격
> - 비공리성 : 물질적 이익보다는 타인에게 입히는 피해, 동료로부터 얻는 명예와 지위 때문에 범죄행위를 한다.
> - 악의성 : 다른 사람에게 고통을 주고 금기를 파괴함으로써 중산층 문화로부터 소외된 자신들의 실추된 지위를 회복하려고 한다.
> - 부정성(어긋나기) : 사회의 지배적 가치체계에 대해서는 무조건 거부반응을 보임으로써 <u>중산층 문화에서 가치를 전도시켜</u> 그들 나름대로 가치체계를 구축하는 것이다.
> - 단기적 쾌락주의 : 현재의 쾌락에 급급해하는 성격을 갖는다.
> - <u>집단자율성 : 갱 집단을 형성하여 내부적으로 강한 결속력과 외부적인 적대감을 강조한다.</u>
>
> 정답 ✕

9. 아노미이론은 하류계층의 범죄뿐만 아니라 상류계층의 범죄를 설명할 때에도 보편적 유용성을 지닌 일반이론이다. ( )

> 해설 중·상류층의 범죄 등에 대한 설명이 곤란하다는 비판이 있다.
>
> 정답 ✕

10. 머튼(Merton)의 아노미이론에서 은둔형은 사회의 문화적 목표와 제도화된 수단을 모두 수용하지만 사회로부터 소외된 도피적인 유형을 말한다. ( )

> 해설 은둔형은 문화적 목표와 제도화된 수단을 거부하고 사회로부터 도피해 버리는 적응방식이다.
>
> ▌머튼의 '아노미 상황에서의 개인별 적응 방식'(5가지 유형)

구분	문화적 목표	합법적 수단	특징
동조형 (순응형)	+	+	사회가 인정하는 목표·수단을 수용하여 정상적인 생활 유지(대다수의 사람들이 해당됨)
혁신형 (범죄형)	+	−	• 범죄자들의 전형적인 적응방식 • 목표를 수용하기 때문에 합법적 수단 대신, 불법적 수단으로 목표를 달성하려는 방식 에 절도, 사기 등 • 머튼이 가장 관심 있게 다룬 유형 • 하위계층의 높은 범죄율을 설명하는 데 공헌함
의례형 (포기형)	−	+	목표 자체는 포기했으나 합법적 수단은 수용하므로 문제를 일으키지 않음 에 무사안일주의 공무원 등
도피형 (은둔형)	−	−	목표·수단 모두 거부 → 사회로부터 도피해 버림 에 마약중독자, 부랑자(범죄에 노출될 위험 높음)
반역형 (폭동형)	±	±	기존의 목표·수단 모두 거부 → 이를 대신할 새로운 목표·수단을 제시 에 폭력혁명을 주창하는 정치범

+는 수용, −는 거부, ±는 제3의 대안을 추구

정답 ×

11. 머튼은 목표와 수단에 대한 5가지 적응유형으로 동조형(Conformity), 혁신형(Innovation), 의례형(Ritualism), 회피형(Retreatism), 반역형(Rebellion)을 제시하였다.　　　(　　)

정답 ○

12. 머튼(R. Merton)의 아노미이론에 따르면. 아노미 상태에 있는 개인의 적응방식 중 혁신형 (innovation)은 범죄자들의 전형적인 적응방식으로, 문화적 목표는 수용하지만 제도화된 수 단은 거부하는 형태이다.　　　(　　)

정답 ○

13. 머튼은 뒤르켐과는 달리 규범의 부재가 아노미를 야기하는 것이 아니라 사회적 목표와 제도 화된 수단의 부조화로 인해 아노미가 초래된다고 주장했다.　　　(　　)

해설 ┃ 뒤르켐 vs. 머튼의 이론 비교

뒤르켐	구분	머튼
생래적(=선천적) · 무한함	인간의 욕구	사회문화적 목표
성악설(이기적인 존재)	인간의 본성	성선설(노력하는 존재)
급격한 사회변동	문제의 발단	불평등한 사회구조
사회의 무규범 상태	아노미	목표와 수단 간 불일치 상황
통제받던 개인적 욕구 분출	범죄 원인	목표를 위한 수단 → 범죄

정답 ○

14. 긴장이론에 의하면 실업은 범죄율을 감소시키는 요인으로 볼 수 있고, 범죄자에 대한 대책 으로는 교화개선을 강조한다.　　　(　　)

해설 실업은 합법적 수단의 박탈을 의미하므로 범죄율을 높이는 요인이다. 긴장이론은 사회구조의 모순을 범 죄원인으로 보기 때문에 개인의 교화개선보다, 사회구조나 제도의 개선을 또는 복지대책을 중시한다.
정답 ×

15. 머튼이 주장한 긴장이론(Straion Theory)에서는 사회 내에 문화적으로 널리 받아들여진 가 치와 목적, 그리고 그것을 실현하고자 사용하는 수단 사이에 존재하는 괴리가 아노미적 상 황을 이끌어낸다고 보았다.　　　(　　)

정답 ○

16. 1970년대 이후의 긴장이론에서 애그뉴는 범죄율을 낮추기 위한 조건으로 물질적 성공 이외의 목표에 더 큰 가치와 중요성을 부여해야 함을 강조하였다.　　　　　(　)

　　해설　매스너와 로젠펠드의 제도적 아노미이론의 내용이다.

　　　　　　　　　　　　　　　　　　　　　　　　　　　　　　　　　　정답 ✕

17. 코헨은 비행하위문화의 특징으로 사고치기(trouble), 강인함(toughness), 기만성(smartness), 흥분 추구(excitement), 운명주의(fatalism), 자율성(autonomy) 등을 들었다.　(　)

　　해설　밀러(Miller)의 하위계층 주요관심사에 대한 설명이다.

　　　　　　　　　　　　　　　　　　　　　　　　　　　　　　　　　　정답 ✕

18. 에그뉴(R. Agnew)의 일반긴장의 원인으로 목표달성의 실패, 기대와 성취 사이의 괴리, 긍정적 자극의 소멸 등이 있다.　　　　　(　)

　　해설　┃에그뉴(Agnew)의 일반긴장의 원인
　　• 긍정적 목표(목적)달성의 실패
　　• 기대와 성취의 불일치
　　• 긍정적 자극의 소멸
　　• 부정적 자극에의 직면(부정적 자극의 생성)

　　┃머튼 vs 에그뉴의 이론 비교

머튼	에그뉴
사회계층의 차이 → 범죄율	긴장을 느끼는 개인적 차이 → 범죄율
경제적 하위계층의 범죄율 높음	긴장/스트레스가 많은 개인의 범죄율 높음 (모든 사회계층에 적용 가능)

　　　　　　　　　　　　　　　　　　　　　　　　　　　　　　　　　　정답 ◯

19. 애그뉴의 일반긴장이론은 머튼의 이론을 수정하고 미시적으로 계승한 이론이라 할 수 있다. 머튼의 이론과 달리 하류층뿐만 아니라 다양한 계층의 긴장원인을 설명하고자 하였다.

　　　　　　　　　　　　　　　　　　　　　　　　　　　　　　　　　　(　)

　　해설　┃애그뉴의 일반긴장이론의 요소

긴장의 원인	부정적 감정의 상황	반사회적 행동
• 긍정적 가치를 주는 목적달성의 실패(열망과 기대 사이의 괴리에 의한 결과로서의 긴장) • 기대와 성취 사이의 괴리(동료와의 비교에 의한 상대적 긴장) • 긍정적 가치를 주는 자극의 제거(결별, 이사, 전학, 이혼 등) • 부정적 자극의 출현(아동학대와 무관심, 범죄피해, 체벌, 학교생활의 실패 등)	• 노여움 • 좌절 • 실망 • 우울 • 두려움 등	• 약물남용 일탈 • 폭력 • 학업 중도포기 등

정답 ○

20. 뒤르켐(Durkheim)에 의하면 아노미는 현재의 사회구조가 구성원 개인의 욕구나 욕망에 대한 통제력을 유지할 수 없을 때 발생한다고 보았다. ( )

해설 뒤르켐의 '아노미'란 무규범상태를 말한다. 현재의 사회구조가 구성된 개인의 욕구나 욕망에 대한 통제력을 유지할 수 없을 때 발생한다고 보았다.

정답 ○

21. 뒤르켐은 자살 유형을 아노미적 자살, 이기적 자살, 이타적 자살, 운명적 자살로 구분하였다.
( )

정답 ○

22. 뒤르켐은 급격한 경제성장기보다 급격한 경제침체기에 아노미적 자살의 빈도가 더 높다고 주장하였다. ( )

해설 뒤르켐은 자살론에서 급격한 경제성장기에는 전통적 규범력이 약화되어 아노미적 자살이 증가하고, 급격한 경기침체기보다 급격한 경제성장기에 아노미적 자살의 빈도가 더 높다고 주장하였다.

▌뒤르켐의 자살 유형
• 아노미적 자살 : 약화된 규제가 원인이다. 급격한 사회변동으로 인한 무규범과 혼란 등으로 자살하는 형태이다.
• 이기주의적 자살 : 사회통합 약화가 원인이다. 자신의 욕망에 의해 자살하는 형태로, 급격한 산업화 · 도시화 과정에서 발생한다.
• 이타주의적 자살 : 사회통합 강화가 원인이다. 집단의 존속을 위해 자살하는 형태이다(자살폭탄테러).
• 숙명적(운명적) 자살 : 과도한 규제가 원인이다. 사회 외적인 권위에 의해 자살하는 형태이다(고대 순장 등).

▌자살유형

구 분	사회적 통합(유대)	도덕적 규제
아주 강함	이타적 자살(자살폭탄테러)	숙명론적 자살(고대 순장)
아주 약함	이기적 자살(독거노인)	아노미적 자살(불경기)

정답 ✕

23. 뒤르켐은 객관적 범죄개념은 존재하지 않으며, 특정 사회에서 형벌의 집행 대상으로 정의된 행위가 바로 범죄라고 보았다. ( )

해설 ▌범죄정상설 · 범죄기능설 · 범죄필요설 · 형법발전론의 주장
• 범죄정상설 : 범죄는 사회병리 현상이 아니라 사회구조적 모순에서 발생하는 정상적이고 불가피한 현상으로, 어느 사회건 일정 수준의 범죄는 존재하기 마련이며, 일정 수준이 넘는 경우에만 이를 사회병리 현상으로 보았다.
• 범죄기능설 : 범죄에 대한 제재와 비난을 통해 사회의 공동체의식을 체험할 수 있도록 함으로써 사

회의 유지·존속에 중요한 역할을 담당한다.
- 범죄필요설 : 사회가 진보하기 위해서는 발전에 필요한 비판과 저항 등 일정량의 범죄가 필요하다.
- 형법발전론 : 사회가 발전할수록 형벌은 억압적 형태에서 보상적 형태로 변화한다.

[정답] ○

24. 뒤르켐(Durkheim)은 그의 저서 『사회분업론』에서 분업의 증가가 기계적 사회에서 유기적 사회로의 전이를 유발하고, 사회적 연대도 그에 따라 변한다고 지적하였다.   (   )

[해설] **┃ 뒤르켐**
- 뒤르켐은 모든 사회와 시대에 공통적으로 적용할 수 있는 객관적 범죄개념을 부정하면서 특정 사회에서 형벌의 집행대상으로 정의된 행위만을 범죄로 보는 새로운 범죄개념을 제시하였다.
- 범죄란 일반적 집합의식을 위반한 행위가 아닌, 한 시대에 사회구성원의 의식 속에 강력하게 새겨져 있고 명백하게 인지된 집합의식을 위반한 행위라고 정의하였다.
- 뒤르켐의 범죄정상설이 범죄가 도덕적으로 정당하다고 보는 범죄정당설을 의미하는 것은 아니다. 뒤르켐은 집단감정을 침해하는 것을 본질로 하는 범죄에 대해 강력한 대처를 주장하였다.
- 뒤르켐은 아노미를 인간의 생래적인 끝없는 욕망을 사회의 규범이나 도덕으로써 제대로 통제하지 못하는 상태, 즉 사회적·도덕적 권위가 훼손되어 사회구성원들이 자신의 삶을 지도할 수 있는 기준을 상실한 무규범상태로 정의하였다.
- 뒤르켐은 사회구조를 사회질서, 즉 사회적 연대 측면에서 파악하고, 산업화과정에서 사회적 분업이 전통사회의 기계적 연대를 산업사회의 유기적 연대로 전환시킴으로써 기존의 사회규범이 해체되고, 사회적 통합이 약화되어 범죄가 증가한다고 보았다.
- 뒤르켐은 유기적 연대로 전이됨으로 인해 전통적인 사회통제가 비효과적인 것이 되고, 사회연대의 보전이라는 기능을 지니는 형벌, 즉 보복법이 개인의 권리구제에 중점을 두는 배상법으로 전환되었다는 형법발전론을 주장하였다.

[정답] ○

25. 뒤르켐(Durkheim)은 범죄는 정상적인 요소이며 모든 시대와 사회에서 공통적으로 적용될 수 있는 객관적인 범죄개념이 존재한다고 보았다.   (   )

[해설] 뒤르켐은 범죄는 정상적인 요소이며 모든 시대와 사회에서 공통적으로 적용될 수 있는 절대적·객관적인 범죄개념은 존재하지 않는다고 보았다. 절대적·객관적인 범죄개념은 자연범설을 주장한 가로팔로의 견해이다.

[정답] ✕

26. 정상적인 방법으로는 부자가 될 수 없다고 판단하고 사기, 횡령 등을 한 자는 머튼(Merton)의 아노미이론에서 반역형(rebellion)에 해당한다.   (   )

[해설] 혁신형에 해당한다. 목표를 지나치게 강조하는 반면에 이를 추구하는 수단을 경시하는 인식에 대한 설명과 부합한다.

[정답] ✕

27. 머튼(Merton)의 아노미이론은 최근 들어 증가하는 중산층이나 상류층의 범죄를 설명하는 데에도 무리 없이 적용될 수 있는 이론적 보편성을 가지고 있다.   (   )

해설 하류계층의 높은 범죄율 설명하는 데 유용하나, 중 · 상류층의 범죄 등에 대한 설명이 어렵다.

정답 ×

28. 머튼(Merton)의 긴장이론은 미국사회의 구조가 문화적 목표와 이에 도달하기 위한 제도적 · 규범적 수단의 두 요소로 이루어진다고 가정하였다. ( )

정답 ○

29. 머튼(R. Merton)의 아노미(긴장)이론은 사람들이 추구하는 목표는 선천적인 것이 아니며, 문화적 전통과 같은 사회환경에 의해 형성된다고 보았다. ( )

정답 ○

30. 흥분을 유발하는 일 또는 위험스러운 일을 기피하는 것은 밀러(Miller)가 지적한 하위계층의 주요 관심사항에 해당한다. ( )

해설 흥분추구 및 말썽거리(trouble)에 해당하는 행위는 흥분을 유발하거나 위험스러운 이를 기피하는 것이 아니라 적극적으로 행한다.

┃ 밀러가 제시한, 하위계층문화의 주요 관심사(6가지)
• 사고뭉치(troublemaker): 말썽을 일으키고 결과를 회피하는 능력 중시='영웅' 취급
• 난폭함(강인함): 육체적인 힘을 과시하기 위해 폭력행위가 빈번함
• 교활함(smartness): 불법적인 방법으로 타인을 속이는 능력 중시
• 흥분추구: 자극적이고 위험한 일을 즐김(예 도박, 집단폭행)
• 운명주의: 빈곤을 운명이라 여겨 자신의 노력으로 미래를 개척 못함
• 자율성: 사회통제에 대한 거부 → 경멸적인 태도를 보임

정답 ×

31. 시카고학파의 사회해체이론은 현대사회의 모든 국가에서 도시화에 따른 범죄현상을 설명해 줄 수 있다. ( )

해설 사회해체이론은 급격한 산업화 · 도시화가 일어나고 있는 지역에서만 적용이 가능하다.

정답 ×

32. 클로워드(Cloward)와 올린(Ohlin)은 비행과 기회(Delinquency and Opportunity)라는 저 서를 통해 불법적인 기회에 대한 접근이 불평등하게 분포되어 있다고 주장하였다.

( )

해설 머튼(Merton)은 성공 목표 달성을 위한 합법적 수단에 대한 접근이 계급에 따라 차별적으로 주어진다는 점만을 고려하여, 불법적 수단에는 누구나 접근할 수 있는 것처럼 가정했지만, 클로워드와 올린은 이 부 분을 비판하며, 성공을 위한 불법적 수단에 대한 접근 역시 모두에게 동등하게 주어지는 것은 아니라고 하였다. 즉 '차별 기회'를 합법적 수단뿐만 아니라 불법적 수단에 대해서도 고려해야 한다는 것이다. 클

로워드와 올린은 1964년 저서 「비행과 기회」에서 비합법적 기회구조의 불평등한 분포를 주장하였다.

정답 ○

33. 차별적 기회구조이론(Differential Opportunity Theory)은 비행적 하위문화로 '범죄적 하위문화', '갈등적 하위문화', '도피적 하위문화' 등 세 가지를 제시하고, 범죄적 가치나 지식을 습득할 기회가 가장 많은 문화는 '범죄적 하위문화'라고 주장하였다. (   )

정답 ○

34. 밀러(Miller)는 하위계층 청소년들의 '관심의 초점'이 중산층 문화의 그것과는 다르기 때문에 범죄에 빠져들기 쉽다고 보았다. (   )

해설 ▌코헨의 비행하위문화이론과 머튼의 아노미이론의 차이점

비행하위문화이론	아노미이론
• 수많은 비행들에서 발견되는 비실용적인 성격을 설명하고자 함 • 일탈의 비공리주의적인 특성을 강조 • 반항이 취하는 특별한 형태는 중간계급의 가치에 대한 반작용에 의해 결정됨 • 반항의 선택은 그 집단의 다른 성원의 선택들과 연계하여 선택	• 혁신에 초점을 두고 범죄 원인의 실용적 성격을 강조하여 설명 • 범죄의 공리주의 본성을 강조 • 반항은 상당수의 서로 다른 형태 중 어떤 하나를 임의적으로 취할 수 있음 • 사회의 적응형태에 대한 것은 개인이 선택

정답 ○

35. 밀러가 하류계층 사람들의 중심적인 관심 사항으로 제시한 내용 중 자율성(autonomy)은 코헨이 주장한 비행하위문화이론의 자율성과 동일한 개념에 해당한다. (   )

해설 밀러의 자율성은 간섭받기 싫어하는 개인의 자율성이고 코헨이 주장한 비행하위문화이론의 자율성은 집단자율성으로 갱 집단의 강한결속력을 의미한다.

▌밀러의 하류계층문화의 주요 관심사
• 사고치기(말썽 부리기)
  - 하류계층에서는 싸움, 음주, 문란한 성생활 등의 사고유발, 법이나 법집행기관 등과의 갈등발생 등이 오히려 영웅적이고 정상적이며 성공적인 것으로 간주된다.
  - 남자 청소년들에게 있어 문제를 만드는 중요한 수단은 싸움과 성일탈행위이고, 갱단에 들어가는 것도 나름대로 어떤 지위를 얻는 수단이 된다.
• 강건함
  - 신체적 강건함, 싸움능력 또는 용감함 등을 중시한다.
  - 하류계층 청소년들은 공부에만 열중하고 인정에 얽매이는 것을 남자답지 못하다고 생각한다.
  - 하류계층에서 아버지는 이혼, 알코올중독, 바쁜 직장생활 등으로 인해 자식과 함께할 시간이 부족하므로, 대부분 어머니가 살림을 꾸려가는 가정인 경우가 많은데, 청소년들은 자신이 싸움을 잘해서 남성다움을 보상받으려고 행동한다.
• 기만성
  - 속고 속이는 세상 속에서 남이 나를 속이기 전에 내가 먼저 남을 속일 수 있어야 함을 강조한다(도박, 사기 등).

- 싸움 없이 무언가를 얻을수록 교활함을 인정받게 되므로, 하류계층 청소년들은 어려서부터 남을 속이는 기술을 배운다.
- 흥분추구
  - 스릴과 위험을 추구하고, 싸움이나 도박 등에서 쾌감을 느끼며, 모험을 즐긴다.
  - 흥분추구에는 음주와 도박 등이 포함된다.
  - 하류계층 청소년들은 술집에서의 음주나 싸움 등을 흥미를 유발하는 방법으로 사용한다.
- 운명주의
  - 인생은 자신이 어찌할 수 없는 것으로, 자신의 미래는 운명에 달려 있다고 한다.
  - 하류계층 청소년들은 교육과 같은 합법적인 노력을 통해 성공하려는 시도를 일찌감치 포기하므로, 범죄를 저지르는 데 주저하지 않는다.
- 자율성
  - 다른 사람으로부터 간섭받는 것을 극도로 혐오하고, 외부로부터의 통제를 거부한다.
  - 하류계층 청소년들은 독립적인 존재가 되고 싶어 하므로, "나는 나를 돌봐 줄 사람이 필요 없다. 내가 나를 돌볼 수 있다."라는 말을 자주 사용한다.

정답 ✕

36. 차별적 기회구조이론(Differential Opportunity Theory)은 합법적 수단을 사용할 수 없는 사람들은 곧바로 불법적 수단을 사용할 것이라는 머튼(Merton)의 가정을 계승하고 있다.

( )

해설 클로워드(Cloward)와 올린(Ohlin)은 합법적 기회구조에 대한 접근가능성이 차단되더라도 곧바로 범죄로 연결되는 것은 아니고 불법적 수단에 접근할 기회의 차이가 그 지역의 비행적 하위문화의 성격 및 비행의 종류에 영향을 미친다고 보았다.

▎차별적 기회이론에 반영된 각 이론의 내용(범죄에 영향을 준 요인들)

머튼의 아노미이론	서덜랜드의 학습이론 (차별적 접촉이론)	쇼&맥케이의 문화전달론
문화적 목표(수용) + 합법적 수단	비행·범죄도 '접촉'을 통해 '학습'되는 것	비행·범죄를 접촉할 수 있는 '지역'
'혁신형'의 적응 방식	접촉 → 학습	지역사회의 열악한 여건

정답 ✕

37. 문화적 비행이론(Cultural deviance theory)에 있어 코헨(Cohen)은 비행하위문화가 비합리성을 추구하기 때문에 공리성, 합리성을 중요시하는 중심문화와 구별된다고 본다. ( )

정답 ○

38. 밀러(Miller)의 하류계층 하위문화이론에 따르면 하류계층만의 독특한 하류계층문화 자체가 집단비행을 발생시킨다고 보면서 하류계층의 비행을 '중류층에 대한 반발에서 비롯된 것'이라는 코헨(Cohen)의 주장에 반대하였다. ( )

해설 밀러는 하류계층 청소년의 비행은 중류계층 가치의 수용불능이라기보다는 하류계층의 문화나 가치가 더 중요하게 작용하여 이러한 하류계층의 문화를 체득하여 나온 행동패턴은 중류계급이 희망하는 행동

패턴과 일치하지 않는다.

정답 ○

39. 1970년대 이후의 긴장이론에 대해 매스너와 로젠펠드는 미국의 범죄율이 높은 이유를 물질적 성공을 강조하는 미국문화의 특성에서 찾았다. ( )

정답 ○

40. 클로워드(Cloward)와 올린(Ohlin)의 차별적 기회구조이론은 성인들의 범죄가 조직화되지 않아 청소년들이 비합법적 수단에 접근할 수 없는 지역에서는 갈등적 하위문화가 형성되는데, 범죄기술을 전수할 기회가 없기 때문에 이 지역의 청소년들은 비폭력적이며 절도와 같은 재산범죄를 주로 저지른다. ( )

해설 갈등적 하위문화가 형성된 지역에서는 과시적인 폭력과 무분별한 갱 전쟁 등이 빈번하게 발생한다.

▍ 클로워드 & 올린의 비행하위문화 유형(3가지)
• 범죄하위문화
  – 불법적 기회구조가 발달한 지역에서 형성되는 하위문화
  – 지역 내 범죄조직이 체계적이고 성인범죄자와 소년들 간 통합이 강하여 범죄기술의 '학습'이 가능해져 범죄자가 되기 쉬움
• 갈등하위문화
  – (범죄는 조직화되지 않았지만) 좌절을 '공격성'으로 표출하는 하위문화
  – 체계적 범죄집단이 없기 때문에 불법적 수단의 학습이 불가하여 안정적인 범죄하위문화 형성이 어려움
  – 힘을 과시하기 위한 '폭력'의 행사가 빈번
    예 갱 전쟁
• 도피하위문화
  – 모든 불법적 기회구조가 형성되지 않은 지역의 하위문화
  – 합법적 기회분 아니라 불법적 기회까지 차단 → '이중실패자'
  – 문화적 목표 자체를 '포기'하여 사회로부터 도피해 버림
    예 마약중독자, 성적 일탈자

정답 ×

41. 코헨(Cohen)은 하위계급 출신 소년들이 최초로 자기 지위에 대한 좌절감을 경험하는 곳은 가정이라고 보고 가정교육의 중요성을 강조하였다. ( )

해설 코헨에 따르면 최초로 좌절감을 경험하는 곳은 중산층의 가치체계가 지배하는 학교이다.

정답 ×

42. 차별적 기회구조이론(Differential Opportunity Theory)은 머튼(Merton)의 아노미이론과 서덜랜드(Sutherland)의 차별적 접촉이론의 영향을 받았다. ( )

정답 ○

43. 밀러는 코헨(Cohen)의 비행적 하위문화에 대해 처음부터 사회적 편견을 지니고 있으며, 하위문화는 중류계급에 대한 반발로 생성되었다고 보기 어렵다고 비판하였다.   (   )

> **해설** 밀러는 코헨의 하위문화이론에 대해 하위계급에 대한 반발로 일어난 것이 아니라고 비판하였다.
>
> **정답** ○

44. 에그뉴(Agnew)의 일반긴장이론(General Strain Theory)은 모든 사회인구학적 집단의 범죄행위와 비행행위를 설명하는 일반이론 중 하나이다.   (   )

> **해설** 애그뉴(Agnew)의 일반긴장이론은 머튼(Merton)의 아노미이론을 확대한 일반이론이다.
> 애그뉴의 일반긴장이론은 머튼의 아노미이론에 그 이론적 뿌리를 두고 있지만, 머튼의 이론과 달리 계층과 상관없는 긴장의 개인적, 사회심리학적 원인을 다루고 있다. 따라서 일반긴장이론은 하류계층의 범죄행위가 아닌 사회의 모든 구성요소의 범죄행위에 대한 일반적 설명을 제공하고 있다.
>
> **정답** ○

45. 메스너(Messner)와 로젠펠드(Rosenfeld)의 제도적 아노미이론(Institutional Anomie Theory)은 아메리칸 드림이라는 문화 사조의 저변에는 성취지향, 개인주의, 보편주의, 물신주의(fetishism of money)의 네 가지 주요가치가 전제되어 있다고 분석한다.   (   )

> **해설** 아메리칸 드림을 개인들의 열린 경쟁이라는 조건하에서 사회의 모든 이들이 추구해야 할 물질적 성공이라는 목표에 대한 헌신을 낳는 문화 사조로 정의하고, 그 저변에는 성취지향, 개인주의, 보편주의, 물신주의의 네 가지 주요가치가 전제되어 있다고 분석한다.
>
> **정답** ○

46. 메스너(Messner)와 로젠필드(Rosenfeld)의 제도적 아노미이론(Institutional Anomie Theory)은 머튼(Merton)의 아노미이론을 확장하여 여러 사회제도들의 밀접한 연관성과 어떻게 문화가 경제영역을 과도하게 강조하게 되는지를 연구하였다.   (   )

> **해설** | 제도적 아노미이론
> - 아메리칸 드림이라는 문화사조는 경제제도가 다른 사회제도를 지배하는 제도적 힘의 불균형 상태를 초래했다는 것이 메스너와 로젠펠드의 주장으로, 경제제도의 지배는 평가절하, 적응, 침투라는 세 가지 상호 연관된 방식으로 나타난다고 하였다.
> - 머튼과 같은 입장에서 사회학적 지식과 원칙의 체계적 적용을 통해 범죄의 국가 간 변이에 대한 거시적 설명을 추구한다.
> - 아메리칸 드림을 개인들의 열린 경쟁이라는 조건하에서 사회의 모든 이들이 추구해야 할 물질적 성공이라는 목표에 대한 헌신을 낳는 문화사조로 정의하고, 그 저변에는 성취지향, 개인주의, 보편주의 및 물신주의의 네 가지 주요 가치가 전제되어 있다고 분석한다.
>
> **정답** ○

47. 제도적 아노미이론은 탈상품화(decommodification)가 치열한 경쟁을 줄이고 궁극적으로 범죄를 감소시킬 것이라고 설명한다. ( )

정답 ○

48. 메스너(Messner)와 로젠펠드(Rosenfeld)의 제도적 아노미이론(Institutional Anomie Theory)은 애그뉴(Agnew)의 일반긴장이론을 구조적 차원에서 재해석하고 확장한 이론으로 평가된다. ( )

해설 머튼의 아노미이론이 갖고 있던 거시적 관점을 그대로 계승하여 발전시켰다.

정답 ✕

49. 애그뉴(Agnew)의 일반긴장이론은 긴장원인의 복잡성과 부정적 감정의 상황들을 밝혀내어 결국 아노미이론을 축소시켰다. ( )

해설 애그뉴의 일반긴장이론은 기존 긴장이론이 제시한 긴장의 원인에 더해서 부정적인 사회관계나 환경과 관련된 긴장을 포함하여 '일반'긴장으로 개념 범주를 크게 확장하였다.

정답 ✕

50. 머튼의 긴장이론은 개인적 수준의 긴장은 목표 달성의 실패, 긍정적 가치를 갖는 자극의 상실, 부정적 자극으로부터 발생한다고 보았다. ( )

해설 애그뉴의 일반긴장이론에 따르면, 스트레스가 많은 생활에 노출된 사람은 긴장에 대처하는 방법으로 비행이나 범죄를 지지르는데, 개인적 수준의 긴장은 목표달성의 실패, 긍정적 가치를 갖는 자극의 상실, 부정적 자극 등으로부터 발생한다.

정답 ✕

51. 코헨(Cohen)의 비행하위문화란 지배집단의 문화와는 별도로 특정한 집단에서 강조되는 가치나 규범체계를 의미한다. 코헨(Cohen)은 중산층 문화에 적응하지 못한 하위계층 출신 소년들이 자신을 궁지에 빠뜨린 문화나 가치체계와는 정반대의 비행하위문화를 형성한다고 보았다. ( )

해설 **| 코헨(Cohen) 비행적 하위문화의 특징**
- 비공리성(=비실용성): 중산층 문화(합리성)와 반대로 비합리성, 비실용성 강조
  예 단순히 재미로, 비행집단으로부터 인정받으려고 절도
- 악의성: 타인에게 고통을 주고 쾌감을 느끼면서 좌절감 회복
- 부정성(어긋나기): 사회의 중심가치에 무조건 거부반응을 보임 → 중산층 문화와 반대되는 가치들을 비행집단의 가치로 형성
- 단기적 쾌락: 즉각적인 쾌감을 추구(장기적인 목표, 계획 없음)
- 집단자율성: 갱 집단을 형성하여 내부(강한 단결력)와 외부(적대감) 강조

정답 ○

52. 머튼(Merton)의 긴장이론은 하층계급을 포함한 모든 계층이 경험할 수 있는 긴장을 범죄의 주요 원인으로 제시하였다. ( )

해설 하층계급을 포함한 모든 계층이 경험할 수 있는 긴장을 범죄의 주요 원인으로 제시한 것은 에그뉴(Agnew)의 일반긴장이론이다.

정답 ✕

53. 코헨(Cohen)이 1955년에 발표한 비행하위문화이론은 중간계급의 문화에 잘 적응하지 못하는 하층 청소년들이 하위문화 형성을 통해 문제를 해결하고자 하는 과정을 문화적 혁신이라고 하였다. ( )

해설 지위 좌절을 겪는 하층의 청소년들은 그들의 지위문제를 해결하기 위해 나름대로 해결책을 강구한다. 동일한 적응의 문제를 겪는 하층 청소년들은 서로 상호작용하면서 그들만의 새로운 문화를 형성함으로써 그들의 집단을 통해 지위문제를 해결한다는 것이다. 코헨은 이를 문화적 혁신이라고 표현하였다.

정답 ○

54. 머튼(Merton)의 동조형은 안정적인 사회에서 가장 보편적인 행위유형으로서 문화적인 목표와 제도화된 수단을 부분적으로만 수용할 때 나타난다. ( )

해설 동조형은 정상적인 기회구조에 접근할 수는 없지만, 문화적 목표와 사회적으로 제도화된 수단을 통하여 목표를 추구하는 적응방식이다.

정답 ✕

55. 아노미이론은 머튼이 기초를 제공하고 뒤르켐이 체계화하였다. 뒤르켐에 의하면 인간의 욕구란 상대적인 것이라고 본다. ( )

해설 아노미라는 개념은 뒤르켐이 무규제 상황을 설명하기 위해 처음 사용하였고, 머튼은 이를 받아들여 범죄이론에 적용하였다.

정답 ✕

56. 에그뉴(Agnew)의 일반긴장이론은 부정적 감정이 긴장과 비행을 매개한다고 본다. 즉, 긴장이 부정적 감정을 낳고, 이는 다시 비행을 일으키는 원인이 된다고 보았다. ( )

정답 ○

57. 1970년대 이후의 긴장이론은 제도적 아노미이론에 따르면 비경제적 제도가 경제적 제도의 요구사항을 과다하게 수용하는 것이 현대사회의 문제점이라고 본다. ( )

정답 ○

58. 클로워드(Cloward)와 올린(Ohlin)의 범죄적 하위문화는 합법적인 기회구조와 비합법적인 기회구조 모두가 차단된 상황에서 폭력을 수용한 경우에 나타나는 하위문화이다. (　　)

> **해설** 갈등적 하위문화에 대한 설명이다. 범죄적 하위문화는 합법적 기회는 없고 비합법적 기회와는 접촉이 가능하여 범행이 장려되고 불법이 생활화되는 하위문화유형이다.
>
> 정답 ✕

59. 클로워드(Cloward)와 올린(Ohlin)의 차별적 기회구조이론은 성공이나 출세를 위하여 합법적 수단을 사용할 수 없는 사람들은 바로 비합법적 수단을 사용할 것이라는 머튼(Merton)의 가정에 동의하지 않는다. (　　)

> 정답 ○

60. 밀러(Miller)의 하류계층 하위문화이론은 하류계층의 대체문화가 갖는 상이한 가치는 지배계층의 문화와 갈등을 초래하며, 지배집단의 문화와 가치에 반하는 행위들이 지배계층에 의해 범죄적·일탈적 행위로 간주된다고 주장하였다. (　　)

> 정답 ○

— CHAPTER 07 —
사회학습이론

1. 서덜랜드(Sutherland)의 차별접촉이론(Differential Association Theory)에서 제시하는 명제로 범죄행위는 일반적인 욕구와 가치관으로 설명될 수 없다고 강조한다. (   )

> **해설** 범죄행위는 일반적 욕구와 가치의 표현이지만, 비범죄적 행위도 똑같은 욕구와 가치의 표현이므로 일반적 욕구와 가치로는 범죄행위를 설명할 수 없다.
>
> **정답** ○

2. 서덜랜드(Sutherland)의 차별접촉이론(Differential AssociationTheory)은 갓프레드슨(Gottfredson)과 허쉬(Hirschi)의 자기통제이론과 달리 하류계층의 반사회적 행동을 설명하는 데 국한된다. (   )

> **해설** 갓프레드슨과 허쉬의 자기통제이론은 하위문화이론과 달리 문제행동에서부터 재산, 폭력범죄를 포함한 모든 유형의 범죄를 설명하며, 모든 연령층과 모든 국가, 문화권에도 적용되는 이론이다. 서덜랜드의 차별접촉이론도 하류계층의 반사회적 행동뿐만 아니라 상류계층의 범죄에 대하여도 설명이 가능하다. 즉 서덜랜드는 차별적 접촉이론을 통하여 범죄행위에 대한 일반론을 전개함으로써 살인, 상해, 절도 등 전통적인 범죄뿐만 아니라 현대 사회에서 문제시되고 있는 화이트칼라 범죄에 대하여도 설명할 수 있다.
>
> **정답** ×

3. 타르드(Tarde)의 모방의 법칙에 따르면 학습의 방향은 대게 우월한 사람이 열등한 사람을 모방하는 방향으로 진행된다. (   )

> **해설** 타르드의 모방의 법칙에 따르면 학습의 방향은 일반적으로 열등한 사람이 우월한 사람을 모방하는 방향으로 진행된다(위에서 아래로의 법칙). 하위계급은 상위계급에서 행해지는 범죄를 모방하고, 시골에서는 도시에서 발생하는 범죄를 모방한다.
>
> **정답** ×

4. 서덜랜드(Sutherland)의 차별접촉이론(Differential AssociationTheory)은 범죄행위의 학습과정과 정상행위의 학습과정은 동일하며, 범죄행위 학습의 중요한 부분들은 친밀한 관계를 맺고 있는 집단들에서 일어난다. (   )

해설 서덜랜드에 따르면 범죄행위의 학습과정은 다른 행위의 학습과정과 동일한 메커니즘을 가진다. 범죄자와 비범죄자 간의 차이는 접촉유형에 있을 뿐 학습이 진행되는 과정은 동일하다.

정답 ○

5. 비행은 주위 사람들로부터 학습되지만 학습원리, 즉 강화의 원리에 의해 학습된다는 주장은 서덜랜드(Sutherland)의 차별접촉이론을 보완하는 주장이다. (   )

해설 해당 주장은 버제스와 에이커스의 차별적 강화이론으로 서덜랜드의 주장을 보완한다.

▌ 버제스와 에이커스(Bugess & Akers)의 차별적 (접촉) 강화이론의 4가지 주요 개념
• 차별적 접촉(differential association): 범죄자에게는 그들에게 범죄나 모방할 모형, 차별적 강화를 제공하는 집단이 존재하며, 이러한 집단 가운데 가장 중요한 것은 가족이나 친구와 같은 일차적 집단이다.
• 정의(definition): 특정 행위에 대하여 개인이 부여하는 의미와 태도를 의미한다.
• 차별적 강화(differential reinforcement): 차별적 강화는 행위의 결과로부터 돌아오는 보상과 처벌의 균형에 의해 달라진다. 개인이 그러한 범죄행위를 저지를 것인가의 여부는 과거와 미래에 예상되는 보상과 처벌 간의 균형에 영향을 받는다.
• 모방(imitation): 타인의 행동에 대한 관찰과 학습의 결과로 그것과 유사한 행동을 하게 되는 것을 의미하는 것으로 사회학습 이론을 기반으로 한다.

정답 ○

6. 반두라의 보보인형실험(Bobo Doll Experiment)은 폭력과 같은 행동이 관찰자에게 제공되는 어떠한 강화자극이 없더라도 관찰과 모방을 통해 학습될 수 있음을 증명한다. (   )

해설 ▌반두라의 보보인형실험(Bobo Doll Experiment)
보보인형실험은 실험참가 아동 72명(평균 4세 남자아이 36명, 여자아이 36명) 중 24명을 통제집단, 나머지 48명을 8개 실험집단(남자/여자/동일성별 모델/비동일성별 모델/폭력모델/비폭력모델)에 할당하여 실험을 진행하였다. 폭력집단에서는 나무 망치로 보보인형을 때리고 고함을 치는 등의 행동을 보여주었으며 비폭력 집단에서는 보보인형을 완전히 무시하고 손가락 인형을 가지고 조용히 10분간 성인모델이 노는 모습을 보여주었다. 실험이 끝난 후 실험에 참여한 아이들의 공격적인 행동을 관찰하였고 그 결과를 비교하였다. 또한 실험에서 보보인형을 공격하고 상을 받거나 혹은 벌을 받는 조건에서도 상을 받는 상황을 관찰한 실험집단에서 보다 더 공격적인 행동을 보여 관찰을 통한 대리강화(Vicarious Reinforcement)가 발생하는 것으로 나타났다.

▌사회학습 이론 및 행동주의 이론을 바탕으로 하여 이루어진 실제 실험정리
• 파블로프의 고전적 조건형성실험 → 조건자극(종소리)이 무조건 자극(먹이) 없이도 개의 행동반응(침흘림)을 유발할 수 있음을 증명하여 자극과 반응을 통한 학습의 원리를 처음으로 제시하였다.
• 스키너의 조작적 조건형성실험을 통한 강화 학습 → 피실험체(생쥐)가 우연한 기회(지렛대 누르기)에 긍정적인 보상(먹이)이 주어지는 것을 경험하고 지렛대 누르기를 반복하게 되는 것을 통해 행동의 강화를 증명하였다.
• 반두라의 보보인형실험 → 성인 모델이 인형을 대상으로 하는 폭력적 · 비폭력적 행동을 아동이 화면으로 시청한 후에 성인 모델의 행동방식을 그대로 모방하는 경향을 관찰하였다.

정답 ○

7. 서덜랜드(Sutherland)의 차별접촉이론(Differential AssociationTheory)은 사람은 자신이 직접 만나본 적이 없더라도 특정 인물과 자신을 동일시하면서 자아를 형성하고, 이것이 그의 행동선택에 영향을 미친다. ( )

> **해설** 글래저(Glaser)의 차별적 동일시이론에 대한 설명이다. 서덜랜드는 범죄행위의 학습은 가까운 곳에서 이루어지며, 라디오, TV, 영화, 신문 등과 같은 비인격적 매체와는 관련이 없다고 보았다.
>
> 정답 ✕

8. 타르드(Tarde)는 모방의 법칙을 주장하면서, 그 내용 중 하나로 모방은 가까운 사람들 사이에 강하게 일어난다는 삽입의 법칙을 주장하였다. ( )

> **해설** '거리의 법칙'에 관한 설명이다.
>
> **▎타르드의 모방의 법칙**
>
> | 제1법칙
(거리의 법칙) | • 사람들은 서로를 모방하며, 모방정도는 타인과의 접촉정도에 비례
• 거리란 심리학적 의미의 거리와 기하학적 의미의 거리를 포함
• 도시에서는 모방의 빈도가 높고 빠름(유행), 시골에서는 모방의 빈도가 덜하고 느림(관습) |
> |---|---|
> | 제2법칙
(방향의 법칙) | • 열등한 사람이 우월한 사람을 모방
• 하층계급은 상층계급의 범죄를 모방하고, 시골에서는 도시의 범죄를 모방 |
> | 제3법칙
(삽입의 법칙) | • 새로운 유행이 기존의 유행을 대체
• 모방 → 유행 → 관습의 패턴으로 확대 · 진전 |
>
> 정답 ✕

9. 에이커스(R.Akers)의 사회학습이론(Social Learmning Theory)은 스키너(B.Skinner)의 행동주의심리학의 조작적 조건화 원리를 도입하였다. ( )

> **해설** **▎스키너의 조작적 조건형성실험(Operant Conditioning Experiment)**
> 조작적 조건형성실험은 지렛대를 누르면 먹이가 나오도록 설계된 실험용 박스에 생쥐를 넣고 우연히 생쥐가 지렛대를 눌러 먹이가 나오게 되면 같은 행동을 반복하는 횟수가 증가한다는 사실을 보여줌으로써 행동의 강화를 파악할 수 있게 하였다. 스키너의 조작적 조건형성실험을 통해 행동강화의 원리를 이해할 수 있게 되었다. 강화물(Reinforcement)은 행동의 빈도를 증가시키는 역할을 하는 모든 자극물을 의미한다.
>
> 정답 ○

10. 에이커스(Akers)가 주장하는 사회학습이론의 핵심 개념은 차별적 접촉, 차별적 강화, 차별적 동일시, 정의 및 모방이다. ( )

> **해설** 에이커스(Akers)는 차별적 강화이론을 발전시켜 <u>차별적 접촉(differential association), 정의(definitions), 차별적 강화(differential reinforcement), 모방(imitation)</u> 등 네 가지 개념을 중심으로 사회학습이론을 주장하였다.
>
> 정답 ✕

11. 에이커스(Akers)의 사회학습이론에서 차별적 접촉이란 개인이 법 준수나 법 위반에 대한 우호적 또는 비우호적 정의에 노출되어 있는 과정을 의미하는데, 직접접촉은 물론 영상 등을 통한 간접접촉도 포함된다. (   )

정답 ○

12. 에이커스의 사회학습이론에서 차별적 강화는 행위로부터 얻게 되거나 예상되는 보상과 처벌의 균형을 의미하고, 주변으로부터의 인정이나 금전적 보상 등이 빈번하고 강할수록 차별적 강화는 약하게 나타난다. (   )

해설 차별적 강화는 행위로부터 얻게 되거나 예상되는 보상과 처벌의 균형을 의미하는데, 주변으로부터의 인정이나 금전적 보상 등이 빈번하고 강할수록 차별적 강화는 강하게 나타난다.

정답 ✕

13. 글래저(Glaser)의 차별적 동일시이론(differential identification theory)은 공간적으로 멀리 떨어져 있는 준거집단도 학습의 대상으로 고려했다는 점에서 차별적 접촉이론과 차이가 있다. (   )

해설 ┃ 글레이져(Glaser)의 '차별적 동일화이론'(differential identification)
- 범죄를 긍정적으로 정의하는 사람과 실제로 접촉하지 않아도 다양한 경로(예: 영화 속 범죄자)를 통해서도 상호작용 없이 간접접촉이 가능하다.
- 영화 속 범죄자를 자신의 '역할모델'(role model)로 삼게 되면 자신이 추구하는 인간상과 자신을 '동일시'하게 되어 역할모델의 행동을 그대로 '모방'하고 '학습'하게 된다.
※ 글래저(Glaser)의 차별적 동일시이론(differential identification theory)은 동일화 → 합리화 → 범죄행위의 과정을 거친다고 본다.

정답 ○

14. 글레이저(Glaser)의 차별적 동일시이론은 차별적 접촉이론의 "범죄행동 학습의 중요한 부분은 친밀한 집단 내에서 일어난다."라는 명제를 수정한 것이다. (   )

정답 ○

15. 서덜랜드(Sutherland)의 차별접촉이론(Differential AssociationTheory)은 기존 생물학적 범죄이론에서 강조한 개인의 범인성을 부정한다. (   )

해설 서덜랜드의 차별접촉이론은 범죄가 기본적으로 인적 교류를 통한 차별접촉의 결과물이라 가정하며, 기존 생물학적 범죄학과 심리학적 범죄학이 강조한 개인의 범인성을 부정한다.

정답 ○

16. 버제스(Burgess)와 에이커스(Akers)의 사회적 학습이론(Social learning theory)은 사회적 상호작용만을 중시하고 개인의 욕구와 같은 비사회적 사정들을 배제시킨 이론이라는 점에 특징이 있다. ( )

> 해설 사회적 학습이론은 학습환경에 대해서도 사회적 상호작용뿐만 아니라 비사회적 환경 모두를 고려하였다. 즉 사회학습이론은 사회적 상호작용과 더불어 물리적 만족감(예 굶주림, 갈망, 성적 욕구 등의 해소)과 같은 비사회적인 사항에 의해서도 범죄행위가 학습될 수 있다고 보았다.
>
> 정답 ✕

17. 서덜랜드(Sutherland)의 차별접촉이론(Differential AssociationTheory)에서 범죄행위는 유전적인 요인뿐만 아니라 태도, 동기, 범행 수법의 학습 결과이다. ( )

> 해설 서덜랜드는 범죄의 원인에 대해 유전적인 요인과는 관계가 없다고 보았다. 그가 지적한 범죄행위의 학습내용에는 범행기술뿐만 아니라 범행동기, 충동, 합리화, 태도 등도 포함된다.
>
> 정답 ✕

18. 서덜랜드(Sutherland)의 차별접촉이론(Differential AssociationTheory)은 사회구조적 측면에 사로잡혀 개인의 인식 측면을 간과하고 있다는 비판이 있다. ( )

> 해설 차별적 접촉이론은 미시적 관점의 이론으로 개인의 인식을 주로 다루고 있는 관계로 사회구조적 측면을 간과하고 있다는 비판이 있다.

▌차별적 접촉이론의 평가

공헌	• 전통적 범죄행위뿐만 아니라, 화이트칼라 범죄행위의 설명에도 유용 • 집단현상으로서의 범죄행위 설명에 유용 • 범죄인의 개선방법으로 집단관계요법치료를 제시
비판	• 범죄 호의적 집단과 자주 접촉한다고 해서 모두 범죄인이 되는 것은 아님 • 소질적 범죄자는 범죄와의 접촉경험이 없어도 범죄를 저지름 • 범죄학습은 TV, 라디오, 신문 등 비인격적 매체와의 접촉에 의해서도 영향을 받음 • 범죄인과의 접촉이 많은 법관, 경찰, 형집행관들이 범죄인이 될 확률이 높아야 함에도 그렇지 않음 • 충동적 범죄를 설명하기 곤란 • 개인의 인식을 기초로 하고 있으므로 사회구조적 측면을 간과

> 정답 ✕

19. 글래저(Glaser)의 차별적 동일시이론(differential identification theory)은 범죄문화에 접촉하면서도 범죄를 행하지 않는 이유를 설명하고자 한다. ( )

> 정답 ○

20. 서덜랜드(Sutherland)의 차별접촉이론(Differential AssociationTheory)은 소질적 범죄자의 범죄행위를 설명하는 데 유용하다. ( )

해설 소질적 범죄자는 범죄와의 접촉경험이 없더라도 범죄를 저지를 수 있으므로 차별적 접촉이론으로 설명하기 곤란하다는 비판이 있다.

정답 ×

21. 글래저(Glaser)의 차별적 동일시이론(differential identification theory)은 합리화 → 동일화 → 범죄행위의 과정을 거친다고 본다. (   )

해설 동일화 → 합리화 → 범죄행위의 과정을 거친다고 본다.

정답 ×

22. 에이커스(R.Akers)의 사회학습이론(Social Learmning Theory)에서는 사회구조적 요인은 개인의 행동에 간접적인 영향을 미치고, 사회학습변수는 개인의 행동에 직접적인 영향을 미친다고 본다. (   )

해설 **▎차별적 강화**
차별적 강화(differential reinforcement): 차별적 강화는 행위의 결과로부터 돌아오는 보상과 처벌의 균형에 의해 달라진다. 개인이 그러한 범죄행위를 저지를 것인가의 여부는 과거와 미래에 예상되는 보상과 처벌 간의 균형에 영향을 받는다. 범죄행위에 대해 처벌이 이루어지지 않아 범죄행위가 지속·강화된다면 이것은 부정적 강화이다.

정답 ○

23. 비합법적인 수단에 대한 접근가능성에 따라서 비행 하위문화의 성격 및 비행의 종류도 달라진다는 주장은 서덜랜드의 차별교제이론을 보완한다. (   )

해설 차별적 기회구조론이다. 사회적 학습이론이 아닌 범죄적, 갈등적, 도피적 하위문화에 대한 설명이다.

정답 ×

24. 타르드(Tarde)의 모방의 법칙 중 사회적 지위가 우월한 자로부터 아래로 이루어진다는 거리의 법칙을 주장하였다. (   )

해설 방향의 법칙에 대한 설명이다. 거리의 법칙은 모방의 강도는 사람과 사람 사이의 반비례한다고 설명한다.

정답 ×

25. 버제스(Burgess)와 에이커스(Akers)의 차별적 강화이론(Differential Association Theory)은 사회학습 요소로서 차별접촉, 차별강화, 정의(definition), 모방을 제시하였다. (   )

정답 ○

26. 차별적 강화이론에 따르면, 어린아이가 나쁜 짓을 했을 때 부모가 적절하게 훈육을 한다면 그 아이는 나쁜 짓을 덜 하게 되며, 이는 부정적 처벌(negative punishment)에 해당한다.
( )

해설 부정적 처벌이 아닌 긍정적 처벌이다. 부정적 처벌은 보상을 제공하지 않음으로써 목표행동을 감소시키는 것을 말한다.

정답 ✕

27. 차별적 접촉이론은 주요 개념이 명확하여 결과적인 이론검증이 신속하게 이루어진다는 있다.
( )

해설 차별적 접촉이론에 대해 실제로 정확하게 무엇이 법위반에 대한 호의적 · 비호의적인지 규정할 수 없고, 법위반에 대한 호의적 · 비호의적이라는 용어 자체를 정의할 수 없으며, 중요한 요소인 접촉의 빈도, 기간(지속성), 접촉의 우선성, 강도 등의 개념이 명확하지 않고, 신속한 측정이 불가능하다는 비판이 있다.

정답 ✕

28. 페리는 범죄행위는 생물학적 · 심리학적으로 비정상적인 사람이 저지르는 것이 아니라, 정상적으로 태어난 사람이 이후에 다른 사람의 범죄를 모방한 결과라고 하였다. ( )

해설 범죄행위는 정상적으로 태어난 사람이 이후에 다른 사람의 범죄를 모방한 결과라고 주장한 학자는 프랑스 환경학파의 타르드이다. 그는 범죄행위를 생물학적 결함이나 심리학적 기능장애로 설명하는 입장을 극복하고, 정상행위와 마찬가지로 학습의 결과라는 사실을 최초로 지적했다는 점에서 매우 중요한 공헌을 하였다.

정답 ✕

29. 타르드(Tardo)의 모방의 법칙에서 거리의 법칙에 따르면, 한 개인이 접촉하는 사람들과의 빈도와 강도에 따라 타인을 모방한다는 것이다. ( )

해설 | 타르드의 모방의 법칙

제1법칙 (거리의 법칙)	• 사람들은 서로를 모방하며, 모방 정도는 타인과의 접촉 정도에 비례 • 거리란 심리학적 의미의 거리와 기하학적 의미의 거리를 포함 • 도시에서는 모방의 빈도가 높고 빠름(유행), 시골에서는 모방의 빈도가 덜하고 느림(관습)
제2법칙 (방향의 법칙)	• 열등한 사람이 우월한 사람을 모방 • 하층계급은 상층계급의 범죄를, 시골은 도시의 범죄를 모방
제3법칙 (삽입의 법칙)	• 새로운 유행이 기존의 유행을 대체 • 모방 → 유행 → 관습의 패턴으로 확대 · 진전

정답 ○

30. 타르드(Tardo)는 롬브로소(Lombroso)의 견해를 지지하면서 과학적 방법을 통해 범죄유발요인을 규명하려 했다. ( )

> 해설 프랑스의 사회학자이며 범죄학자였던 타르드는 롬브로소의 생래적 범죄인설을 비판하고, 마르크스주의적 세계관에 입각하여 범죄원인을 자본주의 경제질서의 제도적 모순에 있다고 주장하였고, "범죄인을 제외한 모든 사람에게 죄가 있다"고 하여 범죄를 사회적 산물로 보았다.
>
> 정답 X

— CHAPTER 08 —
낙인이론

1. 패터노스터(Paternoster)와 이오반니(Iovanni)에 의하면 낙인이론의 뿌리는 갈등주의와 상징적 상호작용이론으로 볼 수 있다. ( )

    해설 패터노스터(Paternoster)와 이오반니(Iovanni)에 의하면 갈등주의 관점과 상징적 상호작용이론은 낙인이론의 형성에 큰 영향을 미쳤다고 한다. 이들의 연구는 낙인이론의 기원, 낙인이론의 이론적 주장, 낙인이론에 대한 비판의 반박, 초창기 실증연구들의 문제점을 체계적으로 정리하고 향후 연구들이 나아가야 할 방향을 제시함으로써 낙인이론이 다시 범죄학의 주요 이론으로 자리매김하는데 크게 기여한 것으로 평가받는다.

    정답 ○

2. 브레이스웨이트(Braithwaite)의 재통합적 수치이론(Reintegrative Shaming Theory)은 형사처벌의 효과에 대하여 엇갈리는 연구결과들을 통합하려는 시도의 일환이라고 할 수 있다. ( )

    해설 형사처벌과 이차적 일탈 간의 관계를 살펴본 실증연구들의 결론은 일관되지 않다. 이렇듯 엇갈리는 연구결과는 형사처벌의 효과를 설명하는 두 가지 상반된 이론의 존재와 무관하지 않다. 낙인이론은 형사처벌, 즉 공식낙인이 향후 범죄 및 비행을 유발한다고 보는 반면, 전통적 억제이론은 형사처벌이 향후 범죄를 억제한다고 본다. 재통합적 수치이론은 이렇듯 엇갈리는 형사처벌의 효과에 대한 이론 및 실증연구의 결과들을 통합하고자 하는 시도의 일환이라고 볼 수 있다.

    정답 ○

3. 사회적 상호작용이론(Social Reation Theory of Crime)은 형사법의 구성요건표지가 서술적인 성격을 가진다고 본다. ( )

    해설 형사법의 구성요건표지가 서술적이 아니라 귀속적 성격을 가지고 있다고 본다.

    정답 ✕

4. 낙인이론(labeling theory)에 대해 슈어(Schur)는 자기 스스로 자신에게 인식시킨 자아관념 및 자기낙인과 스스로 자기에게 부과한 사회적 상호작용의 제한을 더 중요하다고 보았다. ( )

    정답 ○

5. 결정론에 입각한 낙인이론은 외부 환경적 요인뿐 아니라 내적 자아의 역할에 주목한다.

( )

> **해설** 결정론에 입각한 다른 실증주의 이론들은 범죄 및 비행을 야기하는 외적 요인들이 일방향의 인과관계에 따라 한 개인의 비행행위에 영향을 미친다고 보는 반면, 낙인이론은 외적 요인인 낙인과 내적 자아 간의 상호작용과정에 초점을 맞춘다.
>
> 정답 ○

6. 고전적 억제이론과 낙인이론은 형사처벌과 재범 간의 관계를 설명하는 매개변수가 같다.

( )

> **해설** 형사처벌과 재범 간의 관계를 설명하는 매개변수가 다르다. 고전적 억제이론은 형사처벌이 그 개인의 이익과 손해에 대한 합리적 평가과정에 영향을 미쳐 범죄를 억제한다고 본다. 즉, 고전적 억제이론에서 형사처벌과 재범억제 간의 관계를 설명하는 매개변수는 개인이 합리적으로 평가한 '위험에 대한 인식' 이다. 낙인이론은 형사처벌이 개인의 자아관념을 바꾸고, 사회적 기회를 박탈하며, 비행 하위문화와의 접촉 수준을 높이는 등의 매개과정을 거쳐 재범을 유발한다고 본다.
>
> 정답 ✕

7. 탄넨바움(F. Tannenbaum)은 공공에 의해 부여된 범죄자라는 꼬리표에 비행소년 스스로가 자신을 동일시하고 그에 부합하는 역할을 수행하게 되는 과정을 '악의 극화(dramatization of evil)'라고 하였다.

( )

> 정답 ○

8. 낙인이론(labeling theory)은 규범이나 가치에 대하여 단일한 사회적 합의가 존재한다는 관점에 입각하고 있다.

( )

> **해설** 낙인이론은 규범이나 가치에 대하여 단일한 사회적 합의의 존재를 부정한다. 낙인이론은 전통적인 범죄이론과는 달리 범죄행위 자체에 초점을 두지 않고, 어떤 사람이 왜 일탈자로 규정되는지, 어떤행위가 왜 일탈행위로 낙인되는지에 초점을 둔다.
>
> 정답 ✕

9. 낙인이론에 관한 경험적 연구들은 개인이 독립적인 주체로서 낙인을 내면화하는 과정을 명확하게 실증하고 있다.

( )

> **해설** 낙인이론에 관한 경험적 연구들은 개인이 독립적인 주체로서 낙인을 내면화하는 과정을 <u>명확하게 실증하지 못하는 단점</u>이 있다.
>
> 정답 ✕

10. 공식적 낙인 이전에 발생하는 일탈은 레머트(Lemert)의 이차적 일탈(secondary deviance)에 해당한다.

( )

해설 이차적 일탈에 해당하는 것은 공식적 낙인 이후에 발생하는 일탈이다.

┃ 일차적 일탈과 이차적 일탈
- 일차적 일탈: 모든 사람은 개인적 또는 사회상황적 이유 때문에 가끔 순간적이나마 규범을 어기는 행위를 하지만, 이 경우 규범위반자는 자기 자신을 일탈자라고 생각하지도 않고 타인에게 노출되지도 않아 일탈에 대한 사회적 반작용이 발생되지 않는 경우이다.
- 이차적 일탈: 일탈행위가 타인이나 사회통제기관에 발각되어 공식적 일탈자로 낙인찍히게 됨으로써 그것이 하나의 사회적 지위로 작용하여 합법적·경제적 기회가 감소하고 정상인과의 대인적 관계가 줄어들며, 자기 자신을 일탈자로 자아규정을 하게 되어 계속 범죄행위를 저지르는 경력범죄자가 된다.

정답 ✕

11. 브레이스웨이트(Braithwaite)의 재통합적 수치이론(Reintegrative Shaming Theory)에서 브레이스웨이트는 낙인으로부터 벗어나도록 하기 위한 의식, 용서의 말과 몸짓만으로는 재통합적 수치가 이루어지기 어렵다고 주장하였다. (   )

해설 재통합적 수치는 제재를 가하되 범죄자라는 낙인으로부터 벗어나도록 해주기 위한 의식, 용서의 말과 몸짓 등을 수반한다.

정답 ✕

12. 패터노스터(Paternoster)와 이오반니(Iovanni)는 어떠한 사람들이 낙인을 당하는가에 관한 지위 특정 가설과 이차적 일탈 가설, 낙인이론의 2가지 가설을 제시하였다. (   )

해설 첫째, 어떠한 사람들이 낙인을 당하는가에 관한 지위 특성 가설로 다음과 같다. 범죄가 발생했을 때, 형사사법기관이 그 범죄자를 처벌할지 여부 및 처벌의 경중에 대한 의사결정은 가해자와 피해자의 사회적 특성(인종, 사회계층 등)에 영향을 받을 것이다. 둘째, 이차적 일탈 가설이다. 이차적 일탈 가설은 낙인을 경험한 개인이 이차적 일탈을 저지르게 되는 인과과정을 가설화한 것으로 다음과 같다. 낙인을 경험한 개인은 정체성의 변화를 겪고, 삶의 기회로부터 차단되어 결국 더 많은 비행행위에 가담하게 될 것이다.

정답 ○

13. 패터노스터(Paternoster)와 이오반니(Iovanni)에 의하면, 낙인이론의 이론적 뿌리는 갈등주의의 상징적 상호작용주의로 볼 수 있다. (   )

정답 ○

14. 베커(Becker)의 일탈자로서의 지위는 범죄행위로 낙인을 찍는 것은 주지위를 부여하는 결과가 되고, 따라서 전과자가 건전한 사회인으로 복귀하는 것을 설명하기 어렵다. (   )

정답 ○

15. 낙인이론은 다이버전(Diversion)에 대하여는 사회적 통제망 확대를 통하여 낙인효과를 증대시킨다는 이유로 반대한다. (   )

> 해설 낙인이론가들은 범죄인처우에 대한 국가개입이 실효를 거두지 못하고 있다고 비판하고, 낙인의 부작용을 경감시키기 위한 다이버전을 중시했다.
>
> 정답 ✕

16. 슈어(E. Schur)는 사회적 낙인보다 스스로 일탈자라고 규정함으로써 2차적 일탈에 이르는 경우도 있다는 점을 강조하는 것은 낙인이론이 주장하는 형사정책적 결론에 부합한다.

( )

정답 ○

17. 낙인이론을 형성하는 기본개념으로 상징적 상호작용론, 악의 극화, 충족적 자기예언의 성취 등을 들 수 있다.

( )

> 해설 낙인이론은 탄넨바움의 '악의 극화'라는 개념에서 출발한 것으로, 규범 위반행위 그 자체보다 사회법규를 위반한 개인에게 가해진 낙인이나 사회반응(상호적 상호작용)의 성격을 강조한 이론이다.
>
> ▎탄넨바움의 '악의 극화'
> • 소년의 가벼운 비행을 각색해서 '악'(한 행동)으로 만드는 것을 말한다. 비행과 범죄에 이르게 하는 과정을 악의 극화라 한다.
> • 소년비행의 초기행동에 대해 사회는 '꼬리표'(낙인)를 붙인다. 이후 그 소년들의 모든 행동에 대해 비난, 질책을 하게 된다. 상호작용을 통하여 소년들 스스로 '부정적인 자아관념'을 형성하게 된다.
>
> 정답 ○

18. 베커(Becker)에 따르면, 일탈자라는 낙인은 그 사람의 사회적 지위와 타인과의 상호작용에 부정적 영향을 미친다고 한다.

( )

> 해설 ▎주지위(master status)
> 범죄성은 어떤 행태의 행위 그 자체의 본질적인 특성에 의하여 결정되지 않고, 그 행위에 종사하고 있는 것이 발견된 자에게 사회에 의하여 주어진 지위이다. 한번 낙인찍히게 되면 안 좋은 사회적 지위를 받게 된다. 베커는 일탈자의 지위는 다른 대부분의 지위보다도 더 중요한 지위가 된다고 하였다.
>
> 정답 ○

19. 슈어(E. Schur)는 사람에게 범죄적 낙인이 일단 적용되면, 그 낙인이 다른 사회적 지위나 신분을 압도하게 되므로 일탈자로서의 신분이 그 사람의 '주지위(master status)'로 인식된다고 하였다.

( )

> 해설 베커(H. Backer)의 사회적 지위로서의 일탈에 대한 설명이다. 베커는 일단 범죄적 낙인이 행해지면, 그 낙인이 다른 사회적 지위나 신분을 압도하게 되어 일탈자로서의 신분이 '주지위(master status)'로 간주된다고 보았다. 슈어(E. Schur)는 '눈덩이 효과 가설'을 제시하면서 급진적 불개입주의를 주장하였다.
>
> 정답 ✕

20. 슈어(Schur)는 이차적 일탈로의 발전이 정형적인 것은 아니며, 사회적 반응에 대한 개인의 적응노력에 따라 달라질 수 있다고 주장하였다. ( )

정답 ○

21. 사회적 상호작용이론(Social Reation Theory of Crime)은 범죄학의 주된 관심을 범죄나 범죄자의 특성에 둔다. ( )

해설 낙인이론가들은 범죄학의 관심방향을 '범죄나 범죄자'에 한정하는 주류범죄학적 경향에 반대하고, 그 관심방향을 '범죄자로 규정되는 제도나 과정'으로 본다.

정답 ✕

22. 브레이스웨이트(Braithwaite)의 재통합적 수치이론(Reintegrative Shaming Theory)에서 수치란 일종의 불승인 표시로서 당사자에게 양심의 가책을 느끼게 하는 것을 의미한다.
( )

해설 재통합적 수치이론의 핵심개념인 수치란 낙인이론에서의 낙인에 상응하는 개념으로 볼 수 있는데, 브레이스웨이트는 수치를 불승인 표시로서 "당사자에게 양심의 가책을 느끼게 하는 것"으로 정의하였다.

정답 ○

23. 탄넨바움(Tannenbaum)은 「범죄와 지역공동체」(Crime and the Community, 1938)라는 저서에서 소년들이 지역사회로부터 범죄자로 낙인되는 과정을 묘사하였다. ( )

해설 ▌탄넨바움(Tannenbaum)의 악의 극화
사회에서 범죄자로 규정되는 과정은 일탈 강화의 악순환으로 작용하여 오히려 범죄로 비난받는 특성을 자극하여 강화해주는 역할을 한다고 한다. 이것은 범죄가 원래 행위에 대한 평가에서 행위자에 대한 비난으로 바뀌면서 정상적인 행위까지도 의심받게 되는 상황에 그 원인이 있는데, 탄넨바움은 이를 '악의 극화'라고 부른다. 탄넨바움이 '악의 극화'를 주장한 시기(1938년)의 미국은 강경책으로 탄넨바움의 주장은 받아들여지지 않았다. 탄넨바움(Tannenbaum)은 그의 저서 「범죄와 지역공동체」에서 지역사회의 개인에 대한 낙인 과정을 다음과 같이 묘사하였다. 청소년들과 지역사회 구성원들 간 몇몇 행위들에 대한 가치판단의 차이가 존재한다. 예를 들어 청소년들은 남의 집 창문을 깨는 행위, 무단으로 결석하는 행위 등을 단순한 모험이나 놀이 정도로 여기지만, 지역사회 구성원들은 일종의 일탈행위로 인식하고 부정적인 시각으로 바라보며 나쁘고 치유할 수 없는 존재들로 규정짓게 되고, 이러한 규정짓기는 공식 낙인 또는 비공식 낙인의 형태로 이루어진다. 결국 해당 청소년들은 자신들을 바라보는 지역사회의 시선, 즉 자신들에 대한 지역사회의 낙인을 인식하게 되고 비행청소년으로서의 자아관념을 갖게 된다.

정답 ○

24. 낙인이론이 형사정책상 의도하는 바는 비범죄화, 탈시설화 등이다. ( )

해설 낙인이론이 형사정책적으로 추구하는 대책은 '5D원칙'이다.

비범죄화(Decriminalization), 비형벌화(Depenalization), 법의 적정절차 Due process of law), 비사법적 해결(Deinstitutiolaliazation), 탈낙인화(Destigmatization) 등이다.

정답 ○

25. 낙인이론에 따르면 범죄자의 인구통계학적 특성에 따라 낙인 가능성 및 정도가 달라질 수 있다. ( )

해설 낙인이론에 따르면 똑같이 비행을 저지르더라도 사회적 약자계층에 속한 사람들은 그렇지 않은 사람들보다 낙인을 경험할 가능성 및 낙인의 정도가 더 높다고 한다.

정답 ○

26. 낙인이론은 범죄의 사회구조적 원인을 규명하려는 거시적 이론이며, 주로 초범의 범죄원인을 규명하는데 탁월한 장점을 지닌다. ( )

해설 낙인이론은 사회구조보다는 사회과정에, 거시적 차원보다는 미시적 차원에 초점을 둔 이론이다. 일탈자에 대한 사회적 반응을 지나치게 강조하다보니 최초의 일탈에 대한 원인설명이 부족하다는 비판이 있다.

정답 ✕

27. 공식적 낙인은 차별적 기회구조와 차별적 접촉을 낳는다고 보아 사법기관의 역할에 대해 회의적이다. 즉 처벌이 범죄를 억제하기 보다는 오히려 증가시킨다고 본다. ( )

해설 낙인이론은 국가의 범죄통제가 오히려 범죄를 증가시키는 경향이 있으므로 과감하게 이를 줄여야 한다고 주장한다.

정답 ○

28. 레머트(E. Lemert)는 1차적 일탈에 대하여 부여된 사회적 낙인으로 인해 일탈적 자아개념이 형성되고, 이 자아개념이 직접 범죄를 유발하는 요인으로 작용하여 2차적 일탈이 발생된다고 하였다. ( )

해설 | 주요 낙인이론의 비교

탄넨바움	레머트	베커	슈어
악의 극화	사회적 낙인	사회적 지위	자아관념
	2차적 일탈 제시, 사법기관의 공식반응 5효과	주 지위	자아낙인 개념

정답 ○

— CHAPTER 09 —

사회통제이론 및 자기통제이론

1. 나이(Nye)는 가정을 사회통제의 가장 중요한 근본이라고 주장하였다. (   )

   해설 나이(Nye)는 가정을 사회통제의 가장 중요한 근본임을 강조하였다. 그는 대부분의 청소년비행이 불충분한 사회통제의 결과라고 보았다. 그는 비행자들은 부모에게 거부당하거나 인정받지 못하였고, 비행을 저지르지 않은 청소년들은 부모의 훈육과 부모와 시간을 보내는 것에 긍정적인 태도를 갖고 있다는 설문조사의 결과를 제시하며 청소년비행에서 가정의 중요성을 강조하였다.

   정답 ○

2. 나이(F. Nye)는 청소년들의 비행을 예방할 수 있는 사회통제방법을 직접통제, 간접통제, 내부통제, 욕구충족의 가능성(availability of need satisfaction)으로 분류하고, 소년비행을 예방할 수 있는 가장 효율적인 방법은 내부통제라고 하였다. (   )

   해설 나이는 청소년들의 비행을 예방할 수 있는 사회통제방법을 <u>직접통제, 간접통제, 내부통제, 공식통제 및 비공식통제</u>로 분류하고, 그중 가장 효율적인 방법은 <u>비공식적 간접통제</u>라고 주장하였다.

   정답 ✕

3. 토비(Toby)의 통제이론은 범죄를 통제하는 기제로서 자아의 역할을 특히 강조하였다. (   )

   해설 자아의 역할을 특히 강조하는 이론은 레클리스(Reckless)의 봉쇄이론이며 토비(J. Toby)는 경제환경과 범죄에 대해 이야기 하면서 자신이 속한 사회에서 스스로 느끼고 경험하는 상대적 결핍감이 범죄원인이 된다고 하였다.

   정답 ✕

4. 갓프레드슨(Gottfredson)은 인간의 본성은 악하기 때문에 그냥 두면 범죄를 저지를 위험성이 높기 때문에 어릴 때부터 부모나 주변 사람들과의 정서적 유대를 강화하여 행동을 통제해야 한다고 강조했다. (   )

   해설 허쉬(Hirschi)의 사회통제이론에 대한 설명으로, 반사회적 행위를 자행하게 하는 근본적인 원인은 인간의 본성에 있다고 보았으며, 누구든지 범행 가능성이 잠재되어 있음에도 불구하고 이를 통제하는 요인으로 허쉬가 지적한 것은 개인이 사회와 맺고 있는 일상적인 유대이다.

   정답 ✕

5. 갓프레드슨(Gottfredson)과 허쉬(Hirschi)의 자기통제이론은 자기통제능력의 상대적 수준이 부모의 양육방법으로부터 큰 영향을 받는다고 주장한다. ( )

> 해설 자기통제력이라는 내적 성향은 어릴 때 형성된다고 주장한다. 즉 자기통제력은 어릴 때 부모의 양육방법에 의해 결정된다고 하면서, 부모로부터 감독이 소홀하거나 애정 결핍 속에 무계획적 생활습관이 방치되고, 잘못된 행동에 일관적이고도 적절한 처벌이 없이 자란 아이들이 자기통제력이 낮다고 보았다.
>
> 정답 ○

6. 갓프레드슨(Gottfredson)과 허쉬(Hirshi)의 자기통제이론은 고전주의학파의 범죄속성을 따르면서도 실증주의학파의 일반인과 다른 범죄자의 특성을 강조해 통합하고자 하였다.

( )

> 정답 ○

7. 갓프레드슨(Gottfredson)과 허쉬(Hirshi)의 자기통제이론은 자기통제의 주요 개념으로 통제비율(control ratio)을 제시하였으며, 이는 통제가 결핍되면 약탈적 비행을 저지르는 경향이 높아진다는 입장이다. ( )

> 해설 <u>티틀(Tittle)의 통제균형이론</u>에 대한 설명으로, 한 사람이 다른 사람에게 받는 통제의 양과 한 사람이 다른 사람에게 행사하는 통제의 양이 균형을 이룰 때 순응이 발생하고, 통제의 양의 불균형은 비행·범죄행위를 야기한다고 본다.
>
> 정답 ✕

8. 통제이론은 "개인이 왜 범죄로 나아가지 않게 되는가"의 측면이 아니라, "개인이 왜 범죄를 하게 되는가"의 측면에 초점을 맞춘다. ( )

> 해설 통제이론은 범죄연구의 초점을 "개인이 왜 범죄로 나아가지 않게 되는가"의 측면에 맞추는 이론이라 할 수 있다. 이 이론은 본질적으로 홉스(Hobbes)의 성악설의 바탕에 가깝다.
>
> 정답 ✕

9. 레클리스(Reckless)의 봉쇄이론에서 자기통제력은 범죄나 비행을 차단하는 외적 봉쇄요인에 해당한다. ( )

> 해설 자기통제력은 내적 봉쇄요인에 해당한다.
>
> ▮ 레클리스의 범죄억제요소
>
> | 내적 억제요인
(내적 통제) | • 규범이나 도덕을 내면화함으로써 각자가 내부적으로 형성된 범죄차단력에 관한 요인
• 자기통제력, 자아나 초자아의 능력, 좌절감을 인내할 수 있는 능력, 책임감, 집중력, 성취지향력, 대안을 찾을 수 있는 능력 등 |
> | --- | --- |
> | 외적 억제요인
(외적통제) | • 가족이나 주위사람들과 같이 외부적으로 범죄를 차단하는 요인
• 일관된 도덕교육, 교육기관의 관심, 합리적 규범과 기대체계, 집단의 포용성, 효율적인 감독과 훈육, 소속감과 일체감의 배양 등 |

정답 ✗

10. 허쉬(Hirschi)의 사회통제이론의 네 가지 유대 중 규범적인 생활에 집착하고 많은 관심을 지닌 사람은 그렇지 않은 사람들에 비해 잃을 것이 많기 때문에 비행이나 범죄를 저지를 가능성이 낮다고 설명하는 것은 '참여(involvement)'이다. (　　　)

해설 '전념(commitment)'에 대한 설명이다.

허쉬(Hirschi)가 지적한 4가지 사회연대

사회유대 요소	내용
애착 (attachment)	• 성장과정에서 마주치는 타인에 대한 애정·존경·우정 등 감정적이고 정서적인 것을 말함 • 애착이 많을수록 범죄나 비행을 저지를 가능성이 낮아짐
전념 (관여·수용) (commitment)	• 범죄의 손익을 비교하여 규범적 생활양식 등 자신에게 기대되는 것을 잘 이행하는 것을 말함 • 통상적 행위의 수행으로 전념이 잘 되어 있는 경우에는 범죄나 비행을 저지를 가능성이 낮아짐
참여 (involvement)	• 공부, 가족과 함께 지내기, 과외활동 등과 같이 통상적 활동에 열중하는 것을 말함 • 통상적 활동에 몰두할수록 범죄나 비행을 저지를 가능성이 낮아지는 반면, 학교를 다니지 않거나 직업이 없으면 범죄나 비행을 저지를 가능성이 높아짐
신념 (belief)	• 일반적이고 전통적인 가치와 규범이 도덕적으로 옳으며, 지켜져야 한다는 믿음을 말함 • 신념이 약할수록 범죄나 비행을 저지를 가능성이 높아짐

정답 ✗

11. 허쉬(Hirschi)의 사회통제이론은 "모든 사람은 범죄성을 지니고 있다."라는 고전주의의 명제를 부정한다. (　　　)

해설 사회통제이론은 인간은 항상 일탈의 가능성을 가지고 있다고 본다.

정답 ✗

12. 레클리스의 봉쇄이론(containment theory)에 의하면 가족은 범행을 차단하는 외적 요인에 해당한다. (　　　)

정답 ○

13. 라이스(Reiss)는 소년비행의 원인을 낮은 자기통제력에서 찾았다. (　　　)

해설 소년비행은 개인통제력의 미비함으로 유발되며, 사회통제력의 부족으로 이들의 비행 성향이 분출되는 것을 통제하지 못한다는 것이다. (라이스의 개인통제이론)

정답 ○

14. 나이(Nye)는 사회통제방법을 직접통제, 간접통제, 내부통제로 나누고, 소년비행예방에 가장 효율적인 방법은 내부통제라고 보았다. ( )

> 해설 소년비행예방에 가장 효율적인 방법은 비공식적인 간접통제의 방법이다.
>
> 정답 X

15. 맛차(Matza)와 사이크스(Sykes)가 주장한 중화기술 중 '가해의 부정'은 자신의 행위로 피해를 입은 사람은 그러한 피해를 입어도 마땅하다고 합리화하는 기술이다. ( )

> 해설 피해자의 부정에 대한 설명이다. 피해자가 피해를 입어도 마땅하다고 생각함으로써 자기행위를 합리화시키는 기술이다.
>
> 정답 X

16. 갓프레드슨과 허쉬는 성인기 사회유대의 정도가 한 개인의 자기통제능력을 변화시킬 수 있다고 주장한다. ( )

> 해설 갓프레드슨과 허쉬에 따르면 어릴 때 형성된 자기통제력은 청소년기를 지나 성인이 되어서도 변하지 않는 안정적이고도 지속적인 성향이 된다고 한다.

▌갓프레드슨과 허쉬(Gottfredson & Hirschi)의 일반이론

구분	내용
이론의 핵심	통제의 개념을 생물학적 · 심리학적 · 사회학적 이론, 일상활동이론 및 합리적 선택이론의 통제개념과 통합할 필요성을 주장(기회+자기통제)
범죄원인	범죄성향을 인간의 자기통제 능력에서 찾고, 충동적이며 쾌락을 추구하는 기질, 즉 범죄적 성향이 낮은 자기 통제력의 원인이라고 함
낮은 자기통제력	낮은 자기 통제력은 부모의 부적절한 양육에 의하여 어린 시절에 형성되며 성인이 되어도 그대로 존재

▌콜빈(Colvin)의 차별적 강제이론

구분	내용
원인	개인이 강제라고 하는 거대한 사회적 힘을 경험함으로써 낮은 자기 통제력 상태에 있게 된다. 개인의 낮은 통제력은 충동적 성격이 원인이 아니라 개인으로서도 어쩔 수 없는 힘의 작용 때문
강제의 유형	• 인격적 강제: 사람에 대한 폭력, 협박 등 • 비인격적 강제: 실업, 빈곤 등
치료와 교화	강압적인 환경 속에서 성장한 사람들은 자기 통제력이 약해지므로 더욱더 강압적인 환경 속에 노출되고, 그로 인하여 통제력이 상실된 채 폭력 또는 약탈범죄를 저지르게 되고, 그들의 반응에 대하여 형사사법기관은 역시 강압적으로 대응한다. 이와 같은 악순환을 차단할 필요가 있고, 치료와 교화의 핵심은 바로 강압적 악순환의 차단에 있음

> 정답 X

17. "당신도 나와 같은 가정환경에서 자랐다면 나처럼 불량청소년이 될 수밖에 없었을 것이다."는 중화기술 유형 중 '책임의 부정'에 해당된다. ( )

정답 ○

18. 허쉬(Hirschi)는 사회유대이론을 통해 모든 사람을 잠재적 법위반자라고 가정하였다.
( )

해설 허쉬(Hirschi)는 1969년 「비행의 원인」을 통해 "우리는 모두 동물이며, 자연적으로 누구든지 범죄를 저지를 수 있다"고 주장함으로써 모든 사람을 잠재적 법위반자라고 가정하였다.

정답 ○

19. 레클리스(Reckless)는 열악한 환경에도 불구하고 많은 소년들이 비행을 저지르지 않고 정상적인 사회구성원으로 성장할 수 있는 것은 올바른 자아관념이 있기 때문이라고 본다.
( )

정답 ○

20. 뒤르켐(Durkheim)은 좋은 자아관념이 주변의 범죄적 환경에도 불구하고 비행행위에 가담하지 않도록 하는 중요한 요소라고 한다. ( )

해설 지문은 레클리스에 대한 설명이다. 레클리스는 좋은 자아관념이 주변의 범죄적 환경에도 불구하고 비행행위에 가담하지 않도록 하는 중요한 요소라고 보았다.

정답 ×

21. 허쉬(Hirschi)의 사회유대이론에서 '신념(belief)'은 지역사회가 청소년의 초기 비행행동에 대해 과잉반응하지 않고 꼬리표를 붙이지 않는 것을 말한다. ( )

해설 믿음(신념)은 관습적인 규범의 내면화를 통하여 개인이 사회와 맺고 있는 유대의 형태이다. 믿음은 내적 통제를 의미한다.

정답 ×

22. 허쉬(Hirschi)의 사회통제이론(Social Control Theory)은 규범준수에 따른 사회적 보상에 관심을 가질수록 범죄나 비행을 적게 저지른다고 한다. 이는 인습적인 생활방식과 활동에 투자하는 시간과 노력에 대한 보상을 이성적으로 판단하여 생성되는 유대관계의 중요성을 강조하는 것이다. ( )

정답 ○

23. 맛차(Matza)의 표류이론(drift theory)에서 비행청소년들은 비행의 죄책감을 모면하기 위해 다양한 중화의 기술을 구사한다. ( )

해설 | 맛차(Matza)와 사이크스(Sykes)의 중화기술

- 책임의 부정: 청소년 범죄자는 종종 자기의 불법행위는 자기의 잘못(책임)이 아니라고 주장한다. 자신의 행위를 용납하고, 비행의 책임을 빈곤 등 외부적 요인으로 전가하면서 자신을 사회상황의 희생물로 여기는 것이다.
- 가해(손상)의 부정: 자동차를 훔치고는 잠시 빌렸다고 생각하거나 방화를 하면 보험회사가 피해를 모두 보상해 줄 것이라는 등으로 자신의 행위로 아무도 침해를 받지 않았다고 함으로써 자신의 행위를 합리화하는 기술이다.
- 피해자의 부정: 자기의 절취행위는 부정직한 점포에 대한 보복이라고 생각하는 식으로 자기의 가해행위는 피해자가 마땅히 받아야 하는 응징이라고 변명하는 방법이다.
- 비난하는 자에 대한 비난: 예컨대 법관, 경찰, 선생님 등과 같이 자기를 비난하는 사람들은 더 부패한 자들로서 자기를 심판할 자격이 없다고 비난하면서 자신의 비행에 대한 죄책감과 수치심을 중화시키는 것을 말한다.
- 고도의 충성심에 호소: 자신의 비행을 인정하면서도 친구들과의 의리나 조직을 위해 어쩔 수 없었다고 하여 형법의 요구보다는 자신이 속한 집단의 연대성이 더 중요하다고 생각하여 본인의 비행을 합리화하는 경우이다.

정답 ○

24. 사회통제이론대로라면 사회내처우를 통해 부모와의 관계 개선을 더 용이하게 하고 학교나 직장 일상생활 등 사회유대를 형성하게 하도록 하는 것이 중요하다는 형사정책적 결과를 낼 수 있다. ( )

정답 ○

25. 갓프레드슨(Gottfredson)과 허쉬(Hirschi)의 자기통제이론에서 갓프레드슨과 허쉬는 어린 시절 형성된 자기통제능력의 결핍이 모든 범죄의 원인이라고 주장한다. ( )

해설 갓프레드슨과 허쉬에 따르면 자기통제력이 낮은 아이들은 어려서부터 문제행동을 보이고, 청소년이 되어서도 지속적으로 비행을 저지르며, 성인이 되어서도 범죄를 저지를 가능성이 높으며, 결국 어려서 형성된 자기통제력의 결핍이 지속적인 범죄의 주요 원인이 된다고 주장하였다.

정답 ○

26. 허쉬(Hirschi)의 사회통제이론(Social Control Theory)에서 범죄행위는 다른 사람들과의 의사소통과정에서 학습된다고 한다. ( )

해설 해당설명은 서덜랜드(Sutherland)의 차별적 접촉이론에 대한 설명이다.

정답 ✕

27. 갓프레드슨과 허쉬의 이론이 모든 범죄에 적용된다는 일반성을 주장하며, 화이트칼라범죄나 조직범죄와 같은 유형의 범죄를 낮은 자기통제력이 잘 설명한다. ( )

해설 갓프레드슨과 허쉬의 이론이 모든 범죄에 적용된다는 일반성을 주장했지만 과연 화이트칼라범죄나 조직범죄와 같은 유형의 범죄를 낮은 자기통제력이 잘 설명할 수 있을지의 비판이 있었다.

▎자기통제력이 낮은 사람의 특성

욕구·쾌락의 즉각적인 충족을 추구하는 경향성 → 낮은 학업성취, 충동적·공격적인 대인 관계, 사회부적응이 범죄를 저지를 가능성을 높인다.

• 범행기회가 없다면 범죄를 실행하지 않는다.
• 자기통제력이 강하더라도 범행기회가 주어질 경우 범죄행동을 할 가능성이 있다.

갓프레드슨(Gottfredson)과 허쉬(Hirschi)의 자기통제이론은 자기통제능력의 상대적 수준이 부모의 양육방법으로부터 큰 영향을 받는다고 주장한다. 자기통제력이라는 내적 성향은 어릴 때 형성된다고 주장한다. 즉 자기통제력은 어릴 때 부모의 양육방법에 의해 결정된다고 하면서, 부모로부터 감독이 소홀하거나 애정 결핍 속에 무계획적 생활습관이 방치되고, 잘못된 행동에 일관적이고도 적절한 처벌이 없이 자란 아이들이 자기통제력이 낮다고 보았다. 갓프레드슨과 허쉬의 자기통제이론은 하위문화이론과 달리 문제행동에서부터 재산, 폭력범죄를 포함한 모든 유형의 범죄를 설명하며, 모든 연령층과 모든 국가, 문화권에도 적용되는 이론이다. 서덜랜드의 차별접촉이론도 하류계층의 반사회적 행동뿐만 아니라 상류계층의 범죄에 대하여도 설명이 가능하다. 즉 서덜랜드는 차별적 접촉이론을 통하여 범죄행위에 대한 일반론을 전개함으로써 살인, 상해, 절도 등 전통적인 범죄뿐만 아니라 현대 사회에서 문제시되고 있는 화이트칼라범죄에 대하여도 설명할 수 있다.

정답 ✕

28. 티틀(Tittle)의 통제균형이론은 타인으로부터 받는 통제와 자신이 행사하는 통제의 양이 균형을 이룰 때 순응이 발생하고 통제의 불균형이 비행과 범죄행위를 발생시킨다고 설명한다.

( )

해설 **▎티틀의 통제균형이론**

• 개념
  – 개인적 통제요인 확대: 티틀이 개발한 통제균형이론은 잠재적 특질 이론계열, 범죄성향의 요인으로서 개인적 통제요인을 확대하는 이론이다.
  – 통제량과 피통제량: 통제의 개념을 개인에 의해 통제받는 양(통제량)과 개인을 통제하는 양(피통제량)으로 구분하고, 이 두 개의 통제량이 균형을 이루면 개인은 순응적이 되고, 불균형을 이루면 일탈적이고 범죄적인 행동을 하게 된다.
  – 통제균형의 네 변수: 통제균형은 네 개의 주요 변수, 즉 경향(동기), 도발(자극), 범죄기회, 억제 등의 관계에 의해서 결정된다. 이러한 변수들은 사회학습이론, 아노미이론, 범죄억제, 합리적 선택이론 그리고 사회유대 이론의 개념들을 통합한다.

• 통제균형과 범죄
  – 계속변수로서의 통제: 통제를 계속적인 변수로서 생각하고, 자신에 대한 타인의 통제량과 타인에 대한 자신의 통제량은 고정되어 있는 것이 아니라 사회적 환경이나 사회적 위치의 변화에 따라 계속 변화한다.
  – 통제결핍과 통제과잉시 범죄증가: 통제결핍과 잉여는 하나의 연속선상에 존재하는 통제에 관련된 현상으로서 중앙의 균형점으로 이동하면 범죄가 감소하고 결핍과 잉여의 양극단으로 갈수록 범죄는 증가한다.

▎통제결핍과 통제과잉

통제결핍	• 개인의 욕망과 충동이 타인의 능력(처벌, 규제)에 의해 제한될 때 일어나는 현상 • 균형을 회복하기 위해 일탈, 무시, 굴종의 세 가지 형태의 행동을 하게 된다.	
통제과잉	• 다른 사람의 행동을 통제하거나 수정의 능력이 과도할 때 일어나는 현상 • 통제과잉의 세 가지 행동유형	
	이기적 이용	청부살인, 마약거래자 이용 등 타인을 범죄에 이용

통제과잉	묻지마 폭력	불특정 증오범죄, 환경오염
	일시적 비합리적 행동	아동학대

정답 ○

29. 티틀(Title)의 통제균형이론(Control-Balance Theory)은 강제적이고 비일관적인 통제가 가장 심각한 범죄를 유발한다고 주장하였다. (　　)

해설 티틀의 통제균형이론은 또 하나의 뛰어난 잠재적 특질이론으로, 통제의 결핍과 잉여는 하나의 연속선상에 존재하는 현상이라고 한다. 즉, 중앙의 균형점으로 이동할수록 범죄는 감소하고, 결핍과 잉여의 양 극단으로 이동할수록 범죄는 증가한다. 통제균형은 네 개의 주요 변수, 즉 경향(범죄동기), 도발(상황자극), 기회, 억제 등의 관계로 결정되는데, 이와 같은 변수들은 사회학습이론, 아노미이론, 범죄억제이론, 합리적 선택이론 및 사회유대이론의 개념들을 통합한다.

정답 ✕

— CHAPTER 10 —
비판범죄학과 여성주의 범죄학

1. 챔블리스(Chambliss)의 마르크스주의 범죄이론은 갈등주의적 성격의 이론이다.　　(　　　)

> **해설** 챔블리스의 마르크스주의 범죄이론은 범죄의 주 원인을 자본주의 경제체제의 속성에 따른 불평등한 분배구조로 본다. 챔블리스(Chambliss)와 사이드만(Seidman)은 법을 지배집단이 자신들의 우월성을 보장하기 위한 행위규범이라고 규정하였다. 즉 법은 공공이익을 대변하지도 않고, 모든 시민을 동등하게 취급하지도 않으며, 사회 최고의 이익에 봉사하지도 않는다고 한다.
>
> 정답 ○

2. 비판범죄학에서 형사사법기관은 행위자의 빈부나 사회적 지위에 관계없이 중립적이고 공정하게 법을 집행한다고 본다.　　　　　　　　　　　　　　　　　(　　　)

> **해설** 형사사법기관은 사회성원 대다수의 이익보다는 권력과 지위를 차지하고 있는 소수집단의 이익을 위해 차별적으로 법을 집행한다고 본다.
>
> 정답 ✕

3. 베커(Becker)는 자본주의에 의해 곤경에 빠진 사람들이 다른 사람의 수입과 재산을 탈취함으로써 보상받으려 하거나 자본주의에 의해 피해를 입은 사람들이 무력을 행사하여 다른 사람의 신체를 해하는 유형의 범죄를 적응(화해)범죄라고 하였다.　　(　　　)

> **해설** 퀴니(Quinney)이다. 퀴니는 노동자계급의 범죄를 자본주의체계에 대한 적응범죄와 대항범죄로 구분하였다.
>
> 정답 ✕

4. 권력을 가진 자들이 자신의 언어로 범죄와 법을 규정한다고 주장한 이론은 포스트모던이론이다.　　　　　　　　　　　　　　　　　　　　　　　　(　　　)

> **해설** 포스트모던이론은 권력을 가진 사람이 자신의 언어로 범죄와 법을 규정하여 객관적인 공정성이나 타당성을 확립한다는 점을 강조한다.
>
> 정답 ○

5. 셀린(Sellin)의 문화갈등이론(cultural conflict theory)은 문화갈등이 존재하는 지역의 사람들은 그 지역의 행위규범이 모호하고 서로 경쟁적이기 때문에 사회통제가 약화되어 보다 용이하게 범죄나 일탈행위에 이끌리게 된다. ( )

정답 ○

6. 봉거(Bonger)는 범죄와 같은 현행 규범에서의 일탈을 일탈로 하고, 고차원의 도덕성을 구하기 위해 현행규범에 반대하거나 어긋나는 일탈을 비동조로 구분한다. ( )

해설 봉거(Bonger)는 "자본주의사회는 범죄의 온상이다"라고 주장하여 범죄를 예방하는 유일한 방법은 자본주의를 사회주의로 대체하는 것이라고 주장했다.

정답 ×

7. 갈등이론은 어떤 사람들은 범죄를 범하고 그 외의 사람들은 범죄를 범하지 않는가를 물을 것이 아니라 어떤 행위들은 범죄로 정의되는데 비해 그 외의 행위들은 왜 범죄로 보지 않는가를 물어야 한다. ( )

정답 ○

8. 마르크스는 범죄를 법 제정과정에 참여하여 자기의 이익을 반영시키지 못한 집단의 구성원이 일상생활 속에서 법을 위반하여 자기의 이익을 추구하는 행위로 본다. ( )

해설 볼드에 대한 설명이다. 볼드는 1958년 '범죄행위는 집단갈등의 표현이다'라고 주장하며 집단갈등론을 주장하였다.

정답 ×

9. 낙인이론 비판범죄론 모두 형사사법기관의 편파성을 지적하고 공식통계를 신뢰하지 않는다는 점, 범죄와 범죄통제의 문제를 개인적, 사회적 차원에서 미시적으로 분석한다는 점에서 유사하다. ( )

해설 낙인이론은 미시적 차원에서, 비판범죄학은 거시적 차원에서 분석하고 있다.

▮ 낙인이론과 비판범죄학 비교

구분	낙인이론	비판범죄학
이론의 관점	• 미시적 이론 • 사회과정이론(사회적 상호작용)	• 거시적 이론 • 사회구조이론(자본주의사회의 구조적 모순)
보호관찰	긍정	부정
범죄대책	불간섭주의	자본주의체제의 타파와 사회주의체제로의 전환

정답 ×

10. 퀴니(Quinney)는 마르크스의 경제계급론을 부정하면서 사회주의 사회에서의 범죄 및 범죄통제를 분석하였다. (   )

> 해설 퀴니의 초기연구는 다양한 집단들의 갈등현상을 다루었으나, 후기연구에서는 보다 마르크스주의적 관점을 취하였다. 퀴니는 마르크스 이후 발전된 경제계급론을 총체적으로 흡수하여 자본주의 사회에서의 범죄 및 범죄통제를 분석하였다.
>
> ▌퀴니(Quinney)의 범죄의 사회적 현실
> • 지배 계급이 이익 보호를 위해 입법에 개입, 이용하여 범죄의 사회적 현실을 조작. 특히 형법은 지배계급이 사회의 경제적 질서를 유지하기 위한 도구라고 가정함
> • 퀴니가 구분한, 노동자 계급과 자본가 계급에 의한 범죄 유형

| 행위주체와 목적 | 지배와 억압의 범죄 | 자본가 계급의 범죄는 그들이 자본주의 기본모순을 안고 체제유지를 해나가는 과정에서 자신의 이익을 보호하기 위해 불가피하게 자신이 만든 법을 스스로 위반하는 경우를 말한다.
• 경제범죄: 기업범죄, 기업이 저지르는 가격담합, 부당내부거래 및 환경오염에서부터 기업구성원 및 전문직업인의 화이트칼라범죄 등 경제적 지배를 도모하기 위해 저지르는 범죄
• 정부범죄: 공무원의 독직범죄, 부정부패 및 정치적 테러와 전쟁범죄
• 통제범죄: 형사사법기관이 시민의 인권을 탄압하는 행위 |
| | 적응 및 대항의 범죄 | • 적응범죄: 생존의 필요에 의한 약탈범죄(절도, 강도, 마약거래 등)와 기본모순의 심화 속에서 야기된 난폭성의 표현으로 대인범죄(살인, 폭행, 강간 등)
• 대항범죄 : 노동자 집단이 기본모순에 저항하고 그것을 극복하려는 과정에서 행하는 행위들을 국가가 범죄로 규정한 것(비폭력시위) |

> 정답 ✕

11. 비판범죄학에서 형법은 국가의 지배계급이 기존의 사회 · 경제질서를 유지하고 영속화하기 위한 도구라고 보고, 형법의 정당성에 대하여 의문을 제기한다. (   )

> 정답 ○

12. 비판범죄학은 급진적 범죄학 또는 갈등론적 범죄학이라고도 하며, 권력형 범죄의 분석에 무력하다는 비판이 있다. (   )

> 해설 권력형 범죄의 분석에 유용하다. 퀴니는 '지배와 억압의 범죄'를 통해 정부범죄와 기업범죄등을 주장하였다.
>
> 정답 ✕

13. 볼드(Vold)는 법제정과정에서 자신들의 이익을 반영시키지 못한 집단 구성원이 법을 위반하며 자기의 이익을 추구하는 행위를 범죄로 보았다. (   )

> 해설 ▌볼드(Vold)의 집단갈등이론
> • 인간은 이익 실현을 위해 같은 이해관계를 갖는 사람들과 '집단' 형성
> • 집단의 이익을 극대화하기 위해 집단들 간에 경쟁이 발생하여 갈등을 초래한다.

- 볼드가 주장한, 갈등의 기능: 긍정적 측면(구성원들의 집단에 대한 애착심 강화)과 부정적 측면(집단 간 첨예한 분쟁 유발) 모두 인정한다.

정답 ○

14. 봉거(Bonger)의 범죄화론은 사회적으로 권력이 있는 집단이 하층계급의 사람들에게 그들의 실제 행동과는 관계없이 범죄자라는 신분을 부여할 수 있다는 측면에서 피지배집단의 범죄 현상을 이해한다. ( )

해설 티크(Turk)의 범죄화론에 대한 설명이다. 봉거(Bonger)는 급진적 갈등론을 주장하였다.

정답 ×

15. 갈등이론은 법의 제정과 적용은 권력을 차지한 집단이 이익을 도모하는 방향으로 이루어지기 때문에 형사사법절차에 있어서 빈부나 사회적 지위에 따라 불평등하게 법이 집행된다. ( )

정답 ○

16. 베버(Weber)는 범죄를 사회 내 여러 집단들이 자기의 생활기회를 증진시키기 위해 하는 정치적 투쟁 내지 권력투쟁의 산물로 본다. ( )

정답 ○

17. 갈등이론에서 범죄는 자본주의 사회의 본질적인 불평등과 밀접한 관련이 있다고 본다. ( )

해설 갈등론적 범죄학은 범죄행위의 개별적 원인을 규명하기보다는 어떤 행위가 범죄로 규정되는 과정에 더 관심을 가졌고, 갈등이론 중 비판범죄학에서는 범죄는 자본주의 사회 체제의 본질적인 불평등 때문에 발생한다고 보고 있다. 즉, 범죄는 자본주의 사회의 본질적인 불평등과 밀접한 관련이 있다고 본다(자본주의가 범죄의 온상이다).

정답 ○

18. 비판범죄학자들은 자본주의의 불평등으로 인해 야기되는 일상범죄에 초점을 맞추었으므로, 국가범죄나 기업범죄 등 자본가계급의 범죄는 범죄학과는 다른 차원에서 접근해야 한다고 보았다. ( )

해설 비판범죄학은 연구초점을 일탈자 개인으로부터 자본주의체제로 전환시켜 연구의 범위를 확대한 것에 불과하기 때문에 국가범죄나 기업범죄도 모두 일반적인 범죄학의 관점에서 다룬다. 또한 범죄행위의 개별적 원인을 규명하기보다는 어떤 행위가 범죄로 규정되는 과정에 더 관심을 가진다.

정답 ×

19. 테일러(Taylor) 등의 신범죄학은 합의론과 갈등론을 조화, 통합시켜 비판범죄학을 극복하고자 하였다. (   )

> **해설** 테일러(Taylor) · 월튼(Walton) · 영(Young)의 신범죄학은 갈등론적 · 비판적 · 마르크스주의적 비행이론을 반영한 범죄이론이다. 한편 퀴니(Quinney)는 신범죄학은 비판범죄학과 동의어라고 주장한다.
>
> **▮ 신범죄학(테일러, 월튼, 영) 보충**
> • 갈등론의 확대개념으로 신범죄학은 갈등론적 · 비판적 · 마르크스주의적 비행이론을 반영한 범죄이론으로서 사회학의 갈등이론이 확대된 것이다.
> • 신범죄학이라는 명칭은 테일러(Taylor), 월튼(Walton), 영(Young) 3인이 공동으로 집필한 「신범죄학」(The New Criminology, 1975)에서 시작되었고, 신범죄학은 실증주의에 기반한 기존의 범죄학이론을 비판하고, 마르크스 일탈이론에 입각하여 규범의 제정자와 제정이유를 중점적으로 파악하여야 한다고 주장한다.
>   – 일탈의 원인: 권력, 지배 그리고 권위구조와 같은 국가주도권에 대한 도전하는 사람이 일탈자 혹은 범죄자이다.
>   – 일탈에 대한 시각: 일탈은 정상이며, 범죄학자의 임무는 인격적이고 유기적인 혹은 사회적인 인간 다양성의 사실이 범죄화되지 않는 사회를 만드는 것이다.
>   – 범죄대책: 지배와 통제의 범죄생성적 원인제거를 통하여 범죄예방을 달성할 수 있다.
>
> 정답 ✕

20. 볼드(Vold)는 범죄를 개인적 법률위반이 아니라 집단 간 투쟁의 결과로 보았다. (   )

> **해설** 볼드(Vold)는 1958년 저서 『이론적 범죄학』에서 인간은 본래 집단지향적인 존재로서 자기가 속한 집단의 이익을 위해 투쟁을 하며, 각각의 집단 간에 갈등이 발생하는 이유는 여러 집단들이 추구하는 이익이 중첩되고 경쟁적이며 서로 잠식하게 되기 때문이라고 주장하였다. 그는 법의 제정, 위반 및 법집행의 전 과정은 집단이익의 갈등이나 국가의 권력을 이용하고자 하는 집단 간 투쟁의 결과로 보았다. 특히 법 제정을 권력집단의 협상의 결과로 보고 범죄를 개인적 법률 위반이 아니라 비권력 소수계층의 집단투쟁으로 이해한다.
>
> 정답 ◯

21. 스핏처(Spitzer)는 후기 자본주의 사회에서는 생산활동에서 소외되는 인구가 양산됨에 따라 이로 인해 많은 일탈적 행위가 야기될 것이라고 보았다. (   )

> 정답 ◯

22. 급진적 페미니즘에서는 가부장제에서 비롯된 남성우월주의에 대한 믿음과 남성지배-여성종속의 위계구조가 사회 전반으로 확대되면서 여성에 대한 남성의 폭력이 정당화되었다. (   )

> **해설** 급진적 페미니즘에서는 가부장제에 의한 여성억압은 남성의 여성에 대한 공격과 여성의 성에 대한 통제로 나타난 것이라고 주장한다. 급진적 페미니스트들은 여성의 성에 대한 억압과 통제를 분석의 핵심으로 삼는다. 급진적 페미니즘에서는 가부장제의 형성과 강화를 통해 여성에 대한 억압과 여성의 성에 대한 통제가 어떻게 이루어졌는지에 대한 분석이 필요하다고 주장한다.
> • 자유주의적 페미니즘은 성 불평등의 원인은 법적 · 제도적 기회의 불평등으로 인한 것이므로, 여성에

게 기회를 동등하게 부여하고 선택의 자유를 허용한다면 성 불평등은 해결될 수 있다고 주장한다.
- 사회주의적 페미니즘은 마르크스주의적 페미니즘이 사유재산으로 인한 계급 불평등을 지나치게 강조하다보니 성 불평등이 핵심적으로 부각되지 못했다는 점을 비판하면서 계급 불평등과 함께 가부장제로 인한 성 불평등을 분석해야 한다고 주장한다.
- 급진적 페미니즘은 가부장제에 의한 여성억압은 남성의 여성에 대한 공격과 여성의 성에 대한 통제로 나타난 것이라고 주장한다. 여성은 임신과 출산을 위한 기간에는 자신과 아이의 생존을 위해 남성에게 의존적일 수밖에 없으며, 이것이 남성으로 하여금 쉽게 여성을 지배하고 통제하도록 만들었다고 한다.

[정답] ○

23. 데일리(Daly)는 형사법원에서 판결전 보고서와 판결문을 분석하여 여성범죄자가 범죄에 처음 가담하게 되는 경로를 거리여성(street women), 학대받은 여성(battered women), 어린 시절 학대와 그로 인해 공격적인 여성(harmed and harming women), 약물 관련 여성, 경제적 동기로 범죄를 한 여성(economically-driven women) 5가지로 분류하였다.

( )

해설 유사한 범죄로 재판을 받은 40명의 남성범죄자와 40명의 여성범죄자에 대한 판결전 보고서와 판결문을 분석하여 여성범죄자가 범죄에 처음 가담하게 되는 경로를 5가지로 분류하였다.
- 거리여성(street women): 어린 나이에 쫓겨나거나 가출하여 사소한 범죄에 가담하며 마약을 하기도 하고 성매매를 하는 여성
- 학대받은 여성(battered women): 폭력과 학대의 경험을 성인이 된 후에 경험하며, 주로 친밀한 관계를 가진 파트너를 상대로 범죄를 행하는 유형
- 학대로 인해 공격적인 경로(harmed and harming pathway): 어린 시절에 학대를 받은 경험 때문에 타인에게 공격적이면서 아픈 상처를 치유하기 위해 약물에 손을 대는 부류
- 약물 관련 여성(drug-connected women): 가족이나 남자친구와 함께 마약을 팔거나 그 와중에 마약에 중독된 여성
- 경제적인 동기에 의해 범죄를 저지른(economically motivated crimes) 여성: 탐욕이나 빈곤 때문에 범죄, 특히 재산범죄를 저지른 여성

[정답] ○

24. 비판범죄학에서는 노동력 착취, 인종차별, 성차별 등과 같이 인권을 침해하는 사회제도가 범죄적이라고 평가하는 입장도 있다. ( )

해설 슈베딩거 부부의 휴머니즘 비판범죄학에 대한 내용이다. 슈베딩거 부부(H. Schwedinger & J. Schwedinger)는 범죄개념의 정의에서 가치판단을 배제하고, 사법기관의 활동과 형법의 배후에 있는 동기가 인간적인가를 고려해야 한다고 강조하였다.

[정답] ○

— CHAPTER 11 —

통합이론 및 발달범죄학

1. 엘리엇(Elliott)과 동료들의 통합이론(Integrated Theory)은 사회유대가 강한 청소년일수록 성공기회가 제약되면 긴장을 느끼고 불법적 수단으로 목표를 달성하려 할 가능성이 크다고 주장하였다.   (   )

   해설 엘리엇(Elliott)과 동료들은 관습적 목표를 달성하기 위한 제도적 기회가 차단되었을 때 사회유대의 개인차가 상이한 방식으로 개인의 행동에 영향을 미친다고 한다. 사회유대가 강하고 관습적 목표에 대한 전념 정도가 높은 사람은 기회가 차단되었을 때 긴장이론의 주장대로 긴장이 발생하고 이를 해소하기 위한 방편으로 비제도적, 즉 불법적 수단을 동원하게 된다. 하지만 처음부터 사회유대가 약하고 제도적 목표에 그다지 전념하지 않는 사람은 성공기회가 제약되더라도 이로 인한 부정적 영향을 별로 받지 않는다.

   정답 ○

2. 샘슨과 라웁(Sampson & Laub)은 범죄자를 청소년기 한정형(adolescence-limited) 범죄자와 생애지속형(life-course-persistent) 범죄자로 분류하였다. 청소년기 한정형은 사춘기에 집중적으로 일탈행동을 저지르다가 성인이 되면 일탈행동을 멈추는 유형이고, 생애지속형은 유아기부터 문제행동이 시작되어 평생 동안 범죄행동을 지속하는 유형이다.   (   )

   해설 모핏(Moffitt)에 대한 설명이다. 모핏(Moffitt)은 신경심리학, 낙인이론, 긴장이론의 입장에서 범죄경력의 발전과정을 설명하였고, 생물사회이론 범죄학자답게 생물학적 특성을 보다 강조하였으며, 범죄자를 청소년기 한정형 범죄자와 생애지속형 범죄자로 분류하였다. 그는 청소년기 한정형 범죄자보다 인생지속형 범죄자가 정신건강상의 문제를 더 많이 가지고 있다고 하였다.

   정답 ✕

3. 손베리(Thørnberry)는 이론 통합을 "특정 현상에 대해 보다 종합적인 설명을 제공할 목적으로 논리적으로 연결되는 두 개 이상의 명제를 결합시키는 행위"라고 정의한다.   (   )

   정답 ○

4. 샘슨(Sampson)과 라웁(Laub)의 생애과정이론(연령-단계이론)은 생애과정을 통해 사회유대와 범죄행위가 서로 영향을 미친다고 주장한다.   (   )

> **해설** 생애과정이론은 사회유대의 약화를 범죄행위의 직접적인 원인으로 간주한다는 점에서 허쉬의 사회통제 이론과 유사하지만 허쉬(Hirschi)의 사회유대가 아동기와 청소년기에 국한되었다면, 샘슨과 라웁은 사회유대의 강화, 약화, 단절이 한 사람의 생애 전 과정에서 반복되는 현상으로 보았다는 점에서 차이가 있다.
>
> **▌패링턴의 일탈행동 발달이론**
> 일탈행동 발달이론은 나이등급 이론에 해당하고 발달범죄이론에 포함된다. 대부분의 성인 범죄자들이 어린 시절에 범죄행동을 시작하지만, 나이가 들면서 발생하는 생활의 변화는 범죄행동을 그만두게 하는 요인으로 작용한다.
>
> 정답 ○

5. 엘리엇(Elliott)과 동료들의 통합이론(Integrated Theory)은 노동자 계급 가정에서 양육된 청소년은 부모의 강압적 양육방식으로 인해 부모와의 유대관계가 약해져 범죄를 저지를 가능성이 크다고 강조한다. ( )

> **해설** 콜빈(Colvin)과 폴리(Poly)의 마르크스주의 통합이론에 대한 설명이다. 마르크스주의 범죄이론과 사회통제이론을 결합한 통합이론으로, 노동자의 지위에 따라 차별적인 통제방식이 가정에서 이루어지는 부모의 양육방식과 연관되어 있다고 주장한다.
>
> 정답 ✕

6. 손베리(Thørnberry)의 상호작용이론(interaction theory)은 인생의 중기를 거쳐 후기에 이를수록 부모의 영향력은 커지고 비행친구와의 접촉이 비행의 주된 원인이 된다. ( )

> **해설** **▌손베리(Thørnberry)의 상호작용이론(interaction theory)**
> • 인생의 초기에는 가정에서의 부모와의 유대가 비행의 원인이 된다.
> • 인생의 중기를 거쳐 후기에 이를수록 부모의 영향력은 작아지고 비행친구와의 접촉이 비행의 주된 원인이 된다.
> • 청소년기 초기에는 부모와의 유대를 강조한 사회유대이론이 청소년비행을 더 잘 설명하며 청소년 중기와 후기에는 친구와의 접촉을 강조한 차별접촉이론이 비행의 원인을 더 잘 설명한다고 본다.
>
> 정답 ✕

7. 패터슨(Patterson)은 범죄의 시작, 유지, 중단의 연령에 따른 변화는 생애과정에서의 비공식적 통제와 사회유대를 반영하고, 인생의 중요한 전환기에 발생하는 사건들과 그 결과에 영향을 받는다고 보았다. ( )

> **해설** 범죄의 시작, 유지, 중단의 연령에 따른 변화는 생애과정에서의 비공식적 통제와 사회유대를 반영하고, 인생의 중요한 전환기에 발생하는 사건들과 그 결과에 영향을 받는다고 본 사람은 생애과정 이론(Life Course Theory=인생항로이론)을 주장한 샘슨과 라웁(Sampson & Laub)이다. 그는 패터슨이나 모핏의 이론처럼 청소년 집단을 인위적으로 구분하지는 않았으며, 그 대신 누구든지 생애과정 속에서 범죄행위를 지속하거나 중지할 수 있다고 전제하였다.
>
> 정답 ✕

8. 모피트(Moffitt)는 범죄자를 청소년기에 한정된 범죄자와 생애지속형 범죄자로 구분하였다.
( )

> 해설 **│ 모피트(Moffitt)의 생애과정이론**
> - 신경심리학과 낙인이론 그리고 (사회적) 긴장이론에서 범죄경험의 발전과정을 설명한다.
> - 비행소년을 생애지속형(어린 나이부터 비행을 시작)과 청소년기 한정형으로 구분한다. 생애지속형은 성인이 되어서도 비행을 지속할 가능성 크다.
> ※ 이유: 낮은 언어능력과 과잉활동, 충동적 성격 때문이다(친구의 영향을 크게 받지 않음).
> 정답 ○

9. 모피트(Moffitt)에 따르면 청소년기 한정형(Adolescence-limited)은 신경심리학적 결함으로 각종 문제행동을 일으키는 경우가 많다고 하였다. ( )

> 해설 모피트(Moffitt)에 따르면, 생애 지속형(Life Persistent)은 신경심리학적 결함으로 각종 문제행동을 일으키는 경우가 많다고 하였다. 청소년기 한정형은 성숙격차와 사회모방이 각종 문제행동의 원인이 된다.
> 정답 ✕

10. 샘슨과 라웁(Sampson & Laub)은 생애발달이론에서 개인의 적극적인 교육참여, 성실한 직장생활, 활발한 대인관계 비범죄경력 등을 인생경로(life course)라고 하였다. ( )

> 해설 샘슨과 라웁은 '사회자본(social capital)'이라 하였다.
> 정답 ✕

11. 지오다노와 동료들에 의하면 범죄중지를 위해서는 4가지의 인지적 전환(cognitive transformation)이 필요하다고 하였다. ( )

> 해설 첫째, 가장 근본적으로는 변화를 받아들이려는 마음이 요구된다. 둘째, 변화의 계기(hooks for change)를 만나야 하며, 보다 중요하게는 이를 긍정적 발전을 위한 새로운 상황으로 인식해야 한다. 셋째, 친사회적이고 바람직한 '대체 자아'(replacement self)를 마음속에 그려보고 구체화해야 한다. 넷째, 행위자가 지금까지의 범죄행동이 더 이상 긍정적으로 여겨지지 않으며, 자신의 삶과도 무관하다고 인식하게 되는 상태이다.
> 정답 ○

12. 발달범죄학은 생애 전반에 걸쳐 반사회적 행동과 행위자에게 불리하고 부정적인 환경과 조건들이 상호작용하는 역동적 과정을 드러냈다는 점에서 한계를 극복했다고 평가받는다.
( )

> 해설 기존 범죄학이론들은 행위자 개인의 반사회적 성향과 그의 불우한 환경이 결합하여 지속적으로 범죄행위를 저지르도록 조건을 형성한다는 식의 단선적 인과관계에 머물렀다. 이에 반해 발달범죄학은 아동기, 청소년기, 성인기로 진행하는 과정 속에서 낮은 연령대의 반사회적 행동이 그 사람의 사회적 조건

들을 악화시키고 이로 인해 그 다음 연령대의 범죄와 비행을 유발하며 이는 또 다시 사회적 조건을 더욱 악화시키는 식의 시차적이며 상호적인 인과관계로 설명한다. 따라서 성인기의 범죄성이란 반사회적 행동과 그 결과로서 불리한 사회적 조건 간의 상호작용이 누적되어 온 결과물이라는 점을 잘 나타내고 있다.

정답 ○

통합이론

(1) 의의
① 기존의 이론이 너무 많이 난립하였기 때문에 다양한 이론들을 통합하자는 논의로, 이론적 가정들이 상호 모순된다는 지적이 있다는 점과 개별 이론들이 범죄현상을 충분히 설명하지 못하고 있다는 비판도 존재했다.
② 대부분의 범죄이론들은 범죄원인에 있어서 특정한 한 측면만을 집중적으로 조명하거나 범죄현상에 대한 파편화된 정보만을 제공하고 있다.

(2) 접근방식의 변화
① **전통적 접근방식**: 이론의 전통적인 발전과정은 경쟁적 접근방식이라는 점이다. 범죄현상을 둘러싸고 대립되는 이론적 주장들이 범죄학자들이 수행하는 경험적 연구들을 통해 검증되고, 그 결과 경험적 증거에 의해 지지를 받은 주장은 살아남고 그렇지 못한 주장들은 폐기되는 방식이다.
② **대안적 접근방식**: 이론 간 우열을 다투기보다는 현상에 대한 논리적이고 체계적인 설명의 제공이라는 이론 본연의 역할에 보다 충실하고자 하는 데에 목적을 둔 것으로 숀베리(Thornberry)는 이론 통합을 특정 현상에 대해 보다 종합적인 설명을 제공할 목적으로 논리적으로 연결되는 두 개 이상의 명제를 결합시키는 행위라고 정의한다.

(3) 통합유형
① **상하통합**: 고전적인 형태의 이론 통합으로, 일반성이나 추상성이 상대적으로 높은 이론으로 그보다 수준이 낮은 이론을 포섭한다.
② **병렬통합**: 손쉬운 방식의 이론 통합으로, 설명하고자 하는 범죄나 범죄자 집단을 가장 잘 설명할 수 있는 범죄학 이론별로 분할하는 방식이다. 범죄자를 성별, 사회경제적 지위, 성장 환경 등에 따라 구분한 뒤, 각각 최적의 이론을 적용할 수도 있다. 과 동료들의 통합모형은 행위자를 사회적 유대가 강한 청소년 집단과 약한 집단으로 구분한 뒤, 각각 최적의 이론으로 적용도 가능하다.
③ **순차통합**: 논리적인 형태의 통합으로, 인과관계의 차원에서 각 이론에 속한 변수들의 시간적 순서를 정한 후, 한 이론의 종속변수가 다른 이론의 독립변수가 되도록 하여 이론들을 병합한다.

(4) 대표적인 통합이론
① 엘리엇과 동료들의 통합이론
• 엘리엇(Elliott)과 동료들은 긴장이론, 사회통제이론, 사회학습이론을 결합한 통합이론을 제시하였다.
• 긴장이론과 사회통제이론의 결합 성공에 대한 열망의 반대방향 작동
  - 긴장이론: 긍정적 목표를 달성하기 위한 기회가 차단되었다고 느끼는 개인에게 성공에 대한 높은 열망은 관습적 수단을 포기하고 불법적 수단을 선택하게 만드는 요인이 됨
  - 사회통제이론: 높은 성공 열망은 교육과 같은 제도된 수단에 대한 몰입을 높여 범죄의 유혹에 빠지지 않도록 하는 규범적 통제기제로 작용
• 사회통제이론과 사회학습이론의 결합
  - 사회통제이론은 사회적 유대가 약하기 때문에 청소년이 범죄를 저지른다고 주장하지만, 엘리엇과 동료들은 이것만으로는 충분한 설명이 되지 않는다고 비판했고, 청소년의 비행행위가 특정 사회 집단으로부터 지지를 받거나 보상으로 이어질 때 비행행위가 유지된다는 점을 고려해야 한다.

- 비행 또래집단은 사회적 유대가 약한 청소년이 비행을 시작하고 지속하는데 필수적인 사회적 조건을 제 공한다.

범죄를 저지르게 되는 인과과정 경로

> • 첫 번째 경로: 가정과 학교 등 관습집단과의 유대가 약한 청소년이 비행 또래집단과 접촉하면서 범죄에 대한 학습이 이루어지는 과정이다.
> • 두 번째 경로: 초반에는 관습적 집단과의 사회적 유대가 강한 청소년들이 문화적으로 가치 있는 성공목표에 몰입하지만, 이를 성취하기 위한 제도적 수단과 기회가 제약됨으로 인해 긴장이 형 성되고, 이로 인해 사회적 유대는 느슨해지는 반면 비행 또래집단과의 유대는 강화되어 범죄를 학습하게 되는 과정이다.

② 헤이건의 권력통제이론(power-control theory)

• 헤이건(Hagan)은 마르크스주의 범죄이론과 페미니스트 범죄이론과 같은 비판적 범죄학을 사회통제이론 과 결합한 통합이론을 제시하였다.
• 사회의 계급구조와 전통적 가부장제가 어떻게 가정에서 자녀의 성별에 따라 차별적인 양육방식으로 적 용되는지, 또 범죄성의 차이로 이어지는지 설명한다.

가부장적인 가정	• 남편은 직장에서 권력적 지위, 아내는 전업주부이거나 직장에서 비권력적 지위 • 남성과 여성 간의 젠더계층화가 뚜렷, 아내는 남편의 통제에 종속 • 남성은 생산활동, 여성은 가사활동이라는 전통적 성역할 인식
양성평등적인 가정	• 남편과 아내는 맞벌이부부로 직장 내 지위의 격차가 별로 없음 • 가정 내에서도 남편과 아내 사이에 비교적 수평적 권력관계 유지 • 가부장적 가정에 비해 젠더계층화가 약하고, 성역할에 대한 고정관념도 덜함

• 가정 내 젠더구조화 정도는 부모의 자녀 양육방식에 영향을 끼친다.

가부장적인 가정	• 아들에 비해 딸의 행동을 더 엄격히 감시하고 통제 • 딸에겐 모험적, 일탈적 행동 통제로 사춘기 동안 비행이나 범죄에 별로 가담하지 않음 • 아들은 상대적으로 자유롭게 위험하거나 일탈적인 행동들을 저지름 • 가부장적 가정은 양성 평등적 가정보다 청소년비행에 있어 성별 차이가 심함
양성평등적인 가정	• 딸과 아들에 대한 부모의 감시와 통제가 별반 차이가 없음 • 젠더 사회화를 통해 자녀들이 고정된 성역할을 받아들이도록 하지도 않음 • 자녀들이 저지르는 비행과 범죄의 정도에 있어서 성별 차이가 뚜렷하게 나타나지 않음

③ 콜빈과 폴리의 마르크스주의 통합이론

• 콜빈(Colvin)과 폴리(Poly)는 마르크스주의 범죄이론과 사회통제이론을 결합한 통합이론을 제시하였다.
• 자본주의 사회에서 자본가계급은 자신들의 이익을 극대화하기 위해 생산과정에 노동자계급을 세 가지 부류로 나눠 보다 효과적으로 통제하려고 한다.
• 노동자의 지위에 따라서 차별적인 통제방식이 가정의 부모 양육방식과 연관되어 있다 보고, 노동자 계급 가정에서 양육된 청소년은 부모의 강압적 양육방식으로 인해 부모와의 유대관계가 약해져 범죄를 저지 를 가능성이 높아진다.
• 미숙련 저임금 노동자 집단은 가장 문제되는 부류로 직장 내 강압적 통제방식에 익숙해진 이들은 가정 에서 자녀들을 같은 방식으로 양육하고, 이로 인해 부모와 자녀 사이, 학교 선생님과의 유대관계를 형성 하지 못하고, 낮은 학업성취도와 소외감을 겪게 되어 결국 주류 사회와의 단절을 경험하고 있는 비슷한 처지의 비행청소년들에게로 이끌리게 되고 비행에 가담하게 된다.

계급	방식
미숙련 저임금 노동자	강압적 통제
노동조합 가입 노동자	물질적 보상
고숙련 고임금 전문가	업무적 자율성과 높은 지위, 의사결정권한 부여 등

통합이론 보충

- 슈메이커(Shoemaker)는 아노미나 사회해체가 사회통제의 약화나 결여를 초래하며, 약화된 사회통제가 동료집단의 영향력을 증대시켜서 비행에 이르게 한다는 인과모형을 제시하고 문화적 일탈(아노미와 사회해체), 사회통제이론, 사회학습이론을 통합한다.
- 웨이스(Weiss)와 동료들은 성별, 인종, 경제적 지위 등의 사회구조적 모형을 이용하여 통합하였는데, 저소득층이거나 해체된 지역사회일수록 일선 사회화기관과 제도의 영향력이 약해져서 이러한 지역에 사는 청소년일수록 관습적 사회와의 유대가 약화되기 쉽다.

— CHAPTER 12 —

피해자와 범죄예방

1. 회복적 사법은 가해자에 대한 강한 공식적 처벌과 피해의 회복을 강조한다.　　(　　　)

   해설 가해자에 대한 공식적 처벌보다는 화해와 피해의 회복을 강조한다.

   정답 ✕

2. 응보적 사법에서 피해자는 사법절차의 직접 참여자로서 범죄해결 과정에 중심적인 역할을 담당한다.　　(　　　)

   해설 회복적 사법에서 피해자는 사법절차의 직접 참여자로서 범죄해결 과정에 중심적인 역할을 담당한다.

   정답 ✕

3. 회복적 사법은 과거 응징적·강제적·사후대응적 사법제도에 대한 반성으로 나온 것으로서 정부와 범죄자가 주체이다.　　(　　　)

   해설 정부, 지역사회, 가해자와 피해자, 그들의 가족 등이 주체이다.

   정답 ✕

4. 회복적 사법 프로그램으로는 피해자-가해자 중재, 가족회합 등이 있다.　　(　　　)

   해설 ▎범죄피해자 보상제도의 연혁
   - 고대 함무라비법전에서 강도죄의 경우 범인 미검거시 피해자의 재산손해와 생명손실에 대하여 국가배상을 인정한 적이 있었다.
   - 벤담은 행위자를 추가적으로 제재하기 위하여 피해자를 위한 원상회복의 의무를 범죄자에게 부과하여야 한다고 주장하였고, 가로팔로는 범죄자에 대한 사회방위와 범죄자의 재사회화를 위한 강력한 수단으로 원상회복을 고려하였다.
   - 영국의 여성 형벌개량가 프라이(Fry)는 「피해자를 위한 정의」(1957)에서 피해자의 공적 구제에 대한 관심을 촉구하였다.
   - 뉴질랜드에서 1963년 최초로 「범죄피해자보상법」을 제정·실시한 이후 영국을 비롯한 세계 각국에서 입법화되었다.
   - 헌법 제30조에 근거하여 1987년 「범죄피해자 구조법」이 제정되었고, 이후 2010년 범죄피해자를 보호·지원하는 제도와 범죄피해자를 구조하는 제도를 통합하여 범죄피해자 보호법」으로 통합하였다.
   범죄피해자 보상제도 채택국가로는 호주, 캐나다, 북아일랜드, 미국, 일본 등이 있다.

   정답 ○

5. 유엔은 회복적 사법의 개념을 내용에 따라 대면개념(eccounter conception), 배상개념(reparative conception), 변환개념(transformative conception)으로 분류하고 있다.

( )

해설 유엔은 회복적 사법의 개념을 다음 세 가지로 분류하였다.

대면개념 (encounter conception)	범죄 피해자와 가해자가 함께 만나 범죄에 대하여 얘기를 하고 이를 시정하기 위하여 어떠한 일을 하여야 하는가에 대해서 토론하는 것을 의미한다.
배상개념 (reparative conception)	• 범죄로부터 받은 피해를 회복하는 데에 초점을 맞춘 개념이다. • 피해자의 공판절차 참여, 피해자에 대한 지원, 법원에 의한 피해 회복적 조치 등을 통해서 범죄피해를 회복 등 • 소년법에서 화해·권고 규정을 두어 피해자의 보호를 위하여 소년에게 피해배상 등 피해자와의 화해를 권고할 수 있다고 한 것은 여기에 해당하다.
변환개념 (transformative conception)	가장 넓은 의미의 회복적 사법개념으로서 범죄원인의 구조적·개인적 불의를 시정하는 것을 통하여 변화를 가져오겠다는 것이다. 이러한 구조적 부정의 예로는 빈곤이나 차별적 교육제도 등이 있으며 이러한 부분에 대한 변환을 통하여 회복적 사법의 목표를 달성하려는 것이다.

정답 ○

6. 회복적 사법은 범죄피해자와 가해자가 함께 만나 범죄에 대하여 이야기하고 회복을 위해 어떤 과정이 필요한지 의견을 모으는 것을 포함한다. ( )

해설 ▌전통적 형사사법과 회복적 사법 비교

기존의 형사처벌	회복적 사법
• '범죄자 처벌' 중심 • 국가(정부)가 주도하는 방식 • 가해자와 피해자 간 조정 ×	• '피해자의(피해) 회복' 중심 • 피해자의 적극적인 참여 유도 • 가해자와의 갈등해소·원상회복

▌회복적 사법의 3가지 유형

피해자-가해자 조정프로그램	• 가해자들이 가해행위에 대하여 책임을 지게 하는 한편 범죄피해자들의 요구에 대응하기 위해서 고안된 것(1974년 캐나다 온타리오주의 가해자-피해자 화해프로그램으로, 가장 오래됨) • 훈련된 중재자의 도움을 받아 피해자와 가해자가 직접 또는 간접적으로 상호 간의 감정과 이해관계를 표현 전달하여 사건을 종결시키는 합의에 도달하게 함
가족집단회합	참여자는 피해자 및 가해자 쌍방의 가족과 친구뿐만 아니라 때로는 지역사회 구성원을 포함하며 소집자 또는 촉진자를 두고 회합을 통해 당사자들을 위해 바람직한 결과를 알아내고 범죄의 결과에 대처하며 범죄행위의 재발을 방지하는데 적절한 방안을 모색함(뉴질랜드 마오리족)
양형써클	판사, 검사, 변호사, 경찰관, 피해자, 가해자, 가족, 지역주민 등이 포함된 모든 참여자들이 써클을 만들어 서로 마주 보고 앉아 분쟁을 해결하고 사건을 종결할 수 있는 최선의 방법에 대한 합의를 도출하도록 토론하는 것(아메리카 인디언)

정답 ○

7. 회복적 사법은 강력범죄를 제외한 다양한 범죄와 범죄자에게 적용될 수 있다. ( )

해설 대상에 제한이 없다.

정답 ✕

8. 회복적 사법의 이념에 따르면 화해 또는 피해회복을 통한 형사책임의 면제·완화는 인정되지 않는다. ( )

   해설 가해자와 피해자의 원만한 합의가 이루어졌다면 기소 및 형의 선고 시 고려될 수 있다.

   ▌전통적 형사사법과 회복적 사법 비교

구분	응징적 패러다임(Retributive Paradigm)	회복주의 패러다임(Restorative Paradigm)
초점	법의 위반	인간관계의 위반
내용	응징적(retributive/vindictive)	복구적(reparative)
방식	강제적	협조적
주체	정부와 범죄자	정부, 지역사회, 가해자와 피해자, 그들의 가족
장소	격리시설 내	지역사회 내
시기	사후대응적	사전예방적
관심	적법절차 준수	참여자의 만족 극대화
역점	공식적 절차를 통한 개인의 권리보호	비공식적 절차를 통한 범죄자의 책임감 강조와 집단적 갈등의 해결

정답 ✕

9. 회복적 사법은 공식적 형사사법체계가 가해자에게 부여하는 낙인효과를 줄일 수 있다. ( )

정답 ○

10. 회복적 사법은 범죄를 개인 대 국가의 갈등으로 인식한다. ( )

   해설 응징적(전통적) 사법에 대한 설명이다.

정답 ✕

11. 브레이스웨이트(Braithwaite)의 재통합적 수치심 이론은 일반예방 및 특별예방 효과가 있고, 재통합적 수치심 이론은 피해자의 참여와 용서를 기반으로 한다. ( )

   해설
   • 재통합적 수치는 제재를 가하되 범죄자라는 낙인으로부터 벗어나도록 해주기 위한 의식, 용서의 말과 몸짓 등을 수반한다.
   • 재통합적 수치이론의 핵심개념인 수치란 낙인이론에서의 낙인에 상응하는 개념으로 볼 수 있는데, 브레이스웨이트는 수치를 불승인 표시로서 "당사자에게 양심의 가책을 느끼게 하는 것"으로 정의하였다.
   • 상호의존적이고 공동체 지향적인 사회일수록 재통합적 수치의 효과는 더 클 것이라고 주장하였다.
   • 형사처벌과 이차적 일탈 간의 관계를 살펴본 실증연구들의 결론은 일관되지 않다. 이렇듯 엇갈리는 연구결과는 형사처벌의 효과를 설명하는 두 가지 상반된 이론의 존재와 무관하지 않다. 낙인이론은

형사처벌, 즉 공식낙인이 향후 범죄 및 비행을 유발한다고 보는 반면, 전통적 억제이론은 형사처벌이 향후 범죄를 억제한다고 본다. 재통합적 수치이론은 이렇듯 엇갈리는 형사처벌의 효과에 대한 이론 및 실증연구의 결과들을 통합하고자 하는 시도의 일환이라고 볼 수 있다.

정답 ○

12. 헨티히는 피해자 유형을 일반적 피해자와 심리학적 피해자로 나누며, 심신장애자를 심리학적 피해자로 분류한다. ( )

해설 심신장애자를 일반적 피해자로 분류한다.

정답 ✕

13. 헨티히(H. Hentig)는 사회구조적 요인을 기초로 하여 피해자 유형을 구분하고자 하였으며, 피해자를 크게 '일반적 피해자 유형'과 '심리적 피해자 유형'으로 구분하였다. ( )

해설 헨티히는 피해자의 특성을 기초로 하여 피해자 유형을 구분하고자 하였으며, 피해자를 크게 일반적 피해자 유형과 심리적 피해자 유형으로 구분하고, 일반적 피해자 유형은 다시 생래적 피해자 유형과 사회적 피해자 유형으로 세분하였다.

정답 ✕

14. 멘델존(Mendelsohn)은 범죄발생에 있어 귀책성의 정도에 따라 피해자를 구분하였고, 엘렌베르거(Ellenberger)는 심리학적 기준에 따라 피해자를 분류하였다. ( )

정답 ○

15. 멘델존(Mendelsohn)이 분류한 피해자의 유형 중 자신의 무지로 낙태를 감행하다가 사망한 임산부는 경미한 유책성이 있는 피해자에 해당한다. ( )

해설 ▌멘델존의 피해자 유형

책임이 없는 피해자	영아살해죄의 영아, 약취유인된 유아 등
조금 책임 있는 피해자	낙태로 인해 사망한 임산부 등 무지로 인한 피해자
가해자와 동일한 책임 있는 피해자	자살미수, 동반자살 등 자발적 피해자
가해자보다 더 책임 있는 피해자	범죄자의 가해행위를 유발시킨 피해자, 부주의에 의한 피해자 등
가장 책임 있는 피해자	정당방위의 상대방과 같은 공격적 피해자, 무고죄의 가해자와 같은 기망적 피해자 등

정답 ○

16. 엘렌베르거(H. Ellenberger)는 피해자 유형을 일반적 피해자성과 잠재적 피해자성으로 나누며, 피학대자를 잠재적 피해자성으로 분류한다. ( )

정답 ○

17. 레클리스(W. Reckless)는 피해자 유형을 피해자의 도발유무를 기준으로 하여 순수한 피해
자와 도발한 피해자로 나눈다. (　　　)

> 해설 ┃ 범죄피해자 분류 보충
> * 헨티히의 분류
>   - 일반적 피해자: 어린이, 여성, 노인, 정신장애인 등 정신적, 신체적 약자인 피해자
>   - 심리학적 피해자: 폭군, 탐욕자, 정서불안자 등 폭력적 피해자
> * 엘렌 베르거의 분류: 심리학적 분류
>   - 잠재적 피해자(피해자가 되기 쉬운 경향): 피학대증자, 우울한 자
>   - 일반적 피해자
> * 쉐이퍼의 분류(기능중심적 분류)
>   - 무관한 피해자: 범죄 책임이 없는 유형
>   - 유발적 피해자: 범죄에 일부 책임이 있는 유형
>   - 촉진적 피해자: 범죄자와 책임을 공유하는 유형
>   - 연약한 피해자: 사회적으로 나약하고 책임이 없는 유형
>   - 신체적으로 나약한 피해자: 신체적으로 나약하고 책임이 없는 유형
>   - 자기피해자화: 피해가 전적으로 자기책임인 유형(매춘, 약물 등)
>   - 정치적 피해자: 책임이 없는 피해자유형
> * 볼프강의 분류
>   - 1차 피해자화(개인범주)
>   - 2차 피해자화(조직규모)
>   - 3차 피해자화(사회질서 파괴자)
>   - 가정폭력범죄: 범죄자와 피해자가 가장 밀접하게 연결되는 영역 → 개인적 성격의 범죄로 인식
>
> 정답 ○

18. 레클리스(W. Reckless)는 피해자 도발을 기준으로 '가해자 – 피해자 모델'과 '피해자 – 가해
자 – 피해자 모델'로 구분하였다. (　　　)

> 정답 ○

19. 쉐이퍼는 피해자의 유형으로 범죄와 무관한(unrelated), 피해를 유발한(provocative), 피해
를 촉진시키는(precipitative), 생물학적으로 취약한(biologically weak), 사회적으로 취약한
(socially weak), 자신에게 피해를 야기한(self-victimizing), 윤리적(ethical) 피해자 등 7
가지로 분류하였다. (　　　)

> 해설 쉐이퍼는 피해자를 기능적 책임성(Functional Responsibility)에 따라 범죄와 무관한(unrelated), 피해
> 를 유발한(provocative), 피해를 촉진시키는(precipitative), 생물학적으로 취약한(biologically weak),
> 사회적으로 취약한(socially weak), 자신에게 피해를 야기한(self-victimizing), 정치적(political) 피해
> 자 등 7가지로 분류하였다.
>
> 정답 ✕

20. 울프강(Wolfgang)은 살인사건 기록을 분석하여, 피해자가 범죄유발 동기를 제공하는 경우
도 있다는 것을 설명하였다. (　　　)

정답 ○

21. 미쓰와 메이어(Miethe & Meier)는 생활양식-노출이론에서 피해자와 가해자의 상호작용을 통해 범죄피해의 과정을 설명하고자 하였다. ( )

> **해설** 힌델랑(Hindelang)은 생활양식-노출이론에서 피해자와 가해자의 상호작용을 통해 범죄피해의 과정을 설명하고자 하였다. 미쓰와 메이어는 구조적 선택이론을 제시하였다.

정답 ×

22. 준엄한 형집행을 통해 일반인을 위하함으로써 범죄예방의 목적을 달성하는 것은 형벌의 목적 중 소극적 일반예방에 대한 설명이다. ( )

> **해설** 일반예방은 일반인에 대한 위하를 추구하는 소극적 일반예방과 일반인의 규범의식의 강화를 추구하는 적극적 일반예방으로, 특별예방은 범죄인의 격리를 추구하는 소극적 특별예방과 범죄인의 재사회화를 추구하는 적극적 특별예방으로 구분할 수 있다.

정답 ○

23. 멘델존(Mendelsohn)은 범죄피해자 유형을 5가지 분류한 기준은 피해자의 외적특성과 심리적 공통점을 기준으로 분류하였다. ( )

> **해설** 멘델존은 범죄피해자 유형을 피해자의 유책성(귀책성) 정도를 기준으로 책임이 없는 피해자(영아살해죄의 영아), 책임이 조금 있는 피해자, 가해자와 동등한 책임이 있는 피해자(동반자살), 가해자보다 더 유책한 피해자, 가해자보다 책임이 많은 피해자(정당방위의 상대방)로 분류하였다.

정답 ×

24. 과실범의 피해자는 범죄피해자 보호법의 피해자 구조대상에서 제외된다. ( )

정답 ○

25. 외국인이 구조피해자이거나 유족인 경우에는 해당 국가의 상호보증이 있는 경우에는 범죄피해자 보호법이 적용된다. ( )

> **해설** 구조피해자 또는 그 유족이 외국인인 때에는 다음 각 호의 어느 하나에 해당하는 경우에만 이 법을 적용한다(범죄피해자 보호법 제23조).
> 1. 해당 국가의 상호보증이 있는 경우
> 2. 해당 외국인이 구조대상 범죄피해 발생 당시 대한민국 국민의 배우자이거나 대한민국 국민과 혼인관계(사실상의 혼인관계를 포함한다)에서 출생한 자녀를 양육하고 있는 자로서 다음 각 목의 어느 하나에 해당하는 체류자격을 가지고 있는 경우
>   가. 「출입국관리법」 제10조 제2호의 영주자격
>   나. 「출입국관리법」 제10조의2 제1항 제2호의 장기체류자격으로서 법무부령으로 정하는 체류자격

정답 ○

26. 범죄피해자 보호법에 의하면 구조피해자가 가해자로부터 피해의 전부를 배상받지 못하여 생계곤란의 사유가 인정될 때에만 구조를 받을 수 있다. ( )

> 해설 구조피해자가 피해의 전부 또는 일부를 배상받지 못하면 족하고, 생계곤란의 사유를 요하지 않는다(범죄피해자 보호법 제16조 제1호).
>
> 정답 ×

27. 현행 범죄피해자 보호법상 구조금 지급신청은 해당 구조대상 범죄피해의 발생을 안 날부터 1년이 지나면 할 수 없다. ( )

> 해설 구조금 지급신청은 해당 구조대상 범죄피해의 발생을 안 날부터 3년이 지나거나 해당 구조대상 범죄피해가 발생한 날부터 10년이 지나면 할 수 없다(범죄피해자 보호법 제25조 제2항).
>
> 정답 ×

28. 브랜팅햄(Brantingham)과 파우스트(Faust)의 범죄예방모델에서 2차적 범죄예방은 대부분 형사사법기관에 의해 이루어진다. ( )

> 해설 2차적 예방은 범죄가능성이 높은 취약지역이나 개인을 대상으로 하기 때문에 이들과 많이 접촉하는 지역사회의 지도자나 부모, 교사 등에게 많이 의존하게 된다. 3차적 범죄예방은 범죄자를 대상으로 하는 예방조치로써 과거에 범행한 적이 있는 범죄자를 대상으로 재범하지 않도록 하는 것이며, 이 기능의 대부분은 형사사법기관에 의해 이루어지고 있으며 구금, 교정 및 치료, 사회복귀, 갱생보호사업, 지역사회교정 등이 여기에 해당한다(대상: 범죄자).
>
> 정답 ×

29. 환경설계를 통한 범죄예방(CPTED)으로 뉴먼(Newman)은 방어공간의 4가지 구성요소로 영역성, 자연적 감시, 이미지, 환경을 제시하였다. ( )

> 해설 뉴먼(Newman)은 주택건설설계를 통해서 범죄자의 범죄기회를 제거하거나 감소시킬 수 있다는 방어공간이론을 제기하였다. 그는 환경설계 원칙으로 영역성 설정 원칙, 자연스런 감시의 확보 원칙, 거주지 이미지 형성 원칙, 입지조건(환경) 원칙 등 4가지를 제시하였다.
>
> 정답 ○

30. 최협의의 피해자는 '범죄로 인해 법익이 침해 또는 위협된 자'를 의미하는데, 여기에서는 피해자의 개념을 법률적인 의미로 한정하여 실제 형법상의 범죄피해자로 한정한다. ( )

> 해설 범죄로 인해 직접적인 피해를 입은 피해자만을 포함하고 간접적인 피해를 입은 자는 제외한다. 이 경우, 형법에서 규정하는 범죄의 직접 피해자로 범죄피해자의 개념이 한정되기 때문에 피해자의 범위가 매우 명확하다는 장점이 있다.
>
> 정답 ○

31. 범죄예방의 범주는 범죄행동에 중점을 두는 반면, 형사사법제도는 범죄행동뿐 아니라 범인성, 두려움 등에도 중점을 둔다. ( )

> **해설** 범죄예방의 범주는 범죄행동뿐 아니라 범인성, 두려움 등에도 중점을 두는 반면, 형사사법제도는 범죄행동에만 중점을 둔다.
>
> 정답 ✕

32. 범죄예방의 접근방법은 개입에만 중점을 두는 반면, 형사사법제도는 개입뿐 아니라 예측 및 평가도 포함한다. ( )

> **해설** 범죄예방의 접근방법은 개입뿐 아니라 예측 및 평가에도 중점을 두는 반면, 형사사법제도는 개입에만 중점을 둔다.
>
> 정답 ✕

33. 형사사법제도는 공식적 사회통제에 중점을 두는 반면, 범죄예방은 비공식적 사회통제에 중점을 둔다. ( )

> 정답 ○

34. 상황적 범죄예방모델은 한 지역의 범죄가 예방되면 다른 지역에도 긍정적 영향이 전해진다는 소위 범죄의 전이효과(displacement effect)를 주장한다. ( )

> **해설** 상황적 범죄예방이론에 대해서는 한 지역의 상황적 범죄예방활동의 효과는 다른 지역으로 확산되어 다른 지역의 범죄예방에도 긍정적인 영향을 미치게 된다고 하는 이론으로서 소위 '이익의 확산효과(diffusion of benefit)'이다.
>
> 정답 ✕

35. 상황적 범죄예방은 브랜팅햄(Brantingham)과 파우스트(Faust)가 제시한 범죄예방모델 중 2차적 범죄예방에 해당한다. ( )

> **해설** ▌브랜팅햄과 파우스트의 범죄예방모델
>
> | 1차적 범죄예방 | 물리적 · 사회적 환경을 변화시켜 사전에 범죄발생을 억제하는 것
예 환경설비, 이웃감시, 경찰방범활동, 범죄예방교육 등 |
> |---|---|
> | 2차적 범죄예방 | 잠재적 범죄자를 조기에 발견하여 감시, 교육 등으로 범죄를 예방하는 것
예 잠재적 비행소년 교육, 범죄발생지역 분석, 전환제도뿐만 아니라 기회감소와 관련된 상황적 범죄예방 등 |
> | 3차적 범죄예방 | 실제 범죄자를 무능화하고 교화 · 개선시켜 재범을 방지하는 것
예 구금, 교정 및 치료, 사회복귀, 갱생보호사업, 지역사회교정 등 |
>
> 정답 ○

36. CPTED의 기본원리 중 자연적 감시는 사적 공간에 대한 경계를 제거하여 주민들의 책임의 식과 소유의식을 감소시킴으로써 사적공간에 대한 관리권을 약화시키는 원리이다.

( )

> **해설** CPTED의 기본원리 중 자연적 감시는 주민들이 자연스럽게 낯선 사람을 볼 수 있도록 건물과 시설물을 배치하는 것을 말한다. 영역성은 사적공간, 준사적공간, 공적공간 사이의 경계를 분명히 하여 공간 이용자들이 사적공간에 들어갈 때 심리적 부담을 주는 원리이다.
>
> 정답 ✕

37. 2세대 CPTED는 범죄예방에 필요한 매개요인들에 대한 직접개입을 주목적으로 하지만, 3세 대 CPTED는 장소, 사람, 기술 및 네트워크를 핵심요소로 하여 안전한 공동체 형성을 지향한다.

( )

> **해설** 1세대 CPTED는 범죄예방에 효과적인 물리 환경을 설계 · 개선하는 하드웨어 중심의 접근방법이며, 2세대 CPTED는 주민이 환경개선 과정에 직접 참여하여 물리적 개선과 함께 유대감을 재생하는 소프트웨어적 접근방법이고, 3세대 CPTED는 제2세대 셉테드에 대한 접근을 확장하여, 지역구성원이 스스로 필요한 서비스를 결정하고 추진하는 공동체적 추진절차를 구축하는 것을 말한다.
>
> **▌셉테드(CPTED)의 활용 예**
> - 조도가 높은 가로등을 설치하는 경우
> - 범죄 은신처를 제거하기 위해 담을 없애거나 높이를 제한하는 경우
> - 주민의 동의 아래 범죄가 잦은 골목길에 폐쇄회로(CCTV)를 설치하는 경우
> - 쿨트작(Cul-de-sac): 도시계획 단계에서부터 막다른 골목을 설계하는 경우
> - 앨리게이터(Allegater): 우범지역에 주민만 이용할 수 있는 대문을 설치하는 경우
>
> 1세대 CPTED는 범죄예방에 효과적인 물리환경을 설계 · 개선하는 하드웨어 중심의 접근방법이고, 2세대 CPTED는 지역구성원이 환경개선과정에 직접 참여함으로써 물리적 개선과 함께 유대감을 재생하는 소프트웨어 중심의 접근방법이며, 3세대 CPTED는 2세대 CPTED에 대한 접근을 확장하여 지역구성원이 스스로 필요한 서비스를 결정하고 추진하는 공동체적 추진절차를 구축하는 접근방법이다
>
> 정답 ○

38. 브랜팅햄과 파우스트(Brantingham & Faust)의 범죄예방 구조모델에서 3차적 범죄예방은 범죄자가 주요 대상이다.

( )

> **해설** ▌브랜팅햄과 파우스트(Brantingham & Faust)의 범죄예방 구조모델
>
> | 구분 | 대상 | 내용 | 사례 |
> |---|---|---|---|
> | 1차적 예방 | 일반대중 | • 범죄예방교육 실시
• 물리적 · 사회적 환경개선 | 방범교육, 환경설계,
CCTV 설치 등 |
> | 2차적 예방 | 우범자 | • 잠재적 범죄자 조기발견
• 우범자 대상 관리 · 교육 실시 | 우범지역 분석,
재범예측 등 |
> | 3차적 예방 | 범죄자
(전과자) | 재범방지(교화 · 개선) | 재범예방프로그램,
사회복귀 등 |
>
> ▌2차적 예방과 3차적 예방
> 2차적 예방은 범죄가능성이 높은 취약지역이나 개인을 대상으로 하기 때문에 이들과 많이 접촉하는

지역사회의 지도자나 부모, 교사 등에게 많이 의존하게 된다. 3차적 범죄예방은 범죄자를 대상으로 하는 예방조치로써 과거에 범행한 적이 있는 범죄자를 대상으로 재범하지 않도록 하는 것으로 특별예방과 관계가 있다.

정답 ○

39. 브랜팅햄(Brantingham)과 파우스트(Faust)가 제시한 범죄예방 구조모델에 따르면, 사회환경 가운데 범죄의 원인이 될 수 있는 것을 정화하는 것은 3차 예방에 해당한다. (   )

해설 1차 예방에 대한 설명이다. 3차 예방은 실제 범죄자를 무능화하고 교화·개선시켜 재범을 방지하는 것으로, 구금, 교정 및 치료, 사회복귀, 갱생보호사업, 지역사회교정 등이 그 예이다. 참고로, 1차 예방의 예로는 조명, 자물쇠, 접근통제 등의 환경설비, 감시, 시민순찰 등의 이웃감시, 경찰방범활동, 민간경비, 범죄예방교육 등이 있다.

정답 ✕

40. 범죄억제모델은 고전주의의 형벌위하적 효과를 중요시하며 이를 위하여 처벌의 신속성, 확실성, 엄격성을 요구한다. (   )

해설 | 집단비교분석(억제이론 실증연구) - 억제이론 더 알아보기
• 일정 시점에서 형벌의 양태가 다른 여러 지역을 대상으로 지역의 범죄발생률을 상호비교하여 범죄억제 효과를 밝히려는 것으로, 형벌의 확실성의 효과분석을 위해 형벌이 집행된 비율, 즉 검거율을 조사하고, 형벌의 엄격성의 효과분석을 위해 지역별로 같은 종류의 범죄들에 선고된 형량을 기준으로 평가하였다.
• 깁스(Gibbs)의 연구: 1968년 미국의 50개 주를 대상으로 각 주의 범죄발생률, 범죄검거율, 평균형량 등의 관계를 분석한 결과, 살인의 경우 형벌의 집행이 확실하고 그 정도가 엄격한 주일수록 그 주의 살인사건 발생률은 낮은 것으로 확인되었다. 그 결과 형벌이 어떻게 운용되는가에 따라 범죄발생의 정도가 변화할 수 있고, 사람들이 형벌을 두려워하는 정도가 그 사회의 범죄발생 정도를 결정하는 데 중요한 요인이라고 결론지었다.
• 티틀(Tittle)의 연구: 깁스의 연구를 확장, 살인사건 외 다른 범죄까지 포함하여 연구한 결과 살인사건의 경우 형벌의 엄격성이 높을수록 살인 발생률은 감소했으나, 강도사건과 같이 살인이외 범죄의 경우 형벌이 높은 지역과 낮은 지역에서의 발생률은 차이를 보이지 않았다.
• 결과: '확실성'은 모든 유형의 범죄발생률에 중요한 영향을 줬지만, '엄격성'은 살인사건에만 억제효과가 보였다.
• 문제점
  - 확실성이 범죄발생률에 미치는 정도와 범죄발생률이 확실성에 미치는 정도를 분간할 수 없으며, 검거율이 높았을 때 범죄발생률이 낮은 경우 이것이 두려움 때문이라면 형벌의 확실성을 입증하지만, 실제 범죄가 많았는데도 인력적 요소 등 한계로 검거가 어려워 확실성이 떨어졌다면 억제와는 아무런 상관이 없게 되어 버린다.
  - 검거율이 높았을 때 범죄발생률이 낮은 경우 이것이 두려움 때문이라면 형벌의 확실성을 입증하는 것이지만, 실제 범죄가 많았음에도 경찰인력 등 한계로 검거가 어려워 형벌의 확실성이 떨어졌다면 억제이론과는 아무런 상관이 없는 것이 된다.

정답 ○

41. 적극적 일반예방 이론은 형벌이 사회의 규범의식을 강화해 주는 효과를 가짐으로써 범죄가 예방된다고 보는 것이다. (   )

정답 ○

42. 범죄통제모델은 롬브로조(Lombroso)의 생물학적 결정론과 같은 이론에 근거하는 모델로서 임상적 치료를 통해 개선하는 방법을 이용한다. ( )

> 해설 사회복귀모델에 관한 설명이다. 범죄통제모델은 종래의 형사정책에서의 주된 관심을 두었던 방법으로 비결정론적 인간관을 전제하는 고전학파의 범죄이론과 그 맥을 같이하며, 범죄예방의 방법으로 진압적 방법을 주장한다.

> ┃ 제프리(C. R. Jeffery)의 범죄대책모델
> - 범죄억제모델(형벌): 처벌에 의한 범죄예방효과를 높이기 위함(고전주의)
> - 사회복귀모델(재사회화): 범죄자에 치료와 재사회화를 위해 사회복귀를 지원(실증주의)
> - 사회환경개선을 통한 범죄예방모델(CPTED): 주거환경의 정화, 도시계획(사전예방)

정답 ✕

43. 비공식적 사회통제의 강화를 중시하며, 지역사회의 구성원들이 적극적으로 참여하는 것이 범죄 문제 해결의 열쇠라고 주장하는 이론은 집합효율성이론이다. ( )

> 해설 지역사회 구성원들은 긴밀한 유대 강화를 통해 범죄 등 사회문제에 대해 함께 주의를 기울인다면 범죄를 예방할 수 있다고 보는 이론은 '집합효율성이론'이다.

정답 ○

44. CPTED의 기본전략과 실행방법으로 접근통제 – 사적·공적 공간의 구분과 관련된다.

> 해설 사적·공적 공간의 구분은 "영역성 강화"와 관련된다.
> ┃ 환경설계를 통한 범죄예방(CPTED)

자연적 감시	조명개선, 조경수 정비, 접근로의 위치, 주요 위치에 CCTV를 설치하여 누구나 쉽게 침입자를 관찰할 수 있도록 주택을 설계하는 것을 말한다. 예 가시권의 최대화, 감시기능의 확대 등
자연적 접근통제	지역 내 건물이나 주택에 수상한 사람이 침입하기 어렵게 설계하는 것을 말한다. 예 건물출입구의 단일화, 방범창, 경보장치 설치, 차단기 등
활동성의 활성화	당해 지역에 일반인의 이용을 장려하여 그들에 의한 감시기능[거리의 눈]을 강화하는 전략이다. 예 놀이터·체육시설·정자·벤치 설치 등
영역성 강화	지역주민의 주거지 영역을 사적 영역이라는 인식을 강화시켜 외부인을 통제하려는 전략이다. 예 울타리 설치, 출입구 통제강화 등
유지관리	시설물을 깨끗하고 정상적으로 유지하여 범죄를 예방하는 전략이다. 깨진유리창이론과 같은 성격이다. 예 파손의 즉시보수, 청결유지, 조명·조경의 유지관리 등

정답 ✕

45. 셉테드에서 활동성의 증대(Activity support)란 주민이 모여서 상호의견을 교환하고 유대감을 증대할 수 있는 공공장소를 설치하고, 시민의 눈에 의한 감시를 이용하여 범죄위험을 감소시키는 원리를 의미한다. ( )

정답 ○

46. 치료적 사법 관점은 단순한 법적용과 기계적 처벌 위주의 전통적 형사사법의 한계를 극복하기 위해 범죄자에 내재해 있는 범죄발생요인을 근본적으로 치유하는데 중점을 둔다. (   )

[정답] ○

47. 브랜팅햄(Brantingham) 부부의 범죄패턴이론(Crime Pattern Theory)에 따르면 범죄자는 일반인과 같은 정상적인 시공간적 행동패턴을 갖지 않는다. (   )

[해설] 범죄패턴이론은 범죄는 일정한 장소적 패턴이 있으며 이는 범죄자의 일상적인 행동패턴과 유사하다는 논리로 범죄자의 여가활동장소나 이동경로·이동수단 등을 분석하여 범행지역을 예측함으로써 연쇄살인이나 연쇄강간 등의 연쇄범죄해결에 도움을 줄 수 있다는 범죄예방론이다.

[정답] ✕

48. 깨진유리창이론은 법률에 의한 범죄화와 범죄에 대한 대응을 중시한다. (   )

[해설] 사소한 무질서 행위에 대한 경찰의 강경한 대응을 중시한다.

▮ 윌슨(Wilson)과 켈링(Kelling)의 깨진유리창이론
• 파손된 창문이 신속하게 보수되지 않고 방치되면 그 건물의 다른 창문들도 곧바로 파손되기 시작한다(예) 낙서, 쓰레기 등을 방치하면 결국 큰 범죄로 이어지게 됨).
• 지역사회 내 기초질서 위반행위의 방치는 중대한 범죄를 초래한다.
• 물리적 개선(시설보수)과 무질서 단속으로 질서유지를 하여 범죄를 예방한다.

▮ 깨진유리창이론
• 이웃사회의 무질서는 비공식적 사회통제 참여활동을 감소시켜 이로 인해 지역사회가 점점 더 무질서해지는 악순환에 빠져 지역사회의 붕괴로 이어지게 된다.
• 기존 범죄대책이 범죄자 개인에 집중하는 개인주의적 관점을 취하는 것에 반하여 공동체적 관점으로의 전환을 주장하고 범죄예방활동의 중요성을 강조하였다.
• 1990년대 미국 뉴욕시에서 깨진 유리창 이론을 적용하여 사소한 범죄라도 강력히 처벌하는 무관용주의(Zero Tolerrance)를 도입하였다.

[정답] ✕

49. 환경설계를 통한 범죄예방(CPTED)에서 목표물 견고화(target hardening)란 잠재적 범행대상이 쉽게 피해를 보지 않도록 하는 일련의 조치를 말한다. (   )

[해설] 목표물 견고화란 잠재적 범행대상이 쉽게 피해를 보지 않도록 하는 일련의 조치를 말하는 것으로, 범죄에 대한 물리적 장벽을 설치하거나 강화하고, 또는 범죄의 표적이 되는 대상물의 약점을 보강함으로써 범죄의 실행을 곤란하게 하는 것이다.

[정답] ○

50. 클라크(Clarke)가 제시한 상황적 범죄예방 기법 중 보상의 감소에 해당하는 것은 목표물 견고화이다. (   )

해설 목표물 견고화(대상물 강화), 접근통제(시설 접근통제) 기법은 노력의 증가에 해당한다.

코니쉬(Cornish)와 클라크(Clarke)의 상황적 범죄예방이란 사회나 사회제도 개선에 의존하는 것이 아니라 단순히 범죄기회의 감소에 의존하는 예방적 접근을 말하며, 구체적인 범죄를 대상으로 체계적이고 장기적으로 직접적인 환경을 관리 · 조정하며 범죄기회를 감소시키고 잠재적 범죄자로 하여금 범행이 위험할 수 있음을 인지하도록 하는데 목표를 두고 있다. 코니쉬와 클라크는 상황적 범죄예방의 5가지 목표(노력의 증가, 위험의 증가, 보상의 감소, 자극의 감소, 변명의 제거)와 25가지 구체적 기법을 제시하였다.

┃ 코니쉬와 클라크의 상황적 범죄예방의 5가지 목표와 25가지 기법

노력의 증가	1. 대상물 강화 • 운전대 잠금 장치 • 강도장지 차단막	2. 시설접근 통제 • 전자카드출입 • 소지품 검색	3. 출구검색 • 출구통과 티켓 • 전자상품 인식표	4. 잠재적 범죄자 분산 • 여자화장실 분리 • 술집 분산	5. 도구/무기 통제 • 스마트 건 • 도난휴대폰 작동불능화
위험의 증가	6. 보호기능 확장 • 일상적 경계 대책(야간외출 시 집단이동 등) • 이웃감시 프로그램	7. 자연적 감시 • 가로등 개선 • 방어적 공간 설계	8. 익명성 감소 • 택시운전기사 ID의무화 • 학교교복 착용	9. 장소감독자 활용 • 편의점 2인 점원 근무 • 신고보상	10. 공식적 감시 강화 • 침입절도 경보기 • 민간경비원
보상의 감소	11. 대상물 감추기 • 식별 안 되는 전화번호부 • 표식 없는 금고운송 트럭	12. 대상물 제거 • 탈부착 가능한 차량라디오 • 여성피난시설	13. 소유자 표시 • 재물표식 • 자동차고유 번호 · 차대 번호	14. 장물시장 교란 • 전당포 감시 감독 • 노점상 인가 제도	15. 이익불허 • 상품 잉크 도난 방지택 • 스피드광 과속 방지턱
자극의 감소	16. 좌절감과 스트레스 감소 • 효율적인 줄서기 · 서비스 • 마음을 진정시키는 부드러운 음악과 조명	17. 논쟁 피하기 • 라이벌 축구팬의 관람석 분리 • 택시요금 정찰제	18. 감정적 자극 감소 • 폭력적 포르노물 통제 • 인종적 비하언어 금지	19. 친구압력 중화 • 음주운전은 바보 짓이다. • 교내 문제아들 분리조치	20. 모방 좌절시키기 • 상세한 범죄수법 노출방지 • TV 폭력물 제어칩 설치
변명의 제거	21. 규칙 명확화 • 괴롭힘 방지 규정 • 주택임대 규정	22. 지침의 게시 • 주차금지 • 사유지	23. 양심에의 호소 • 도로 옆의 속도 알림 표시판 • 세관신고서 작성	24. 준법행동 보조 • 간편한 도서관 체크아웃 • 공중화장실, 쓰레기통	25. 약물과 알코올 통제 • 술집에 음주측정기 비치 • 알코올 없는 행사 진행

정답 ✕

51. 코니쉬와 클락(Cornish & Clarke)이 제시한 상황적 범죄예방에서 관련 규정과 규칙을 명확하게 하고 표시판 등을 통해 양심에 호소하는 것은 '변명의 제거'를 목표로 하는 기법이다.

( )

정답 ○

52. 코니쉬와 클락(Cornish & Clarke)은 상황적 범죄예방의 목표를 '노력의 증가', '위험의 감소', '보상의 감소', '변명의 제거' 네 가지로 제시하였다.　　　　　　　　　　（　　　）

> **해설** 코니쉬와 클락은 상황적 범죄예방의 5가지 목표(노력의 증가, 위험의 증가, 보상의 감소, 자극의 감소, 변명의 제거)와 25가지 구체적 기법을 제시하였다.
>
> **정답** ✕

53. 환경설계를 통한 범죄예방(CPTED)에서 자연적 감시(Natural surveillance)란 사적 공간에 대한 경계표시를 강화하여 공간이용자가 사적 공간에 들어갈 때 심리적 부담을 주는 원리를 의미한다.　　　　　　　　　　（　　　）

> **해설** 자연적 감시가 아니라 영역성 강화이다.
>
> **┃ 셉테드(CPTED)**
> 셉테드(Crime Prevention Through Environmental Design)는 건축환경 설계를 이용하여 범죄를 예방하는 연구 분야로, 아파트나 학교, 공원 등 도시생활공간의 설계단계부터 범죄예방을 위한 다양한 안전시설 및 수단을 적용한 도시계획 및 건축설계를 말한다.
> - 자연적 감시 : 건축물이나 시설물의 설계 시 가로등 설치를 확장하여 가시권을 최대로 확보하고, 외부침입에 대한 감시기능을 확대함으로써 범죄위험 및 범죄기회를 감소시킨다.
> - 접근통제 : 일정한 지역에 접근하는 사람들을 정해진 공간으로 유도하거나, 방범창이나 차단기 등을 설치하여 외부인의 출입을 통제하도록 설계함으로써 접근에 대한 심리적 부담을 증대시켜 범죄를 예방한다.
> - 영역성 강화 : 사적 공간에 대한 경계를 표시하기 위해 울타리 등을 설치하여 주민들의 책임의식과 소유의식을 증대시킴으로써 사적 공간에 대한 관리권을 강화시키고, 외부인들에게 침입에 대한 불법 사실을 인식시켜 범죄기회를 차단한다.
> - 활동성 지원 : 지역사회 설계 시 주민들이 모여 상호 의견을 교환하고 유대감을 증대시킬 수 있는 놀이터, 공원 등을 설치하고, 체육시설의 접근성과 이용을 권장하여 '거리의 눈'을 활용한 자연적 감시와 접근통제의 기능을 확대한다.
> - 유지 · 관리 : 처음 설계된 대로 또는 개선한 의도대로 지속적으로 파손된 부분을 즉시 보수하고, 청결을 유지 · 관리함으로써 범죄예방을 위한 환경설계의 장기적이고 지속적인 효과를 유지한다.
>
> **┃ CPTED의 원리별 사례**
>
> | | |
> |---|---|
> | **자연적 감시** | 조명, 조경, 가시권 확대를 위한 건물의 배치 등 |
> | **자연적 접근통제** | 차단기, 방범창, 잠금장치, 통행로의 설계, 출입구의 최소화 등 |
> | **영역성 강화** | 울타리(펜스)의 설치, 사적 · 공적 공간의 구분 등 |
> | **활동성 지원** | 놀이터, 공원의 설치, 체육시설의 접근성과 이용 증대, 벤치 · 정자의 위치 설계 등 |
> | **유지 · 관리** | 파손의 즉시보수, 청결유지, 조명 · 조경의 관리 등 |
>
> **정답** ✕

54. 생활양식 · 노출이론(Lifestyle-Exposure Theory)은 인구통계학적, 사회구조적 요인이 개인별 생활양식의 차이를 야기하고 이러한 생활양식의 차이가 범죄피해 가능성의 차이로 이어진다고 본다.　　　　　　　　　　（　　　）

> **해설** 힌델링(Hindelang)의 생활양식 · 노출이론은 개인의 직업적 활동 · 여가활동 등 모든 일상적 활동의

생활양식이 그 사람의 범죄피해 위험성을 높이는 중요한 요인이 된다는 이론으로, 인구학적 · 사회학적 계층 · 지역에 따른 범죄율의 차이는 피해자의 개인적 생활양식의 차이를 반영한다고 한다.

▌일상활동이론과 생활양식-노출이론 비교

일상생활이론(미시+거시)	생활양식 – 노출이론(미시)
• 일상생활 진행에 따른 범죄율의 변화를 설명하기 위한 이론으로 제시 • 미시적 · 상황적 요소인 '대상으로서의 매력성'과 '감시의 부재'를 강조	범죄기회 구조의 내용으로서 범죄자와의 근접성과 범죄위험에의 노출이라는 거시적인 부분 중요시
둘 다 기회이론	

정답 ○

55. 최초의 공식적인 회복적 사법 프로그램은 미국 오하이오주에서 도입된 피해자–가해자 화해 프로그램(victim-offender mediation)이다. (   )

해설 피해자–가해자 중재(조정) 모델은 범죄자와 피해자 사이에 제3자가 개입하여 화해와 배상 등을 중재하는 프로그램을 의미한다. 1974년 캐나다 온타리오 주의 피해자–가해자 화해 프로그램에서 시작되었으며, 가장 오래된 회복적 사법 프로그램의 모델이다.

정답 ✕

56. 코헨(Cohen)과 펠슨(Felson)의 일상활동이론(Routine ActivityTheory)은 형사사법체계에 의해서 수행되는 공식적 통제를 통한 범죄예방을 설명하는데 유용하다. (   )

해설 코헨(Cohen)과 펠슨(Felson)은 감시인 또는 보호자는 경찰이나 민간경비원 등의 공식 감시인을 의미하는 것이 아니라, 그 존재나 근접성 자체가 범죄를 좌절시킬 수 있는 사람들을 의미하는 것으로 의도하지 않더라도 사람들이 친지나 친구 또는 모르는 사람들로부터 보호받게 되는 측면을 의미한다고 설명하였다. 또한 동기를 가진 범죄자, 적당한 범행대상의 존재 및 범죄방지의 보안장치 또는 감시인의 결여 등과 같은 요소가 결집되면 범죄의 피해자가 될 수 있다고 본다. 따라서 일상활동의 구조적 변화에 따라 위와 같은 세 가지 요소에 시간적 · 공간적으로 영향을 미치게 되고, 그것이 결집된 경우에 범죄가 발생하므로 범죄의 예방을 위해서는 이러한 영향을 미치는 요소가 결집되지 않도록 하여야 함을 의미한다.

정답 ✕

57. 펠슨(Felson)은 경찰과 같은 공식적 감시자의 역할보다 가족, 이웃, 지역사회 등 비공식적 통제수단에 의한 범죄예방과 억제를 강조하였다. (   )

해설 펠슨은 감시인 또는 보호자는 경찰이나 민간경비원 등의 공식 감시인을 의미하는 것이 아니라, 그 존재나 근접성 자체가 범죄를 좌절시킬 수 있는 사람들을 의미하는 것으로 의도하지 않더라도 사람들이 친지나 친구 또는 모르는 사람들로부터 보호받게 되는 측면을 의미한다고 설명하였다. 즉 일상활동이론은 비공식적 통제체계에서의 자연스러운 범죄예방과 억제를 중요시한다.

정답 ○

58. 회복적 사법에 있어 가족집단 회합모델(family group conference)은 뉴질랜드 마오리족의 전통에서 유래하였다. (   )

> **해설** 가족집단 회합모델은 뉴질랜드 마오리족의 전통에 기원을 두고 있는데, 1989년 뉴질랜드의 소년범 중 마오리족 청소년들이 높은 비중을 차지하는 문제를 해결하기 위한 방안으로 「아동ㆍ청소년 및 그 가족들에 관한 법」에 의해 도입되었다.
>
> ▌ 회복적 사법
> 특정 범죄에 대한 이해관계를 가진 당사자(범죄피해자와 가해자, 지역사회의 구성원)가 사건 해결 과정에 능동적으로 참여하여 범죄피해자의 권리신장과 피해회복에 초점을 두는 과정이다.
>
> 정답 ○

59. 브랜팅햄과 파우스트의 범죄예방모델은 질병예방의 보건의료모형을 차용하였다. (   )

> **해설** 브랜팅햄과 파우스트의 범죄예방모델은 질병예방의 보건의료모형을 차용하였다. 1차적 예방은 질병예방을 위해 주변환경의 청결ㆍ소독과 같은 위생상태를 개선하는 것과 유사하고, 2차적 예방은 질병에 걸린 사람들을 격리하고 주변 사람들에게 예방접종을 하는 것과 유사하며, 3차적 예방은 중병에 걸린 사람을 입원시켜 치료하는 것과 유사하다.
>
> 정답 ○

60. 구조적 선택이론은 일상활동이론과 생활양식노출이론을 종합한 이론이다. 사회적 상호작용의 특성과 개인의 특성이 가져오는 범행기회, 즉 근접성과 노출이 있고, 주어진 사회적ㆍ공간적 상황에서 범죄자의 주관적 선택, 대상선택에 영향을 미치는 요인들 즉 표적의 매력성, 보호능력이 있다. (   )

> 정답 ○

61. 일상활동이론(routine activity theory)에서는, 범죄예방에 관하여 범죄자의 범죄성향이나 동기를 감소시키는 것보다는 범행기회를 축소하는 것이 강조된다. (   )

> 정답 ○

62. 뉴만의 방어공간이론의 방어공간에는 영역성, 자연적 감시, 이미지, 환경의 네 가지 구성요소가 있는데, 이 가운데 영역성을 강조하였다. (   )

> 정답 ○

63. 뉴만의 방어공간이론의 방어공간 구성요소 가운데 이미지는 특정 지역ㆍ장소에 있는 특정한 사람이 범행하기 쉬운 대상으로 인식되지 않도록 하는 것을 의미한다. (   )

> 정답 ○

64. 방어공간이론의 방어공간의 영역은 사적 영역, 준사적 영역, 준공적 영역, 공적 영역으로 나뉘는데, 이 가운데 준공적 영역과 공적 영역의 범죄발생 위험성이 높다고 하였다. (   )

해설 뉴만은 준공적 영역도 범죄발생 위험이 존재하지만, 공적영역보다는 상대적으로 낮다고 설명한다.

정답 ✕

65. 합리적 선택이론(Rational Choice Theory)에서 범죄는 잠재적인 범죄자가 불법행위에 대한 비용과 편익을 분석하는 의사결정과정의 결과라는 입장이다. ( )

정답 ○

— CHAPTER 13 —

범죄대책론

1. 비범죄화는 공공질서 관련 범죄들은 비공식적 통제조직에 의해 오히려 효과적으로 통제될 수 있다는 생각을 바탕에 두고 있다. ( )

정답 ○

2. 비범죄화는 피해자 없는 범죄와 주로 사회적 법익을 침해하는 범죄에 적용 가능하다. ( )

정답 ○

3. 형사정책적 측면에서 비범죄화해야 한다고 보는 범죄로는 교통범죄, 청소년범죄, 가정폭력범죄 등이 거론된다. ( )

해설 교통범죄는 신범죄화된 범죄유형이고, 청소년범죄·가정폭력범죄는 과범죄화된 범죄유형이다.

정답 ✕

4. 비범죄화 예시 중 성매매방지 및 피해자보호 등에 관한 법률상 성매매 목적의 인신매매를 당한 사람은 처벌하지 아니한다. ( )

해설 성매매, 즉 매춘을 처벌치 않는다는 규정이 아니기에 비범죄화의 내용과 관련이 없다.

정답 ✕

5. 양심적 병역거부는 대법원의 판결에 따라 비범죄화되었다. ( )

정답 ○

6. 검찰의 기소편의주의에 의한 불기소처분은 비범죄화 논의의 대상이 아니다. ( )

해설 비범죄화 논의의 대상이 된다.

정답 ✕

7. 입법부에 의한 법률상의 비범죄화뿐만 아니라 경찰·검찰과 같은 수사기관에 의한 실무상의 비범죄화도 이루어지고 있다. ( )

정답 ○

8. 법률상 비범죄화는 국회의 입법으로 법률이 폐지되거나 헌법재판소의 위헌결정 등에 의한 비범죄화를 의미한다. ( )

정답 ○

9. 수사상 비범죄화는 수사기관이 형벌법규가 존재함에도 사실상 수사하지 아니하는 것을 의미한다. ( )

정답 ○

10. 형사처벌의 범위를 축소시키는 것은 비범죄화에 해당하지 않는다. ( )

해설 비범죄화는 형사처벌을 하지 않거나 범위를 축소하는 것이다.

정답 ✕

11. 경미범죄에 대한 경찰의 훈방조치 내지 지도장 발부, 범칙금 납부제도 등은 넓은 의미의 비범죄화의 일환이다. ( )

정답 ○

12. 범죄억제모델은 고전주의의 형벌의 위하적 효과를 중요시하며 이를 위하여 처벌의 신속성, 확실성, 엄격성을 요구한다. ( )

해설 ┃ 제프리(Jeffery)의 범죄대책모델
- 범죄억제모델
  - 비결정론적 인간관을 전제로 한다.
  - 형법 내지 형벌을 통하여 범죄를 억제하는 가장 전통적인 방법으로써 과거 형사정책의 주관심 대상인 고전주의 이론이다.
  - 처벌을 통하여 범죄자들의 잠재적 범죄를 예방하고, 이를 통하여 사회를 안전하게 보호하는 데 중점을 둔다.
  - 처벌을 통한 범죄예방의 효과를 높이기 위하여 처벌의 확실성, 엄격성, 신속성을 요구한다.
- 사회복귀모델
  - 주관주의 형법이론과 맥을 같이한다.
  - 범죄인의 재사회화와 재범방지에 중점을 둔 임상적 개선방법 등 오늘날 실증주의의 특별예방 관점에서의 행형론의 주요한 모델이다.
  - 범죄인의 생물학적·심리학적 특성과 사회적 환경에 따른 효과에 차이가 난다는 문제가 있다.

- 사회환경개선을 통한 범죄예방모델
  - Jeffery가 특히 강조한 모델이다.
  - 도시정책, 환경정화, 인간관계의 개선과 정치·경제·사회 각 분야에서의 갈등해소 등 환경개선을 통하여 범죄를 예방하고자 하는 범죄억제모델이다.
  - 범죄의 원인을 개인과 환경과의 상호작용에서 찾음으로써 사회적 범죄환경요인을 개선 내지 제거할 것을 주장한다.
  - 범죄대책은 사회통제의 일환으로 보고 사회환경의 개선을 통해서만 범죄방지가 가능하다고 본다.
  - 이는 인간과 환경의 조화를 위한 환경설계를 통해 범죄를 미연에 예방할 수 있고 이를 위해 주민들이 주거공간을 건축설계 시부터 범죄를 예방할 수 있도록 건축할 것을 요구한다.

정답 ○

13. 제프리가 제시한 범죄대책 중 범죄통제모델은 롬브로조(C. Lombroso)의 생물학적 결정론과 같은 이론에 근거하는 모델로서 임상적 치료를 통해 개선하는 방법을 이용한다.

( )

해설 사회복귀모델에 관한 설명이다. 제프리(Jeffery)는 범죄대책모델로 범죄억제모델, 사회복귀모델, 환경개선을 통한 범죄예방모델을 제시하였으며, 이 세 가지 모델은 상호보완관계에 있다. 참고로 랩(Lab)은 범죄예방의 개념을 실제의 범죄발생 및 시민의 범죄에 대해서 가지는 두려움을 제거하는 활동이라고 하였다.

정답 ✕

14. 제프리(Jeffery)는 사회환경개선을 통한 범죄예방모델로 환경설계를 통한 범죄예방(Crime Prevention Through Environmental Design: CPTED)을 제시하였다. ( )

해설 | CPTED
- 1971년 제프리(Jeffery)는 「환경설계를 통한 범죄예방(CPTED)」이라는 저서에서 방어공간의 개념을 주택지뿐만 아니라 학교나 공장 같은 비주거지역에 적용함으로써 범죄예방을 위한 환경설계는 미국 전역의 관심을 받기 시작했다.
- CPTED의 4가지 전략

자연적 감시	• 이 전략은 주민들이나 경찰이 침입자를 쉽게 관찰할 수 있도록 주택을 설계하는 것을 말한다. • 건물 입구나 출입문에 대한 가시성 증가, 방문이나 창문을 주변 도로에서 잘 보이도록 설계, 고강도 가로등 설치, 주차장이나 현관에 CCTV 설치에 의한 침입자 관찰, 전자감시장치 이용 등이 그 기법이다.
영역성 강화 (territorial reinforcement)	• 이 전략은 주거지의 영역을 공적 영역보다 사적 영역화함으로써 외부인을 통제하고 또한 외부인은 자신이 통제대상이라는 것을 자각하게 함으로써 범죄를 예방하려는 전략이다. • 구체적으로는 조경, 도로의 포장, 특수울타리 설치, 출입구 통제 강화, 표지판 설치, 내부 공원조성 등은 주민들의 소유재산이나 자기의 사적 영역이라는 인식을 강화한다.
접근통제 (access control)	• 이 전략은 지역 및 지역 내 주택이나 건물에 수상한 사람들이 침입하지 못하도록 설계하는 것을 말한다. • 범죄 표적대상 강화(target hardening)라고도 하는 이 전략은 구체적 기법으로 건물의 출입구의 수 줄이기, 특수 잠금장치 설치, 방범경보장치 설치, 방범창 설치, 방범견 배치, 경비원 배치 등이 있다.

주민에 의한 방범활동 지원	• 제이콥스가 제안한 거리의 눈, 즉 일반 주민들의 눈을 적극적으로 활용하는 설계전략이다. • 주거지 주변에 레크레이션 시설의 설치, 산책로 주변에 벤치 설치, 주택단지 안에 농구장이나 테니스장 설치 등에 의해 범법자들의 이동을 감시하는 기능을 강화할 수 있다. • 일반 주민들의 방범협조는 주민들의 방범의식 강화와 함께 경찰과의 협조체계가 확립되어야 하는 것이 선결조건이다.

정답 ○

15. '상황적 범죄예방 모델'은 범죄기회를 감소시키는 것만으로는 범죄를 예방하는 데 한계가 있다는 생각에서 출발한다. (   )

해설 범죄기회를 감소시키는 것만으로 범죄를 예방한다는 생각에서 출발한다.
코니쉬(Cornish)와 클라크(Clarke)의 상황적 범죄예방이란 사회나 사회제도 개선에 의존하는 것이 아니라 단순히 범죄기회의 감소에 의존하는 예방적 접근을 말하며, 구체적인 범죄를 대상으로 체계적이고 장기적으로 직접적인 환경을 관리·조정하며 범죄기회를 감소시키고 잠재적 범죄자로 하여금 범행이 위험할 수 있음을 인지하도록 하는데 목표를 두고 있다. 코니쉬와 클라크는 상황적 범죄예방의 5가지 목표(노력의 증가, 위험의 증가, 보상의 감소, 자극의 감소, 변명의 제거)와 25가지 구체적 기법을 제시하였다.

▌코니쉬와 클라크 상황적 범죄예방의 5가지 목표와 25가지 기법

목표	구체적 기법
노력의 증가	대상물 강화, 시설접근통제, 출구검색, 잠재적 범죄자 분산, 도구·무기 통제
위험의 증가	보호기능 확장, 자연적 감시, 익명성 감소, 장소감독자 활용, 공식적 감시 강화
보상의 감소	대상물 감추기, 대상물 제거, 소유자 표시, 장물시장 교란, 이익불허
자극의 감소	좌절감과 스트레스 감소, 논쟁 피하기, 감정적 자극 감소, 친구압력 중화, 모방 좌절시키기
변명의 제거	규칙 명확화, 지침의 게시, 양심에 호소, 준법행동 보조, 약물과 알코올 통제

정답 ✕

16. 환경설계를 통한 범죄예방(CPTED)은 대상물 강화(target hardening) 기법을 포함한다.
(   )

정답 ○

17. 레페토의 기능적 전이(Functional Displacement)란 기존 범죄자의 활동 중지가 또 다른 범죄자에 의해 대체되는 것을 의미한다. (   )

해설 기능적 전이는 범죄자가 기존 범죄를 그만두고, 다른 범죄유형으로 옮겨가는 것을 의미한다.

영역적 전이	한 지역에서 다른 지역, 일반적으로 인접 지역으로의 이동
시간적 전이	낮에서 밤으로와 같이 한 시간에서 다른 시간으로의 범행 이동
전술적 전이	범행에 사용하는 방법을 바꿈
목표의 전이	같은 지역에서 다른 피해자 선택

기능적 전이	범죄자가 한 범죄를 그만두고, 다른 범죄유형으로 옮겨감
범죄자 전이	범죄자의 활동의 중지가 또 다른 범죄자에 의해 대체

※ 이익의 확산 효과는 지역의 상황적 범죄예방활동 효과가 다른 지역으로 확산되어 다른 지역의 범죄 예방에도 긍정적인 영향을 미치게 된다는 것을 의미한다. 반면에, 전이 효과는 상황적 범죄예방활동으로 인해 범죄행위가 다른 시간 및 장소로 전이되어 사회 전체적인 측면에서는 범죄를 줄일 수 없게 된다는 부정적 시각을 의미한다.

▌범죄두려움(Fear of Crime)
• 범죄두려움에 대한 개념은 다양하나 일반적으로 특정 범죄의 피해자가 될 가능성의 추정이나 범죄 등에 대한 막연한 두려움의 추정으로 정의된다.
• 범죄두려움의 무질서 모델이란 지역사회의 무질서 수준이 범죄두려움에 영향을 준다는 설명방식이다.
• 이웃통합모델은 이웃지역의 결속과 상호신뢰가 존재한다면 지역의 두려움은 감소될 수 있다는 이론이고 무질서모델은 개인에게 지각되는 물리적, 사회적 무질서가 범죄의 두려움을 증가시킨다는 이론이다.
• 일반적으로 여성이나 노인은 젊은 남성에 비해 범죄피해율이 매우 낮지만 상대적으로 범죄두려움은 더 높게 나타나는 현상을 범죄피해-두려움의 패러독스라 한다.
• 범죄두려움 개념은 CCTV, 조명 개선의 범죄예방효과 확인을 위한 지역주민의 주관적 평가에 활용할 수 있다.

정답 ○

18. 깨진유리창이론(broken windows theory)은 종래의 형사정책이 범죄자 개인에 집중하는 개인주의적 관점을 취한다는 점을 비판하고, 공동체적 관점으로서의 전환을 주장한다.

( )

정답 ○

19. 깨진유리창이론은 법률에 의한 범죄화와 범죄에 대한 대응을 중시한다. ( )

해설 사소한 무질서 행위에 대한 경찰의 강경한 대응을 중시한다.

정답 ✕

20. 상황적 범죄예방모델은 한 지역의 범죄가 예방되면 다른 지역에도 긍정적 영향이 전해진다는 소위 범죄의 전이효과(displacement effect)를 주장한다. ( )

해설 이익의 확산효과(diffusion of benefit)를 주장한다.

정답 ✕

21. SARA모델은 문제지향적 경찰활동으로 탐색, 분석, 대응, 평가의 과정을 통하여 문제를 해결하는 과정을 설명한다. 분석단계는 문제의 범위와 성격에 따라 문제에 대한 원인을 파악하기 위하여 내부뿐만 아니라 문제에 대한 모든 데이터를 수집하고 분석하는 단계이다.

( )

해설 ┃ **경찰의 문제지향적 경찰활동(SARA모델)**

SARA모델은 문제지향적 경찰활동으로 탐색, 분석, 대응, 평가의 과정을 통하여 문제를 해결하는 과정을 설명한다.

- 탐색(Scanning) 단계는 지역사회 문제, 쟁점, 관심사 등을 인식하고 범주화하는 단계이다.
- 분석(Analysis) 단계는 문제의 범위와 성격에 따라 문제에 대한 원인을 파악하기 위해 데이터를 수집하고 분석하는 단계이다.
- 대응(Response) 단계는 경찰과 지역사회의 다양한 주체가 협력하여 분석된 문제의 원인을 제거하고 해결하는 단계이다.
- 평가(Assessment) 단계는 대응 후의 효과성을 검토하는 단계로서 문제해결의 전 과정에 대한 문제점을 분석하고 환류를 통해 대응방안 개선을 도모한다.

┃ **절도범죄의 취약물품(Hot Products)**

- 취약물품이란 범죄자의 주의를 끌고 절도의 대상이 되기 쉬운 물건을 의미하며, 취약물품으로서 가장 좋은 예는 작고 가벼우며 비싼 물건인 노트북, 휴대전화를 들 수 있다.
- 제품디자인(Product Design)이나 목표물 강화(Target Hardening) 전략은 취약물품 절도를 예방할 수 있다.
- 클라크와 뉴먼은 범행대상이 되는 것은 일상적 물품으로 물품의 설계를 변경함으로써 범행대상이 될 가능성을 낮추는 것이 가능하다고 한다.
- 클라크(Clarke)는 취약물품의 특성을 설명하기 위해 코헨과 펠슨(Cohen & Felson)의 VIVA개념을 확장하여 CRAVED개념을 제시하였다.
- CRAVED(크레이브드): Concealable(은폐 가능한), Removable(탈착 가능한), Available(이용 가능한), Valuable(가치 있는), Enjoyable(즐길 수 있는), Disposable(처분 가능한)
- 클라크(Clarke)는 절도범죄와 관련하여 VIVA모델과 CRAVED모델을 제시하였다. 두 모델의 구성 개념들은 일부 중첩되는데, VIVA모델에서 말한 관성(Inertia)은 CRAVED모델의 이동성(Removable)과 가장 가까운 개념이다.

정답 ○

22. 클라크의 취약물품 특징은 Concealable(은폐 가능한), Removable(탈착 가능한), Available(이용 가능한), Valuable(가치 있는), Enjoyable(즐길 수 있는), Disposable(처분 가능한) 등 CRAVED(크레이브드)라고 한다.

정답 ○

23. 범죄예측에 있어서 성별이나 신분을 나타내는 예측항목에 의한 평가는 공평한 사법처리를 위한 전제조건이다.　　　　　　　　　　　　　　　(　　)

해설 공평한 사법처리를 위해서는 성별이나 사회적 신분이 예측항목에 포함되어서는 안 된다.

┃ **범죄예측 보충자료**

- 범죄예측은 크게 범죄사건예측, 범죄자예측, 범죄자신원(동일성)예측, 피해자예측 등 4가지 영역으로 구분된다.
- 현재 우리나라 경찰청에서는 CCTV를 활용한 AI인식시스템으로 프리카스(Pre-CAS)를 활용하고 있다.
- 범죄를 예측하고 경찰활동에 체계적으로 적용한 미국 내 최초의 사례는 미국 캘리포니아주 LA경찰국과 산타크루즈 경찰서에서 시행한 프레드폴(PredPol)이다.
- 미국 법무부산하 국립사법연구소(NIJ)는 예측적 경찰활동이란 '다양한 분석기법을 활용하여 경찰개

입이 필요한 목표물을 통계적으로 예측함으로써 범죄를 예방하거나 해결하는 제반활동'이라고 정의
하였다.

정답 ✕

24. 워너(S. Warner)의 가석방예측은 수용자의 가석방 후 재범 여부를 연구한 것이다.

( )

해설 ▌미국의 범죄예측 발전
- 워너(Warner)
  - 점수법을 통한 가석방심사기준의 타당성 평가가 목적이다.
  - 메사추세츠주(州) 가석방자를 60개의 항목(예 교정 여부, 전과, 석방 후 계획 등)으로 점수화하여 재범가능성을 예측하였다.
- 버제스(Burgess)
  - 경험표(예측표)를 작성하여 객관적 범죄예측의 기초를 마련하였다.
  - 일리노이주(州) 가석방자 3,000명을 대상으로 21개의 공통요인을 추출하고, 통계분석하여 가석 방기간 중 재범가능성을 예측하였다.
  - 각 요인에 +1, 0, -1의 점수를 부여하는 실점부여방식이다.
- 글룩(Glueck)부부
  - 조기비행예측표를 작성하여 비행소년의 재비행가능성을 예측하였다.
  - 매사추세츠주(州) 비행소년 500명과 보스턴의 일반소년 500명을 대상으로 300개의 요인 중 비 행소년과 일반소년 간 구별요인 5개에 대한 총 예측점수를 계산하였다.
  - 각 요인에 대한 점수를 부여한 후 합산하는 가중실점방식이다.
- 최근의 방법 : 하서웨이(Hathaway)와 맥킨리(Mckinley)가 고안한 '미네소타 다면적 성격검사법' (MMPI ; Minnesota Multiphastic Personality Inventory)이 가장 표준화된 범죄자 성격(인성) 조사방법으로 활용되고 있다.
- 미국의 범죄예측은 가석방예측으로부터 시작되었지만, 우리나라는 글룩 부부의 범죄예측이 도입되 면서 시작되었다(청소년 비행예측).

정답 〇

25. 범죄예측은 보호관찰을 위한 적정한 방법을 찾아내기 위해서 고안되었다. ( )

해설 가석방심사기준이 얼마나 타당한가를 평가하기 위해서 고안되었다.

정답 ✕

26. 범죄예측의 네 가지 요소 중 타당성은 예측의 목적에 따라서 예측이 합목적적 방법으로 수 행되는 것을 의미한다. ( )

해설
- 신뢰성(객관성) : 누가 예측을 하더라도 동일한 결과이어야 한다.
- 타당성 : 예측의 목적에 대하여 올바른 기능을 하여야 한다.
- 단순성 : 판정을 위한 조작이 간단하고 단시일 내에 마칠 수 있어야 한다.
- 효율성(경제성) : 가능한 한 적은 인자로 높은 정밀도를 얻어낼 수 있어야 한다.

정답 〇

27. 범죄예측은 형사사법절차 중 예방 및 재판단계에서는 유용하나, 수사 및 교정단계에서는 유용하지 않다. (　　)

> **해설** 범죄예측은 형사사법절차 중 예방 및 재판 단계뿐만 아니라 수사 및 교정 단계에서도 유용하다. 특히 가석방 심사 시 재범예측 수단으로 활용된다.
>
> 정답 X

28. 워너(Warner)는 '경험표'라고 불린 예측표를 작성하여 객관적인 범죄예측에 기초를 마련하였다. (　　)

> **해설** 경험표라고 불린 예측표를 작성하여 객관적인 범죄예측에 기초를 마련한 사람은 워너가 아닌 버제스이다.
>
> 정답 X

29. 범죄예측방법 중 '통계적 예측'은 실무에서 가장 많이 사용되는 방법으로, 판단자의 주관적 평가가 개입되어 자료를 객관적으로 분석할 수 있는 장점이 있다. (　　)

> **해설** 예측방법 중 '통계적 예측'은 실무에서 가장 많이 사용되는 방법으로, 판단자의 주관적 평가가 개입되지 않아 자료를 객관적으로 분석할 수 있는 장점이 있다. 그러나 통계적 예측방법은 사례를 중심으로 개발된 것이므로 개별 범죄인에게 존재하는 고유한 특성이나 개인적 편차를 예측과정에 충분히 반영할 수 없다는 단점이 있다.
>
> 정답 X

30. 미래에 범죄를 범할 것이라고 예측하였으나 실제로는 범죄를 저지르지 않은 오류부정(false negative)'의 경우 개인의 자유가 부당하게 침해된다는 단점이 있다. (　　)

> **해설** 미래에 범죄를 범할 것이라고 예측하였으나 실제로는 범죄를 저지르지 않은 오류긍정의 경우 개인의 자유가 부당하게 침해된다는 단점이 있다.
>
> ▌미국의 범죄예측 발전
> - 워너(Warner)
>   - 점수법을 통한 가석방심사기준의 타당성 평가가 목적이다.
>   - 메사추세츠주(州) 가석방자를 60개의 항목(예 교정 여부, 전과, 석방 후 계획 등)으로 점수화하여 재범가능성을 예측하였다.
> - 버제스(Burgess)
>   - 경험표(예측표)를 작성하여 객관적 범죄예측의 기초를 마련하였다.
>   - 일리노이주(州) 가석방자 3,000명을 대상으로 21개의 공통요인을 추출하고, 통계분석하여 가석방기간 중 재범가능성을 예측하였다.
>   - 각 요인에 +1, 0, -1의 점수를 부여하는 실점부여방식이다.
> - 글룩(Glueck)부부
>   - 조기비행예측표를 작성하여 비행소년의 재비행가능성을 예측하였다.
>   - 매사추세츠주(州) 비행소년 500명과 보스턴의 일반소년 500명을 대상으로 300개의 요인 중 비행소년과 일반소년 간 구별요인 5개에 대한 총 예측점수를 계산하였다.
>   - 각 요인에 대한 점수를 부여한 후 합산하는 가중실점방식이다.
> - 최근의 방법 : 하서웨이(Hathaway)와 맥킨리(Mckinley)가 고안한 '미네소타 다면적 성격검사법' (MMPI

; Minnesota Multiphastic Personality Inventory)'이 가장 표준화된 범죄자 성격(인성) 조사방법으로 활용되고 있다.

정답 ✕

31. 글룩(Glueck)부부는 범죄예측과 관련하여 특정항목의 점수를 가중하거나 감점하는 '가중실점 방식'이라는 조기예측법을 소개하였다.   (   )

정답 ○

32. 우리나라에서는 소년비행과 관련하여 비행성예측법을 이용하고 있다.   (   )

정답 ○

33. 범죄예방단계에서의 범죄예측은 주로 소년들의 잠재적인 비행을 예측하는 데 사용되고 있으나, 오히려 소년들을 미래의 비행자로 낙인찍을 수 있다는 비판이 제기된다.   (   )

정답 ○

34. 재판 시 피고인에 대한 재범가능성 예측은 법관의 예단을 배제한다.   (   )

해설 법관의 예단에 영향을 미칠 수 있다.

정답 ✕

35. 가석방 시의 예측은 교도소에서 가석방을 결정할 때 수용생활 중의 성적만을 고려하여 결정한다.   (   )

해설 수용성적뿐만 아니라 사회복귀 후의 환경 등을 고려하여 결정한다.

정답 ✕

36. 직관적 예측법은 실무에서 자주 사용되는 방법이지만, 이는 판단자의 주관적 입장에 의존한다는 점에서 비판을 받는다.   (   )

해설

분 류	의 의	검 토
직관적 관찰법 (전체적 관찰법)	• 예측자의 직관적 예측능력을 토대로 하는 예측방법이다. • 이는 인간의 보편적 예측능력, 판사 · 검사 · 교도관 등 범법자를 대상으로 한 직업경험이 중요한 역할을 한다.	• 판단자의 주관적 입장 · 지식 · 경험에 의존하여 신뢰하기 어렵다. • 주관적 자의와 한계 및 합리적 판단기준의 결여를 극복하기 어렵다.

임상적 예측방법 (경험적 개별예측)	정신과 의사나 범죄심리학자가 행위자의 성격분석을 위한 조사와 관찰, 임상실험의 도움을 통해 내리는 예측을 말한다.	판단자의 주관적 평가의 개입가능성, 자료해석의 오류가능성, 비용이 많이 소요된다는 단점이 있다.
통계적 예측방법 (점수법)	범죄자의 특징을 계량화하여 그 점수의 많고 적음에 따라 장래의 범죄행동을 예측하는 방법으로 예측표를 작성하여 활용된다.	누구나 쉽게 사용할 수 있고, 객관적 기준에 의해 실효성·공평성이 높으며 비용도 절감되지만, 예측표의 목록은 개별연구자에 따라 상이하여 보편타당한 예측표나 절차가 불가능하다는 단점이 있다.
통합적 예측방법 (구조예측)	직관적 방법과 통계적 예측방법을 조합하여 각각의 단점을 보완하고자 하는 방법이다.	각각의 예측방법의 결함은 어느 정도 줄일 수 있으나 완전히 제거하는 것은 불가능하다.

정답 ○

37. 임상적 예측법은 정신과 의사나 범죄심리학자가 조사와 관찰 등에 의해 행위자의 성격분석을 토대로 내리는 예측이므로 판단자의 자료해석의 오류나 주관적 평가가 개입할 위험이 있다.

( )

정답 ○

38. 전체적 관찰법(임상적 예측법)은 각 개인의 특수성에 관한 관찰이 불가능한 반면, 전문적인 관찰자 간의 개인차로 객관적 기준을 확보하기가 유리하다. ( )

해설 특수성에 관한 관찰이 가능한 반면, 전문적인 관찰자 간의 개인차로 객관적 기준을 확보하기가 곤란하다.

정답 ✕

39. 통계적 예측법은 범죄자의 특징을 계량화하여 그 점수에 따라 범죄행동을 예측하므로 실효성이 높고, 비교적 공평하며, 예측비용이 절감되는 장점이 있다. ( )

정답 ○

40. 통계적 예측법은 많은 사례를 중심으로 개발된 것이기 때문에 개별 범죄자의 고유한 특성이나 편차를 충분히 반영할 수 있다는 장점이 있다. ( )

해설 통계적 예측법은 많은 사례를 중심으로 개발된 것이기 때문에 개별 범죄자의 고유한 특성이나 편차를 충분히 반영할 수 없다는 단점이 있다.

정답 ✕

41. 통계적 예측방법은 범죄자의 특징을 계량화하여 객관적 기준에 의존하기 때문에 실효성과 공정성을 확보할 수 있지만 범죄 요인의 상이한 선별기준에 대한 대책이 없다. ( )

정답 ○

42. 다이버전이란 형사사법기관이 통상의 형사절차를 중단하고 이를 대체하는 절차에 의해 범죄
    인을 처리하는 제도를 말한다.   (   )

    정답 ○

43. 시설내 처우를 사회내 처우로 대체하는 것도 다이버전에 포함된다.   (   )

    정답 ○

44. 다이버전은 형사제재의 최소화를 도모하는 것으로, 보석·구속적부심사제도도 그 한 형태이다.
                                                                        (   )

    해설 보석·구속적부심사제도는 다이버전에 해당하지 않는다.

    정답 ✕

45. 다이버전은 기존의 사회통제체계가 낙인효과로 인해 범죄문제를 해결하기보다는 오히려 악
    화시킨다는 가정에서 출발하고 있다.   (   )

    정답 ○

46. 다이버전은 형사사법의 평등화가 아닌 융통성 부여를 지향한다.   (   )

    정답 ○

47. 경찰단계에서의 전환으로는 훈방, 통고처분 등이 있다.   (   )

    정답 ○

48. 검찰단계에서의 전환으로는 기소유예, 불기소처분, 선도조건부 기소유예 등이 있다.
                                                                        (   )

    정답 ○

49. 재판단계에서의 전환으로는 선고유예, 집행유예 등이 있다.   (   )

    정답 ○

50. 소년분류심사원에서의 위탁처분도 다이버전에 해당한다.   (   )

> **해설** 소년분류심사원에의 위탁처분은 소년부판사가 사건을 조사·심리하기 위하여 행하는 임시조치이므로 다이버전에 속하지 않는다.
>
> **정답** ✕

51. 다이버전은 형사사법기관이 통상의 형사절차를 중단하고 이를 대체하는 새로운 절차로 이행하는 것으로, 성인형사사법보다 소년형사사법에서 그 필요성이 더욱 강조된다. (　　　)

> **정답** ○

52. 다이버전은 종래에 형사처벌의 대상이 되었던 문제가 다이버전의 대상이 됨으로써 형사사법의 통제망이 축소되고 나아가 형사사법의 평등을 가져온다. (　　　)

> **해설** 형사사법의 통제망이 확대되고 나아가 형사사법의 불평등을 가져온다.
>
> **정답** ✕

53. 다이버전은 형사사법통제망의 확대를 통한 통제의 강화를 기할 수 있어 재범의 위험성을 감소시킨다. (　　　)

> **해설** 증가시킨다.
>
> **정답** ✕

54. 다이버전은 사회적 통제를 강화시킬 뿐, 범죄원인 제거에는 큰 효과가 없다는 비판이 있다. (　　　)

> **정답** ○

55. 전환제도는 교도소의 과밀수용 문제에 대한 대안이 될 수 있다는 장점이 있다. (　　　)

> **정답** ○

56. 전환제도는 낙인이론의 산물로서 경미범죄를 형사사법절차를 거치지 않고 처리함으로써 낙인효과를 줄일 수 있다는 장점이 있다. (　　　)

> **정답** ○

57. 전환제도(diversion)에서 구속적부심 또는 보석은 전환제도의 대표적인 예시이다. (　　　)

> **해설** 구속적부심이나 보석과 같은 통상의 형사절차는 다이버전에 해당하지 않는다.

▌형사사법 단계별 다이버전 요약정리

경찰단계	훈방, 경고, 통고처분, 보호기관 위탁 등
검찰단계	기소유예, 불기소처분, 선도조건부 기소유예, 약식명령청구 등
법원단계	선고유예, 집행유예, 약식명령 등
교정단계	가석방, 개방처우, 보호관찰, 주말구금 등

정답 ×

58. 다이버전은 낙인효과에 의한 2차 범죄를 방지하고 법원의 업무경감을 통해 형사사법제도의 능률성을 높인다는 장점이 있다. ( )

정답 ○

59. 전환처우(다이버전)는 검찰 단계의 (조건부) 기소유예, 법원의 집행유예와 구속적부 심사제도 등이 있다. ( )

해설 구속적부 심사제도나 보석과 같은 통상의 형사절차는 다이버전에 해당하지 않는다.

정답 ×

60. 검찰 단계의 대표적 다이버전으로서 훈방과 통고처분이 있다. ( )

해설 훈방과 통고처분은 경찰 단계의 대표적 다이버전이다. 검찰 단계의 대표적 다이버전은 기소유예와 약식명령청구 등이 있다.

정답 ×

61. 다이버전(diversion)은 형사사법기관의 업무량을 줄여 상대적으로 더 중요한 범죄사건에 집중할 수 있게 해 준다. ( )

정답 ○

62. 응보형주의에 따르면 범죄는 정의에 반하는 악행이므로 범죄자에 대해서는 그 범죄에 상응하는 해악을 가함으로써 정의가 실현된다. ( )

정답 ○

63. 목적형주의에 따르면 형벌은 과거의 범행에 대한 응보가 아니라 장래의 범죄예방을 목적으로 한다. ( )

정답 ○

64. 일반예방주의는 범죄자에게 형벌을 과함으로써 수형자에 대한 범죄예방의 효과를 기대하는 사고방식이다. ( )

   해설 특별예방주의에 관한 설명이다.

   정답 ✕

65. 특별예방주의는 형벌의 목적을 범죄자의 사회복귀에 두고 형벌을 통하여 범죄자를 교육 개선함으로써 그 범죄자의 재범을 예방하려는 사고방식이다. ( )

   정답 ○

66. 형벌의 일반예방효과(General Deterrence Effect)는 위하를 통한 예방이라는 소극적 효과와 규범의식의 강화라는 적극적 효과로 나누기도 한다. ( )

   정답 ○

67. 몰수는 실정법상 대물적 보안처분에 해당한다. ( )

   해설 몰수는 실정법상 형벌이다.

   정답 ✕

68. 「형법」상 절대적 법정형으로서 사형을 과할 수 있는 죄는 적국을 위하여 모병한 모병이적죄뿐이다. ( )

   해설 「형법」상 절대적 법정형으로서 사형을 과할 수 있는 죄는 적국을 위하여 모병한 여적죄뿐이다.

   정답 ✕

69. 현행법은 사형을 제한한다는 취지에 따라 피해자가 사망하지 않는 범죄에 대해서는 사형을 규정하고 있지 않다. ( )

   해설 형법상 피해자가 사망하지 않는 범죄에 대해 사형을 선고할 수 있는 죄로는 내란·외환의 죄 등이 있으며, 기타 특별법에도 있다.

   정답 ✕

70. 우리나라는 국제사면위원회(Amnesty International)가 규정한 실질적 사형 폐지국에 속한다. ( )

   정답 ○

71. 사형은 응보나 예방 등 어떤 형벌이념에도 부합하지 않는다. ( )

[해설] 사형은 응보나 일반예방 이념에는 부합한다.

[정답] ✕

72. 자유형의 집행은 수형자의 신체를 구속함으로써 사회를 방위하는 기능도 가지고 있다.

( )

[정답] ○

73. 우리나라의 자유형에는 징역, 금고 및 구류가 있다. ( )

[정답] ○

74. 징역 또는 금고는 무기 또는 유기로 하고, 유기는 1개월 이상 30년 이하로 한다. 단, 유기 징역 또는 유기금고에 대하여 형을 가중하는 때에는 50년까지로 한다. ( )

[정답] ○

75. 단기자유형은 일반적으로 6월 이하의 형을 말하지만 절대적인 기준은 아니다. ( )

[정답] ○

76. 단기자유형의 경우 수형시설 내 범죄자들의 범죄성향에 오염될 위험성이 높아 형벌의 예방적 효과를 위태롭게 한다는 문제점이 지적된다. ( )

[정답] ○

77. 단기자유형은 신속한 사회복귀효과가 있다. ( )

[해설] 단기자유형은 출소 후 전과자로 낙인 받아 사회적응이 어려우므로 신속한 사회복귀효과가 있다고 보기 어렵다.

[정답] ✕

78. 단기자유형을 선고받고 복역한 후에는 누범문제가 제기되어 3년 동안 집행유예 결격사유가 발생할 수 있다. ( )

[정답] ○

79. 단기자유형의 대체방법으로는 벌금형, 집행유예, 선고유예 등의 활용과 거주제한, 가택구금 등이 있다. ( )

정답 ○

80. 현행법은 단기자유형의 폐단을 방지하기 위해 주말구금, 휴일구금, 충격구금(shock probation) 을 도입하고 있다. ( )

해설 단기자유형의 개선방안으로 제시되고 있으나 현행법에는 없음.

정답 ✕

81. 단기자유형의 폐해를 줄이기 위해 노역장유치가 그 대안으로 기능할 수 있다. ( )

해설 노역장유치는 그 자체가 단기자유형의 폐해가 있는 사안이기 때문에 대안이 될 수 없다.

정답 ✕

82. 단기자유형의 대체방안으로 선고유예제도, 집행유예제도, 사회봉사명령, 상대적 부정기형 등 이 제시되고 있다. ( )

해설 시설에 구금되는 상대적 부정기형은 그 대안이 되지 못한다.

정답 ✕

83. 부정기형과 기소법정주의의 채택은 단기자유형의 개선방안으로 제시되고 있다. ( )

해설 부정기형은 장기형을 전제로 한 것이므로 단기자유형의 개선방안이 될 수 없고, 기소법정주의보다는 기소편의주의를 채택하여 기소유예제도를 하여야 한다.

정답 ✕

84. 소년법에서는 소년이 법정형 단기 2년 이상의 유기형에 해당하는 경우에는 상대적 부정기형 을 인정하고 있다. ( )

해설 장기 2년 이상의 유기형에 해당하는 경우에는.

정답 ✕

85. 소년법에 의하면 소년범에 대하여 부정기형을 선고할 경우 그 장기는 10년을 초과하지 못 한다. ( )

정답 ○

86. 부정기형제도는 사회방위의 목적으로도 이용할 수 있다. ( )

정답 ○

87. 부정기형제도는 범죄자의 개선보다는 응보에 중점을 둔 제도이다. ( )

해설 응보보다는 범죄자의 개선에 중점을 둔 제도이다.

정답 ✕

88. 벌금과 과료는 판결확정일로부터 30일 내에 납입하여야 한다. 단, 벌금 또는 과료를 선고할 때에는 동시에 그 금액을 완납할 때까지 노역장에 유치할 것을 명할 수 있다. ( )

해설 벌금과 과료는 판결확정일로부터 30일 내에 납입하여야 한다. 단, 벌금을 선고할 때에는 동시에 그 금액을 완납할 때까지 노역장에 유치할 것을 명할 수 있다.

▌벌금과 과료 요약

구분	금액	노역장 유치기간	형의 시효기간	형의 실효기간	집행·선고유예의 여부
벌금	5만원 이상 (감경 시 미만 가능)	1일 이상 3년 이하	5년	2년	가능
과료	2천원 이상 5만원 미만	1일 이상 30일 미만	1년	완납과 동시	불가능

▌총액벌금제도와 일수벌금제도 비교

구분	총액벌금제도	일수벌금제도(타이렌 교수)
행위자의 책임	전체 벌금액 산정기준	일수의 기준
행위자의 경제능력과 지불능력	고려 ✕	1일 벌금액 산정 시 고려
형벌의 위하력	낮음	높음
노역장 유치기간의 산정	복잡함	일수만큼 유치(명료함)
배분적 정의실현	부적합	적합

▌벌금미납자의 사회봉사 집행에 관한 특례법

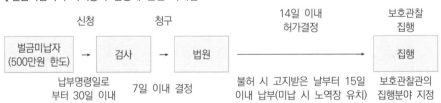

정답 ✕

89. 과료를 납입하지 아니한 자도 노역장 유치가 가능하다. ( )

정답 ○

90. 현행법상 노역장유치기간은 벌금액을 자유형으로 환산한 기간으로 하며 3년을 초과할 수 없다.
( )

[정답] ○

91. 벌금을 납입하지 아니한 자는 1일 이상 30일 미만의 기간 동안 노역장에 유치하여 작업에 복무하게 한다.
( )

[해설] 1일 이상 3년 이하의 기간 동안 노역장에 유치하여 작업에 복무하게 한다.

[정답] ✕

92. 법원은 벌금을 납입하지 아니한 자에 대하여 사회봉사명령을 부과할 수 있다. ( )

[해설] 법원은 벌금을 납입하지 아니한 자에 대하여 노역장에 유치하여 작업에 복무하게 한다.

[정답] ✕

93. 벌금을 선고할 때에는 납입하지 아니하는 경우의 유치기간을 정하여 동시에 선고하여야 한다.
( )

[정답] ○

94. 현행법상 벌금을 선고해야 할 경우, 이를 대신하여 노역장유치를 명할 수 있다. ( )

[해설] 노역장유치명령은 법관의 선택사항이 아니라 벌금을 완납하지 않은 경우 노역장유치명령을 하는 것이다.

[정답] ✕

95. 벌금 미납자에 대한 노역장 유치를 사회봉사로 대신하여 집행할 수 있도록 하는 제도는 아직 도입되지 않았다.
( )

[해설] 벌금 미납자의 사회봉사 집행에 관한 특례법을 시행하고 있다.

[정답] ✕

96. 선고하는 벌금이 50억원 이상인 경우에는 500일 이상의 유치기간을 정하여야 한다.
( )

[해설] 선고하는 벌금이 50억원 이상인 경우에는 1,000일 이상의 유치기간을 정하여야 한다.

┃벌금(「형법」 제45조)
벌금은 5만원 이상으로 한다. 다만, 감경하는 경우에는 5만원 미만으로 할 수 있다.

▌과료(「형법」 제47조)
과료는 2천원 이상 5만원 미만으로 한다.

▌벌금과 과료(「형법」 제69조)
① 벌금과 과료는 판결확정일로부터 30일 내에 납입하여야 한다. 단, 벌금을 선고할 때에는 동시에 그 금액을 완납할 때까지 노역장에 유치할 것을 명할 수 있다.
② 벌금을 납입하지 아니한 자는 1일 이상 3년 이하, 과료를 납입하지 아니한 자는 1일 이상 30일 미만의 기간 노역장에 유치하여 작업에 복무하게 한다.

▌노역장 유치(「형법」 제70조)
① 벌금이나 과료를 선고할 때에는 이를 납입하지 아니하는 경우의 노역장 유치기간을 정하여 동시에 선고하여야 한다.
② 선고하는 벌금이 1억원 이상 5억원 미만인 경우에는 300일 이상, 5억원 이상 50억원 미만인 경우에는 500일 이상, 50억원 이상인 경우에는 1천일 이상의 노역장 유치기간을 정하여야 한다.

▌유치일수의 공제(「형법」 제71조)
벌금이나 과료의 선고를 받은 사람이 그 금액의 일부를 납입한 경우에는 벌금 또는 과료액과 노역장 유치기간의 일수(日數)에 비례하여 납입금액에 해당하는 일수를 뺀다.

정답 X

97. 벌금형의 형의 시효는 5년이며, 강제처분을 개시함으로 인하여 시효의 중단이 이루어진다.

(   )

정답 ○

98. 벌금형도 면제 혹은 종료일로부터 2년이 지나면 실효된다. (   )

정답 ○

99. 소년법상 18세 미만의 소년이 벌금을 미납한 경우에 대해서는 환형처분을 금지하고 있다.

(   )

정답 ○

100. 벌금은 범죄인의 사망으로 소멸된다. (   )

정답 ○

101. 벌금형은 국가에 대한 채권과 상계가 허용되지 않는다. (   )

정답 ○

102. 벌금은 상속이 되지 않으나 몰수 또는 조세, 전매 기타 공과에 관한 법령에 의하여 벌금의 재판을 받은 자가 재판확정 후 사망한 경우에는 그 상속재산에 관하여 집행할 수 있다. ( )

정답 ○

103. 범행의 경중에 따라 일수를 정하고 피고인의 경제사정에 따라 1일 벌금액을 정하는 일수벌 금제도는 아직 도입되지 않았다. ( )

정답 ○

104. 현행법상 벌금형은 총액벌금형제도를 채택하고 있으며 미성년자에 대하여는 벌금형을 선고할 수 없다. ( )

해설 미성년자라도 14세 이상인 경우 벌금형을 선고할 수 있다. 그러나 소년법상 18세 미만인 소년에게는 노역장 유치선고를 하지 못한다.

정답 ×

105. 현행법상의 총액벌금제는 배분적 정의의 실현에 미흡한 단점이 있다. ( )

정답 ○

106. 몰수는 부가형으로 유죄선고의 경우에만 할 수 있다. ( )

해설 유죄의 재판을 아니할 때에도 몰수의 요건이 있는 때에는 몰수만을 선고할 수 있다.

정답 ×

107. 몰수는 부가형의 성격을 가지며, 몰수만을 위한 공소제기는 허용되지 않는다. ( )

정답 ○

108. 몰수는 실정법상 대물적 보안처분에 가깝다. ( )

해설 몰수는 실질상 대물적 보안처분에 가깝다.

정답 ×

109. 몰수는 필요적 몰수가 원칙이며, 예외적으로 임의적 몰수를 인정한다. ( )

해설 몰수는 임의적 몰수가 원칙이고 예외적으로 필요적 몰수를 인정한다.

정답 ✕

110. 뇌물로 받은 자기앞수표는 임의적 몰수의 대상이다. ( )

해설 뇌물로 받은 자기앞수표는 필요적 몰수의 대상이다.

정답 ✕

111. 몰수의 요건이 충족되면 법관은 이에 기속되어 반드시 몰수를 선고해야 한다. ( )

해설 몰수는 임의적 몰수가 원칙이므로 몰수여부는 법원의 재량에 맡겨져 있다.

정답 ✕

112. 예외적으로 마약이나 마약흡입도구는 필요적 몰수를 인정하고 있다. ( )

정답 ○

113. 판례에 의하면 피해자로 하여금 사기도박에 참여하도록 유인하기 위하여 제시해 보인 수표는 몰수할 수 없다. ( )

해설 피해자로 하여금 사기도박에 참여하도록 유인하기 위하여 고액의 수표를 제시해 보인 경우, 형법 제48조의 몰수가 임의적 몰수에 불과하여 법관의 자유재량에 맡겨져 있고, 위 수표가 직접적으로 도박자금으로 사용되지 아니하였다 할지라도, 위 수표가 피해자로 하여금 사기도박에 참여하도록 만들기 위한 수단으로 사용된 이상, 이를 몰수할 수 있다.

정답 ✕

114. 추징가액은 범죄행위 시의 가격을 기준을 한다. ( )

해설 재판선고 시의 가격을 기준으로 한다.

정답 ✕

115. 현행법상 자격정지에는 당연정지와 선고정지가 있다. ( )

정답 ○

116. 자격정지는 1년 이상 15년 이하의 기간으로 한다. ( )

정답 ○

117. 무기금고의 판결을 받은 자는 공법상의 선거권과 피선거권을 상실한다. ( )

정답 ○

118. 자격상실은 무기징역을 선고받은 자가 가석방되더라도 그대로 유효하다. ( )

해설 자격상실은 복권이라는 별도의 사면조치가 없는 한 형법 제43조 제1항 각호의 자격은 영구히 상실된다.

정답 ○

119. 유기징역에 자격정지를 병과한 때에는 징역의 집행을 개시한 날로부터 정지기간을 기산한다. ( )

해설 징역의 집행을 종료하거나 면제된 날로부터 정지기간을 기산한다.

정답 ✕

120. 시효가 완성되면 형의 집행이 종료된 것으로 본다. ( )

해설 시효가 완성되면 형의 집행이 면제된다.

정답 ✕

121. 형의 선고를 받지 않은 자에 대한 일반사면도 가능하다. ( )

정답 ○

122. 일반사면을 받은 경우 특별한 규정이 있을 때를 제외하고는 형 선고의 효력이 상실되며, 형을 선고받지 아니한 자에 대해서는 공소권이 상실된다. ( )

정답 ○

123. 특별사면은 형의 선고를 받아 그 형이 확정된 자를 대상으로 하며, 원칙적으로 형의 집행이 면제된다. ( )

정답 ○

124. 특별사면으로는 형선고의 효력을 상실하게 할 수 없다. ( )

해설 특별한 사정이 있으면 형선고의 효력을 상실하게 할 수 있다.

정답 ✕

125. 법무부장관은 직권 또는 사면심사위원회의 심사를 거쳐 대통령에게 특별사면을 상신한다. ( )

> 해설 법무부장관은 직권으로 특별사면을 상신(上申)할 수 없다.

정답 ✕

126. 구류와 과료는 형의 집행을 종료하거나 그 집행이 면제된 날부터 1년이 경과한 때에 그 형은 실효된다.   (   )

> 해설 구류와 과료는 형의 집행을 종료하거나 그 집행이 면제된 때에 그 형은 실효된다.

정답 ✕

127. 벌금형은 면제 혹은 종료일로부터 2년이 지나면 실효된다.   (   )

정답 ○

128. 기소유예의 참작사유는 양형의 참작사유와 동일하다.   (   )

정답 ○

129. 기소유예를 하면서 보호관찰을 실시할 수 없다.   (   )

정답 ○

130. 「소년법」상 검사는 피의자에 대하여 범죄예방자원봉사위원의 선도를 받게 하고 공소를 제기하지 아니할 수 있으며, 이 경우 소년과 소년의 친권자·후견인 등 법정대리인의 동의를 받아야 한다.   (   )

정답 ○

131. 선도조건부 기소유예제도는 범죄소년과 촉법소년만을 대상으로 하며, 우범소년에 대해서는 선도조건부 기소유예처분을 할 수 없다.   (   )

> 해설 범죄소년만을 대상으로 한다.

정답 ✕

132. 기소유예는 합리적인 기소를 증진시키므로 법적 안정성에 도움을 준다.   (   )

> 해설 법적 안정성을 침해한다.

정답 ✕

133. 기소유예처분에 대한 헌법소원은 허용되지 않는다.   (   )

해설 허용된다.

정답 ✕

134. 선고유예는 형의 선고만을 유예하는 것이지 유죄판결 자체를 유예하는 것은 아니다. (　　)

정답 ○

135. 형을 병과할 경우에 그 형의 일부에 대해서 집행을 유예할 수는 없다. (　　)

해설 있다.

정답 ✕

136. 보호관찰은 부가적 처분으로써 부과할 수 있을 뿐이고 독립적 처분으로 부과할 수 없다. (　　)

해설 독립적 처분으로 부과할 수 있다.

정답 ✕

137. 형의 선고를 유예하는 경우에 재범방지를 위하여 지도 및 원호가 필요한 때에는 법원은 1년 기간의 보호관찰을 받을 것을 명할 수 있다. (　　)

정답 ○

138. 형의 선고를 유예하거나 형의 집행을 유예하는 경우에 사회봉사를 명할 수 있다. (　　)

해설 형의 선고를 유예하면서 사회봉사를 명할 수는 없다.

정답 ✕

139. 형의 선고를 유예하는 경우에 재범방지를 위하여 지도 및 원호가 필요한 때에는 보호관찰을 받을 것을 명할 수 있으며, 이 경우 보호관찰의 기간은 1년 이내의 범위에서 법원이 정한다. (　　)

해설 1년의 범위에서 법원이 정한다.

정답 ✕

140. 형의 선고유예를 받은 날부터 2년을 경과한 때에는 면소된 것으로 간주한다. (　　)

정답 ○

141. 선고유예의 경우는 유예기간이 경과하면, 전과가 남지 않는 것이 가석방의 경우와 다르다.
( )

정답 ○

142. 선고유예를 받은 자가 보호관찰기간 중에 준수사항을 위반하고 그 정도가 무거운 때에는
유예한 형을 선고할 수 있다. ( )

정답 ○

143. 현행형법에는 선고유예의 취소, 선고유예의 실효가 규정되어 있다. ( )

해설 선고유예는 취소제도가 없다.

정답 ✕

144. 집행유예기간은 1년 이상 5년 이하이다. ( )

정답 ○

145. 700만원 벌금의 형을 선고하는 경우에도 그 집행을 유예할 수 있다. ( )

해설 500만원 이하의 벌금이다.

정답 ✕

146. 집행유예는 3년 이하의 징역 또는 자격정지의 형을 선고할 경우라야 한다. ( )

해설 금고의 형을 선고할 경우라야 한다.

정답 ✕

147. 집행유예 선고 시 보호관찰을 명할 경우 반드시 사회봉사명령과 수강명령을 동시에 명해야
한다. ( )

해설 집행유예 선고 시 보호관찰을 명할 경우 사회봉사 또는 수강을 명할 수 있다.

정답 ✕

148. 보호관찰과 사회봉사명령 또는 수강명령은 동시에 명할 수 없다. ( )

해설 있다.

정답 ✕

149. 형법은 사회봉사명령을 형의 집행유예에 대한 부수처분으로 규정하고 있다.　　（　　）

정답 ○

150. 형의 집행유예를 받은 후 실효 또는 취소됨이 없이 유예기간을 경과한 때에는 형의 집행이 면제된다.　　（　　）

해설 형의 집행유예를 받은 후 실효 또는 취소됨이 없이 유예기간을 경과한 때에는 형의 선고는 효력을 잃는다.

정답 ×

151. 양형에서는 법적 구성요건의 표지에 해당하는 사정이 다시 고려되어도 무방하다는 이중평가의 원칙이 적용된다.　　（　　）

해설 이중평가금지의 원칙이 적용된다.

정답 ×

152. 위가이론은 정당한 형벌이 언제나 하나일 수밖에 없다고 한다.　　（　　）

해설 위가이론이 아닌 유일점 형벌이론에 관한 설명이다.

정답 ×

153. 유일점 형벌이론은 형이상학적 목적형사상을 기초로 한 절대적 형벌이론이다.　　（　　）

해설 형이상학적 응보사상을 기초로 한 절대적 형벌이론이다.

정답 ×

154. 단계이론은 책임에 상응하는 형벌이 법정형의 범위 내에서 특정된 하나의 형으로 존재하는 것이 아니라 폭으로 존재한다고 본다.　　（　　）

해설 단계이론이 아닌 폭의 이론에 대한 설명이다.

정답 ×

155. 양형이론 중 범주이론 또는 재량여지이론(Spielraumtheorie)은 예방의 관점을 고려한 것으로 법관에게 일정한 형벌목적으로 고려할 수 있는 일정한 재량범위를 인정하는 장점을 가지고 있다.　　（　　）

정답 ○

156. 양형불균형의 문제를 해소하기 위하여 우리나라에 양형위원회 제도를 도입하였다.

( )

정답 ○

157. 양형위원회의 양형기준은 법적 구속력을 갖는다. ( )

해설 법적 구속력을 갖지 아니한다.

▌우리나라의 현행 양형기준제도
• 양형기준은 법적 구속력을 갖지 아니한다.
• 법정형 – 처단형 – 선고형의 3단계 과정을 거쳐서 이루어진다.
• 특별양형인자는 일반양형인자에 비하여 양형에 대한 영향력이 큰 인자로서 일반양형인자보다 중하게 고려된다.
• 형량범위 결정 시 해당 특별양형인자의 내용과 질보다 개수를 더 중요하게 고려한다.

정답 ✕

158. 우리나라의 양형기준은 효력이 발생된 이후에 법원에 공소제기된 범죄에 대하여 내·외국인 모두에게 적용되며, 모든 범죄에서 미수에 대해서는 적용되지 않고 기수에 대해서만 적용된다. ( )

해설 우리나라의 양형기준은 효력이 발생된 이후에 법원에 공소제기된 범죄에 대하여 내·외국인 모두에게 적용되며, 살인을 제외한 범죄에서 미수에 대해서는 적용되지 않고 기수에 대해서만 적용된다.

정답 ✕

159. 판결전 조사제도는 형사절차가 유무죄인부절차와 양형절차로 분리되어 있는 미국의 보호관찰제도와 밀접한 관련을 가지고 발전되어 왔다. ( )

정답 ○

160. 판결전 조사제도는 현재 유럽 대륙법계 국가에서 일반적으로 채택되고 있다. ( )

해설 채택되고 있지 않다.

정답 ✕

161. 판결전 조사제도는 양형의 합리화에는 기여하지만, 처우의 개별화에는 역행한다. ( )

해설 판결전 조사제도는 양형의 합리화에 기여하고, 처우의 개별화를 위한 참고자료로도 활용한다.

정답 ✕

162. 판결전 조사제도는 형사정책적으로 양형의 합리화뿐만 아니라 사법적 처우의 개별화에도 그 제도적 의의가 있다. ( )

정답 ○

163. 판결전 조사제도는 보호관찰 부과 여부는 물론 가석방 여부를 심사할 때에도 이용된다. ( )

해설 가석방 여부를 심사할 때에는 판결전 조사를 하지 않는다. 가석방심사는 법무부에 설치된 가석방심사위원회에서 실시하고 있다.

정답 ✕

164. 소년에 대한 판결전 조사제도는 「보호관찰 등에 관한 법률」과 「보호소년 등의 처우에 관한 법률」에 규정되어 있다. ( )

해설 「보호관찰 등에 관한 법률」과 「소년법」에 규정되어 있다.

정답 ✕

165. 「보호관찰 등에 관한 법률」에 의하면 판결전 조사의 대상자를 소년으로 한정하고 있다. ( )

해설 성인 · 소년을 불문하고 있다.

정답 ✕

166. 판결전 조사요구는 제1심 또는 항소심뿐만 아니라 상고심에서도 할 수 있다. ( )

해설 판결전 조사는 형을 선고하기 전에 실시하므로 상소심에서는 실시하지 않는다.

정답 ✕

167. 현행법상 판결전 조사의 주체는 조사를 요구하는 법원의 소재지 또는 피고인의 주거지를 관할하는 경찰서장이다. ( )

해설 경찰서장이 아닌 보호관찰소의 장이다.

정답 ✕

168. 보호관찰을 명하기 전에 먼저 판결전 조사를 실시하여야 한다. ( )

해설 실시할 수 있다.

정답 ✕

169. 판결전 조사는 검찰의 요구에 따라 보호관찰소에서 실시한다. ( )

> 해설 법원의 요구에 따라 보호관찰소에서 실시한다.

정답 ×

170. 보안처분의 우선적 목적은 과거의 범죄에 대한 처벌이 아니라 장래의 재범위험을 예방하기 위한 범죄인의 교화·개선에 있고, 형벌은 책임의 원칙, 보안처분은 비례의 원칙이 적용된다. ( )

정답 ○

171. 보안처분은 형법상의 효과이므로 그 근본목적은 범죄의 일반예방에 있다. ( )

> 해설 범죄자에 대한 특별예방에 있다.

정답 ×

172. 현행헌법에서 보안처분 법정주의를 선언하고 있다. ( )

정답 ○

173. 보안처분은 자의적인 제재실행을 방지하기 위해 책임주의와 비례성의 원칙이 적용된다. ( )

> 해설 책임주의는 적용되지 않는다.

정답 ×

174. 일원주의는 형벌과 보안처분이 모두 사회방위와 범죄인의 교육, 개선을 목적으로 하므로 본질적인 차이가 없다고 본다. ( )

> 해설 ▎보안처분이론 요약

구분	이원론(이원주의)	일원론(일원주의)	대체주의
의의	형벌과 보안처분 구별	형벌과 보안처분 동일시	• 선고단계: 이원론 • 집행단계: 일원론
학자	클라인, 메이어, 비르크메이어, 베링(응보형)	리스트, 페리, 락신(목적형·교육형·사회방위론)	칼 슈토스
논거	• 형벌(응보) • 보안처분(사회방위·교정교육)	형벌과 보안처분 동일시 (모두 사회방위)	• 현실적응성 有 • 형사정책적 측면 고려
대체성	대체성 부정, 병과 인정	대체성 인정, 병과 부정 (하나만을 선고하여 집행)	요건과 선고는 별개, 집행 시 대체성 인정
선고기관	행정처분(행정청)	형사처분(법원)	특별법이나 형소법에 특별규정

| 문제점 | • 이중처벌 위험
• 상품사기 또는 명칭사기 | • 책임주의에 반함
• 중복 시 문제됨 | • 책임주의와 불일치
• 양자의 적용범위 불분명
• 정의관념에 반할 우려 |

정답 ○

175. 일원주의는 행위자의 반사회적 위험성을 척도로 하여 일정한 제재를 부과하는 것이 행위책임원칙에 적합하다고 한다. ( )

> 해설 일원주의는 행위자의 반사회적 위험성을 척도로 하여 일정한 제재를 부과하는 것이 책임주의에 반할 위험성이 크다고 한다.

정답 ✕

176. 이원주의에 따르면 형벌의 본질은 책임을 기초로 한 과거 행위에 대한 응보이고, 보안처분은 장래의 위험성에 대한 대책이므로 양자는 그 기능이 다르다고 본다. ( )

정답 ○

177. 대체주의는 보안처분에 의해서도 형벌의 목적을 달성할 수 있는 경우 형벌을 폐지하고 이를 보안처분으로 대체해야 한다는 입장이다. ( )

> 해설 대체주의는, 형벌은 책임 정도에 따라 선고하되, 집행단계에서 보안처분으로 대체하거나 보안처분의 집행종료 후에 집행할 것을 주장하는데, 범죄인의 사회복귀를 위해서는 보안처분의 선집행이 합리적이고, 보안처분도 자유의 박탈 내지 제한을 그 내용으로 하므로 형벌의 목적을 달성할 수 있다고 본다.

보안처분이론 요약

구분	이원론(이원주의)	일원론(일원주의)	대체주의
의의	형벌과 보안처분 구별	형벌과 보안처분 동일시	• 선고단계: 이원론 • 집행단계: 일원론
학자	클라인, 메이어, 비르크메이어, 베링(응보형)	리스트, 페리, 락신(목적형·교육형·사회방위론)	칼 슈토스
논거	• 형벌(응보) • 보안처분(사회방위·교정교육)	형벌과 보안처분 동일시 (모두 사회방위)	• 현실적응성 有 • 형사정책적 측면 고려
대체성	대체성 부정, 병과 인정	대체성 인정, 병과 부정 (하나만을 선고하여 집행)	요건과 선고는 별개, 집행 시 대체성 인정
선고기관	행정처분(행정청)	형사처분(법원)	특별법이나 형소법에 특별규정
문제점	• 이중처벌 위험 • 상품사기 또는 명칭사기	• 책임주의에 반함 • 중복 시 문제됨	• 책임주의와 불일치 • 양자의 적용범위 불분명 • 정의관념에 반할 우려

정답 ○

178. 형벌과 보안처분의 병존을 인정하는 이원주의(응보형주의자)에 대해서는 이중처벌의 위험성이 있다는 비판이 제기된다(명칭사기·상표사기).　　　　　　(　　　)

　　　　　　　　　　　　　　　　　　　　　　　　　　　　　　[정답] ○

179. 대체주의는 형벌을 폐지하고 이를 보안처분으로 대체하여야 한다는 입장이다.　(　　　)

> [해설] 대체주의는 이원주의적 입장에서 형벌은 책임의 정도에 따라 선고하되 그 집행단계에서 보안처분에 의해 대체하거나 보안처분의 집행이 종료된 후에 집행하는 주의를 말한다.

　　　　　　　　　　　　　　　　　　　　　　　　　　　　　　[정답] ✕

180. 대체주의(우리나라 치료감호제도)에서는 보안처분을 형벌보다 먼저 집행하고 그 기간을 형기에 산입한다.　　　　　　　　　　　　　　　　　　　　　(　　　)

　　　　　　　　　　　　　　　　　　　　　　　　　　　　　　[정답] ○

181. 사회안정을 위한 정책, 실증주의, 개인예방주의, 인도주의적 형사정책, 범죄자의 사회격리 등은 사회방위론과 관계가 있다.　　　　　　　　　　　　　　(　　　)

> [해설] 사회방위론은 범죄자의 사회격리와는 비교적 거리가 멀다.

　　　　　　　　　　　　　　　　　　　　　　　　　　　　　　[정답] ✕

182. 그라마티카(Gramatica)는 생물학적·심리학적 범죄원인론의 영향을 받아 예방적·교육적 치료처분의 도입을 주장하였다.　　　　　　　　　　　　　　(　　　)

　　　　　　　　　　　　　　　　　　　　　　　　　　　　　　[정답] ○

183. 앙셀(Ancel)은 효과적인 사회방위를 위하여 형법과 형벌의 폐지를 주장하였다.　(　　　)

> [해설] 그라마티카에 대한 설명이다.

▎현행법상 보안처분 정리

법률	종류	내용
「치료감호 등에 관한 법률」	치료감호	• 심신장애인·정신성적장애인 성폭력범죄자: 15년 • 약물중독자: 2년 • 특정 살인범죄자: 2년 범위 3회 연장 ○
	보호관찰	가종료·치료위탁 시 3년(연장 ×)
	치료명령	보호관찰기간 내(선고유예자, 집행유예자)
「보안관찰법」	보안관찰	기간 2년(제한 없이 갱신 ○)
「보호관찰 등에 관한 법률」	보호관찰	선고유예, 집행유예, 가석방, 임시퇴원, 기타 다른 법령
	사회봉사·수강명령	집행유예, 소년법, 기타 다른 법령

「형법」	보호관찰	선고유예, 집행유예, 가석방된 자
	사회봉사 · 수강명령	집행유예
「소년법」	보호처분	• 보호자 또는 보호자를 대신하는 자에게 감호위탁(6월, 6월 이내 1차 연장 ○) • 수강명령(12세 이상, 100시간 이내) • 사회봉사명령(14세 이상, 200시간 이내) • 단기 보호관찰(1년, 연장 ×) • 장기 보호관찰(2년, 1년 범위 1차 연장 ○) • 아동복지시설이나 소년보호시설에 감호위탁(6월, 6월 이내 1차 연장 ○) • 병원, 요양소, 의료재활소년원에 위탁(6월, 6월 이내 1차 연장 ○) • 1개월 이내의 소년원 송치 • 단기 소년원 송치(6월 이내, 연장 ×) • 장기 소년원 송치(12세 이상, 2년 이내, 연장 ×) ※ 위탁 및 감호위탁(6월, 6월 이내 1차 연장 ○)
「국가보안법」	감시 · 보도	공소보류자에 대한 감시 · 보도
「성매매 알선 등 행위의 처벌에 관한 법률」	보호처분	보호처분기간: 6월 사회봉사 · 수강명령: 100시간 이내
「가정폭력범죄의 처벌 등에 관한 특례법」	보호처분	보호처분기간: 6월 초과 불가 사회봉사 · 수강명령: 200시간 이내
「마약류관리에 관한 법률」	마약중독자의 치료보호	검사기간 1개월 이내, 치료보호기간 12월 이내
「아동 · 청소년의 성보호에 관한 법률」	수강명령 또는 이수명령, 보호처분	수강명령 또는 성폭력 치료프로그램 이수명령: 500시간 이내
「전자장치 부착 등에 관한 법률」	전자장치 부착, 치료 프로그램 이수	• 보호관찰: 1년 이상 30년 이하 • 치료프로그램 이수명령: 500시간 이내
「성폭력범죄자의 성충동 약물치료에 관한 법률」	보호관찰, 성충동 약물치료	보호관찰, 약물치료명령: 15년 이내(19세 이상)
「성폭력범죄의 처벌 등에 관한 특례법」	보호관찰, 수강(이수)	보호관찰, 수강 또는 이수명령: 500시간 이내

정답 ✕

184. 치료감호의 요건으로 재범의 위험성과 치료의 필요성이 규정되어 있다.　　　　(　　　)

해설 「치료감호 등에 관한 법률」(치료감호 · 치료명령 · 보호관찰)

▌치료감호제도 정리

대상자	심신장애자	금고 이상의 형에 해당하는 죄를 범한 때
	약물중독자	
	정신성적 장애인	금고 이상의 형에 해당하는 성폭력범죄를 지은 자
청구	① 사유: 치료의 필요성과 재범의 위험성 ② 전문가의 감정 여부: 심신장애인 · 약물중독자는 참고, 정신성적 장애인은 필수 청구 ③ 청구시기: 항소심 변론종결 시, 합의부 ④ 독립청구: 심신상실자, 반의사불벌죄, 친고죄, 기소유예자 ⑤ 검사의 청구가 없는 치료감호는 법원에서 선고할 수 없되, 청구를 요청할 수는 있음	

치료감호 영장	• 보호구속사유 → 검사 청구 → 관할 지방법원 판사 발부 　– 일정한 주거가 없을 때 　– 증거를 인멸할 염려가 있을 때 　– 도망가거나 도망할 염려가 있을 때 • 치료감호청구만을 하는 때에는 구속영장은 치료감호영장으로 보며 그 효력을 잃지 아니함	
치료감호 집행	심신장애, 정신성적 장애인	최대 15년
	약물중독자	최대 2년
	집행순서	치료감호 먼저 집행, 치료기간 형기산입
	살인범죄자 치료감호기간 연장	• 법원은 검사의 청구로 3회까지 매회 2년 범위 연장결정 가능 • 검사의 청구: 치료감호 종료 6개월 전 • 법원의 결정: 치료감호 종료 3개월 전
종료 · 가종료 치료위탁 심사	가종료 종료심사	• 집행개시 후 매 6개월마다 심사
	치료위탁 가종료	• 가종료됐거나 치료위탁한 경우 보호관찰 개시: 3년 • 치료위탁 · 가종료자의 종료심사: 매 6개월마다 심사
	치료위탁신청	• 독립청구된 자: 1년 경과 후 위탁 • 형벌병과 시: 치료기간이 형기 경과한 때
	재집행	• 금고 이상 형에 해당되는 죄를 지은 때(과실 제외) • 보호관찰에 관한 지시 · 감독 위반 • 증상 악화되어 치료감호 필요
	피치료감호자 등의 종료심사 심청	• 치료감호의 집행이 시작된 날부터 6개월이 지난 후 가능 • 신청이 기각된 경우, 6개월이 지난 후 다시 신청 가능
청구시효	판결확정 없이 치료청구 시부터 15년	
보호관찰	• 기간: 3년 • 대상자 신고의무: 출소 후 10일 이내 • 종료: 기간종료, 치료감호 재수용, 금고 이상 형의 집행을 받게 된 때에는 종료되지 않고 계속 진행	
유치	• 요건: 가종료의 취소신청, 치료위탁의 취소신청 • 절차: 보호관찰소장 → 검사(구인된 때부터 48시간 이내 유치허가청구) → 지방법원 판사 허가 → 보호관찰소장 24시간 이내 검사에게 유치사유신청 → 검사는 48시간 이내에 치료감호심의위원회에 가종료 등 취소신청 • 구인한 날부터 30일+1회 20일 연장 가능+유치기간 치료감호기간에 산입	
시효 (집행면제)	• 심신장애인 및 정신성적 장애인에 해당하는 자의 치료감호는 10년 • 약물중독자에 해당하는 자의 치료감호는 7년	
실효	재판상 실효	집행종료 · 면제된 자가 피해자의 피해를 보상하고 자격정지 이상의 형이나 치료감호를 선고받지 아니하고 7년이 지났을 때에 본인이나 검사의 신청에 의함
	당연실효	집행종료 · 면제된 자가 자격정지 이상의 형이나 치료감호를 선고받지 아니하고 10년이 지났을 때
피치료감호자등 격리사유	• 자신이나 다른 사람을 위험에 이르게 할 가능성이 뚜렷하게 높은 경우 • 중대한 범법행위 또는 규율위반행위를 한 경우 • 수용질서를 문란하게 하는 중대한 행위를 한 경우	

▌치료명령제도 정리

대상	• 통원치료 필요와 재범의 위험성 • 심신미약자, 알코올중독자 및 약물중독자로서 금고 이상의 형에 해당하는 죄를 지은 자
선고 · 집행유예 시 치료명령	• 보호관찰 병과(선고유예 1년, 집행유예 유예기간) • 치료기간은 보호관찰기간을 초과할 수 없다

집행	• 검사의 지휘를 받아 보호관찰관이 집행 • 정신보건전문요원 등 전문가에 의한 인지행동 치료 등 심리치료 프로그램 실시 등의 방법으로 집행
치료기관 지정	법무부장관 지정
준수사항 위반	선고유예 실효 또는 집행유예 취소
비용부담	원칙 본인부담, 예외 국가부담

정답 ○

185. 「치료감호 등에 관한 법률」은 죄의 종류와 상관없이 금고 이상의 형에 해당하는 죄를 지은 심신장애인, 마약 등 중독자, 정신성적(精神性的) 장애자 등 가운데 치료의 필요성과 재범의 위험성이 인정되는 경우를 치료감호의 대상으로 하고 있다. (　　　)

해설 「치료감호 등에 관한 법률」은 치료감호의 대상을 심신장애인, 마약류 및 알코올 중독자, 정신성적 장애자로서 성폭력범죄를 지은 자 중 금고(벌금 X) 이상의 형에 해당하는 죄를 지은 자로 규정하고 있다.
정답 ✕

186. 금고 이상의 형에 해당하는 죄를 저지른 마약중독자라도 재범위험성이 없는 경우라면 치료감호대상자에 해당하지 않는다. (　　　)

정답 ○

187. 검사는 성적 가학증(性的加虐症) 등 성적 성벽이 있는 정신성적 장애인에 대해 정신건강의학과 등의 전문의의 진단이나 감정 결과에 따라 치료감호를 청구하여야 한다. (　　　)

해설 소아성기호증(小兒性嗜好症), 성적 가학증(性的加虐症) 등 성적 성벽(性癖)이 있는 정신성적 장애인으로서 금고 이상의 형에 해당하는 성폭력범죄를 지은 자에 대하여는 정신건강의학과 등의 전문의의 진단이나 감정을 받은 후 치료감호를 청구하여야 한다(치료감호 등에 관한 법률 제4조 제2항 단서).
정답 ✕

188. 형법상의 강간죄, 강제추행죄, 준강간죄, 준강제추행죄 등은 치료감호대상 성폭력범죄의 범위에 해당한다. (　　　)

정답 ○

189. 치료감호의 제1심 재판관할은 지방법원 및 지방법원지원의 합의부로 한다. (　　　)

정답 ○

190. 치료감호대상자에 대한 치료감호를 청구할 때에는 정신건강의학과 등의 전문의의 진단이나 감정을 받은 후 치료감호를 청구하여야 한다. (　　　)

해설 제2조 제1항 제3호에 따른 치료감호대상자에 대한 치료감호를 청구할 때에는.

정답 ✕

191. 검사는 공소제기된 사건의 제1심 판결선고 전까지 치료감호를 청구하여야 한다. (   )

해설 검사는 공소제기된 사건의 항소심 변론종결 시까지 치료감호를 청구할 수 있다.

정답 ✕

192. 법원은 공소제기된 사건의 심리결과 치료감호에 처함이 상당하다고 판단할 때에는 검사의 청구 없이 치료감호를 선고할 수 있다. (   )

해설 검사에게 치료감호 청구를 요구할 수 있다.

정답 ✕

193. 도망하거나 도망할 염려가 있는 경우에 검사는 관할 지방법원 판사에게 청구하여 치료감호 영장을 발부받아 치료감호대상자를 보호구속할 수 있다. (   )

정답 ○

194. 피의자가 심신장애로 의사결정능력이 없기 때문에 벌할 수 없는 경우 검사는 공소제기 없이 치료감호만을 청구할 수 있다. (   )

정답 ○

195. 피고사건에 대하여 무죄를 선고하는 경우라도 치료감호청구를 반드시 기각하여야 하는 것은 아니다. (   )

정답 ○

196. 검사는 불기소처분을 하는 경우에도 공소를 제기하지 아니하고 치료감호만을 청구할 수 있다. (   )

정답 ○

197. 구속된 피의자에 대하여 검사가 공소를 제기하지 않는 결정을 하고 치료감호청구만을 하는 때에는 치료감호영장을 따로 청구하여야 한다. (   )

해설 구속된 피의자에 대하여 검사가 공소를 제기하지 않는 결정을 하고 치료감호청구만을 하는 때에는 구속영장은 치료감호영장으로 보며 그 효력을 잃지 아니한다.

정답 ✕

198. 치료감호사건의 판결은 반드시 피고사건의 판결과 동시에 선고해야 하는 것은 아니다.
( )

정답 ○

199. 소아성기호증 등 성적 성벽이 있는 장애인으로서 금고 이상의 형에 해당하는 성폭력범죄를 지은 자에 대한 치료감호의 기간은 2년을 초과할 수 없다. ( )

해설 15년을 초과할 수 없다.

정답 ✕

200. 약물중독범을 치료감호시설에 수용한 경우 그 수용기간은 15년을 초과할 수 없다.
( )

해설 2년을 초과할 수 없다.

정답 ✕

201. 「형법」상 살인죄(제250조 제1항)의 죄를 범한 자의 치료감호기간을 연장하는 신청에 대한 검사의 청구는 치료감호기간 또는 치료감호가 연장된 기간이 종료하기 6개월 전까지 하여야 한다. ( )

정답 ○

202. 치료감호처분은 법원이 선고하는 사법처분으로 그 집행은 검사가 지휘한다. ( )

정답 ○

203. 치료감호와 형이 병과된 경우에는 치료감호를 먼저 집행하고, 치료감호심의위원회가 치료감호 집행기간의 형집행기간 산입 여부를 결정한다. ( )

해설 치료감호의 집행기간은 법률에 따라 당연히 형집행기간에 포함되며, 치료감호심의위원회의 결정을 요하지 않는다.

정답 ✕

204. 특별한 사정이 없으면 심신장애자와 중독자를 분리수용한다. ( )

정답 ○

205. 치료감호와 형이 병과된 경우 치료감호를 먼저 집행하고, 이때 치료감호의 집행기간은 형 집행기간에 포함된다. ( )

> 정답 ○

206. 「치료감호 등에 관한 법률」에 따른 치료감호의 내용과 실태는 대통령령으로 정하는 바에 따라 공개하여야 한다. 이 경우 피치료감호자나 그의 보호자가 동의한 경우라도 피치료감호자의 개인신상에 관한 것은 공개할 수 없다. ( )

> 해설 피치료감호자나 그의 보호자가 동의한 경우 외에는 피치료감호자의 개인신상에 관한 것은 공개할 수 없다.
>
> 정답 ✕

207. 치료감호심의위원회는 치료감호만을 선고받은 피치료감호자에 대한 집행이 시작된 후 1년 이 지났을 때에는 상당한 기간을 정하여 그의 법정대리인, 배우자, 직계친족, 형제자매에게 치료감호시설 외에서의 치료를 위탁할 수 있다. ( )

> 정답 ○

208. 피치료감호자가 70세 이상인 때에는 검사는 치료감호의 집행을 정지할 수 있다. ( )

> 정답 ○

209. 근로에 종사하는 피치료감호자에게는 근로의욕을 북돋우고 석방 후 사회정착에 도움이 될 수 있도록 법무부장관이 정하는 바에 따라 작업장려금을 지급할 수 있다. ( )

> 해설 근로에 종사하는 피치료감호자에게는 근로의욕을 북돋우고 석방 후 사회정착에 도움이 될 수 있도록 법무부장관이 정하는 바에 따라 근로보상금을 지급하여야 한다.
>
> 정답 ✕

210. 피치료감호자가 치료감호시설 외에서 치료받도록 법정대리인 등에게 위탁되었을 때에는 「보호관찰 등에 관한 법률」에 따른 보호관찰이 시작되고, 이때 보호관찰의 기간은 3년으로 한다. ( )

> 정답 ○

211. 치료감호가 가종료된 피치료감호자에 대해서는 필요하다고 인정되는 경우에 한하여 보호관찰을 명할 수 있다. ( )

해설 치료감호가 가종료된 피치료감호자에 대해서는 보호관찰이 시작된다.

정답 ✕

212. 치료감호심의위원회의 치료감호 종료결정이 있으면 보호관찰기간이 남아 있어도 보호관찰이 종료된다. ( )

정답 ◯

213. 피치료감호자에 대한 치료감호가 가종료되면 그 기간이 3년인 보호관찰 등에 관한 법률에 따른 보호관찰이 시작된다. ( )

정답 ◯

214. 치료감호심의위원회는 9명(공무원 6, 의사 3) 이하의 위원으로 구성되며, 위원에 위원장(법무부차관)은 포함되지 않는다. 또한 임기는 3년이다. ( )

정답 ◯

215. 법원은 치료명령대상자에 대하여 형의 선고를 유예하는 경우 치료기간을 정하여 치료를 받을 것을 명할 수 있으며, 이때 보호관찰을 병과할 수 있다. ( )

해설 병과하여야 한다.

정답 ✕

216. 갱생보호 대상자는 형사처분 또는 보호처분을 받은 사람이다. ( )

정답 ◯

217. 소년원에서 퇴원한 소년도 갱생보호의 대상이 된다. ( )

정답 ◯

218. 형사처분 또는 보호처분을 받은 자, 형집행정지 중인 자 등이 갱생보호의 대상자이다. ( )

해설 형집행정지 중인 자는 갱생보호의 대상자에 해당하지 않는다.

정답 ✕

219. 보호관찰제도는 재범방지에 대한 실증적 효과가 의문시되고, 형사사법망을 확대시킬 수 있다. ( )

정답 ○

220. 검사는 선도조건부 기소유예처분으로 소년형사사건을 종결하면서 보호관찰을 받을 것을 명할 수 있다. ( )

해설 보호관찰에 관한 사항을 심사·결정하기 위하여 보호관찰 심사위원회를 둔다. 검사는 보호관찰을 받을 것을 명할 수 없다.

정답 ✕

221. 보호관찰 심사위원회는 보호관찰 등에 관한 법률에 따른 가석방과 그 취소에 관한 사항을 심사·결정한다. ( )

정답 ○

222. 보호관찰 심사위원회 위원은 판사, 검사, 변호사, 교도소장, 소년원장, 경찰서장 및 보호관찰에 관한 지식과 경험이 풍부한 사람 중에서 보호관찰소장이 임명하거나 위촉한다. ( )

해설 심사위원회의 위원은 판사, 검사, 변호사, <u>보호관찰소장</u>, 지방교정청장, 교도소장, 소년원장 및 보호관찰에 관한 지식과 경험이 풍부한 사람 중에서 <u>법무부장관이 임명하거나 위촉한다</u>(보호관찰 등에 관한 법률 제7조 제3항). 경찰서장은 해당되지 않는다.

정답 ✕

223. 보호관찰관은, 보호관찰 대상자가 준수사항을 위반하였다고 의심할 상당한 이유가 있고 조사에 따른 소환에 불응하는 경우, 관할 지방검찰청의 검사에게 구인장을 신청할 수 있다. ( )

해설 보호관찰관이 아닌 보호관찰소의 장은 보호관찰 대상자가 제32조의 준수사항을 위반하였거나 위반하였다고 의심할 상당한 이유가 있고, 일정한 주거가 없는 경우, 조사를 위한 소환에 따르지 아니한 경우, 도주한 경우 또는 도주할 염려가 있는 경우에는 관할 지방검찰청의 검사에게 신청하여 검사의 청구로 관할 지방법원 판사의 구인장을 발부받아 보호관찰 대상자를 구인(拘引)할 수 있다(보호관찰 등에 관한 법률 제39조 제1항).

정답 ✕

224. 소년수형자에 대한 가석방은 보호관찰심사위원회가 심사·결정한다. ( )

정답 ○

225. 소년 가석방자의 경우, 6개월 이상 2년 이하의 범위에서 가석방 심사위원회가 정한 기간이 보호관찰 기간이 된다. (   )

> 해설 소년 가석방자는 「소년법」 제66조에 규정된 기간에 보호관찰을 받는데(보호관찰 등에 관한 법률 제30조 제3호), 소년법에 따르면, 징역 또는 금고를 선고받은 소년이 가석방된 후 그 처분이 취소되지 아니하고 가석방 전에 집행을 받은 기간과 같은 기간이 그 가석방기간이다(소년법 제66조).
> ※ 임시퇴원자 : 퇴원일부터 6개월 이상 2년 이하의 범위에서 심사위원회가 정한 기간
>
> 정답 X

226. 소년원 임시퇴원자의 경우, 퇴원일로부터 6개월 이상 2년 이하의 범위에서 보호관찰 심사위원회가 정한 기간이 보호관찰 기간이 된다. (   )

> 정답 O

227. 소년부 판사로부터 장기 보호관찰을 명받은 소년으로 보호관찰관의 신청에 따른 결정으로 그 기간이 연장된 자는 최대 4년이 보호관찰 가능한 기간이다. (   )

> 해설 최대 3년이다. 보호관찰관의 장기 보호관찰기간은 2년으로 한다. 다만, 소년부 판사는 보호관찰관의 신청에 따라 결정으로써 1년의 범위에서 한 번에 한하여 그 기간을 연장할 수 있다(소년법 제33조 제3항).
>
> 정답 X

228. 보호관찰 심사위원회는 심사에 필요하다고 인정하면 국공립기관이나 그 밖의 단체에 사실을 알아보거나 관계인의 출석 및 증언과 관계 자료의 제출을 요청할 수 있다. (   )

> 해설 관계인의 출석 및 증언을 요청할 근거규정은 없다.
>
> 정답 X

229. 보호관찰심사위원회의 회의는 재적위원 과반수의 출석으로 개의하고, 출석위원 3분의 2 이상의 찬성으로 의결한다. (   )

> 해설 출석위원 과반수의 찬성으로 의결한다.
>
> 정답 X

230. 보호관찰심사위원회의 회의는 비공개를 원칙으로 한다. (   )

> 정답 O

231. 갱생보호의 실시에 관한 사무는 보호관찰소가 관장하고 사업은 한국법무보호복지공단이 관장한다. (   )

> 정답 O

232. 갱생보호 신청은 갱생보호 사업허가를 받은 자 또는 한국법무보호복지공단 외에 보호관찰소의 장에게도 할 수 있다. ( )

정답 ○

233. 갱생보호 사업허가를 받은 자가 정당한 이유 없이 허가를 받은 후 6개월 이내에 갱생보호사업을 시작하지 아니하거나 1년 이상 그 실적이 없는 경우, 법무부장관은 그 허가를 취소하여야 한다. ( )

정답 ○

234. 갱생보호의 방법 중 숙식제공은 연장기간을 포함하여 18개월을 초과할 수 없다. ( )

해설 모두 합하면 24개월이다. 숙식제공은 6월을 초과할 수 없다. 다만, 필요하다고 인정하는 때에는 매회 6월의 범위 내에서 3회에 한하여 그 기간을 연장할 수 있다(보호관찰 등에 관한 법률 시행령 제41조 제2항).

정답 ✕

235. 갱생보호는 그 대상자가 자신의 친족 또는 연고자 등으로부터 도움을 받을 수 없거나 그 도움만으로는 충분하지 아니한 경우에 한하여 행한다. ( )

해설 법무부장관은 사업자가 다음 각 호의 어느 하나에 해당할 때에는 그 허가를 취소하거나 6개월 이내의 기간을 정하여 그 사업의 전부 또는 일부의 정지를 명할 수 있다. 다만, 제1호 또는 제4호에 해당하는 때에는 그 허가를 취소하여야 한다(보호관찰 등에 관한 법률 제70조).
1. 부정한 방법으로 갱생보호사업의 허가를 받은 경우
2. 갱생보호사업의 허가조건을 위반한 경우
3. 목적사업 외의 사업을 한 경우
4. 정당한 이유 없이 갱생보호사업의 허가를 받은 후 6개월 이내에 갱생보호사업을 시작하지 아니하거나 1년 이상 갱생보호사업의 실적이 없는 경우
5. 제69조에 따른 보고를 거짓으로 한 경우
6. 이 법 또는 이 법에 따른 명령을 위반한 경우

정답 ○

236. 현행법상 판결전 조사의 주체는 조사를 요구하는 법원의 소재지 또는 피고인의 주거지를 관할하는 경찰서장이다. ( )

해설 보호관찰소의 장이다.

정답 ✕

237. 판결전 조사는 검찰의 요구에 따라 보호관찰소에서 실시한다. ( )

해설 판결전 조사는 법원의 요구에 따라 보호관찰소에서 실시한다.

정답 ✕

238. 보호관찰을 명하기 전에 먼저 판결전 조사를 실시하여야 한다. ( )

해설 법원은 필요하다고 인정하면 조사를 요구할 수 있다.

정답 ✕

239. 보호관찰소의 장은 법원의 판결전 조사요구를 받더라도 피고인이나 그 밖의 관계인을 소환하여 심문할 수 없다. ( )

해설 심문할 수 있다.

정답 ✕

240. 보호관찰을 조건으로 형의 선고유예를 받은 자의 보호관찰기간은 그 유예기간이다. ( )

해설 보호관찰을 조건으로 형의 선고유예를 받은 자의 보호관찰기간은 1년이다.

정답 ✕

241. 보호관찰을 조건으로 형의 집행유예를 선고받은 사람의 경우, 집행유예 기간이 보호관찰 기간이 되지만, 법원이 보호관찰 기간을 따로 정한 때에는 그 기간이 보호관찰 기간이 된다. ( )

정답 ○

242. 임시퇴원자의 보호관찰기간은 퇴원일부터 2년 이상 5년 이하의 범위에서 보호관찰심사위원회가 정한 기간이다. ( )

해설 임시퇴원자의 보호관찰기간은 퇴원일부터 6개월 이상 2년 이하의 범위에서 보호관찰심사위원회가 정한 기간이다.

정답 ✕

243. 보호관찰은 보호관찰 대상자의 행위지, 거주지 또는 현재지를 관할하는 보호관찰소 소속 보호관찰관이 담당한다. ( )

해설 보호관찰 대상자의 주거지를 관할하는 보호관찰소 소속 보호관찰관이 담당한다.

정답 ✕

244. 보호관찰 대상자가 보호관찰의 준수사항을 위반한 경우 보호관찰을 취소해야 한다.
( )

> 해설 보호관찰 대상자가 보호관찰의 준수사항을 위반한 경우 경고, 구인, 긴급구인, 유치 등의 제재수단을 사용할 수 있다.
>
> 정답 ✕

245. 보호관찰 대상자가 일정한 준수사항을 위반하거나 일정한 주거가 없는 때에는 사법경찰관이 관할 지방법원 판사의 구인장을 발부받아 구인할 수 있다. ( )

> 해설 보호관찰소의 장이 관할 지방법원 판사의 구인장을 발부받아 구인할 수 있다.
>
> 정답 ✕

246. 구인한 대상자를 유치하기 위한 신청이 있는 경우, 검사는 보호관찰 대상자가 구인된 때부터 48시간 이내에 관할 지방법원 판사에게 유치허가를 청구하여야 한다. ( )

> 정답 ○

247. 보호관찰부 집행유예의 취소청구를 하려는 경우, 보호관찰소의 장은 유치허가를 받은 때부터 48시간 이내에 관할 지방검찰청의 검사에게 그 신청을 하여야 한다. ( )

> 해설 보호관찰소의 장은 유치허가를 받은 때부터 48시간 이내에 관할 지방검찰청의 검사에게 그 신청을 하여야 한다(보호관찰 등에 관한 법률 제42조 제3항).
>
> 정답 ✕

248. 보호관찰소의 장은 보호관찰 대상자를 긴급구인한 경우에는 긴급구인서를 작성하여 48시간 내에 관할 지방검찰청 검사의 승인을 받아야 한다. ( )

> 해설 보호관찰소의 장은 보호관찰 대상자를 긴급구인한 경우에는 긴급구인서를 작성하여 즉시 관할 지방검찰청 검사의 승인을 받아야 한다.
>
> 정답 ✕

249. 보호관찰소의 장은 가석방 및 임시퇴원의 취소신청이 필요하다고 인정되면 보호관찰 대상자를 수용기관 또는 소년분류심사원에 유치할 수 있다. ( )

> 정답 ○

250. 유치의 기간은 구인한 날부터 20일로 한다. 다만, 보호처분의 변경 신청을 위한 유치에 있어서는 심사위원회의 심사에 필요하면 10일의 범위에서 한 차례만 유치기간을 연장할 수 있다. ( )

> 해설 20일의 범위에서 한 차례만 유치기간을 연장할 수 있다.
>
> 정답 ✕

251. 보호관찰을 조건으로 한 형의 집행유예가 취소된 경우 집행유예 취소를 위한 유치기간은 형기에 산입하지 않는다. ( )

> 해설 형기에 산입한다.
>
> 정답 ✕

252. 보호관찰기간 중 금고 이상의 형의 집행을 받게 되면 이는 보호관찰의 정지결정사유에 해당한다. ( )

> 해설 해당 형의 집행기간 동안 보호관찰 대상자에 대한 보호관찰기간은 계속 진행된다.
>
> 정답 ✕

253. 보호관찰의 임시해제기간에는 보호관찰이 중단되지만 보호관찰 대상자의 준수사항에 대한 준수의무는 계속된다. ( )

> 정답 ○

254. 심사위원회는 임시해제결정을 받은 사람에 대하여 다시 보호관찰을 하는 것이 적절하다고 인정되면 보호관찰소의 장의 신청에 의해서만 임시해제결정을 취소할 수 있다. ( )

> 해설 심사위원회는 임시해제결정을 받은 사람에 대하여 다시 보호관찰을 하는 것이 적절하다고 인정되면 보호관찰소의 장의 신청을 받거나 직권으로 임시해제결정을 취소할 수 있다.
>
> 정답 ✕

255. 현역 군인 등 군법적용 대상자에 대해서도 보호관찰 사회봉사명령, 수강명령을 명할 수 있다. ( )

> 해설 명할 수 없다.
>
> 정답 ✕

256. 법원은 형법상 사회봉사를 명할 경우에 대상자가 사회봉사를 할 분야와 장소 등을 지정하여야 한다. ( )

해설 지정할 수 있다.

정답 ✕

257. 사회봉사명령과 수강명령의 집행은 법원이 행한다. ( )

해설 사회봉사명령과 수강명령의 집행은 보호관찰관이 행한다.

정답 ✕

258. 법원은 사회봉사를 허가하는 경우 벌금 미납자의 경제적 능력, 사회봉사 이행에 필요한 신체적 능력, 주거의 안정성 등을 고려하여 사회봉사시간을 산정하여야 한다. ( )

해설 법원은 사회봉사를 허가하는 경우 벌금 미납액에 의하여 계산된 노역장 유치 기간에 상응하는 사회봉사시간을 산정하여야 한다(벌금 미납자의 사회봉사 집행에 관한 특례법 제6조 제4항). 벌금 미납자의 경제적 능력, 사회봉사 이행에 필요한 신체적 능력, 주거의 안정성 등을 고려하여야 하는 것은 법원이 사회봉사 허가 여부를 결정할 때이다(동법 제6조 제1항).

정답 ✕

259. 보호관찰소는 사회봉사 또는 수강명령의 집행을 다른 기관에 위탁할 수 있다. ( )

정답 ○

260. 사회봉사 대상자가 미납벌금의 일부를 낸 경우, 검사는 법원이 결정한 사회봉사시간에서 이미 납입한 벌금에 상응하는 사회봉사시간을 공제하는 방법으로 남은 사회봉사시간을 다시 산정하여 사회봉사 대상자와 사회봉사를 집행 중인 보호관찰소의 장에게 통보해야 한다. ( )

정답 ○

261. 사회봉사명령이나 수강명령 대상자는 법무부령으로 정하는 바에 따라 주거, 직업, 그 밖에 필요한 사항을 보호관찰소의 장에게 신고하여야 한다. ( )

해설 대통령령으로 정하는 바에 따라 보호관찰소의 장에게 신고하여야 한다.

정답 ✕

262. 보호관찰관이 사회봉사명령 또는 수강명령 집행을 국공립기관이나 그 밖의 단체에 위탁한 때에는 이를 법원 또는 법원의 장에게 서면으로 통보하여야 한다. ( )

정답 ○

263. 법원은 사회봉사명령 또는 수강명령 대상자가 지켜야 할 준수사항을 서면으로 고지하여야 한다. ( )

정답 ○

264. 사회봉사명령 대상자가 1개월 이상 국외 여행을 한 때에는 귀국한 후 30일 이내에 보호관 찰관에게 그 사실을 신고하여야 한다. ( )

해설 사회봉사명령 대상자가 1개월 이상 국외 여행을 할 때에는 미리 보호관찰관에게 그 사실을 신고하여야 한다.

정답 ×

265. 사회봉사·수강명령 대상자에 대한 형의 집행유예기간이 지난 때에 사회봉사·수강은 종료 한다. ( )

정답 ○

266. 사회봉사명령 대상자가 사회봉사명령 집행 중 금고 이상의 형의 집행을 받게 된 때에는 해 당 형의 집행이 종료·면제되거나 사회봉사명령 대상자가 가석방된 경우 잔여 사회봉사명 령을 집행한다. ( )

정답 ○

267. 판례에 따르면, 보호관찰 등에 관한 법률 제32조 제3항이 보호관찰 대상자에게 과할 수 있는 특별준수사항으로 정한 '범죄행위로 인한 손해를 회복하기 위하여 노력할 것(제4호)'은 수강명령 대상자에 대해서도 부과할 수 있다. ( )

해설 사회봉사명령·수강명령 대상자에 대한 특별준수사항은 보호관찰 대상자에 대한 것과 같을 수 없고, 따라서 보호관찰 대상자에 대한 특별준수사항을 사회봉사명령·수강명령 대상자에게 그대로 적용하는 것은 적합하지 않다. 보호관찰법 제32조 제3항이 보호관찰 대상자에게 과할 수 있는 특별준수사항으 로 정한 "범죄행위로 인한 손해를 회복하기 위하여 노력할 것(제4호)" 등 같은 항 제1호부터 제9호까 지의 사항은 보호관찰 대상자에 한해 부과할 수 있을 뿐, 사회봉사명령·수강명령 대상자에 대해서는 부과할 수 없다(대법원 2020.11.5. 2017도18291).

정답 ×

268. 갱생보호의 방법에는 주거지원, 출소예정자 사전상담, 갱생보호대상자의 가족에 대한 지원 이 포함된다. ( )

정답 ○

269. 숙식제공기간을 연장하고자 할 때에는 해당 갱생보호시설의 장의 신청이 있어야 한다.
( )

해설 해당 본인의 신청이 있어야 한다.

정답 ×

270. 우리나라는 석방자에 대한 필요적 갱생보호를 인정하고 있다. ( )

해설 석방자에 대한 임의적 갱생보호를 인정하고 있다.

정답 ×

271. 갱생보호대상자와 관계기관은 보호관찰소의 장, 갱생보호사업의 허가를 받은 자 또는 한국법무보호복지공단에 갱생보호신청을 할 수 있다. ( )

정답 ○

272. 갱생보호사업을 하려는 자는 대통령령으로 정하는 바에 따라 법무부장관의 허가를 받아야 한다. ( )

해설 법무부령으로 정하는 바에 따른다.

정답 ×

273. 한국법무보호복지공단 이외의 자로서 갱생보호사업을 하고자 하는 자는 법무부장관의 허가를 받아야 한다. ( )

해설 ▌스미크라의 보호관찰 모형

전통적 모형	내부자원 활용+대상자에 대해서 지도·감독에서 보도원호에 이르기까지 다양한 기능을 수행하나 통제가 더 강조됨
프로그램 모형	내부적으로 해결하고 관찰관이 전문가로 기능하기 때문에 대상자를 분류하여 관찰관의 전문성에 따라 배정하게 됨
옹호모형	외부자원을 적극 활용하여 관찰대상에게 다양하고 전문적인 사회적 서비스를 제공받을 수 있도록 무작위로 배정된 대상자들을 사회기관에 위탁하는 것을 주요 일과로 삼고 있음
중개모형	사회자원의 개발과 중개의 방법으로 외부자원을 적극 활용하여 대상자가 전문적인 보호관찰을 받을 수 있게 하는 것

▌올린의 보호관찰관 유형

보호관찰관의 유형	주요 특징
처벌적 보호관찰관	위협과 처벌을 수단으로 범죄자를 사회에 동조하도록 강요하고 사회의 보호, 범죄자의 통제 그리고 범죄자에 대한 체계적 의심 등 강조
보호적 보호관찰관	• 사회와 범죄자의 보호 양자 사이를 망설이는 유형 • 주로 직접적인 지원이나 강연 또는 칭찬과 꾸중의 방법을 이용 • 사회와 범죄자의 입장을 번갈아 편들기 때문에 어정쩡한 입장에 처하기 쉬움

복지적 보호관찰관	• 자신의 목표를 범죄자에 대한 복지의 향상에 두고 범죄자의 능력과 한계를 고려하여 적응할 수 있도록 도움을 줌 • 범죄자의 개인적 적응 없이는 사회의 보호도 있을 수 없다고 믿음
수동적 보호관찰관	자신의 임무를 단지 최소한의 노력을 요하는 것으로 인식하는 사람

▌전자감시제도 정리

분류	판결선고에 의한 부착명령 집행	가석방 및 가종료자 등의 부착명령 집행	집행유예 시 부착명령 집행
대상자	• 성폭력범죄자(임의) • 미성년자 대상 유괴범죄자, 살인범죄자(초범은 임의적, 재범 이상은 필요적) • 강도범죄자(임의적) • 스토킹범죄자(임의적)	• 보호관찰조건부 가석방(필요적) • 특정범죄 이외의 범죄로 형의 집행 중 가석방된 자의 가석방기간의 전부 또는 일부기간(임의적) • 보호관찰조건부 가종료, 치료위탁, 가출소(임의적)	특정범죄자로 집행유예 시 보호관찰 대상자(보호관찰 없는 부착명령 위법)
처분기관	법원의 부착명령판결	관련 위원회의 결정	법원의 부착명령판결
기간	① 법정형의 상한이 사형 또는 무기징역인 특정범죄: 10년 이상 30년 이하 ② 법정형 중 징역형의 하한이 3년 이상의 유기징역인 특정범죄(①에 해당하는 특정범죄는 제외): 3년 이상 20년 이하 ③ 법정형 중 징역형의 하한이 3년 미만의 유기징역인 특정범죄(① 또는 ②에 해당하는 특정범죄는 제외): 1년 이상 10년 이하	보호관찰기간의 범위에서 기간을 정하여	집행유예 시의 보호관찰기간의 범위에서 기간을 정하여
집행권자	검사의 지휘를 받아 보호관찰관이 집행	보호관찰관	검사의 지휘를 받아 보호관찰관이 집행
집행개시시점	• 형집행종료 · 면제 · 가석방되는 날 • 치료감호의 집행종료, 가종료되는 날	• 가석방되는 날 • 치료감호의 치료위탁, 가종료, 가출소되는 날	법원판결이 확정된 때부터
종료사유	• 부착명령기간이 경과한 때 • 함께 선고한 형이 사면되어 그 선고의 효력을 상실하게 된 때	• 가석방기간이 경과하거나 가석방이 실효 또는 취소된 때 • 가종료자 등의 부착기간이 경과하거나 보호관찰이 종료된 때 • 가석방된 형이 사면되어 형의 선고의 효력을 상실하게 된 때	• 부착명령기간이 경과한 때 • 집행유예가 실효 또는 취소된 때 • 집행유예된 형이 사면되어 형의 선고의 효력을 상실하게 된 때
형집행 후 보호관찰	① 특정범죄에 대한 재범의 위험성이 있는 자에 대한 검사의 청구(항소심 변론종결 시까지) ② 금고 이상의 선고형에 해당하고 보호관찰명령의 청구가 이유 있다고 인정하는 때: 2년 이상 5년 이하의 범위 내 선고(검사의 청구 또는 법원의 직권 명령 가능) ③ 치료 프로그램의 이수에 대한 준수사항: 300시간의 범위 ④ 준수사항 위반시 1년 범위 내에서 보호관찰명령 연장 가능(10일 이내 출석, 7일 이상 여행허가 등) ⑤ 형집행종료 · 면제 · 가석방되는 날, 치료감호 집행 종료 · 가종료되는 날부터 집행		
기타	• 검사의 청구 : 항소심 변론종결 시까지 하여야 한다. • 특정범죄사건에 대하여 판결의 확정 없이 공소가 제기된 때부터 15년이 경과한 경우에는 부		

기타	착명령을 청구할 수 없다.
	• 주거이전 등 허가 : 피부착자는 주거를 이전하거나 7일 이상의 국내여행을 하거나 출국할 때에는 미리 보호관찰관의 허가를 받아야 함(10일 이내에 보호관찰소 출석)
	• 임시해제 신청 : 집행이 개시된 날부터 3개월이 경과한 후에 신청이 기각된 경우에는 기각된 날부터 3개월이 경과한 후에 다시 신청할 수 있음(임시해제기간은 부착명령기간에 산입 안 됨)
	• 준수사항 위반 등 위반 시 1년 범위 내 연장 가능
	• 19세 미만에 대한 선고는 가능하나, 부착은 19세부터 가능
	• 19세 미만의 사람에 대하여 특정범죄를 저지른 경우, 부착기간 하한의 2배 가중 가능
	• 보석과 전자장치 부착
	– 법원은 보석조건으로 피고인에게 전자장치 부착명령 가능
	– 보호관찰소의 장은 피고인의 보석조건 이행상황을 법원에 정기적으로 통지
	– 보호관찰소의 장은 피고인이 전자장치 부착명령을 위반한 경우 및 보석조건을 위반하였음을 확인한 경우, 지체 없이 법원과 검사에게 통지
	– 구속영장의 효력이 소멸한 경우, 보석이 취소된 경우, 보석조건이 변경되어 전자장치를 부착할 필요가 없게 되는 경우엔 전자장치의 부착 종료

정답 ○

274. 만 19세 미만의 자에 대하여 전자장치의 부착명령을 선고할 수 없다. (　　　)

해설 만 19세 미만의 자에 대하여는 전자장치를 부착할 수 없을 뿐 부착명령을 선고할 수는 있다.

정답 ✕

275. 검사는 법원에 성폭력범죄, 미성년자 대상 유괴범죄, 살인범죄 또는 강도범죄(이하 '특정범죄'라고 한다)를 범하고 다시 범할 위험성이 있다고 인정되는 사람에 대하여 위치추적 전자장치를 부착하는 명령(이하 '부착명령'이라고 한다)을 청구할 수 있다. (　　　)

정답 ○

276. 특정범죄에는 「형법」상 살인죄의 기수범은 포함되나 살인죄의 미수범과 예비, 음모죄는 포함되지 않는다. (　　　)

해설 포함된다.

정답 ✕

277. 성폭력범죄를 2회 이상 범하여 그 습벽이 인정되고, 재범의 위험성이 있다고 판단되는 경우 검사는 부착명령을 법원에 청구할 수 있다. (　　　)

정답 ○

278. 검사는, 19세 미만의 사람에 대하여 성폭력범죄를 저지른 때에 성폭력범죄를 다시 범할 위험성이 있다고 인정되는 사람에 대하여 전자장치를 부착하도록 하는 명령을 법원에 청구할 수 있다. (　　　)

정답 ○

279. 검사는, 스토킹범죄를 2회 이상 범하여(유죄의 확정판결을 받은 경우를 제외한다) 그 습벽이 인정된 때에 스토킹범죄를 다시 범할 위험성이 있다고 인정되는 사람에 대하여 전자장치를 부착하도록 하는 명령을 법원에 청구할 수 있다. (　　　)

> 해설　검사는 스토킹범죄로 징역형의 실형을 선고받은 사람이 그 집행을 종료한 후 또는 집행이 면제된 후 10년 이내에 다시 스토킹범죄를 저지른 때, 스토킹범죄로 이 법에 따른 전자장치를 부착하였던 전력이 있는 사람이 다시 스토킹범죄를 저지른 때, 스토킹범죄를 2회 이상 범하여(유죄의 확정판결을 받은 경우를 포함한다) 그 습벽이 인정된 때의 어느 하나에 해당하고 스토킹범죄를 다시 범할 위험성이 있다고 인정되는 사람에 대하여 부착명령을 법원에 청구할 수 있다(전자장치 부착 등에 관한 법률 제5조 제5항).

정답 ✕

280. 검사는, 미성년자 대상 유괴범죄를 저지른 사람으로서 미성년자 대상 유괴범죄를 다시 범할 위험성이 있다고 인정되는 사람에 대하여 전자장치를 부착하도록 하는 명령을 법원에 청구할 수 있다. 다만, 유괴범죄로 징역형의 실형 이상의 형을 선고받아 그 집행이 종료 또는 면제된 후 다시 유괴범죄를 저지른 경우에는 전자장치를 부착하도록 하는 명령을 청구하여야 한다. (　　　)

정답 ○

281. 검사는, 강도범죄로 전자장치 부착 등에 관한 법률에 따른 전자장치를 부착하였던 전력이 있는 사람이 다시 강도범죄를 저지른 때에 강도범죄를 다시 범할 위험성이 있다고 인정되는 경우 전자장치를 부착하도록 하는 명령을 법원에 청구할 수 있다. (　　　)

정답 ○

282. 법원은 특정범죄를 범한 자에 대하여 형의 집행을 유예하면서 보호관찰을 받을 것을 명할 때에는 전자장치를 부착할 것을 명할 수는 없다. (　　　)

> 해설　법원은 특정범죄를 범한 자에 대하여 형의 집행을 유예하면서 보호관찰을 받을 것을 명할 때에는 보호관찰기간의 범위 내에서 기간을 정하여 준수사항의 이행여부 확인 등을 위하여 전자장치를 부착할 것을 명할 수 있다(전자장치 부착 등에 관한 법률 제28조 제1항).

정답 ✕

283. 검사는 성폭력범죄로 징역형의 실형을 선고받은 사람이 그 집행을 종료한 후 또는 집행이 면제된 후 10년 이내에 성폭력 범죄를 저지르고, 성폭력범죄를 다시 범할 위험성이 있다고 인정되는 때에는 전자장치를 부착하도록 하는 명령을 법원에 청구할 수 있다. (　　　)

정답 ○

284. 부착명령의 청구는 특정범죄사건의 공소제기와 동시에 하여야 한다. ( )

> 해설 부착명령의 청구는 공소가 제기된 특정범죄사건의 항소심 변론종결 시까지 하여야 한다.
>
> 정답 ✕

285. 법원은 공소가 제기된 특정범죄사건을 심리한 결과 부착명령을 선고할 필요가 있다고 인정하는 때에는 직권으로 부착명령을 할 수 있다. ( )

> 해설 법원은 공소가 제기된 특정범죄사건을 심리한 결과 부착명령을 선고할 필요가 있다고 인정하는 때에는 검사에게 부착명령의 청구를 요구할 수 있다.
>
> 정답 ✕

286. 검사는 부착명령을 청구하기 위하여 필요하다고 인정하는 때에는 소속 검찰청 소재지를 관할하는 보호관찰소의 장에게 피의자와의 관계, 심리상태 등 피해자에 관하여 필요한 사항의 조사를 요청할 수 있다. ( )

> 해설 검사는 부착명령을 청구하기 위하여 필요하다고 인정하는 때에는 소속 검찰청 소재지를 관할하는 보호관찰소의 장에게 피해자와의 관계, 심리상태 등 피의자에 관하여 필요한 사항의 조사를 요청할 수 있다.
>
> 정답 ✕

287. 법원은 부착명령 청구가 있는 때에는 부착명령 청구서의 부본을 피부착명령 청구자 또는 그의 변호인에게 송부하여야 하며, 공판기일 5일 전까지 송부하여야 한다. ( )

> 정답 ○

288. 전자장치 부착기간으로 최장 30년까지 명할 수 있다. ( )

> 정답 ○

289. 19세 미만의 사람에 대하여 성폭력범죄를 저지른 경우에는 전자장치 부착기간의 하한은 법률에서 정한 부착기간의 2배로 한다. ( )

> 정답 ○

290. 부착명령은 심사위원회의 지휘를 받아 보호관찰관이 집행한다. ( )

> 해설 검사의 지휘를 받아 보호관찰관이 집행한다.
>
> 정답 ✕

291. 부착명령의 집행 중 다른 죄를 범하여 구속영장의 집행을 받아 구금된 후에 검사가 혐의 없음을 이유로 불기소처분을 함으로써 구금이 종료된 경우 그 구금기간 동안에는 부착명령 이 정지된 것으로 본다. ( )

> 해설 그 구금기간 동안에는 부착명령이 집행된 것으로 본다.

정답 ×

292. 전자장치 부착집행 중 보호관찰 준수사항 위반으로 유치허가장의 집행을 받아 유치된 때에 는 부착집행이 정지된다. ( )

정답 ○

293. 법원은 부착명령 청구를 기각하는 경우로서 보호관찰명령을 선고할 필요가 있다고 인정하 는 때에는 직권으로 기간을 정하여 보호관찰명령을 선고할 수 있다. ( )

정답 ○

294. 부착명령의 집행 중 다른 죄를 범하여 구속영장의 집행을 받아 구금되거나 금고 이상의 형 의 집행을 받게 된 때에는 부착명령의 집행이 정지된다. ( )

정답 ○

295. 법원은 스토킹범죄를 저지른 사람에 대해서 부착명령을 선고하는 경우에는 피해자 등 특정 인에의 접근금지를 준수사항으로 반드시 부과하여야 한다. ( )

정답 ○

296. 전자장치 피부착자는 주거를 이전하거나 7일 이상의 국내 여행 또는 출국할 때에는 미리 보호관찰관의 허가를 받아야 한다. ( )

정답 ○

297. 보호관찰심사위원회가 필요하지 아니하다고 결정한 경우를 제외하고, 부착명령 판결을 선고 받지 아니한 특정범죄자로서 형의 집행 중 가석방되어 보호관찰을 받게 되는 자는 준수사 항 이행여부 확인 등을 위하여 가석방기간 동안 전자장치를 부착하여야 한다. ( )

정답 ○

298. 피부착자가 정당한 사유 없이 전자장치를 해제하거나 손상한 때에는 2년 이상의 유기징역에 처한다. ( )

> 해설 전자장치 부착 업무를 담당하는 자가 정당한 사유 없이 전자장치를 해제하거나 손상한 때에는 1년 이상의 유기징역에 처한다.
>
> 정답 ✕

299. 법원은 특정범죄사건에 대하여 벌금형을 선고하는 때에는 특정범죄사건의 판결과 동시에 부착명령을 선고하여야 한다. ( )

> 해설 법원은 특정범죄사건에 대하여 벌금형을 선고하는 때에는 판결로 부착명령 청구를 기각하여야 한다(전자장치 부착 등에 관한 법률 제9조 제4항 제3호).
>
> 정답 ✕

300. 법원은 형사소송법에 따른 보석조건으로 전자장치 부착을 명하기 위하여 필요하다고 인정하면 그 법원의 소재지 또는 피고인의 주거지를 관할하는 보호관찰소의 장에게 피고인의 직업, 경제력, 가족상황, 주거상태, 생활환경 및 피해회복 여부 등 피고인에 관한 사항의 조사를 의뢰할 수 있다. ( )

> 정답 ○
>
> 해설 법원은 다음 각 호의 어느 하나에 해당하는 때에는 판결로 부착명령 청구를 기각하여야 한다(전자장치 부착 등에 관한 법률 제9조 제4항).
> 1. 부착명령 청구가 이유 없다고 인정하는 때
> 2. 특정범죄사건에 대하여 무죄(심신상실을 이유로 치료감호가 선고된 경우는 제외한다) · 면소 · 공소 기각의 판결 또는 결정을 선고하는 때
> 3. 특정범죄사건에 대하여 벌금형을 선고하는 때
> 4. 특정범죄사건에 대하여 선고유예 또는 집행유예를 선고하는 때(제28조 제1항에 따라 전자장치 부착을 명하는 때를 제외한다)

301. 내란목적살인죄로 5년의 징역형을 선고받고 1년간의 형집행을 받은 자로서 다시 내란죄를 범할 가능성이 있다고 판단되는 자에게 내릴 수 있는 처분은 보안관찰처분이다. ( )

> 해설 ▎「보안관찰법」상의 보안처분
> - 보안관찰 해당 범죄: 내란목적살인(미수)죄와 동 예비 · 음모 · 선동 · 선전죄, 외환죄, 여적죄, 간첩죄, 모병 · 시설제공 · 시설관리 · 물건제공이적죄와 동 미수범 및 예비 · 음모 · 선동 · 선전죄 등
> - 기간: 2년[보안관찰처분심의위원회의 의결로 갱신 가능 – 갱신횟수 제한 없음(종신형적 성격)]
> - 절차: 검사 청구 → 보안관찰처분심의위원회 의결 → 법무장관 허가(행정처분)
> - 기간 및 집행: 2년(갱신 가능), 집행은 검사지휘하에 사법경찰관리 집행
> - 보안관찰처분심의위원회
>   - 위원회는 위원장 1인과 6인의 위원으로 구성
>   - 위원장은 법무부차관, 과반수는 변호사의 자격이 있는 자
>   - 위원은 법무부장관의 제청으로 대통령이 임명 또는 위촉

      – 위촉된 위원의 임기는 2년
* 벌칙
      – 보안관찰을 면탈할 목적으로 은신 또는 도주한 때: 3년 이하의 징역
      – 은닉하거나 도주하게 한 자: 2년 이하의 징역

정답 ○

302. 보안관찰법상의 보안관찰처분은 법무부장관이 결정하는 행정처분이다.   (   )

정답 ○

303. 보안관찰을 면탈할 목적으로 은신한 때에는 5년 이하의 징역에 처한다.   (   )

해설 3년 이하의 징역에 처한다.

❚ 치료명령제도 정리

구분	판결에 의한 치료명령	수형자에 대한 법원의 결정	가종료자 등의 치료감호심의위원회의 결정
대상	사람을 성폭행한 19세 이상인 자로 성도착증 환자	사람을 성폭행한 징역형 이상의 성도착증 환자로 치료에 동의한 자	성도착증 환자(결정일 전 6개월 이내에 실시한 정신건강의학과 전문의의 진단 또는 감정결과 반드시 참작)
기간	15년 범위 내 법원 선고	15년 범위 내 법원결정 고지	보호관찰기간의 범위 내 치료감호심사위원회 결정
관할	지방법원 합의부 (지원 합의부 포함)	지방법원 합의부 (지원 합의부 제외)	치료감호심사위원회
집행	검사지휘 보호관찰관 집행	검사지휘 보호관찰관 집행	보호관찰관 집행
비용	국가부담	원칙 본인부담, 예외 가능 (본인의 동의에 의함)	국가부담
통보	• 석방되기 3개월 전까지 보호 관찰소장 통보 • 석방되기 5일 전까지 보호관 찰소장 통보	석방되기 5일 전까지 보호관찰소장 통보	석방되기 5일 전까지 보호관찰소장 통보
집행 시기	석방되기 전 2개월 이내		
임시 해제	• 치료명령이 개시된 후 6개월 경과, 기각되면 6개월 경과 후 신청 • 준수사항도 동시에 임시해제 • 임시해제기간은 치료명령기간에 산입되지 않음		
치료 명령 시효	• 판결확정 후 집행 없이 형의 시효기간 경과 • 판결확정 후 집행 없이 치료감 호의 시효완성	치료명령결정이 확정된 후 집행 을 받지 아니하고 10년 경과하 면 시효완성	없음
종료	• 기간경과 • 사면(형선고 효력상실) • 임시해제기간 경과	• 기간경과 • 사면(형선고 효력상실) • 임시해제기간 경과	• 기간경과 • 보호관찰기간 경과 및 종료 • 임시해제기간 경과
기타	• 청구시기: 항소심 변론종결 시까지 • 주거이전 또는 7일 이상의 국내 여행을 하거나 출국할 때에는 보호관찰관의 허가		

기타	• 치료명령의 집행면제신청
	  – 징역형과 함께 치료명령을 받은 사람 등: 주거지 또는 현재지 관할 지방법원(지원 포함)에 면제신청(치료감호 집행 중인 경우 치료명령 집행면제를 신청할 수 없음)
	  – 면제신청기간: 징역형 집행종료되기 전 12개월부터 9개월까지
	  – 법원의 결정: 징역형 집행종료되기 3개월 전까지(집행면제 여부 결정에 대한 항고 가능)
	  – 치료감호심사위원회의 치료명령 집행면제: 징역형과 함께 치료명령을 받은 사람의 경우, 형기가 남아 있지 아니하거나 9개월 미만의 기간이 남아 있는 사람에 한정하여 집행면제 결정

정답 X

304. '성충동 약물치료'란 비정상적인 성적충동이나 욕구를 억제하기 위한 조치로서 성도착증 환자에게 약물투여 및 심리치료 등의 방법으로 도착적인 성기능을 일정기간 동안 약화 또는 무력화하는 치료를 말한다. ( )

해설 성도착증 환자에게 약물투여 및 심리치료 등의 방법으로 도착적인 성기능을 일정기간 동안 약화 또는 정상화하는 치료를 말한다.

정답 X

305. 법원은 피고사건에 대하여 선고를 유예하거나 집행유예를 선고하는 때라도 치료명령을 선고할 수 있다. ( )

해설 법원은 피고사건에 대하여 선고를 유예하거나 집행유예를 선고하는 때에는 판결로 치료명령 청구를 기각하여야 한다(성폭력범죄자의 성충동 약물치료에 관한 법률 제8조 제3항 제4호).

정답 X

306. 치료명령은 범죄예방정책국장의 지휘를 받아 보호관찰관이 집행한다. ( )

해설 치료명령은 검사의 지휘를 받아 보호관찰관이 집행한다(성폭력범죄자의 성충동 약물치료에 관한 법률 제13조 제1항).

정답 X

307. 치료명령을 받은 사람이 형의 집행이 종료되거나 면제·가석방 또는 치료감호의 집행이 종료·가종료 또는 치료위탁으로 석방되는 경우, 보호관찰관은 석방되기 전 2개월 이내에 치료명령을 받은 사람에게 치료명령을 집행하여야 한다. ( )

정답 O

308. 치료명령의 집행 중 구속영장의 집행을 받아 구금된 때에는 치료명령의 집행이 정지되며, 이 경우 구금이 해제되거나 금고 이상의 형의 집행을 받지 아니하는 것으로 확정된 때부터 그 잔여기간을 집행한다. ( )

정답 O

309. 치료감호심의위원회는 징역형과 함께 치료명령을 받은 자로 형기가 남아 있지 아니하거나 12개월 미만인 피치료감호자에 대하여 치료감호의 종료, 가종료, 치료위탁 결정을 하는 경우, 치료명령의 집행이 필요하지 아니하다고 인정되면 치료명령의 집행면제를 결정할 수 있다.

> **해설** 치료감호심의위원회는 「치료감호 등에 관한 법률」 제16조 제1항에 따른 피치료감호자 중 치료명령을 받은 사람(피치료감호자 중 징역형과 함께 치료명령을 받은 사람의 경우 형기가 남아 있지 아니하거나 9개월 미만의 기간이 남아 있는 사람에 한정한다)에 대하여 같은 법 제22조 또는 제23조에 따른 치료감호의 종료 · 가종료 또는 치료위탁 결정을 하는 경우에 치료명령의 집행이 필요하지 아니하다고 인정되면 치료명령의 집행을 면제하는 결정을 하여야 한다(성폭력범죄자의 성충동 약물치료에 관한 법률 제8조의3 제1항).
>
> 정답 ×

310. 성폭력 수형자에게 고지된 법원의 치료명령 결정에 대한 항고와 그 항고법원의 결정에 대한 재항고는 치료명령 결정의 집행을 정지하는 효력이 없다. ( )

> 정답 ○

311. 약물치료명령을 받은 사람은 주거 이전 또는 5일 이상의 국내 여행을 하거나 출국할 때에는 미리 보호관찰관의 허가를 받아야 한다. ( )

> **해설** 주거이전 또는 7일 이상의 국내 여행을 하거나 출국할 때에는 미리 보호관찰관의 허가를 받아야 한다.
>
> 정답 ×

312. 치료명령의 임시해제신청은 치료명령의 집행이 개시된 날부터 1년이 지난 후에 하여야 한다. ( )

> **해설** 6개월이 지난 후에 하여야 한다.
>
> 정답 ×

313. 국가는 치료명령의 결정을 받은 모든 사람의 치료기간 동안 치료비용을 부담하여야 한다. ( )

> **해설** 원칙적으로 치료명령의 결정을 받은 사람이 치료기간 동안 치료비용을 부담한다.
>
> 정답 ×

314. 「성폭력범죄의 처벌 등에 관한 특례법」상의 성폭력범 가석방자인 성인에 대하여도 보호관찰이 부과된다. ( )

> 정답 ○

315. 「가정폭력범죄의 처벌 등에 관한 특례법」에 의하여 보호관찰을 받은 자는 보호관찰기간이 1년을 초과할 수 없다. ( )

해설 6개월을 초과할 수 없다.

▌「소년법」상 소년의 구분

구분	내용
범죄소년	죄를 범한 14세 이상 19세 미만의 소년(※ 형사미성년자: 14세 미만)
촉법소년	형벌 법령에 저촉되는 행위를 한 10세 이상 14세 미만의 소년(형사책임능력이 없어 형사처벌은 불가능하고 보호처분만 가능함)
우범소년	다음에 해당하는 사유가 있고 그의 성격이나 환경에 비추어 앞으로 형벌 법령에 저촉되는 행위를 할 우려가 있는 10세 이상의 소년 1. 집단적으로 몰려다니며 주위 사람들에게 불안감을 조성하는 성벽이 있는 것 2. 정당한 이유 없이 가출하는 것 3. 술을 마시고 소란을 피우거나 유해환경에 접하는 성벽이 있는 것

▌소년사건 절차도

- 총칙
- 보호사건(통칙, 조사심리, 보호처분, 항고)
- 형사사건(통칙, 심판)
- 벌칙

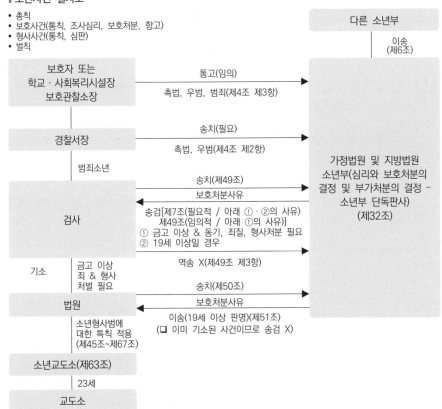

▌보호처분 요약

처분종류	내용	기간	전부 또는 일부 병합
1호처분	보호자 등에게 감호위탁	6월(6월의 범위, 1차 연장 가능)	수강명령, 사회봉사명령, 단기 보호관찰, 장기 보호관찰

2호처분	수강명령 (12세 이상)	100시간 이내	보호자 등 감호위탁, 사회봉사명령, 단기 보호관찰, 장기 보호관찰
3호처분	사회봉사명령 (14세 이상)	200시간 이내	보호자 등 감호위탁, 수강명령, 단기 보호관찰, 장기 보호관찰
4호처분	단기 보호관찰	1년(연장 안 됨)	보호자 등 감호위탁, 수강명령, 사회봉사명령, 소년보호시설 등에 감호위탁
5호처분	장기 보호관찰	2년(1년의 범위, 1차 연장 가능)	보호자 등에게 감호위탁, 수강명령, 사회봉사명령, 소년보호시설 등에 감호위탁, 1개월 이내 소년원 송치
6호처분	소년보호시설 등에 감호위탁	6월(6월의 범위, 1차 연장 가능)	단기 보호관찰, 장기 보호관찰
7호처분	병원, 요양소, 의료재활소년원에 위탁	6월(6월의 범위, 1차 연장 가능)	–
8호처분	1개월 이내 소년원 송치	1월 이내	장기 보호관찰
9호처분	단기 소년원 송치	6월 이내(연장 안 됨)	–
10호처분	장기 소년원 송치 (12세 이상)	2년 이내(연장 안 됨)	–

※ 보호처분
- 병합이 안 되는 보호처분: 7호(의료재활소년원에위탁), 9호(단기 소년원 송치), 10호(장기 소년원 송치)
- 14세 이상: 3호(사회봉사명령)
- 12세 이상: 2호(수강명령), 10호(장기 소년원 송치)

정답 ✕

316. 형벌법령에 저촉되는 행위를 할 우려가 있는 우범소년도 소년법의 규율대상으로 하는 것과 직접적으로 관계되는 원칙은 예방주의이다. ( )

해설 ┃ 소년사법의 실체법적 성격

보호주의 교육주의 규범주의 목적주의	소년법은 보호적·복지적 측면과 형사법적 측면이 결합하여 조화를 이루는데 소년법 제1조는 "반사회성(反社會性)이 있는 소년의 환경 조정과 품행 교정(矯正)을 위한 보호처분 등의 필요한 조치를 하고, 형사처분에 관한 특별조치를 함으로써 소년이 건전하게 성장하도록 돕는 것을 목적으로 한다"고 명시하여 이러한 이념을 반영하고 있다.
인격주의	소년을 보호하기 위해서는 소년의 행위·태도에서 나타난 개성과 환경을 중시해야 한다. 소년보호절차는 교육기능 및 사법기능을 동시에 수행하기 때문에 객관적 비행사실만 중요하게 취급되어서는 안 되고, 소년의 인격과 관련된 개인적 특성도 함께 고려되어야 한다. 소년법 제1조의 "반사회성이 있는 소년의 … 품행 교정을 위한 보호처분 등의 필요한 조치를 하고 … 건전하게 성장하도록 돕는 것을 목적으로 한다"는 규정과 소년에 대한 사법의 개별화를 선언하고 있는 소년법 제9조는 이러한 인격주의를 표현한 것이라고 할 수 있다.
예방주의	죄를 범한 소년뿐만 아니라 우범소년도 그 대상으로 하는 것으로, 소년법 제4조 제1항 제3호「집단적으로 몰려다니며 주위 사람들에게 불안감을 조성하는 성벽이 있는 것, 정당한 이유없이 가출하는 것, 술을 마시고 소란을 피우거나 유해환경에 접하는 성벽이 있는 것」이 소년법의 규율대상이 된다는 규정은 예방주의를 표현한 것이라고 할 수 있다.

┃ 소년사법의 실체법적 성격

개별주의	처우개별화의 원리에 따라 개성을 중시한 구체적인 인격에 대한 처우를 강구한다. 소년법 제9조 "조사는 의학·심리학·교육학·사회학이나 그 밖의 전문적인 지식을 활용하여 소년과 보호자 또는 참고인의 품행, 경력, 가정 상황, 그 밖의 환경 등을 밝히도록 노력하여야 한다"는 규정은 개별주의를 표현한 것이라 할 수 있다. 예) 분리수용, 심리절차 및 집행의 분리 등
직권주의 심문주의	심리가 쟁송의 성격이 아닌 국가가 소년의 후견적 입장에서 법원이 적극적·지도적으로 이루어야 하고, 소년은 심판의 대상이 아닌 심리의 객체로서 대립되는 당사자 소송방식보다는 심문의 방식을 취하여야 한다.
과학주의	예방주의와 개별주의를 추구하기 위해서는 소년의 범죄환경에 대한 연구와 소년범죄자에게 어떤 종류의 형벌을 어느 정도 부과하는 것이 적당한가에 대한 연구·검토가 필요하다. 소년법 제12조에서 "소년부는 조사 또는 심리를 할 때에 정신건강의학과의사·심리학자·사회사업가·교육자나 그 밖의 전문가의 진단, 소년 분류심사원의 분류심사 결과와 의견, 보호관찰소의 조사결과와 의견 등을 고려하여야 한다"는 규정은 과학주의를 표현한 것이라 할 수 있다.

정답 ○

317. 국가는 모든 국민의 보호자이며 부모가 없는 경우나, 있더라도 자녀를 보호해 줄 수 없는 경우, 국가가 나서서 대신 보호해주어야 한다는 소년보호제도의 기본이념은 국친 사상이다. ( )

정답 ○

318. 개별주의는 소년사건에서 소년보호조치를 취할 때 형사사건과 병합하여 1건의 사건으로 취급하는 것을 말한다. ( )

해설 소년사건에서 소년보호조치를 취할 때 형사사건과 독립하여 1건의 사건으로 취급하는 것을 말한다.
정답 ✕

319. 인격주의는 보호소년을 개선하여 사회생활에 적응시키고 건전하게 육성하기 위해 소년사법 절차를 가급적 비공개로 해야 한다는 원칙이다. ( )

해설 밀행주의에 관한 설명이다.
정답 ✕

320. 우범소년이 범죄에 빠지지 않도록 하는데 중점을 두어야 한다는 것으로 「소년법」 제4조 제1항 제3호는 이는 예방주의를 구체화한 것이다. ( )

해설 • 예방주의: 소년범에 대하여 과거의 비행에 대한 처벌보다는 장래의 범죄를 예방하는 데 중점을 두어야 한다는 원칙
• 밀행주의: 소년범에 대한 사회적 비난 또는 낙인의 결과를 초래하는 것을 방지하기 위하여 소년범의 처리과정을 외부에 노출시켜서는 안 된다는 원칙
• 과학주의: 소년범에 대하여 보다 과학적인 교육과 보호를 위하여 조사·심리·처우의 단계에서 심

리학 · 의학 · 교육학 · 사회학 등 과학적이고 전문적인 지식을 활용하여야 한다는 원칙

▌「소년법」상 소년의 구분

구분	내용
인격주의	소년의 객관적 비행사실보다는 그의 인격적 특성을 중요시하여, 인격에 내재된 범죄의 위험성을 제거하는 데 힘써야 한다는 원칙
예방주의	소년범에 대하여 과거의 비행에 대한 처벌보다는 장래의 범죄를 예방하는 데 중점을 두어야 한다는 원칙
개별주의	범죄인 처우의 개별화 이념에 따라 각각의 소년을 독립적으로 취급하고, 그 소년의 개별적인 특성에 알맞은 처우를 하여야 한다는 원칙
과학주의	소년범에 대하여 보다 과학적인 교육과 보호를 위하여 조사 · 심리 · 처우의 단계에서 심리학 · 의학 · 교육학 · 사회학 등 과학적이고 전문적인 지식을 활용하여야 한다는 원칙
교육주의	교육적 관점에서 소년에 대한 처벌보다는 교화 · 개선에 중점을 두고 보호처분 등을 통하여 소년을 건전하게 육성하자는 원칙
협력주의	소년의 보호를 위하여 국가뿐만 아니라, 보호자, 시민단체 등 사회 전체가 협력하여야 한다는 원칙
밀행주의	소년범에 대한 사회적 비난 또는 낙인의 결과를 초래하는 것을 방지하기 위하여 소년범의 처리과정을 외부에 노출시켜서는 안 된다는 원칙

정답 ○

321. 소년법 제24조 제2항에서 규정한 심리의 비공개는 인격주의와 관련이 있다. (　　　)

해설 심리의 비공개는 밀행주의와 관련이 있다.

정답 ✕

322. 적응모형(adjustment model)에 의하면 범죄자 스스로 책임 있는 선택과 합법적 결정을 할 수 없다. 그 결과, 현실요법, 환경요법 등의 방법이 처우에 널리 이용된다. (　　　)

해설 적응모형에 의하면 범죄자는 스스로 책임 있는 선택과 합법적 결정을 할 수 있다.

정답 ✕

323. 소년교정모델 중 낙인이론가들이 선호하는 모형은 최소제약모델이다. (　　　)

정답 ○

324. 선도조건부 기소유예제도는 대상 소년의 일정한 자유를 제한하는 것이기 때문에 법원의 허가를 필요로 한다. (　　　)

해설 법원의 허가를 요하지 않는다.

정답 ✕

325. 선도조건부 기소유예제도는 검사의 기소재량과 소년사건에 대한 법원선의주의의 결합에 기초하고 있다. ( )

해설 검사선의주의의 결합에 기초하고 있다.

정답 ✕

326. 선도조건부 기소유예제도는 보호처분의 일종으로 「보호소년 등의 처우에 관한 법률」이 규정하고 있다. ( )

해설 소년법에 규정하고 있다.

정답 ✕

327. 선도조건부 기소유예제도는 선도의 필요가 인정되는 범죄소년과 촉법소년에 대해 부과한다. ( )

해설 촉법소년은 제외한다.

정답 ✕

328. '소년법상 소년'인지의 여부는 사실심 판결선고 시를 기준으로 판단한다. ( )

정답 ○

329. 소년법상 부정기형의 선고기준이 되는 연령은 19세 미만이다. ( )

정답 ○

330. 소년보호사건의 심리는 공개하지 아니한다. 다만, 중요 강력범죄의 경우에는 공개할 수 있다. ( )

해설 소년보호사건의 심리는 공개하지 아니한다. 다만, 소년부 판사는 적당하다고 인정하는 자에게 참석을 허가할 수 있다(소년법 제24조 제2항).

정답 ✕

331. 소년 보호사건은 가정법원 또는 지방법원의 소년부 단독판사가 담당한다. ( )

정답 ○

332. 소년법상 소년보호사건은 소년의 행위지, 거주지 또는 현재지의 가정법원 소년부 또는 지방법원 소년부의 관할에 속한다. ( )

333. 소년 보호사건의 기록과 증거물은 소년부 판사의 허가를 받은 경우에만 열람하거나 등사할
수 있으며, 보조인이 심리 개시 결정 후에 소년 보호사건의 기록과 증거물을 열람하는 경
우에 소년부 판사의 허가를 받아야 한다.   (   )

> 해설 소년 보호사건의 기록과 증거물은 소년부 판사의 허가를 받은 경우에만 열람하거나 등사할 수 있다.
> 다만, 보조인이 심리 개시 결정 후에 소년 보호사건의 기록과 증거물을 열람하는 경우에는 소년부 판
> 사의 허가를 받지 아니하여도 된다(소년법 제30조의2).

정답 ✕

334. 소년법상 10세 미만의 소년은 소년법상 보호사건의 보호대상에서 제외된다.   (   )

정답 ○

335. 소년법상 범죄소년의 경우 경찰서장은 직접 소년부 송치를 할 수 있다.   (   )

> 해설 할 수 없다.

정답 ✕

336. 소년법상 경찰서장이 촉법소년과 우범소년을 발견한 때에는 검사를 거쳐 소년부에 송치하
여야 한다.   (   )

> 해설 직접 관할 소년부에 송치하여야 한다.

정답 ✕

337. 소년법상 보호자는 형벌 법령에 저촉되는 행위를 한 10세 이상 14세 미만인 소년을 발견
한 경우 이를 관할 소년부에 통고할 수 있다.   (   )

정답 ○

338. 소년법상 소년부는 사건이 그 관할에 속하지 아니한다고 인정하면 판결로써 그 사건을 관
할 소년부에 이송하여야 한다.   (   )

> 해설 소년부는 사건이 그 관할에 속하지 아니한다고 인정하면 결정으로써 그 사건을 관할 소년부에 이송하
> 여야 한다.

정답 ✕

339. 소년법상 소년부는 조사 또는 심리한 결과 금고 이상의 형에 해당하는 범죄사실이 발견된 경우 그 동기와 죄질이 형사처분을 할 필요가 있다고 인정하면 결정으로써 사건을 관할 지방법원에 송치하여야 한다. ( )

해설 관할 지방법원에 대응한 검찰청 검사에 송치하여야 한다.

정답 ✕

340. 소년법상 소년부는 조사 또는 심리한 결과 벌금 이상의 형에 해당하는 범죄 사실이 발견된 경우 그 동기와 죄질이 형사처분을 할 필요가 있다고 인정하면 결정으로써 사건을 관할 지방법원에 대응한 검찰청 검사에게 송치할 수 있다. ( )

해설 조사 또는 심리한 결과 금고 이상의 형에 해당하는 범죄 사실이 발견된 경우 그 동기와 죄질이 형사처분을 할 필요가 있다고 인정하면 결정으로써 사건을 관할 지방법원에 대응한 검찰청 검사에게 송치하여야 한다.

정답 ✕

341. 소년법상 소년부 또는 조사관이 범죄사실에 관하여 소년을 조사할 때에는 일반 형사사건과는 달리 불리한 진술을 거부할 수 있음을 미리 소년에 대하여 알릴 필요가 없다. ( )

해설 소년부 또는 조사관이 범죄사실에 관하여 소년을 조사할 때에는 미리 소년에게 불리한 진술을 거부할 수 있음을 알려야 한다.

정답 ✕

342. 소년법상 소년부는 조사 또는 심리를 함에 있어서 정신건강의학과의사, 심리학자, 사회사업가, 교육자나 그 밖의 전문가의 진단 및 소년분류심사원의 분류심사결과와 의견을 고려하여야 한다. ( )

정답 ○

343. 소년법상 소년분류심사관은 사건의 조사에 필요하다고 인정한 때에는 기일을 정하여 보호자 또는 참고인을 소환할 수 있고, 정당한 이유 없이 이에 응하지 않을 경우 동행영장을 발부할 수 있다. ( )

해설 소년부 판사는 사건의 조사에 필요하다고 인정한 때에는 기일을 정하여 보호자 또는 참고인을 소환할 수 있고, 사건 본인이나 보호자가 정당한 이유 없이 소환에 응하지 않을 경우 동행영장을 발부할 수 있다.

정답 ✕

344. 소년법상 소년부판사는 사건의 조사 또는 심리에 필요하다고 인정하면 본인·보호자 또는 참고인을 소환할 수 있고, 이에 정당한 이유 없이 응하지 아니하면 본인·보호자 또는 참고인에 대해 동행영장을 발할 수 있다. ( )

해설 참고인은 소환의 대상은 될 수 있으나, 동행영장의 발부대상은 아니다.

정답 ✕

345. 소년부 판사는 사건의 조사에 필요한 경우 기일을 정하여 보호자 또는 참고인을 소환할 수 있고, 보호자가 정당한 이유 없이 이에 응하지 아니하면 동행영장을 발부할 수 있다.

( )

정답 ○

346. 소년법상 소년부 판사는 증거인멸을 방지하기 위하여 긴급조치가 필요하다고 인정하면 사건 본인이나 보호자를 법 제13조 제1항에 따른 소환 없이 동행영장을 발부할 수 있다.

( )

해설 소년부 판사는 사건 본인을 보호하기 위하여 긴급조치가 필요하다고 인정하면 사건 본인이나 보호자를 법 제13조 제1항에 따른 소환 없이 동행영장을 발부할 수 있다.

정답 ✕

347. 소년법상 소년보호사건에 있어서 보호자는 소년부 판사의 허가 없이 변호사를 보조인으로 선임할 수 있다. ( )

정답 ○

348. 조사관은 소년부 판사의 명을 받아 사건 본인이나 보호자를 심문할 수 있지만, 참고인에 대한 심문은 허용되지 않는다. ( )

해설 소년부 판사는 조사관에게 사건 본인, 보호자 또는 참고인의 심문이나 그 밖에 필요한 사항을 조사하도록 명할 수 있다(소년법 제11조 제1항).

정답 ✕

349. 소년법상 소년이 소년분류심사원에 위탁된 경우, 보조인이 없을 때에는 법원은 소년 본인이나 보호자의 신청에 따라 변호사 등 적정한 자를 보조인으로 선임할 수 있다. ( )

해설 소년이 소년분류심사원에 위탁된 경우, 보조인이 없을 때에는 법원은 별도로 소년 본인이나 보호자의 신청을 요하지 않고 변호사 등 적정한 자를 보조인으로 선정하여야 한다.

정답 ✕

350. 소년법상 소년부판사는 사건을 심리하는 데에 필요하다고 인정하면 대상소년을 병원에 위탁하는 조치를 취할 수 있다. ( )

정답 ○

351. 소년법상 사건의 조사·심리를 위한 임시조치로서 소년분류심사원에 위탁하는 경우에 그 기간은 최장 2개월을 넘지 못한다. ( )

정답 ○

352. 소년부 판사가 소년을 소년분류심사원에 위탁하는 조치를 하는 경우 위탁기간은 1개월을 초과하지 못하지만, 특별히 필요한 경우에는 결정으로 1회 연장할 수 있다. ( )

정답 ○

353. 소년법상 소년분류심사원에의 위탁은 종국처분에 해당한다. ( )

해설 소년분류심사원에의 위탁은 임시조치에 해당한다.

정답 ✕

354. 소년법상 소년부 판사는 사건을 조사 또는 심리하는 데에 필요하다고 인정하면 소년의 감호에 관하여 결정으로써 소년분류심사원에 위탁할 수 있으며, 이 결정은 취소하거나 변경할 수 없다. ( )

해설 변경할 수 있다.

정답 ✕

355. 소년이 소년분류심사원에 위탁되지 아니하였을 때에도 빈곤이나 그 밖의 사유로 보조인을 선임할 수 없는 경우에는 법원은 직권에 의하거나 소년 또는 보호자의 신청에 따라 보조인을 선정할 수 있다. ( )

정답 ○

356. 소년부 판사는 보호자인 보조인이 소년의 이익에 반하는 행위를 할 우려가 있다고 판단되는 경우 보조인 선임의 허가를 취소할 수 있다. ( )

해설 소년부 판사는 보조인이 심리절차를 고의로 지연시키는 등 심리진행을 방해하거나 소년의 이익에 반하는 행위를 할 우려가 있다고 판단하는 경우에는 보조인 선임의 허가를 취소할 수 있다(소년법 제17조 제4항).

정답 ✕

357. 소년법상 소년보호사건의 심리는 원칙적으로 공개하여야 한다. ( )

해설 비공개하여야 한다.

정답 ✕

358. 소년법상 소년부 판사는 피해자 또는 그 법정대리인이 의견진술을 신청할 때에는 피해자나 그 법정대리인의 진술로 심리절차가 현저하게 지연될 우려가 있는 경우에도 심리 기일에 의견을 진술할 기회를 주어야 한다. (　　　)

　　해설 소년부 판사는 피해자 또는 그 법정대리인이 의견진술을 신청할 때, 피해자나 그 법정대리인의 진술로 심리절차가 현저하게 지연될 우려가 있는 경우에는 심리 기일에 의견을 진술할 기회를 주지 않아도 된다.

　　　　　정답 ✕

359. 소년법상 검사는 소년의 품행을 교정하고 피해자를 보호하기 위하여 필요하다고 인정하면 소년에게 피해 변상 등 피해자와의 화해를 권고할 수 있다. (　　　)

　　해설 검사가 아닌 소년부 판사의 권한이다.

　　　　　정답 ✕

360. 소년법상 소년부 판사는 심리 과정에서 소년에게 피해자와의 화해를 권고할 수 있으며, 소년이 피해자와 화해하였을 경우에는 불처분 결정으로 심리를 종결하여야 한다. (　　　)

　　해설 소년부 판사는 심리 과정에서 소년에게 피해자와의 화해를 권고할 수 있으며, 소년이 피해자와 화해하였을 경우에는 보호처분을 결정할 때 이를 고려할 수 있다.

　　　　　정답 ✕

361. 소년법상 사회봉사명령과 수강명령은 14세 이상의 소년에게만 부과할 수 있다. (　　　)

　　해설 수강명령은 12세 이상의 소년에게만 할 수 있다.

　　　　　정답 ✕

362. 소년법상 보호관찰과 사회봉사명령, 수강명령은 모두 병합하여 부과할 수 있다. (　　　)

　　　　　정답 ○

363. 소년법상 사회봉사명령은 200시간, 수강명령은 100시간을 초과할 수 없다. (　　　)

　　　　　정답 ○

364. 소년법상 소년부판사는 보호관찰관의 단기보호관찰 처분 시 14세 이상의 소년에 대하여 사회봉사를 동시에 명할 수 있다. (　　　)

　　　　　정답 ○

365. 소년법상 보호관찰관의 장기 보호관찰과 단기 소년원 송치처분 상호 간에는 병합할 수 있다.
( )

> **해설** 제5호와 제9호 상호 간에는 병합할 수 없다.
>
> **정답** ✕

366. 1개월 이내의 소년원 송치 처분을 하는 경우 이 처분과 장기보호관찰을 병합할 수 없다.
( )

> **정답** ○

367. 단기 보호관찰을 받은 보호관찰 대상자가 준수사항을 위반하는 경우, 1년의 범위에서 보호관찰 기간을 연장할 수 있다. ( )

> **해설** 단기 보호관찰기간은 1년으로 한다(소년법 제33조 제2항). 기간의 연장규정은 없다.
>
> **정답** ✕

368. 보호관찰 처분을 할 때는 1년 이내의 기간을 정하여 야간 등 특정 시간대의 외출을 제한하는 명령을 보호관찰 대상자의 준수사항으로 부과할 수 있다. ( )

> **해설** 제32조 제1항 제4호(단기보호관찰) 또는 제5호(장기보호관찰)의 처분을 할 때에 1년 이내의 기간을 정하여 야간 등 특정 시간대의 외출을 제한하는 명령을 보호관찰대상자의 준수 사항으로 부과할 수 있다(소년법 제32조의2 제2항).
>
> **정답** ✕

369. 소년법상 수강명령은 12세 이상의 소년에게만, 장기 소년원 송치도 12세 이상의 소년에게만 할 수 있다. ( )

> **정답** ○

370. 소년법상 보호처분은 해당소년의 장래 신상에 대해 어떤 불이익도 주어서는 안 된다.
( )

> **정답** ○

371. 소년법상 장기 보호관찰처분을 할 때에는 해당보호관찰기간 동안 야간 등 특정 시간대의 외출을 제한하는 명령을 보호관찰대상자의 준수사항으로 부과할 수 있다. ( )

> **해설** 장기 보호관찰처분을 할 때에는 1년 이내의 기간을 정하여 야간 등 특정 시간대의 외출을 제한하는

명령을 보호관찰대상자의 준수사항으로 부과할 수 있다.

정답 ✕

372. 소년법상 소년부 판사는 가정상황 등을 고려하여 필요한 경우 보호자의 동의를 받아야만 보호자에게 소년원·소년분류심사원 또는 보호관찰소 등에서 실시하는 소년의 보호를 위한 특별교육을 받을 것을 명할 수 있다. (　　　)

해설 보호자의 동의를 요하지 않는다.

정답 ✕

373. 소년이 소년분류심사원에 위탁되지 아니하였을 때에도 소년에게 신체적·정신적 장애가 의심되는 경우 법원은 직권에 의하거나 소년 또는 보호자의 신청에 따라 보조인을 선정할 수 있다. (　　　)

정답 ○

374. 소년법상 보호자 또는 보호자를 대신하여 소년을 보호할 수 있는 자에게 감호위탁하는 기간은 6개월로 하되, 소년부 판사는 결정으로써 6개월의 범위에서 한 번에 한하여 그 기간을 연장할 수 있다. 다만, 소년부 판사는 필요한 경우에는 언제든지 결정으로써 그 위탁을 종료시킬 수 있다. (　　　)

정답 ○

375. 소년법상 「아동복지법」에 따른 아동복지시설이나 그 밖의 소년보호시설에 감호위탁기간은 6개월로 하되, 그 기간을 연장할 수 없다. (　　　)

해설 6개월의 범위에서 한 번에 한하여 그 기간을 연장할 수 있다.

정답 ✕

376. 소년법상 단기보호관찰처분의 기간은 1년이며 1년의 범위 안에서 1회에 한해 그 기간을 연장할 수 있다. (　　　)

해설 기간연장 규정은 없다.

정답 ✕

377. 소년법상 최대 100시간을 초과하지 않는 범위 내에서 수강명령처분을 결정할 수 있다. (　　　)

정답 ○

378. 단기 보호관찰기간은 6개월로 하고, 장기 보호관찰기간은 2년으로 한다. ( )

> 해설 단기 보호관찰기간은 1년으로 하고.

정답 ✕

379. 보호자 및 보호 · 복지시설 등에의 위탁은 최장 12개월까지 가능하다. ( )

정답 ○

380. 소년부 판사는 보호관찰관의 신청에 따라 단기와 장기로 구분되는 보호관찰처분을 1년의 범위에서 한 번에 한하여 결정으로써 그 기간을 연장할 수 있다. ( )

> 해설 장기보호관찰처분은 1년의 범위에서 한 번에 한하여 연장이 가능하나, 단기보호관찰처분은 연장이 불가능하다.

정답 ✕

381. 소년부 판사는 죄를 범한 소년에 대하여 보호처분을 하는 경우에는 결정으로써 범죄에 제공된 물건을 몰수할 수 있다. ( )

정답 ○

382. 보호처분이 계속 중일 때에 사건 본인이 처분 당시 19세 이상인 것으로 밝혀진 경우에는 소년부 판사는 결정으로써 그 보호처분을 취소하여야 한다. ( )

정답 ○

383. 보호처분이 계속 중일 때에 사건 본인에 대하여 유죄판결이 확정된 경우에 보호처분을 한 소년부 판사는 결정으로써 보호처분을 취소하여야 한다. ( )

> 해설 취소할 수 있다.

정답 ✕

384. 보호처분이 계속 중일 때에 사건 본인에 대하여 새로운 보호처분이 있었을 때에는 그 처분을 한 소년부 판사는 이전의 보호처분을 한 소년부에 조회하여 이전의 보호처분을 취소해야 한다. ( )

> 해설 어느 하나의 보호처분을 취소해야 한다.

정답 ✕

385. 보호처분의 변경결정에 대해서는 항고할 수 없다. ( )

해설 항고할 수 있다

정답 ✕

386. 보호처분이 현저히 부당한 경우에는 사건 본인이나 보호자는 고등법원에 항고할 수 있다.
( )

해설 관할 가정법원 또는 지방법원 본원 합의부에 항고할 수 있다.

정답 ✕

387. 항고를 제기할 수 있는 기간은 7일로 한다. ( )

정답 ○

388. 보호처분의 결정에 대하여 항고를 할 때에는 7일 이내에 항고장을 원심 소년부에 제출하여
야 하며 원칙적으로 항고는 본인뿐만 아니라 보호자, 보조인 또는 법정대리인도 할 수 있다.
( )

정답 ○

389. 법령위반이나 사실오인이 없더라도 처분이 현저히 부당한 때에는 항고할 수 있다.
( )

정답 ○

390. 항고법원은 항고가 이유 없다고 인정할 때에는 결정으로써 항고를 기각할 수 있다.
( )

해설 기각하여야 한다.

정답 ✕

391. 항고법원은 항고가 이유가 있다고 인정한 경우에는 원결정을 파기하고 직접 불처분 또는
보호처분의 결정을 하는 것이 원칙이다. ( )

해설 원결정을 취소하고 사건을 원소년부에 환송하거나 다른 소년부에 이송하는 것이 원칙이다.

정답 ✕

392. 소년부 판사의 보호처분 결정에 대한 항고는 결정의 집행을 정지시키는 효력이 없다.

( )

[정답] ○

393. 항고법원이 항고를 기각하는 결정에 대하여는 그 결정이 법령에 위반되는 경우에만 대법원에 재항고를 할 수 있다.

( )

[정답] ○

394. 현행법상 범죄소년에 대해서는 형사처분도 할 수 있도록 하고 있으며, 소년형사사건의 관할은 일반형사법원이다.

( )

[정답] ○

395. 소년형사사건에서 소년에 대한 변호인이 없는 때에는 법원은 직권으로 국선변호인을 선정해야 한다.

( )

[정답] ○

396. 소년형사사건에 있어 소년에 대한 구속영장은 부득이한 경우가 아니면 발부할 수 없고, 모든 사건은 필요적 변호사건에 해당한다.

( )

[정답] ○

397. 검사는 소년 피의사건에 대하여 소년부 송치, 공소제기 등의 처분을 결정하기 위하여 필요하다고 인정하면 보호관찰소의 장 등에게 조사를 요구할 수 있다.

( )

[정답] ○

398. 검사는 피의자에 대하여 범죄예방자원봉사위원의 선도를 받게 하고 피의사건에 대한 공소를 제기하지 아니할 수 있다. 이 경우 소년과 소년의 친권자·후견인 등 법정대리인의 동의를 받아야 한다.

( )

[정답] ○

399. 검사가 소년피의자에 대하여 선도조건부 기소유예를 하는 경우 소년의 법정대리인의 동의를 받으면 족하고 당사자인 소년의 동의는 요하지 아니한다.

( )

해설 요한다.

정답 ✕

400. 소년부 판사의 화해권고에 따라 소년이 피해자와 화해하였을 경우에 소년부 판사는 그 소년에 대한 보호처분의 결정에 이를 고려할 수 있다. (　　　)

정답 ○

401. 소년부 판사는 피해자를 보호하고 소년의 품행을 교정하기 위하여 필요한 경우 피해자와의 화해를 권고할 수 있다. (　　　)

정답 ○

402. 검사가 보호처분에 해당한다고 인정하여 소년부에 송치하였으나 소년부가 금고 이상의 형사처분을 할 필요가 있다고 인정하여 담당 검사에게 다시 송치한 사건은 검사가 이를 다시 소년부에 송치할 수는 없다. (　　　)

정답 ○

403. 소년부 판사는 보조인이 심리절차를 고의로 지연시키는 등 심리진행을 방해하거나 소년의 이익에 반하는 행위를 할 우려가 있다고 판단하는 경우에는 보조인 선임의 허가를 취소하여야 한다. (　　　)

해설 소년부 판사는 보조인이 심리절차를 고의로 지연시키는 등 심리진행을 방해하거나 소년의 이익에 반하는 행위를 할 우려가 있다고 판단하는 경우에는 보조인 선임의 허가를 취소할 수 있다(소년법 제17조 제4항).

정답 ✕

404. 소년부 판사는 사안이 가볍다는 이유로 심리를 개시하지 아니한다는 결정을 할 때에는 소년에게 훈계하거나 보호자에게 소년을 엄격히 관리하거나 교육하도록 고지할 수 있다. (　　　)

정답 ○

405. 소년부 판사는 심리기일을 지정하고 본인과 보호자를 소환하여야 한다. 다만, 필요가 없다고 인정한 경우에는 보호자는 소환하지 아니할 수 있다. (　　　)

정답 ○

406. 소년법상 소년보호사건의 조사·심리절차에서 피해자의 조부모는 피해자에게 법정대리인이나 변호인이 없는 경우에 한하여 의견진술의 기회를 가질 수 있다. ( )

> 해설 변호인 유무와는 관련이 없다. 소년부 판사는 피해자 또는 그 법정대리인·변호인·배우자·직계친족·형제자매가 의견진술을 신청할 때에는 피해자나 그 대리인등에게 심리 기일에 의견을 진술할 기회를 주어야 한다(소년법 제25조의2).
>
> 정답 X

407. 소년법상 소년보호사건의 조사·심리절차에서 피해자의 변호인이 의견진술을 신청하였으나 신청인이 이미 심리절차에서 충분히 진술하여 다시 진술할 필요가 없다고 인정되는 경우에는 의견진술의 기회가 주어지지 않을 수 있다. ( )

> 정답 O

408. 법원은 소년에 대한 피고사건을 심리한 결과 벌금 이하의 형에 해당하는 범죄이거나 보호처분에 해당할 사유가 있다고 인정할 때에만 결정으로써 사건을 관할 소년부에 송치할 수 있다. ( )

> 해설 법원은 소년에 대한 피고사건을 심리한 결과 보호처분에 해당할 사유가 있다고 인정할 때에만 결정으로써 사건을 관할 소년부에 송치하여야 한다.
>
> 정답 X

409. 소년부는 법원으로부터 송치받은 사건을 조사 또는 심리한 결과 그 동기와 죄질이 금고 이상의 형사처분을 할 필요가 있다고 인정할 때에는 결정으로써 송치한 법원에 사건을 다시 이송하여야 한다. ( )

> 해설 소년부는 법원으로부터 송치받은 사건을 조사 또는 심리한 결과 본인이 19세 이상인 것으로 밝혀지면 결정으로써 송치한 법원에 사건을 다시 이송하여야 한다.
>
> 정답 X

410. 검사가 소년피의사건에 대하여 소년부 송치결정을 한 경우에는 소년을 구금하고 있는 시설의 장은 검사의 이송 지휘를 받은 때로부터 법원 소년부가 있는 시·군에서는 12시간 이내에 소년을 소년부에 인도하여야 한다. ( )

> 해설 24시간 이내에 소년을 소년부에 인도하여야 한다.
>
> 정답 X

411. 보호처분 심리개시의 결정이 있었던 때로부터 그 사건에 대한 보호처분의 결정이 확정될 때까지 공소시효는 계속된다. ( )

해설 보호처분 심리개시의 결정이 있었던 때로부터 그 사건에 대한 보호처분의 결정이 확정될 때까지 공소시효는 진행이 정지된다.

정답 ✕

412. 소년에 대한 형사사건은 다른 피의사건과 관련된 경우에도 분리하여 심리하는 것이 원칙이다. （　　　）

정답 ○

413. 죄를 범할 당시 19세 미만인 소년에 대하여 사형 또는 무기형으로 처할 경우에는 15년의 유기징역으로 한다. （　　　）

해설 18세 미만인 소년에 대하여 한다.

정답 ✕

414. 행위 시 18세 미만인 소년에 대하여는 사형을 선고할 수 없다. （　　　）

정답 ○

415. 소년에 대하여는 어떠한 경우에도 사형을 선고할 수 없다. （　　　）

해설 죄를 범할 당시 18세 이상 19세 미만인 소년에 대하여는 사형 또는 무기징역에 처할 수 있다.

정답 ✕

416. 18세 미만의 소년에 대하여는 사형 또는 무기형을 원칙적으로 금하고 있으나, 선고 당시에 성인이 된 경우에는 일반형법의 적용을 받는다. （　　　）

해설 18세 미만의 소년에 대하여는 사형 또는 무기형을 원칙적으로 금하고 있으나, 제59조가 '죄를 범할 당시'로 규정하고 있으므로 선고 당시 성인이 된 경우라도 행위 당시에 18세 미만이었다면 소년법의 적용을 받는다.

정답 ✕

417. 존속살해죄(특강법대상)를 범한 당시 16세 소년 甲에 대하여 무기형에 처하여야 할 때에는 15년의 유기징역으로 한다. （　　　）

해설 20년의 유기징역으로 한다.

정답 ✕

418. 소년의 죄가 법정형 2년 이상의 징역에 해당하는 경우 징역 3년의 정기형을 선고할 수 있다. （　　　）

해설 법정형 2년 이상이면 부정기형을 선고한다.

정답 ✕

419. 소년이 법정형으로 장기 2년 이상의 유기형에 해당하는 죄를 범한 경우에는 그 형의 범위에서 장기와 단기를 정하여 선고한다. (   )

정답 ○

420. 소년이 단기 2년 이상에 해당하는 범죄를 범한 때에는 장기 10년, 단기 5년을 넘지 않는 범위 내에서 부정기형을 선고할 수 있다. (   )

해설 소년이 장기 2년 이상에 해당하는 범죄를 범한 때에는 장기 10년, 단기 5년을 넘지 않는 범위 내에서 부정기형을 선고한다.

정답 ✕

421. 소년이 법정형으로 장기 2년 이상 유기형에 해당하는 죄를 범한 경우에 그 소년에게 선고할 수 있는 장기형의 상한은 10년이지만, 소년에 대하여 무기형으로 처할 경우에는 장기형의 상한이 15년이 된다. (   )

해설 소년이 법정형으로 장기 2년 이상의 유기형에 해당하는 죄를 범한 경우에는 그 형의 범위에서 장기와 단기를 정하여 선고한다. 다만, 장기는 10년, 단기는 5년을 초과하지 못한다(소년법 제60조 제1항). 즉 부정기형의 경우 장기형의 상한은 10년이다. 그리고 죄를 범할 당시 18세 미만인 소년에 대하여 사형 또는 무기형으로 처할 경우에는 15년의 유기징역으로 한다(동법 제59조). 그러나 만 18세의 소년이라면 그 소년에 대하여 무기형을 선고할 수 있으므로 그 상한은 없다.

정답 ✕

422. 법원은 집행유예 선고 시 부정기형을 선고할 수 있다. (   )

해설 선고할 수 없다.

정답 ✕

423. 특정강력범죄의 처벌에 관한 특례법 소정의 특정강력범죄를 범한 소년에 대하여 부정기형을 선고할 때에는 장기는 15년, 단기는 7년을 초과하지 못한다. (   )

정답 ○

424. 소년에 대한 부정기형을 집행하는 기관의 장은 형의 단기가 지난 소년범의 행형성적이 양호하고 교정의 목적을 달성하였다고 인정되는 경우에는 교도관회의의 심의를 거쳐 그 형의 집행을 종료시킬 수 있다. (   )

> **해설** 소년에 대한 부정기형을 집행하는 기관의 장은 형의 단기가 지난 소년범의 행형성적이 양호하고 교정의 목적을 달성하였다고 인정되는 경우에는 관할 검찰청 검사의 지휘에 따라 그 형의 집행을 종료시킬 수 있다.
> **정답** ✕

425. 검사는 형의 단기가 지난 소년범의 행형 성적이 양호하고 교정의 목적을 달성하였다고 인정되는 경우 법원의 허가를 얻어 형집행을 종료시킬 수 있다.　　　　　　　　(　　　)

> **해설** 소년에 대한 부정기형을 집행하는 기관의 장은 형의 단기가 지난 소년범의 행형 성적이 양호하고 교정의 목적을 달성하였다고 인정되는 경우 관할 검찰청 검사의 지휘에 따라 형집행을 종료시킬 수 있다.
> **정답** ✕

426. 소년교도소의 장은 부정기형을 선고받은 소년이 단기의 3분의 1을 경과한 때에는 소년교도소의 소재지를 관할하는 보호관찰소의 장에게 그 사실을 통보하여야 한다.　　(　　　)

> **해설** 교도소 · 구치소 · 소년교도소의 장은 징역 또는 금고의 형을 선고받은 소년이 「소년법」 제65조 각 호의 기간(무기형의 경우에는 5년, 15년 유기형의 경우에는 3년, 부정기형의 경우에는 단기의 3분의 1)을 지나면 그 교도소 · 구치소 · 소년교도소의 소재지를 관할하는 보호관찰심사위원회에 그 사실을 통보하여야 한다(보호관찰 등에 관한 법률 제21조 제1항).
> **정답** ✕

427. 사건의 조사 · 심리를 위해 소년분류심사원에 위탁된 기간은 형법 제57조 제1항의 판결선고 전 구금일수로 본다.　　　　　　　　　　　　　(　　　)

> **정답** ○

428. 판결선고 전에 소년분류심사원에 위탁되었을 때에는 그 위탁기간 전부를 유기징역, 유기금고, 벌금이나 과료에 관한 유치 또는 구류에 산입한다.　　(　　　)

> **정답** ○

429. 소년법상의 소년에게는 형법 제70조의 노역장 유치선고를 하지 못한다.　(　　　)

> **해설** 소년법상의 18세 미만의 소년에게는 형법 제70조의 노역장 유치선고를 하지 못한다.
> **정답** ✕

430. 소년에 대하여는 벌금형을 선고하지 못한다.　　　　　　　　(　　　)

> **해설** 소년에 대하여도 벌금형을 선고할 수 있으나, 18세 미만인 소년에게 노역장 유치선고를 하지 못할 뿐이다.
> **정답** ✕

431. 18세 소년이 징역형을 선고받아 소년교도소에서 그 형의 집행 중 20세가 되면 일반교도소에서 집행하여야 한다. ( )

> 해설 형의 집행 중 23세가 되면 일반 교도소에서 집행할 수 있다.
>
> 정답 ✕

432. 보호처분이 계속 중일 때에 징역, 금고 또는 구류를 선고받은 소년에 대해서는 보호처분이 종료된 후에 그 형을 집행해야 한다. ( )

> 해설 보호처분이 계속 중일 때에 징역, 금고 또는 구류를 선고받은 소년에 대해서는 먼저 그 형을 집행한다.
>
> 정답 ✕

433. 보호처분이 계속 중일 때에 당해 보호사건 본인에 대하여 새로운 보호처분이 있었을 때에는 그 처분을 한 소년부 판사는 이전의 보호처분을 한 소년부에 조회하여 이전의 보호처분을 취소하여야 한다. ( )

> 해설 보호처분이 계속 중일 때에 사건 본인에 대하여 새로운 보호처분이 있었을 때에는 그 처분을 한 소년부 판사는 이전의 보호처분을 한 소년부에 조회하여 어느 하나의 보호처분을 취소하여야 한다(소년법 제40조).
>
> 정답 ✕

434. 보호처분이 계속 중일 때에 당해 보호사건 본인이 처분 당시 19세 이상인 것으로 밝혀진 경우, 법원이 소년에 대한 피고사건을 심리한 결과 보호처분에 해당할 사유가 있다고 인정하여 결정으로써 관할 소년부에 송치한 사건에 대해서는 소년부 판사는 결정으로써 그 보호처분을 취소하고 송치한 법원에 이송한다. ( )

> 정답 ○

435. 보호처분이 계속 중일 때에 당해 보호사건 본인에 대하여 유죄판결이 확정된 경우에 보호처분을 한 소년부 판사는 그 처분을 존속할 필요가 없다고 인정하면 결정으로써 보호처분을 취소할 수 있다. ( )

> 정답 ○

436. 보호처분이 계속 중일 때에 당해 보호사건 본인이 처분 당시 19세 이상인 것으로 밝혀진 경우, 검사·경찰서장의 송치에 의한 사건에 대해서는 소년부 판사는 결정으로써 그 보호처분을 취소하고 관할 지방법원에 대응하는 검찰청 검사에게 송치한다. ( )

> 정답 ○

437. 보호처분을 받아 소년원에 수용 중인 소년에 대하여 징역형의 유죄판결이 확정되면 보호처
분을 집행한 후 소년교도소로 이송한다.   (   )

> **해설** 보호처분을 받아 소년원에 수용 중인 소년에 대하여 징역형의 유죄판결이 확정되면 먼저 그 형을 집행한다.
>
> 정답 ✕

438. 무기징역형을 선고받은 소년은 7년, 15년 유기징역형을 선고받은 소년은 3년이 각각 지나
야만 가석방을 허가할 수 있다.   (   )

> **해설** 무기징역형을 선고받은 소년은 5년이 지나야 가석방을 허가할 수 있다.
>
> 정답 ✕

439. 부정기형을 선고받은 소년에 대하여는 단기의 3분의 1이 지나야 가석방을 허가할 수 있다.
                                                                            (   )

> 정답 ○

440. 단기 3년, 장기 6년의 징역형을 선고받은 소년에게는 1년이 지나면 가석방을 허가할 수
있다.   (   )

> 정답 ○

441. 소년범이 단기 3년, 장기 5년의 징역형을 선고받아 1년 3월을 복역하고 가석방된 경우,
가석방 취소 없이 1년 3월이 경과하면 형의 집행을 종료한 것으로 한다.   (   )

> 정답 ○

442. 소년이 15년의 유기징역형을 선고받아 10년을 복역하고 가석방된 경우, 가석방 취소 없이
5년이 경과하면 형의 집행을 종료한 것으로 한다.   (   )

> 정답 ○

443. 소년이 가석방된 후 그 처분이 취소되지 아니하고 가석방심사위원회가 정한 가석방기간을
경과한 때에는 형의 집행을 종료한 것으로 한다.   (   )

> **해설** 소년이 가석방된 후 그 처분이 취소되지 아니하고 가석방 전에 집행을 받은 기간과 같은 기간이 지난
> 경우에는 형의 집행을 종료한 것으로 한다.
>
> 정답 ✕

444. 가석방되는 소년에게는 보호관찰을 실시하여야 하며, 그 처분이 취소됨이 없이 가석방 전에 집행을 받은 기간과 같은 기간이 지나면 형집행이 종료된 것으로 간주한다. (   )

정답 ○

445. 소년이었을 때 범한 죄에 의하여 형을 선고받은 자가 그 집행을 종료하거나 면제받은 경우에는 장래에 향하여 그 형의 선고를 받지 아니한 것으로 본다. (   )

해설 소년이었을 때 범한 죄에 의하여 형을 선고받은 자가 그 집행을 종료하거나 면제받은 경우에는 자격에 관한 법령을 적용할 때에는 장래에 향하여 형의 선고를 받지 아니한 것으로 본다.

워렌이 제시한 비행소년 유형분류

유형	처우기법
비사회적 유형	• 환자부모 대체 • 사회를 향한 지지적 선회 • 심리요법보다 교육을 통한 거부감과 방치 해소
동조자 유형	• 사회적 인식감 증대를 위한 집단처우 • 비행을 지향한 동료집단 압력 • 생활기술교육
반사회적 약취자 유형	• 사회적 인식도와 응집력 증대를 위한 집단처우를 통한 사회적으로 수용 가능한 응용기술개발 • 합법적 기회증대 기술개발 • 장기적 개별처우를 통한 아동기문제 해소와 약취욕구 해소
신경증적 범죄자 유형	• 가족집단요법 • 개별심리요법
부문화-동일시자 유형	• 억제를 통한 비행중지 • 친사회적 동일시 모형과의 관계개발 • 집단 내 자기개념 확대
상황적 유형	없음

• 비사회적 유형은 심리요법보다 교육을 통하여 사회에 대한 거부감과 방치를 해소하는 처우가 적합하다.
• 동조자 유형은 일관성 없는 훈육이나 적정한 성인모형의 부재에서 기인한다.
• 반사회적 약취자 유형은 관습적인 규범이 내재화되어 있지 않고 죄의식이 없다.
• 부문화-동일시자 유형은 일탈적 하위문화 가치체계의 내재화가 원인이다. 강한 동료집단 지향, 권위 비신뢰, 비행자낙인에 대한 만족, 자기만족적, 내적보다 외적 문제 등을 특징으로 한다.
• 상황적 유형은 정신신경증이나 정신착란을 가진 증상 등을 특징으로 한다.

정답 ✕

446. 보호소년 등의 처우에 관한 법률상 징계 중 지정된 실(室) 안에서 근신하는 처분을 받은 보호소년도 매주 1회 이상 실외운동을 할 수 있도록 하여야 한다. (   )

정답 ○

447. 소년원장 또는 소년분류심사원장은 보호소년등에게 징계를 한 경우에는 지체 없이 그 사실을 보호자에게 통지하여야 한다. (   )

정답 ○

448. 소년원 및 소년분류심사원에 보호소년등처우·징계위원회를 구성함에 있어 해당 심의·의결 사안에 대한 비밀유지를 위하여 민간위원의 참여는 제한된다.　　　　(　　)

> 해설　보호소년등처우·징계위원회는 위원장을 포함한 5명 이상 11명 이하의 위원으로 구성하고, 민간위원은 1명 이상으로 한다(보호소년 등의 처우에 관한 법률 제15조의2 제2항).

정답 ✕

449. 지정된 실 안에서 근신하는 징계를 받은 보호소년에 대한 면회는 그 상대방이 변호인이나 보조인 또는 보호자인 경우에 한정하여 허가할 수 있다.　　　　(　　)

정답 ○

450. 보호소년이 사용하는 목욕탕, 세면실 및 화장실에 전자장비를 설치하여 운영하는 것은 자해등의 우려가 큰 때에만 할 수 있다.　　　　(　　)

> 해설　보호소년등이 사용하는 목욕탕, 세면실 및 화장실에 전자영상장비를 설치하여 운영하는 것은 자해등의 우려가 큰 때에만 할 수 있다(보호소년 등의 처우에 관한 법률 제14조의3 제2항).

정답 ✕

451. 소년원장은 비행집단과 교제하고 있다고 의심할 만한 상당한 이유가 있는 경우 보호소년의 면회를 허가하지 않을 수 있다.　　　　(　　)

정답 ○

452. 소년원에 근무하는 간호사는 야간 또는 공휴일 등 의사가 진료할 수 없는 경우 대통령령으로 정하는 경미한 의료행위를 할 수 있다.　　　　(　　)

정답 ○

453. 소년원장은 보호소년의 보호 및 교정교육에 지장이 있다고 인정되는 경우 보호소년의 편지(단, 변호인등과 주고받는 편지는 제외함)왕래를 제한할 수 있으며, 내용을 검사할 수 있다.

정답 ○

454. 판례에 따르면, 상고심에서의 심판대상은 항소심판결 당시를 기준으로 하여 그 당부를 심사하는 데에 있는 것이므로 항소심판결 선고 당시 미성년이었던 피고인이 상고 이후에 성년이 되었다고 하여 항소심의 부정기형의 선고가 위법이 되는 것은 아니다.　　　　(　　)

정답 ○

455. 신상정보 등록의 원인이 된 성범죄로 형의 선고를 유예받은 사람이 선고유예를 받은 날부터 2년이 경과하여 면소된 것으로 간주되면 신상정보 등록을 면제한다. (   )

정답 ○

456. 성범죄자의 신상정보 등록·공개·고지에 관한 제도는 성범죄자의 교화·개선에 중점을 두기보다는 성범죄자의 정보를 제공하여 지역사회의 안전을 강화하고자 하는 것이다. (   )

정답 ○

457. 신상정보의 등록은 여성가족부장관이 집행하고, 신상정보의 공개·고지는 법무부장관이 집행한다. (   )

> 해설 법무부장관은 송달받은 정보와 등록대상자 정보를 등록하여야 한다(성폭력범죄의 처벌 등에 관한 특례법 제44조 제1항). 등록정보의 공개는 여성가족부장관이 집행한다(동법 제47조 제2항). 등록정보의 고지는 여성가족부장관이 집행한다(동법 제49조 제2항).

정답 ✕

458. 판례에 따르면, 공개명령 및 고지명령 제도는 범죄행위를 한 자에 대한 응보 등을 목적으로 그 책임을 추궁하는 사후적 처분인 형벌과 구별되어 그 본질을 달리한다. (   )

정답 ○

459. 수사 및 재판 단계에서 신상정보의 공개에 대하여는 다른 법률의 규정에도 불구하고 특정 중대범죄 피의자 등 신상정보 공개에 관한 법률을 우선 적용한다. (   )

정답 ○

460. 검사와 사법경찰관은 피의자의 얼굴을 공개하기 위하여 필요한 경우 피의자를 식별할 수 있도록 피의자의 얼굴을 촬영할 수 있고, 이 경우 피의자는 이에 따라야 한다. (   )

정답 ○

461. 검찰총장 및 경찰청장은 신상정보 공개 여부에 관한 사항을 심의하기 위하여 신상정보공개심의위원회를 두어야 한다. (   )

해설 검찰총장 및 경찰청장은 신상정보 공개 여부에 관한 사항을 심의하기 위하여 신상정보공개심의위원회를 둘 수 있다(특정중대범죄 피의자 등 신상정보 공개에 관한 법률 제8조 제1항).

정답 ✕

462. 개인정보 보호법에 따르면 고정형 영상정보처리기기 운영자는 고정형 영상정보처리기기의 설치 목적과 다른 목적으로 고정형 영상정보처리기기를 임의로 조작하거나 다른 곳을 비춰서는 아니 되며, 녹음기능은 사용할 수 없다.   (   )

정답 ○

[교정보호]

463. 협의의 교정의 개념에는 자유형 집행자, 미결수용자, 노역장 유치명령자, 자유박탈적 보안처분대상자가 포함된다.   (   )

해설 자유박탈적 보안처분대상자는 광의의 개념에 해당한다.

교정의 영역		
구분	내용	법률
최협의의 교정	자유형(징역, 금고, 구류)과 노역장 유치자의 형집행절차	형집행법(수형자)
협의의 교정	최협의의 교정＋미결수용자 및 사형확정자에 대한 처우＋법률과 적법한 절차에 따라 교정시설에 수용된 사람(피감치자, 일시수용자)	형집행법(수용자)
광의의 교정	협의의 교정＋보안처분 중 수용처분(치료감호처분, 소년원 수용처분)＋(시설내) 중간처우	형집행법, 소년법, 치료감호법
최광의의 교정	광의의 교정＋사회내 처우	형집행법, 소년법, 보호관찰 등에 관한 법률 등

정답 ✕

464. 교정학은 감옥학에서 시작되어 행형학, 교정교육학, 교정보호론의 명칭으로 발전해 왔다.
(   )

해설

구분	내용
감옥학	• 시기: 19세기 후반(1870년~1890년대) • 독일: 수용시설 내의 질서와 강제적 권위주의에 의한 감옥의 관리(안전과 질서)에 중점 • 일본: 질서와 강제적 권위주의에 의한 감옥의 관리이며 개별처우에 의한 개선도 감옥관리의 범위 내에서 인정
행형학	• 시기: 제1차 세계대전 이후 • 마사키 아키라(正木亮) 교수는 「행형의 제 문제」에서 노동·수양·능력발휘를 행형의 삼위일체로 주장 • 감옥학이 시설의 질서를 강조한 반면 행형학은 교육형주의에 바탕을 둔 것으로 사람을 대상으로 범죄인에 대한 교육을 중점(수형자 중심의 교육기능을 강조)

교정 교육학 (교정 처우론)	• 시기: 제1차 세계대전 이후 • 독일에서 시작, 영국과 미국의 교화행형(rehabilitation)으로 이념적 발전 • 결정론적 시각에서 계획적인 프로그램을 통하여 범죄자의 재범이나 위험성을 감소 내지 제거를 목적으로 한 교정·교화·사회복귀·교화개선 등으로 해석 • 개별처우의 강조로 제2차 대전 이전까지 큰 호응을 얻었으나 시설내 구금을 전제로 해야 하는 한계 봉착
교정 보호론 (신응 보론)	• 시기: 1970년대 후반 • 배경: 교정교육학의 특별예방효과에 대한 회의, 비용의 증가, 인권침해 비판 제기 • 알렌(Allen), 모리스(Morris), 윌슨(Wilson), 포겔(Fogel) 등은 범죄자에 대한 강제적 치료보다는 정의에 입각한 처벌과 범죄인에 대한 법률적 보호를 강조 • 제지 및 억제이론으로 불리는 응보주의적 접근방법의 강조 • 신응보호주의자들이 대안으로 주장한 대표적인 것으로는 반복적으로 범죄를 저지르는 소수의 범죄자들을 사회로부터 장기간 격리시켜 무력화할 필요가 있다는 그린우드(P. Greenwood)의 선별적 무능화방안과 선별적 무능화방안을 구체적인 제도로 실현한 삼진법(Three Strikes Out Law)이 있음

정답 ○

465. 조선시대에 인신을 직접 구속할 수 있는 권한이 부여된 기관인 직수아문(直囚衙門)에 옥(獄)이 부설되어 있었다. ( )

정답 ○

466. 조선시대 행형제도 중 휼형제도[恤刑制度 또는 휼수제도(恤囚制度)]는 조선시대에 들어와서 더욱 폭넓게 사용되었으며, 대표적으로 감강종경(減降從輕)과 보방제도(保放制度)가 있었다. ( )

정답 ○

467. 조선시대 행형제도 중 도형(徒刑)에는 태형(笞刑)이 병과되었으며, 도형을 대신하는 것으로 충군(充軍)이 있었다. ( )

해설 도형에는 장형이 병과되었으며, 도형을 대신하는 것으로 충군이 있었다.

정답 ✕

468. 1895년 징역처단례를 통하여 장형(杖刑)과 유형(流刑)을 전면적으로 폐지하였다. ( )

해설 1895년 「징역처단례」에서 1895년 장형폐지, 유형은 정치범에 한해서 적용 하였다.

정답 ✕

469. 지역사회 교정은 형사제재의 단절을 통해 범죄자의 빠른 사회복귀와 재통합을 실현하고자 한다. ( )

해설 형사제재의 단절이 아닌 교정시설 내에서의 처벌을 지역사회에서의 교정으로 전환하여 처벌의 연속성이 유지된다.

정답 ×

470. 지역사회 교정은 교정시설의 과밀수용 문제를 해소하기 위한 방안 중 하나이며, 범죄자의 처벌·처우에 대한 인도주의적 관점이 반영된 것이다. (　　)

정답 ○

471. 구금에 의한 무능력화(incapacitation) 전략은 범죄자가 교도소를 출소한 이후의 어떤 행동을 할 것인지에 대해서도 예측이 가능하다는 장점이 있다. (　　)

해설 범죄자가 교도소를 출소한 이후의 어떤 행동을 할 것인지에 대해서도 예측이 불가능하다.

구금에 의한 무능력화의 장단점

장점	단점
• 즉각적인 범죄예방 • 피해자 보호 • 범죄자 개선기회 제공	• 인권침해 가능성 • 사회적 비용 증가 • 사회적 편견 심화 • 2차 피해 발생가능성 • 효과성에 대한 의문

정답 ×

472. 정의모델(Just deserts)은 사법기관이나 교정기관의 재량권 남용에 대해 비판하고 부정기형의 폐지를 주장한다. (　　)

해설

처벌을 위한 교정	교화개선을 위한 교정	사법정의를 위한 교정
구금모델	• 의료 = 치료 = 갱생모델 • 개선 = 적응 = 경제모델 • 재통합모델 = 재사회화모델	공정 = 사법 = 정의모델

교정처우모델의 요약 비교

구분 유형	구금모델	의료모델 (치료모델)	개선모델 (적응모델)	정의모델 (사법모델)	재통합모델
교정목적	범죄인 격리를 통한 사회보호	범죄인 치료를 통한 사회재적응	범죄인의 처벌로 사회를 보호	사법정의 실현	범죄인의 사회재적응
처우전략	물리적 질서	동일화	복종	교정제도 개선	내재화
교도소역할	규율유지장소	병원의 일종	범죄인 처벌장소	형벌집행 및 자치를 위한 훈련장	유사 거주단위
교도관역할	질서유지	질서유지	사회문화규범 강제	공정한 형벌집행	범죄인의 행동 변용

처우프로그램	육체노동 실시	심리적 · 내적 조건의 변용시도	노동과 기술훈련으로 행위 교정	자치 프로그램	직업훈련과 교육을 통한 사회 재적응

정답 ○

473. 실증주의는 적법절차모델(Due Process Model)에 바탕을 둔 합리적 형사사법제도 구축에 크게 기여하였다. (　　　)

> 해설 적법절차모델은 실증주의가 아닌 고전주의와 처우모델 중 정의모델을 기반으로 하는데, 이는 기존의 의료모델이나 개선모델을 비판하고, 공정한 처벌을 통해 사법정의를 확보하는 동시에 범죄자의 인권보호를 위해 적법절차를 중시하는 모델이다. 실증주의는 의사결정론에 기반한 의료모델, 개선모델 등에 영향을 미쳤다.
>
> 정답 ✕

474. 적응모델(Adjustment Model)은 정의모델에 대한 비판 · 보완을 위해 등장한 것으로, 교정 처우기법으로 현실요법과 교류분석을 중요시한다. (　　　)

> 해설 적응모델은 1960년대 등장한 의료모델에 대한 비판 · 보완을 위해 등장한 것으로, 19세기 후반의 진보주의와 교육형주의 사상에 기초한다. 적응모델에 따르면, 범죄자는 결함이 있는 환자로서 치료의 대상이며, 스스로 의사결정을 하고 책임 또한 질 수 있다고 본다. 참고로, 교정처우기법으로는 현실요법과 교류분석을 중요시한다.
>
> 정답 ✕

475. 정의모델(Justice Model)은 범죄자의 법적 지위와 권리보장이라는 관점에서 처우의 문제에 접근하는 것으로, 형집행의 공정성과 법관의 재량권 제한을 강조한다. (　　　)

정답 ○

476. 의료모델(Medical Model)은 치료를 통한 사회복귀를 목적으로 하는 것으로, 가석방제도를 중요시한다. (　　　)

정답 ○

477. 재통합모델(Reintegration Model)은 사회도 범죄유발의 책임이 있으므로 지역사회에 기초한 교정을 강조한다. (　　　)

정답 ○

478. 네덜란드의 암스테르담 노역장은 가장 오래된 최초의 교정시설로 평가받고 있다. (　　　)

해설 영국의 브라이드 웰 노역장에 대한 설명이다.

연도	장소	특징
1555년	브라이드 웰(Bride Well)의 교정원(노역장)	최초의 교정시설
1595년	네덜란드 암스테르담 징치장	최초 자유형 집행시설
1597년	여자조사장	성별 분류의 기원
1603년	불량청소년 숙식소	연령별 분류의 기원
1704년	이탈리아 산 미켈레 감화원	소년교도소의 기원, 최초 분방식 구조
1773년	간트교도소	근대교도소의 효시, 오번제도의 시초로 평가받기도 함
1790년	월넛 구치소	미국 최초의 독거교도소, 펜실베니아제도의 시초
1876년	엘마이라 감화원	미국 최초 가석방 실시기관, 상대적 부정기형제도의 기원
1914년	오번교도소	최초 수형자자치제 실시 (1823년 오번제 최초 실시)

정답 ✕

479. 펜실베이니아제(Pennsylvania system)는 혼거구금을 통해 상호 간의 대화를 장려하여 자신의 범죄에 대해 반성하고 속죄케 하는 정신적 개선에 중점을 둔 구금제도이다. (   )

해설 펜실베이니아제(Pennsylvania system)는 독거구금을 통해 절대침묵하에 자신의 범죄에 대해 반성하고 속죄케 하는 정신적 개선에 중점을 둔 구금제도이다.

정답 ✕

480. 오번제(Auburn system)는 주간에는 대화를 엄격히 금지한 가운데 수형자들을 공장에 혼거 취업하게 하고, 야간에는 독방에 구금하여 취침하게 하는 제도이다. (   )

정답 ○

481. 보스탈제(Borstal system)는 주로 16세에서 21세까지의 범죄소년을 수용하여 직업훈련 및 학과교육 등을 실시함으로써 교정 · 교화하려는 제도이다. (   )

정답 ○

482. 아일랜드제(Irish system)는 단계별 진급에 따라 수용자들을 관리하고 석방이나 조건부 석방이 가능한 제도이다. (   )

정답 ○

483. 수형자자치제는 미국 메사추세츠 주의 노포크(Norfolk) 교도소에서 최초로 시작되었다. (   )

해설 뉴욕주의 오번교도소에서 최초로 시작됨.

▌펜실베니아제와 오번제 비교

구분	펜실베니아제	오번제
주창자	윌리엄 펜, 벤자민 프랭클린	엘람 린즈
개선방법	엄정독거를 통한 정신수양	침묵과 집단훈련을 통한 재사회화
목표	정직한 사람	복종적인 시민
생산성	종교적 수공업사회 지향	산업사회 지향(산업교도소의 전신)
공통점	사회로부터 격리하여 체계적이고 규칙적인 훈육된 생활추구	

정답 ×

484. 선시제도는 관리 위주나 처벌의 부정적 형태로의 운영가능성이 크다. ( )

해설 ▌선시제도와 가석방제도 요약비교

구분	선시제도	가석방제도
처우의 성격	시설내 처우	사회내 처우
보호관찰 부과	임의적 부과	필요적 부과(예외 ○)
요건충족 시 조치	반드시 석방	임의적 석방
효력	형기의 종료	형 집행방법의 변경에 불과
판단기준	선행과 근면	교정성적과 재범위험성

정답 ○

485. 사법적 수용자의 권리 구제방법은 비사법적 방법에 비해 많은 시간과 비용이 소요되며, 전문가의 조언을 받아야 하는 등의 사정 때문에 수형자가 손쉽게 이용하기 곤란하다. ( )

해설 ▌청원 등 요약

구분	청원	순회점검	소장면담	시찰	참관
권리구제	○	○	○	×	×
주체	수용자	장관, 순회점검공무원	수용자	판사·검사	일반인
목적	처우 불복	감독작용	처우	직무상 필요	학술연구 등
허가(결정)	장관, 지방교정청장	장관	소장	직무상 인정	소장
횟수	제한 없음	매년 1회 이상	제한 없음	수시	소장허가 시

정답 ○

486. 소장은 형집행정지 중인 사람이 기간만료로 재수용된 경우에는 석방 당시와 동일한 처우등급을 부여하여야 한다. ( )

해설 부여할 수 있다.

개별처우계획 정리

구분	처우(시행규칙)
다른 교정시설로부터 이송되어 온 수형자	개별처우계획 변경 가능 (제60조 제1항)
• 가석방의 취소로 재수용되어 잔형이 집행되는 경우 • 형집행정지 중에 있는 사람이 「자유형 등에 관한 검찰집행사무규칙」 제33조 제2항에 따른 형집행정지의 취소로 재수용된 경우	석방 당시보다 한 단계 낮은 처우등급 부여 (제60조 제3항 · 제4항 본문)
• 형집행정지 중에 있는 사람이 기간만료 또는 그 밖의 정지사유 소멸 로 재수용된 경우 • 「가석방자관리규정」 제5조 단서(천재지변, 질병, 부득이한 사유로 출 석의무 위반 시)를 위반하여 가석방이 취소되는 등 가석방 취소사유 에 특히 고려할 만한 사정이 있는 경우	석방 당시와 동일한 처우등급 부여 가능 (제60조 제2항 · 제3항 단서)
• 형집행정지 중이거나 가석방기간 중에 있는 사람이 형사사건으로 재 수용되어 형이 확정된 경우 • 「국제수형자이송법」에 따라 외국으로부터 이송되어 온 수형자 • 군사법원에서 징역형 또는 금고형이 확정되거나 그 형의 집행 중에 있는 사람이 이송되어 온 경우	개별처우계획 새로 수립 (제60조 제4항, 제61조 제1항 · 제2항)

정답 ✕

487. 완화경비시설이란 수형자의 자율적 활동이 가능하도록 통상적인 설비 및 수형자에 대한 관리 · 감시를 일반경비시설보다 완화한 교정시설을 말한다. ( )

해설 수형자의 도주방지를 위한 통상적인 설비 및 수형자에 대한 관리 · 감시를 일반경비시설보다 완화한 교정시설을 말한다.

개방시설	도주방지를 위한 통상적인 설비의 전부 또는 일부를 갖추지 아니하고 수형자의 자율적 활동이 가능하도록 통상적인 관리 · 감시의 전부 또는 일부를 하지 아니하는 교정시설
완화경비시설	도주방지를 위한 통상적인 설비 및 수형자에 대한 관리 · 감시를 일반경비시설보다 완화한 교정시설
일반경비시설	도주방지를 위한 통상적인 설비를 갖추고 수형자에 대하여 통상적인 관리 · 감시를 하는 교정시설
중(重)경비시설	도주방지 및 수형자 상호 간의 접촉을 차단하는 설비를 강화하고 수형자에 대한 관리 · 감시를 엄중히 하는 교정시설

정답 ✕

488. 수형자의 처우등급은 기본수용급, 경비처우급, 개별처우급으로 나뉜다. ( )

해설 **처우등급**

기본수용급	성별 · 국적 · 나이 · 형기 등에 따라 수용할 시설 및 구획 등을 구별하는 기준
경비처우급	도주 등의 위험성에 따라 수용시설과 계호의 정도를 구별하고, 범죄성향의 진전과 개선 정도, 교정성적에 따라 처우수준을 구별하는 기준
개별처우급	수형자의 개별적인 특성에 따라 중점처우의 내용을 구별하는 기준

기본수용급
① 여성수형자 ② 외국인수형자 ③ 금고형수형자 ④ 19세 미만의 소년수형자 ⑤ 23세 미만의 청년수형자 ⑥ 65세 이상의 노인수형자 ⑦ 형기가 10년 이상인 장기수형자 ⑧ 정신질환 또는 장애가 있

는 수형자 ⑨ 신체질환 또는 장애가 있는 수형자

┃ 경비처우급

개방처우급	개방시설에 수용되어 가장 높은 수준의 처우가 필요한 수형자	외부통근작업 및 개방지역작업 가능
완화경비처우급	완화경비시설에 수용되어 통상적인 수준보다 높은 수준의 처우가 필요한 수형자	개방지역작업 및 필요시 외부통근작업 가능
일반경비처우급	일반경비시설에 수용되어 통상적인 수준의 처우가 필요한 수형자	구내작업 및 필요시 개방지역작업 가능
중(重)경비처우급	중(重)경비시설에 수용되어 기본적인 처우가 필요한 수형자	필요시 구내작업 가능

┃ 개별처우급
① 직업훈련 ② 학과교육 ③ 생활지도 ④ 작업지도 ⑤ 운영지원작업 ⑥ 의료처우 ⑦ 자치처우 ⑧ 개방처우 ⑨ 집중처우

[정답] ○

489. 누진계급(점수)의 측정방법인 잉글랜드제는 수형자를 최초 9개월의 독거구금 후 교도소에서 강제노동에 취업시키고, 수형자를 5계급으로 나누어 이들이 지정된 책임점수를 소각하면 상급으로 진급시키는 방법이다. ( )

[해설] **┃ 잉글랜드제와 아일랜드제 비교**

구분	잉글랜드제	아일랜드제
창안자	마코노키	크로프톤
소득점수	매일 계산	매월 계산
처우단계	3단계 처우	4단계 처우(중간감옥 신설)
가석방 후 감시	미실시	경찰감시 실시

[정답] ○

490. 엄중관리대상자는 조직폭력수용자, 마약류수용자, 관심대상수용자로 구분하며, 교정시설의 안전과 질서유지를 위하여 다른 수용자와의 접촉을 차단하거나 계호를 엄중히 하여야 하는 수용자를 말한다. ( )

[해설] **┃ 엄중관리대상자 정리**

구분	조직폭력	마약류	관심대상
의의	• 상담책임자 1명당 10명 이내로 하고, 수시(정기적 ×)로 개별상담 실시 • 조폭(노란), 관심대상(노란), 마약(파란): 중복 노란 • 작업부과 시 분류심사 규정에 따른 조사나 검사 등의 결과 고려		
지정기준	• 체포 · 구속영장, 공소장, 재판서에 조폭기재 • 범죄단체조직 등이 적용된 수용자 • 공범 · 피해자 등의 영장에 조폭으로 명시된 자	• 체포 · 구속영장, 공소장, 재판서에 마약기재 • 집행유예기간 중에 별건으로 수용된 자	• 수용자 상습폭력 • 교도관 협박 · 폭행 등 재발위험 • 요구관철 목적의 자해 등 • 수용질서 문란, 파손, 소란 • 도주전력

지정 기준	–	–	• 중형선고 • 사회적 물의(자살우려) • 자살우려 • 징벌종료 후 1년 이내 징벌 • 금지물품 반입 등 부조리 • 조폭으로 무죄 이외의 사유로 출소 후 5년 이내 다시 수용된 자 • 조폭행세하거나 수용질서 문란하게 하는 조폭
처우 제한	대표직책 금지, 차단시설 접견, 귀휴허가요건 엄격 적용, 특이사항 검찰청 등 통보 등	마약검사 가능, 물품교부 제한, 보관품 수시점검, 재활교육, 특이사항 감독관 보고 등	–
지정	요건: 당연소장직권지정	요건: 당연소장직권지정	• 원칙: 분류처우위원회 의결 • 예외: 교도관회의 심의(미결수 등)
해제	분류처우위원회 또는 교도관회의 심의	분류처우위원회 또는 교도관회의 심의: 병과된 자가 5년 경과되거나 공소장 변경 등	• 원칙: 분류처우위원회 의결 • 예외: 교도관회의 심의(미결수 등)

정답 ○

491. 소장은 수용자가 자살 또는 자해의 우려가 있는 때에는 의무관의 의견을 고려하여 진정실에 수용할 수 있다. (   )

해설 보호실에 수용할 수 있다.

구분	보호실	진정실
사유	• 자살·자해의 우려 • 질병으로 인한 특별한 보호 필요	• 설비 또는 기구 등을 손괴 • 소란행위를 계속하여 수용생활 방해(강제력 행사 또는 보호장비를 사용해도 위의 행위 계속)
의무관의 의견고려	○	×
연장 시 의무관의 의견고려	○	○
기간	15일 이내	24시간 이내
연장기간, 최대 수용기간	1회당 7일 이내, 최초 수용기간 포함 최대 3개월	1회당 12시간 이내, 최초 수용기간 포함 최대 3일
수용 및 연장수용 사유고지	○	○

정답 ×

492. 현행법상 징벌의 종류는 대통령령으로 정하고 있다. (   )

해설 법률로 정하고 있다.

▌징벌의 종류(형집행법 제108조)
징벌의 종류는 다음 각 호와 같다.
 1. 경고
 2. 50시간 이내의 근로봉사
 3. 3개월 이내의 작업장려금 삭감

4. 30일 이내의 공동행사 참가정지
5. 30일 이내의 신문열람 제한
6. 30일 이내의 텔레비전 시청제한
7. 30일 이내의 자비구매물품(의사가 치료를 위하여 처방한 의약품을 제외한다) 사용제한
8. 30일 이내의 작업 정지(신청에 따른 작업에 한정한다)
9. 30일 이내의 전화통화 제한
10. 30일 이내의 집필제한
11. 30일 이내의 편지수수 제한
12. 30일 이내의 접견제한
13. 30일 이내의 실외운동 정지
14. 30일 이내의 금치(禁置)

[정답] X

493. 교정시설의 장은 6개월 이상 형을 집행받은 수형자로서 그 형기의 3분의 1이 지나고 교정 성적이 우수한 사람의 가족 또는 배우자의 직계존속이 질병이나 사고로 위독한 때에는 형기 중 20일 이내의 귀휴를 허가할 수 있다. (   )

[해설] 1년 중 20일 이내의 귀휴를 허가할 수 있다.

귀휴 제도	연혁		1913년 미국
	일반 귀휴	기본 요건	소장은 6개월 이상 형을 집행받은 수형자로서 그 형기의 3분의 1(21년 이상의 유기형 또는 무기형의 경우에는 7년)이 지나고 교정 성적이 우수한 사람이 귀휴사유에 해당 시
		사유	• 가족 또는 배우자의 직계존속이 위독한 때 • 질병이나 사고로 외부의료시설에의 입원이 필요한 때 • 천재지변이나 그 밖의 재해로 가족, 배우자의 직계존속 또는 수형자 본인에게 회복할 수 없는 중대한 재산상의 손해가 발생하였거나 발생할 우려가 있는 때 • 그 밖에 교화 또는 건전한 사회복귀를 위하여 법무부령으로 정하는 사유가 있는 때
		법무 부령	• 직계존속, 배우자, 배우자의 직계존속 또는 본인의 회갑일이나 고희일인 때 • 본인 또는 형제자매의 혼례가 있는 때 • 직계비속이 입대하거나 해외유학을 위하여 출국하게 된 때 • 직업훈련을 위하여 필요한 때 •「숙련기술장려법」에 따른 국내 기능경기대회의 준비 및 참가를 위하여 필요한 때 • 출소 전 취업 또는 창업 등 사회복귀 준비를 위하여 필요한 때, 입학식·졸업식 또는 시상식에 참석하기 위하여 필요한 때 • 출석 수업을 위하여 필요한 때 • 각종 시험에 응시하기 위하여 필요한 때 • 그 밖에 가족과의 유대강화 또는 사회적응능력 향상을 위하여 특히 필요한 때
		기간	1년 중 20일 이내
	특별 귀휴	사유	• 가족 또는 배우자의 직계존속이 사망한 때 • 직계비속의 혼례가 있는 때
		기간	5일 이내
		원칙과 예외	• 원칙: 소장은 귀휴를 허가하는 경우에는 귀휴심사위원회의 심사를 거쳐야 한다.

귀휴 제도	특별 귀휴	원칙과 예외	• 예외: 소장은 토요일, 공휴일, 그 밖에 위원회의 소집이 매우 곤란한 때에 법 제77조 제2항 제1호의 사유(수형자의 가족 또는 배우자의 직계존속이 사망한 때)가 발생한 경우에는 위원회의 심사를 거치지 아니하고 귀휴를 허가할 수 있다.
	형기산입 및 비용		• 귀휴기간은 형집행기간에 포함 • 본인부담 원칙
	기타		• 2일 이상의 귀휴 허가한 경우 귀휴지 관할 경찰관서장 통보 • 취소 가능

정답 ✕

494. 재해로 수형자 본인에게 회복할 수 없는 중대한 재산상의 손해가 발생하였거나 발생할 우려가 있는 때는 귀휴 허가사유에 해당하지 아니한다. (　　　)

> 해설 재해로 수형자 본인에게 회복할 수 없는 중대한 재산상의 손해가 발생하였거나 발생할 우려가 있는 때는 일반귀휴의 허가사유에 해당한다(형집행법 제77조 제1항 제3호).

정답 ✕

495. 2개 이상의 징역형 또는 금고형을 선고받은 수형자의 경우, 그중 중한 형을 기준으로 귀휴 허가요건으로서의 형기를 계산하여야 한다. (　　　)

> 해설 일반귀휴의 형기를 계산할 때 부정기형은 단기를 기준으로 하고, 2개 이상의 징역 또는 금고의 형을 선고받은 수형자의 경우에는 그 형기를 합산한다(동법 시행규칙 제130조 제1항).

정답 ✕

496. 소장은 귀휴를 허가하면서 교도관을 동행시킨 경우, 귀휴자의 가족 또는 보호관계에 있는 사람으로부터 보호서약서를 제출받지 아니할 수 있다. (　　　)

> 해설 예외 없다. 소장은 귀휴자의 가족 또는 보호관계에 있는 사람으로부터 보호서약서를 제출받아야 한다(동법 시행규칙 제141조 제2항).

정답 ✕

497. 무기형을 선고받은 수형자가 형의 집행을 받은 기간이 7년이 지났다면, 귀휴 허가요건으로서의 형기를 충족한다. (　　　)

정답 ○

498. 귀휴제는 행형성적이 우수한 수형자를 일정 기간 동안 가정이나 사회에 내보내어 장기간 수형생활로 인하여 단절된 사회사정을 접할 수 있는 기회를 줌으로써 사회적응을 보다 용이하게 하는 제도이다. (　　　)

정답 ○

499. 일반귀휴는 형 집행기간에 포함하나, 특별귀휴는 형 집행기간에 포함하지 않는다.( )

> **해설** 일반귀휴와 특별귀휴 모두 형 집행기간에 포함한다(형집행법 제77조 제4항).
>
> 정답 ✕

500. 교정시설 밖에 설치된 외부기업체의 작업장에 통근하며 작업하는 수형자는 소정의 요건을 갖춘 수형자 중에서 집행할 형기가 10년 미만이거나 형기기산일부터 10년 이상이 지난 수형자 중에서 선정한다. ( )

> **해설** 교정시설 안에 설치된 외부기업체의 작업장에 통근하며 작업하는 수형자에 대한 내용이다. 참고로, 귀휴, 외부통근, 주말구금, 가족만남의 날(가족·부부접견) 등은 사회적 처우에 해당한다.
>
> ┃ 외부통근자 선정기준(시행규칙 제120조)
>
> | 외부기업체에 통근하며 작업하는 수형자
(외부통근자) | 교정시설 안에 설치된 외부기업체의 작업장에
통근하며 작업하는 수형자(개방지역작업자) |
> |---|---|
> | • 18세 이상 65세 미만일 것
• 해당 작업 수행에 건강상 장애가 없을 것
• 개방처우급·완화경비처우급·일반경비처우급에 해당할 것
• 가족·친지 또는 교정위원 등과 접견·서신수수·전화통화 등으로 연락하고 있을 것
• 집행할 형기가 7년 미만이고 가석방이 제한되지 아니할 것 | • 18세 이상 65세 미만일 것
• 해당 작업 수행에 건강상 장애가 없을 것
• 개방처우급·완화경비처우급·일반경비처우급에 해당할 것
• 가족·친지 또는 교정위원 등과 접견·서신수수·전화통화 등으로 연락하고 있을 것
• 집행할 형기가 10년 미만이거나 형기기산일부터 10년 이상이 지난 수형자 중에서 선정 |
>
> ※ 주의 – 소장은 작업 부과 또는 교화를 위하여 특히 필요하다고 인정하는 경우에는 위의 수형자 외의 수형자에 대하여도 외부통근자로 선정할 수 있다.
>
> ┃ 사회적 처우와 사회 내 처우
>
> | 구분 | 사회적 처우 | 사회 내 처우 |
> |---|---|---|
> | 개념 | 수용자에게 사회와 유사한 시설에서 생활하도록 하거나 사회와의 접촉을 허용하여 교정교화, 사회적응을 유도하여 재사회화를 꾀하기 위한 처우 | 범죄자를 교정시설에 수용하지 않고 사회 내에서 생활하게 하면서 보호관찰관 등의 지도·감독과 원호를 통하여 원활하게 그 개선 및 갱생을 도모하려는 처우제도 |
> | 종류 | 귀휴제도, 외부통근제도, 가족만남의 집(가족·부부접견제도), 가족만남의 날(합동접견), 주말구금제도, 사회견학과 봉사활동 등 | 가석방, 보호관찰, 갱생보호, 사회봉사명령, 수강명령, 전자감시, 가택구금, 선도조건부 기소유예, 외출제한명령 등 |
>
> 정답 ✕

501. 중간처우 대상자의 선발절차는 분류처우위원회의 심의를 거쳐 소장이 정한다. ( )

> **해설** 중간처우 대상자의 선발절차, 교정시설 또는 지역사회에 설치하는 개방시설의 종류 및 기준, 그 밖에 필요한 사항은 법무부장관이 정한다(형집행법 시행규칙 93조 3항).
>
> 정답 ✕

502. 중간처우 대상자는 전담교정시설에 수용되어 그 특성에 알맞은 처우를 받되, 전담교정시설의 부족 등 부득이한 사정이 있는 경우에는 예외로 할 수 있다. (   )

정답 ○

503. 형기가 2년 이상으로 범죄횟수가 1회이고, 중간처우를 받는 날부터 가석방 또는 형기종료 예정일까지 기간이 3개월 이상 1년 6개월 미만인 개방처우급 또는 완화경비처우급 수형자에 대하여는 지역사회에 설치된 개방시설에 수용할 수 있다. (   )

정답 ○

504. 소장은 교도작업에 지장을 주지 아니하는 범위에서 작업기술이 탁월하고 작업성적이 우수한 중간처우 대상 수형자에게 1일 2시간 이내로 개인작업을 하게 할 수 있다. (   )

정답 ○

505. 가석방은 가석방심사위원회의 허가신청에 의해 법무부장관이 결정하는 행정처분이다.
(   )

정답 ○

506. 형기에 산입된 판결선고 전 구금일수는 가석방을 하는 경우 집행한 기간에 산입한다.
(   )

정답 ○

507. 사형이 무기징역으로 특별감형된 경우 사형집행 대기기간을 가석방에 필요한 형의 집행기간에 산입할 수 있다. (   )

해설 사형집행을 위한 구금은 미결구금도 아니고 형의 집행기간도 아니며 특별감형은 형을 변경하는 효과만 있을 뿐이고 이로 인하여 형의 선고에 의한 기성의 효과는 변경되지 아니하므로 사형이 무기징역으로 특별감형된 경우 사형의 판결확정일에 소급하여 무기징역형이 확정된 것으로 보아 무기징역형의 형기 기산일을 사형의 판결 확정일로 인정할 수도 없고 사형집행대기기간이 미결구금이나 형의 집행기간으로 변경된다고 볼 여지도 없으며, 또한 특별감형은 수형 중의 행장의 하나인 사형집행대기기간까지를 참작하여 되었다고 볼 것이므로 사형집행대기기간을 처음부터 무기징역을 받은 경우와 동일하게 가석방요건 중의 하나인 형의 집행기간에 다시 산입할 수는 없다(대법원 1991.3.4. 90모59).

정답 ✕

508. 가석방의 처분을 받은 후 그 처분이 실효 또는 취소되지 아니하고 가석방기간을 경과한 때에는 형의 집행을 종료한 것으로 본다. (   )

정답 ○

509. 보스탈(Borstal)제도는 경미범죄를 저지른 성인범죄자의 교정 · 교화를 위한 사회적 처우이다.
( )

해설 보스탈(Borstal)은 '보호' 또는 '피난시설'이라는 뜻으로, 영국 켄트(Kent)지방 로체스터시 인근 마을인 보스탈의 이름을 따서 보스탈 교도소(Borstal Prison)라고 하였다. 1897년 브라이스(E. R. Brise)에 의해 창안되어 초기에는 철저한 분류수용을 도입하고, 엄격한 규율하에 중노동을 실시하였으며, 출소 후에는 조직적으로 관찰하였다. 이후 16세에서 21세 사이의 범죄소년을 수용하여 직업훈련, 학과교육 및 상담치료 등으로 교정 · 교화를 실시하였다. 특히 성인과 분리한 소년시설로 운영했던 것에서 일반화되어 오늘날 '소년원'을 일컫는 말로 사용되고 있다.

정답 ✕

심화 법령지문 OX

— CHAPTER 01 —
보호관찰 등에 관한 법률

1. 보호관찰에 관한 사항을 심사·결정하기 위하여 법무부장관 소속으로 보호관찰 심사위원회를
    둔다.　　　　　　　　　　　　　　　　　　　　　　　　　　　　　　　　（　　　）

    정답 ○

2. 보호관찰 심사위원회의 위원장은 고등검찰청 검사장 또는 고등검찰청 소속 검사 중에서 법무
    부장관이 임명한다.　　　　　　　　　　　　　　　　　　　　　　　　　（　　　）

    정답 ○

3. 보호관찰 심사위원회는 위원장을 포함하여 5명 이상 9명 이하의 위원으로 구성하고, 심사위
    원회의 위원 중 4명 이내의 상임위원을 둔다.　　　　　　　　　　　　　（　　　）

    해설 심사위원회의 위원 중 3명 이내의 상임위원을 둔다(보호관찰 등에 관한 법률 제7조 제4항).

    정답 ×

4. 보호관찰 심사위원회의 위원의 임기는 2년으로 하되 연임할 수 없다. 다만, 공무원인 비상임
    위원의 임기는 그 직위에 있는 기간으로 한다.　　　　　　　　　　　　（　　　）

    해설 위원의 임기는 2년으로 하되 연임할 수 있다. 다만, 공무원인 비상임위원이 임기는 그 직위에 있는 기
    간으로 한다(보호관찰 등에 관한 법률 제8조).

    정답 ×

5. 보호관찰 심사위원회의 상임위원은 고위공무원단에 속하는 일반직공무원 또는 4급 공무원으
    로서 「국가공무원법」 제26조의5에 따른 임기제공무원으로 한다.　　　（　　　）

    정답 ○

6. 보호관찰 심사위원회에서 회의를 개최할 시간적 여유가 없는 등 부득이한 경우로서 대통령령으로 정하는 경우에는 서면으로 의결할 수 있다. 이 경우 재적위원 과반수의 찬성으로 의결한다. (   )

정답 ○

7. 보호관찰, 사회봉사, 수강 및 갱생보호에 관한 사무를 관장하기 위하여 법무부장관 소속으로 보호관찰소를 둔다. (   )

정답 ○

8. 범죄예방활동을 하고 보호관찰활동과 갱생보호사업을 지원하기 위하여 범죄예방 자원봉사위원을 둔다. (   )

해설 범죄예방활동을 하고 보호관찰활동과 갱생보호사업을 지원하기 위하여 범죄예방 자원봉사위원을 둘 수 있다(보호관찰 등에 관한 법률 제18조 제1항).

정답 ✕

9. 법원은 피고인에 대하여 「형법」상 보호관찰, 사회봉사 또는 수강을 명하기 위하여 필한 경우에는 그 법원의 소재지 또는 피고인의 주거지를 관할하는 보호관찰소의 장에게 범행 동기, 직업, 생활환경, 교우관계, 가족상황, 피해회복 여부 등 피고인에 관한 사항의 조사를 요구할 수 있다. (   )

정답 ○

10. 보호관찰소의 장의 조사방법은 보호관찰소장이 가지고 있는 자료에 의한 조사에 한하며 관계인을 소환하여 심문하는 방법은 허용되지 아니한다. (   )

해설 조사요구를 받은 보호관찰소의 장은 지체 없이 이를 조사하여 서면으로 해당 법원에 알려야 한다. 이 경우 필요하다고 인정하면 피고인이나 그 밖의 관계인을 소환하여 심문하거나 소속 보호관찰관에게 필요한 사항을 조사하게 할 수 있다(보호관찰 등에 관한 법률 제19조 제2항 후단).

정답 ✕

11. 법원은 「소년법」상 소년 보호사건에 대한 조사 또는 심리를 위하여 필요하다고 인정하면 그 법원의 소재지 또는 소년의 주거지를 관할하는 보호관찰소의 장에게 소년의 품행, 경력, 가정상황, 그 밖의 환경 등 필요한 사항에 관한 조사를 의뢰할 수 있다. (   )

정답 ○

12. 보호관찰의 임시해제와 그 취소에 관한 사항은 보호관찰 심사위원회의 관장사무이다.

                                                                 (   )

> **해설** 보호관찰소(보호관찰지소를 포함한다)는 다음 각 호의 사무를 관장한다(보호관찰 등에 관한 법률 제15조).
> 1. 보호관찰 사회봉사명령 및 수강명령의 집행
> 2. 갱생보호
> 3. 검사가 보호관찰관이 선도(善導)함을 조건으로 공소제기를 유예하고 위탁한 선도 업무
> 4. 범죄예방 자원봉사위원에 대한 교육훈련 및 업무지도
> 5. 범죄예방활동
> 6. 이 법 또는 다른 법령에서 보호관찰소의 관장 사무로 규정된 사항

정답 ○

13. 법원은 형의 선고유예 및 집행유예 시 보호관찰을 명하는 경우에는 보호관찰을 명하는 판결이 확정된 때부터 3일 이내에 판결문 등본 및 준수사항을 적은 서면을 피고인의 주거지를 관할하는 보호관찰소의 장에게 보내야 한다.   (   )

정답 ○

14. 보호관찰 대상자는 보호관찰을 명하는 판결이 확정된 때에는 10일 이내에 주거지를 관할하는 보호관찰소에 출석하여 서면으로 주거, 직업, 생활계획, 그 밖에 필요한 사항을 관할 보호관찰소의 장에게 신고하여야 한다.   (   )

정답 ○

15. 보호관찰 대상자는 신고를 할 때에는 법무부령이 정하는 바에 의하여 본인의 성명, 주거, 주거이전예정지 또는 여행지, 주거이전이유 또는 여행목적, 주거이전일자 또는 여행기간 등을 신고하여야 한다.   (   )

> **해설** 법 제3조 제1항의 규정에 의한 보호관찰 대상자(이하 "보호관찰 대상자"라 한다)는 다음 각 호의 어느 하나에 해당하는 때에는 10일 이내에 주거지를 관할하는 보호관찰소에 출석하여 서면으로 법 제29조 제2항의 규정에 의한 신고를 하여야 한다(보호관찰 등에 관한 법률 시행령 제16조).
> 1. 「형법」 제59조의2 또는 제62조의2의 규정에 의한 판결이 확정된 때
> 2. 「형법」 제73조의2 또는 법 제25조에 따라 가석방 또는 임시퇴원된 때
> 3. 「소년법」 제32조 제1항 제4호 또는 제5호의 보호처분이 확정된 때
> 4. 다른 법률에 의하여 이 법에 의한 보호관찰을 받도록 명하는 판결 또는 결정이 확정된 때

정답 ○

16. 보호관찰 대상자가 다른 보호관찰소의 관할구역 안으로 주거를 이전한 때에는 30일 이내에 신주거지를 관할하는 보호관찰소에 출석하여 서면으로 주거이전의 사실을 신고하여야 한다.

                                                                  (   )

해설 보호관찰 대상자가 다른 보호관찰소의 관할구역 안으로 주거를 이전한 때에는 10일 이내에 신주거지를 관할하는 보호관찰소에 출시하여 서면으로 주거이전의 사실을 신고하여야 한다(보호관찰 등에 관한 법률 시행령 제18조 제2항).

정답 ✕

17. 교도소 · 구치소 · 소년교도소의 장은 징역 또는 금고의 형을 선고받은 소년이 무기형의 경우에는 5년, 15년 유기형의 경우에는 3년이 지나면 그 교도소. 구치소. 소년교도소의 소재지를 관할하는 심사위원회에 그 사실을 통보하여야 한다. ( )

정답 ○

18. 소년원장은 보호소년이 수용된 후 3개월이 지나면 그 소년원의 소재지를 관할하는 심사위원회에 그 사실을 통보하여야 한다. ( )

해설 소년원장은 보호소년이 수용된 후 6개월이 지나면 그 소년원의 소재지를 관할하는 심사위원회에 그 사실을 통보하여야 한다(보호관찰 등에 관한 법률 제21조 제2항).

정답 ✕

19. 교도소 · 구치소 · 소년교도소 및 소년원의 장은 「소년법」상 가석방이 허가될 수 있는 기간이 지난 소년수형자 또는 수용 중인 보호소년에 대하여 법무부령으로 정하는 바에 따라 관할 심사위원회에 가석방, 퇴원 또는 임시퇴원 심사를 신청할 수 있다. ( )

정답 ○

20. 보호관찰 심사위원회는 교도소 · 구치소 · 소년교도소 및 소년원의 장이 가석방, 퇴원 또는 임시퇴원 심사를 신청한 경우에 한하여 가석방 또는 퇴원. 임시퇴원이 적절한지를 심사하여 결정한다. ( )

해설 심사위원회는 제21조에 따른 통보(교도소 · 구치소 · 소년교도소의 장의 소년수형자 가석방 가능기간 경과사실 통보나, 소년원장의 보호소년 수용 후 6개월 경과사실 통보)를 받은 사람에 대하여는 제22조 제1항에 따른 신청(가석방 · 퇴원 또는 임시퇴원 심사의 신청)이 없는 경우에도 직권으로 가석방 · 퇴원 및 임시퇴원이 적절한지를 심사하여 결정할 수 있다(보호관찰 등에 관한 법률 제23조 제2항).

정답 ✕

21. 보호관찰 심사위원회는 소년수형자의 가석방이 적절한지를 심사할 때에는 보호관찰의 필요성을 심사하여 결정하며 가석방되는 성인수형자에 대하여 보호관찰의 필요성을 심사하여 결정한다. ( )

정답 ○

22. 보호관찰은 법원의 판결이나 결정이 확정된 때 또는 가석방·임시퇴원된 때부터 시작된다.

( )

정답 ○

23. 임시퇴원자의 보호관찰기간은 퇴원일부터 6개월 이상 2년 이하의 범위에서 보호관찰 심사위원회가 정한 기간이다.

( )

정답 ○

24. 범죄로 이어지기 쉬운 나쁜 습관을 버리고 선행(善行)을 하며 범죄를 저지를 염려가 있는 사람들과 교제하거나 어울리지 말 것은 「보호관찰 등에 관한 법률」상 보호관찰 대상자의 특별준수사항이다.

( )

해설 보호관찰 대상자의 일반준수사항이다(보호관찰 등에 관한 법률 제32조 제2항 제2호).

▎보호관찰 대상자의 (특별)준수사항(동법 제32조 제3항)
법원 및 심사위원회는 판결의 선고 또는 결정의 고지를 할 때에는 일반준수사항 외에 범죄의 내용과 종류 및 본인의 특성 등을 고려하여 필요하면 보호관찰 기간의 범위에서 기간을 정하여 다음 각 호의 사항을 특별히 지켜야 할 사항으로 따로 과(科)할 수 있다.
1. 야간 등 재범의 기회나 충동을 줄 수 있는 특정 시간대의 외출제한
2. 재범의 기회나 충동을 줄 수 있는 특정 지역·장소의 출입금지
3. 피해자 등 재범의 대상이 될 우려가 있는 특정인에 대한 접근금지
4. 범죄행위로 인한 손해를 회복하기 위하여 노력할 것
5. 일정한 주거가 없는 자에 대한 거주장소 제한
6. 사행행위에 빠지지 아니 할 것
7. 일정량 이상의 음주를 하지 말 것
8. 마약 등 중독성 있는 물질을 사용하지 아니할 것
9. 「마약류관리에 관한 법률」상의 마약류 투약, 흡연, 섭취 여부에 관한 검사에 따를 것
10. 그 밖에 보호관찰 대상자의 재범방지를 위하여 필요하다고 인정되어 대통령령으로 정하는 사항

정답 ✕

25. 보호관찰소의 장은 원호활동을 종합적이고 체계적으로 전개하기 위하여 원호협의회를 설치할 수 있다.

( )

정답 ○

26. 원호협의회는 5명 이상의 위원으로 구성하되 보호관찰소의 장은 당연직 위원으로서 위원장이 된다.

( )

정답 ○

27. 원호협의회 위원장은 보호관찰 대상자와 그의 가족에 대한 특정 분야의 원호활동을 각 위원에게 개별적으로 의뢰할 수 있다. ( )

정답 ○

28. 보호관찰소의 장은 보호관찰 대상자가 준수사항을 위반하였거나 위반하였다고 의심할 상당한 이유가 있고 일정한 주거가 없거나 소환에 따르지 않는 경우에는 관할 지방검찰청의 검사에게 구인을 신청할 수 있다. ( )

정답 ○

29. 보호관찰 등에 관한 법률상 보호관찰 대상자의 구인장은 검사가 집행한다. 다만, 검사가 집행하기 곤란한 경우에는 사법경찰관리에게 집행하게 할 수 있다. ( )

해설 구인장은 검사의 지휘에 따라 보호관찰관이 집행한다. 다만, 보호관찰관이 집행하기 곤란한 경우에는 사법경찰관리에게 집행하게 할 수 있다(보호관찰 등에 관한 법률 제39조 제2항).

정답 ×

30. 보호관찰소의 장은 보호관찰 대상자를 긴급구인한 경우에는 긴급구인서를 작성하여 즉시 관할지방검찰청 검사의 승인을 받아야 하며 승인을 받지 못하면 즉시 보호관찰 대상자를 석방하여야 한다. ( )

정답 ○

31. 보호관찰소의 장은 보호관찰 대상자를 구인하였을 때에는 일정한 사유에 의하여 유치(留置)한 경우를 제외하고는 보호관찰소 등에 구인한 날부터 48시간 이내에 석방하여야 한다. ( )

정답 ○

32. 보호관찰소의 장은 보호관찰을 조건으로 한 형의 선고유예의 실효(失效) 및 집행유예의 취소 청구의 신청이 필요하다고 인정되면 구인한 보호관찰 대상자를 수용기관 또는 소년분류심사원에 유치할 수 있다. ( )

정답 ○

33. 보호관찰 대상자의 유치는 보호관찰소장이 검사에게 신청하고 검사는 보호관찰 대상자가 구인된 때부터 48시간 이내에 법원에 청구하여 관할 지방법원 판사의 허가를 받아야 한다. ( )

> 해설 보호관찰소의 장은 다음 각 호의 신청이 필요하다고 인정되면 제39조 또는 제40조에 따라 구인한 보호관찰 대상자를 수용기관 또는 소년분류심사원에 유치할 수 있다(보호관찰 등에 관한 법률 제42조 제1항).
> 1. 제47조에 따른 보호관찰을 조건으로 한 형(벌금형을 제외한다)의 선고유예의 실효(失效) 및 집행유예의 취소청구의 신청
> 2. 제48조에 따른 가석방 및 임시퇴원의 취소 신청
> 3. 제49조에 따른 보호처분의 변경 신청
>
> 정답 ○

34. 「보호관찰 등에 관한 법률」상 보호관찰 대상자 유치의 기간은 구인한 날부터 20일로 하며 연장할 수 없다. （　　　）

> 해설 법원은 제42조 제1항 제1호(보호관찰을 조건으로 한 형의 선고유예의 실효 및 집행유예의 취소청구의 신청) 또는 제3호(보호처분의 변경 신청)에 따른 신청이 있는 경우에 심리(審理)를 위하여 필요하다고 인정되면 심급마다 20일의 범위에서 한 차례만 유치기간을 연장할 수 있고(보호관찰 등에 관한 법률 제43조 제2항), 보호관찰소의 장은 제42조 제1항 제2호(가석방 및 임시퇴원의 취소 신청)에 따른 신청이 있는 경우에 심사위원회의 심사에 필요하면 검사에게 신청하여 검사의 청구로 지방법원 판사의 허가를 받아 10일의 범위에서 한 차례만 유치기간을 연장할 수 있다(동법 제43조 제3항).
>
> 정답 ✕

35. 보호장구를 사용하는 경우에는 보호관찰 대상자의 나이, 신체적·정신적 건강상태 및 보호관찰 집행상황 등을 고려하여야 한다. （　　　）

> 정답 ○

36. 보호관찰소 소속 공무원이 보호관찰 대상자에 대하여 사용할 수 있는 보호장구의 종류에는 수갑, 포승, 보호대(帶), 가스총, 전자충격기가 있다. （　　　）

> 정답 ○

37. 구인 또는 긴급구인한 보호관찰 대상자를 보호관찰소에 인치하거나 수용기관 등에 유치하기 위해 호송하는 때에는 수갑이나 포승을 사용할 수 있으나, 보호대는 사용할 수 없다. （　　　）

> 해설 제46조의2 제1항 제1호부터 제5호(모든 보호장구의 사용사유)까지의 어느 하나에 해당하는 때에는 수갑·포승·보호대(帶)를 사용할 수 있다(보호관찰 등에 관한 법률 제46조의3 제2항 제1호). 따라서 위 경우, 수갑·포승분만 아니라 보호대도 사용할 수 있다.
>
> 정답 ✕

38. 보호관찰소 시설의 설비·기구 등을 손괴하거나 그 밖에 시설의 안전 또는 질서를 해칠 우려가 큰 때에 해당하는 경우로서 상황이 긴급하여 다른 보호장구만으로는 그 목적을 달성할 수 없는 때에는 전자충격기를 사용할 수 있다. （　　　）

해설 ▌보호장구의 종류 및 사용요건(보호관찰 등에 관한 법률 제46조의3 제2항)
1. 수갑·포승·보호대(帶): 제46조의2 제1항 제1호부터 제5호까지의 어느 하나에 해당하는 때
2. 가스총: 제46조의2 제1항 제2호부터 제5호까지의 어느 하나에 해당하는 때
3. 전자충격기: 제46조의2 제1항 제2호부터 제5호까지의 어느 하나에 해당하는 경우로서 상황이 긴급하여 다른 보호장구만으로는 그 목적을 달성할 수 없는 때

▌보호장구의 사용(동법 제46조의2 제1항)
보호관찰소 소속 공무원은 보호관찰 대상자가 다음 각 호의 어느 하나에 해당하고, 정당한 직무집행 과정에서 필요하다고 인정되는 상당한 이유가 있으면 제46조의3 제1항에 따른 보호장구를 사용할 수 있다.
1. 구인 또는 긴급구인한 보호관찰 대상자를 보호관찰소에 인치하거나 수용기관 등에 유치하기 위해 호송하는 때
2. 구인 또는 긴급구인한 보호관찰 대상자가 도주하거나 도주할 우려가 있는 때
3. 위력으로 보호관찰소 소속 공무원의 정당한 직무집행을 방해하는 때
4. 자살·자해 또는 다른 사람에 대한 위해의 우려가 큰 때
5. 보호관찰소 시설의 설비·기구 등을 손괴하거나 그 밖에 시설의 안전 또는 질서를 해칠 우려가 큰 때

정답 ○

39. 보호대, 가스총, 전자충격기를 사용할 경우에는 사전에 상대방에게 이를 경고하여야 한다. 다만, 상황이 급박하여 경고할 시간적인 여유가 없는 때에는 그러하지 아니하다. (　　　)

해설 제46조의3 제1항 제4호 및 제5호의 보호장구(가스총, 전자충격기)를 사용할 경우에는 사전에 상대방에게 이를 경고하여야 한다. 다만, 상황이 급박하여 경고할 시간적인 여유가 없는 때에는 그러하지 아니하다(보호관찰 등에 관한 법률 제46조의4 제2항). 따라서 사용할 경우에 상대방에게 이를 경고를 하여야 하는 보호장구에 보호대는 포함되지 않는다.

정답 ✕

40. 형법 규정에 따른 선고유예의 실효 및 집행유예의 취소는 검사가 보호관찰소의 장의 신청을 받아 법원에 청구한다. (　　　)

정답 ○

41. 가석방 또는 임시퇴원의 취소는 가석방 또는 임시퇴원된 사람이 보호관찰기간 중 준수사항을 위반하고 위반 정도가 무거워 보호관찰을 계속하기가 적절하지 아니하다고 판단되는 경우에 보호관찰 심사위원회의 심사·결정을 거쳐 법무부장관의 허가에 의한다. (　　　)

정답 ○

42. 보호관찰소의 장은 소년법상 보호처분 규정에 따라 보호관찰을 받고 있는 자가 보호관찰 기간 중 준수사항을 위반하고 그 정도가 무거워 보호관찰을 계속하기 적절하지 아니하다고 판단되면 보호관찰소 소재지를 관할하는 법원에 보호처분의 변경을 신청할 수 있다. (　　　)

정답 ○

43. 소년법에 따라 부정기형을 선고받은 후 가석방된 사람이 그 형의 단기가 지나고 보호관찰의 목적을 달성하였다고 인정되면 소년법상의 가석방기간 종료 전이라도 심사위원회는 보호관찰소의 장의 신청을 받거나 직권으로 형의 집행을 종료한 것으로 결정할 수 있다. ( )

정답 ○

44. 보호관찰 기간 중 금고 이상의 형의 집행을 받게 된 때에는 보호관찰은 종료한다. ( )

해설 보호관찰 대상자가 보호관찰 기간 중 금고 이상의 형의 집행을 받게 된 때에는 해당 형의 집행기간 동안 보호관찰 대상자에 대한 보호관찰 기간은 계속 진행되고, 해당 형의 집행이 종료 · 면제되거나 보호관찰 대상자가 가석방된 경우 보호관찰 기간이 남아 있는 때에는 그 잔여기간 동안 보호관찰을 집행한다(보호관찰 등에 관한 법률 제51조 제2항).

┃ 보호관찰의 종료(보호관찰 등에 관한 법률 제51조 제1항)
보호관찰은 보호관찰 대상지가 다음 각 호의 어느 하나에 해당하는 때에 종료한다.
1. 보호관찰 기간이 지난 때
2. 형법 제61조에 따라 보호관찰을 조건으로 한 형의 선고유예가 실효되거나 같은 법 제63조 또는 제64조에 따라 보호관찰을 조건으로 한 집행유예가 실현되거나 취소된 때
3. 제48조 또는 다른 법률에 따라 가석방 또는 임시퇴원이 실효되거나 취소된 때
4. 제49조에 따라 보호처분이 변경된 때
5. 제50조에 따른 부정기형 종료결정이 있는 때
6. 제53조(가석방 또는 임시퇴원된 사람이 있는 곳을 알 수 없어 보호관찰을 계속할 수 없을 때)에 따라 보호관찰이 정지된 임시퇴원자가 「보호소년 등의 처우에 관한 법률」 제43조 제1항의 나이(22세)가 된 때
7. 다른 법률에 따라 보호관찰이 변경되거나 취소 · 종료된 때

정답 ×

45. 보호관찰 심사위원회는 보호관찰 대상자의 성적이 양호할 때에는 보호관찰소의 장의 신청을 받거나 직권으로 보호관찰을 임시해제할 수 있다. ( )

정답 ○

46. 임시해제 중에는 보호관찰을 하지 아니한다. 다만, 보호관찰 대상자는 준수사항을 계속하여 지켜야 한다. ( )

정답 ○

47. 임시해제 결정이 취소된 경우에는 그 임시해제 기간은 보호관찰 기간에 포함되지 아니한다. ( )

해설 임시해제 결정이 취소된 경우에는 그 임시해제 기간을 보호관찰 기간에 포함한다(보호관찰 등에 관한 법률 제52조 제4항).

정답 ×

48. 법원은 형법 제62조의2에 따른 사회봉사 또는 수강을 명하는 판결이 확정된 때부터 3일 이내에 판결문 등본 및 준수사항을 적은 서면을 피고인의 주거지를 관할하는 보호관찰소의 장에게 보내야 한다. ( )

정답 ○

49. 사회봉사명령 또는 수강명령은 검사가 집행한다. 다만, 검사는 국·공립기관이나 그 밖의 단체에 그 집행의 전부 또는 일부를 위탁할 수 있다. ( )

해설 사회봉사명령 또는 수강명령은 보호관찰관이 집행한다. 다만, 보호관찰관은 국·공립기관이나 그 밖의 단체에 그 집행의 전부 또는 일부를 위탁할 수 있다(보호관찰 등에 관한 법률 제61조 제1항).

정답 ×

50. 법원은 법원 소속 공무원으로 하여금 사회봉사 또는 수강할 시설 또는 강의가 사회봉사·수강 명령 대상자의 교화·개선에 적당한지 여부와 그 운영실태를 조사·보고하도록 하고, 부적당하다고 인정하면 그 집행의 위탁을 취소할 수 있다. ( )

정답 ○

51. 범죄로 이어지기 쉬운 나쁜 습관을 버리고 선행(善行)을 하며 죄를 저지를 염려가 있는 사람들과 교제하거나 어울리지 말 것은 「보호관찰 등에 관한 법률」상 사회봉사·수강명령 대상자의 일반준수사항에 해당한다. ( )

해설 ▮ 사회봉사·수강명령 대상자의 준수사항(보호관찰 등에 관한 법률 제62조 제2항)
사회봉사·수강명령 대상자는 다음 각 호의 사항을 준수하여야 한다.
1. 보호관찰관의 집행에 관한 지시에 따를 것
2. 주거를 이전하거나 1개월 이상 국내·외 여행을 할 때에는 미리 보호관찰관에게 신고할 것

▮ 보호관찰 대상자의 준수사항(동법 제32조 제2항)
보호관찰 대상자는 다음 각 호의 사항을 지켜야 한다.
1. 주거지에 상주(常住)하고 생업에 종사할 것
2. 범죄로 이어지기 쉬운 나쁜 습관을 버리고 선행(善行)하며 죄를 저지를 염려가 있는 사람들과 교제하거나 어울리지 말 것
3. 보호관찰관의 지도·감독에 따르고 방문하면 응대할 것
4. 주거를 이전(移轉)하거나 1개월 이상 국내·외 여행을 할 때에는 미리 보호관찰관에게 신고할 것

정답 ○

52. 숙식제공은 1년을 초과할 수 없다. 다만, 필요하다고 인정하는 때에는 매회 1년의 범위 내에서 2회에 한하여 그 기간을 연장할 수 있다. ( )

해설 숙식제공은 6월을 초과할 수 없다. 다만, 필요하다고 인정하는 때에는 매회 6월의 범위 내에서 3회에 한하여 그 기간을 연장할 수 있다(보호관찰 등에 관한 법률 시행령 제41조 제2항).

정답 X

53. 사업자 또는 공단은 갱생보호 대상자에 대한 숙식제공의 기간을 연장하고자 할 때에는 본인의 신청에 의하되, 자립의 정도, 계속보호의 필요성 기타 사항을 고려하여 이를 결정하여야 한다. ( )

정답 ○

54. 갱생보호조치는 갱생보호 대상자의 신청 또는 한국법무보호복지공단의 직권에 의한다. ( )

> **해설** 갱생보호 대상자와 관계기관은 보호관찰소의 장, 갱생보호사업 허가를 받은 자 또는 한국법무보호복지공단에 갱생보호 신청을 할 수 있다(보호관찰 등에 관한 법률 제61조 제1항). 즉, 갱생보호조치는 한국법무보호복지공단의 직권에 의할 수 없다.

정답 X

55. 갱생보호사업을 하려는 자는 법무부령으로 정하는 바에 따라 법무부장관의 허가를 받아야 한다. ( )

정답 ○

56. 갱생보호사업을 효율적으로 추진하기 위하여 한국법무보호복지공단(이하 "공단")을 설립할 수 있다. ( )

> **해설** 갱생보호사업을 효율적으로 추진하기 위하여 한국법무보호복지공단(이하 "공단")을 설립한다(보호관찰 등에 관한 법률 제71조).

정답 X

57. 한국법무보호복지공단에 이사장 1명을 포함한 15명 이내의 이사와 감사 2명을 둔다. ( )

정답 ○

58. 갱생보호사업의 허가를 받은 자(이하 "사업자")는 법무부령으로 정하는 바에 따라 다음 해의 사업계획과 전년도의 회계상황 및 사업실적을 법무부장관에게 보고하여야 한다. ( )

정답 ○

59. 법무부장관은 사업자가 정당한 이유 없이 갱생보호사업의 허가를 받은 후 6개월 이내에 갱생보호사업을 시작하지 아니하거나 1년 이상 갱생보호사업의 실적이 없는 경우에는 그 허가를 취소하거나 6개월 이내의 기간을 정하여 그 사업의 전부 또는 일부의 정지를 명할 수 있다. ( )

> 해설 법무부장관은 사업자가 부정한 방법으로 갱생보호사업의 허가를 받거나, 정당한 이유 없이 갱생보호사업의 허가를 받은 후 6개월 이내에 갱생보호사업을 시작하지 아니하거나 1년 이상 갱생보호사업의 실적이 없는 경우에는, 그 허가를 취소하여야 한다(보호관찰 등에 관한 법률 제70조 단서).
>
> 정답 ✕

60. 법무부장관은 갱생보호사업의 허가를 취소하거나 정지하려는 경우에는 청문을 하여야 한다. ( )

> 해설 법무부장관은 사업자가 다음 각 호의 어느 하나에 해당할 때에는 그 허가를 취소하거나 6개월 이내의 기간을 정하여 그 사업의 전부 또는 일부의 정지를 명할 수 있다. 다만, 제1호 또는 제4호에 해당하는 때에는 그 허가를 취소하여야 한다(보호관찰 등에 관한 법률 제70조).
> 1. 부정한 방법으로 갱생보호사업의 허가를 받은 경우
> 2. 갱생보호사업의 허가 조건을 위반한 경우
> 3. 목적사업 외의 사업을 한 경우
> 4. 정당한 이유 없이 갱생보호사업의 허가를 받은 후, 6개월 이내에 갱생보호사업을 시작하지 아니하거나 1년 이상 갱생보호사업의 실적이 없는 경우
> 5. 제69조에 따른 보고 다음 해의 사업계획과 전년도의 회계상황 및 사업실적 보고)를 거짓으로 한 경우
> 6. 이 법 또는 이 법에 따른 명령을 위반한 경우
>
> 정답 ○

— CHAPTER 02 —

치료감호 등에 관한 법률

1. 「형법」 제10조 제1항에 따라 벌하지 아니하거나 같은 조 제2항에 따라 형을 감경할 수 있는 심신장애인으로서 금고 이상의 형에 해당하는 죄를 지은 자로, 치료감호시설에서 치료를 받을 필요가 있고 재범의 위험성이 있는 자는 치료감호대상자이다.   (   )

정답 ○

2. 치료감호사건의 제1심 재판관할은 지방법원 합의부 및 지방법원지원 합의부로 한다.

(   )

정답 ○

3. 치료감호대상자에 대한 치료감호를 청구할 때에는 정신건강의학과 등의 전문의의 진단이나 감정을 참고하여야 하며, 검사가 치료감호청구서를 관할 법원에 제출하여야 한다. (   )

정답 ○

4. 치료감호사건 절차에서 검사는 공소제기한 사건의 제1심 변론종결 시까지 치료감호를 청구할 수 있다.   (   )

> 해설 검사는 공소제기한 사건의 항소심 변론종결 시까지 치료감호를 청구할 수 있다(치료감호 등에 관한 법률 제4조 제5항). 즉, 피고사건의 제2심 변론종결 시까지 치료감호를 청구할 수 있다.

정답 ×

5. 법원은 치료감호 청구를 받으면 지체 없이 치료간호청구서의 부본을 피치료감호 청구인이나 그 변호인에게 송달하여야 한다. 다만, 공소제기와 동시에 치료감호 청구를 받았을 때에는 제1회 공판기일 전 5일까지, 피고사건 심리 중에 치료감호 청구를 받았을 때에는 다음 공판기일 전 5일까지 송달하여야 한다.   (   )

정답 ○

6. 치료감호대상자에 대하여 치료감호를 할 필요가 있다고 인정되고 증거를 인멸할 염려가 있을 때에는 검사는 관할 지방법원 판사에게 청구하여 치료감호영장을 발부받아 치료감호대상자를 보호구속할 수 있다. ( )

정답 ○

7. 사법경찰관은 치료감호영장 발부의 요건에 해당하는 치료감호 대상자에 대하여 검사에게 신청하여 검사의 청구로 관할 지방법원 판사의 치료감호영장을 발부받아 보호구속할 수 있다. ( )

해설 치료감호대상자에 대하여 치료감호를 할 필요가 있다고 인정되고 다음 각 호의 어느 하나에 해당하는 사유가 있을 때에는 검사는 관할 지방법원 판사에게 청구하여 치료감호영장을 발부받아 치료감호대상자를 보호구속[보호구금(保護拘禁)과 보호구인(保護拘引)을 포함한다]할 수 있다(치료감호 등에 관한 법률 제6조 제1항).
1. 일정한 주거가 없을 때
2. 증거를 인멸할 염려가 있을 때
3. 도망하거나 도망할 염려가 있을 때

정답 ○

8. 구속영장에 의하여 구속된 피의자에 대하여 검사가 공소를 제기하지 아니하는 결정을 하고 치료감호 청구만을 하는 때에는 구속영장은 그 효력을 잃게 되며, 보호구속이 필요한 경우 검사는 관할 법원에 치료감호영장을 청구하여 이를 발부받아 집행하여야 한다. ( )

해설 구속영장에 의하여 구속된 피의자에 대하여 검사가 공소를 제기하지 아니하는 결정을 하고 치료감호 청구만을 하는 때에는 구속영장은 치료감호영장으로 보며 그 효력을 잃지 아니한다(치료감호 등에 관한 법률 제8조).

정답 ✕

9. 치료감호사건의 판결은 피고사건의 판결과 동시에 선고하여야 한다. 다만, 공소를 제기하지 아니하고 치료감호만을 청구한 경우에는 그러하지 아니하다. ( )

정답 ○

10. 피치료감호자를 치료감호시설에 수용하는 기간은 아성기호증(小兒性嗜好症), 성적가학증(性的加虐症) 등 성적 성벽(性癖)이 있는 정신성적 장애인으로서 금고 이상의 형에 해당하는 성폭력범죄를 지은 자의 경우 7년을 초과할 수 없다. ( )

해설 형법상 심신상실에 의하여 벌할 수 없거나 형이 감경(減輕)되는 심신장애인으로서 금고 이상의 형에 해당하는 죄를 지은 자와 소아성기호증, 성적가학증 등 성적 성벽이 있는 정신적 장애인으로서 금고 이상의 형에 해당하는 성폭력 범죄를 지은 자의 치료감호시설 수용기간은 15년을 초과할 수 없다(치료감호 등에 관한 법률 제16조 제2항 제1호).

▌치료감호의 내용(치료감호 등에 관한 법률 제16조 제2항)

피치료감호자를 치료감호시설에 수용하는 기간은 다음 각 호의 구분에 따른 기간을 초과할 수 없다.

1. 제2조 제1항 제1호(심신장애인) 및 제3호(정신성적 장애인)에 해당하는 자 : 15년
2. 제2조 제1항 제2호(마약 등에 중독된 자)에 해당하는 자 : 2년

정답 ✕

11. 「전자장치 부착 등에 관한 법률」 제2조 제3호의2에 따른 살인범죄를 저질러 치료감호를 선고받은 피치료감호자가 살인범죄를 다시 범할 위험성이 있고 계속 치료가 필요하다고 인정되는 경우에는 법원은 치료감호시설의 장의 신청에 따른 검사의 청구로 3회까지 매회 2년의 범위에서 치료감호시설 수용기간을 연장하는 결정을 할 수 있다.　　　　(　　)

정답 ○

12. 현행법상 치료감호시설에는 국립법무병원과 국가가 설립·운영하는 국립정신의료기관 중 법무부장관이 지정하는 기관(이하 "지정법무병원")의 두 가지가 있다.　　　　(　　)

정답 ○

13. 국가는 지정법무병원에 대하여 예산의 범위에서 시설의 설치 및 운영에 필요한 경비를 보조할 수 있다.　　　　(　　)

해설 국가는 지정법무병원에 대하여 예산의 범위에서 시설의 설치 및 운영에 필요한 경비를 보조하여야 한다(치료감호 등에 관한 법률 제16조의2 제3항).

정답 ✕

14. 치료감호와 형(刑)이 병과(科)된 경우에는 형을 먼저 집행한다. 이 경우 형의 집행기간은 치료감호 집행기간에 포함한다.　　　　(　　)

해설 치료감호와 형(刑)이 병과(拌科)된 경우에는 치료감호를 먼저 집행한다. 이 경우 치료감호의 집행기간은 형 집행기간에 포함한다(치료감호 등에 관한 법률 제18조).

정답 ✕

15. 피치료감호자는 특별한 사정이 없으면 치료감호대상자의 종류에 따라 구분하여 수용하여야 한다.　　　　(　　)

정답 ○

16. 검사는 보호구금되어 있지 아니 한 피치료감호자에 대한 치료감호를 집행하기 위하여 피치료감호자를 소환할 수 있으며, 피치료감호자가 소환에 응하지 아니하면 검사는 치료감호집행장을 발부하여 보호구인할 수 있다.　　　　(　　)

정답 ○

17. 치료감호심의위원회는 피치료감호자에 대하여 치료감호 집행을 시작한 후 3개월마다 국립법
무병원에서 지정법무병원으로 이송할 것인지를 심사·결정한다.   (   )

> 해설 치료감호심의위원회는 피치료감호자에 대하여 치료감호 집행을 시작한 후 6개월마다 국립법무병원에
> 서 지정법무병원으로 이송할 것인지를 심사·결정한다(치료감호 등에 관한 법률 제21조의2 제1항).

정답 ✕

18. 치료감호심의위원회는 피치료감호자에 대하여 치료감호 집행을 시작한 후 매 6개월마다 치
료감호의 종료 또는 가종료 여부를 심사·결정하고, 가종료 또는 치료위탁된 피치료감호자에
대하여는 가종료 또는 치료위탁 후 매 6개월마다 종료 여부를 심사·결정한다.   (   )

정답 ○

19. 치료감호심의위원회는 치료감호만을 선고받은 피치료감호자에 대한 집행이 시작된 후 6개월
이 지났을 때에는 상당한 기간을 정하여 치료감호시설 외에서의 치료를 위탁할 수 있다.

(   )

> 해설 치료감호심의위원회는 치료감호만을 선고받은 피치료감호자에 대한 집행이 시작된 후 1년이 지났을
> 때에는 상당한 기간을 정하여 그의 법정대리인, 배우자, 직계친족, 형제자매에게 치료감호시설 외에서
> 의 치료를 위탁할 수 있다(치료감호 등에 관한 법률 제23조 제1항).

정답 ✕

20. 치료감호심의위원회는 치료감호와 형이 병과되어 형기(刑期)에 상당하는 치료감호를 집행받
은 자에 대하여는 상당한 기간을 정하여 치료의 위탁을 받을 수 있는 자에게 치료감호시설
외에서의 치료를 위탁할 수 있다.   (   )

정답 ○

21. 피치료감호청구인은 피치료감호자와 구분하여 수용한다. 다만, 치료감호시설이 부족한 경우
또는 범죄의 증거인멸 방지를 위하여 필요한 경우에는 피치료감호청구인을 피치료감호자와
같은 치료감호시설에 수용할 수 있다.   (   )

정답 ○

22. 치료감호시설의 장은 피치료감호자 및 피치료감호청구인에 대하여 격리 또는 묶는 등의 신
체적 제한을 할 수 없다. 다만, 수용질서를 문란케 하는 중대한 행위를 한 경우에는 피치료
감호자 등의 신체를 묶는 등의 제한을 할 수 있다.   (   )

> 해설 치료감호시설의 장은 피치료감호자 및 피치료감호청구인(이하 "피치료감호자등"이라 한다)이 다음 각
> 호의 어느 하나에 해당하는 경우가 아니면 피치료감호자등에 대하여 격리 또는 묶는 등의 신체적 제한
> 을 할 수 없다. 다만, 피치료감호자등의 신체를 묶는 등으로 직접적으로 제한하는 것은 제1호의 경우
> 에 한정한다(치료감호 등에 관한 법률 제25조의3 제1항).
> 1. 자신이나 다른 사람을 위험에 이르게 할 가능성이 뚜렷하게 높고 신체적 제한 외의 방법으로 그
>   위험을 회피하는 것이 뚜렷하게 곤란하다고 판단되는 경우
> 2. 중대한 범법행위 또는 규율위반행위를 한 경우
> 3. 그 밖에 수용질서를 문란케 하는 중대한 행위를 한 경우
>
> 정답 ✕

23. 피치료감호자 등의 텔레비전 시청, 라디오 청취, 신문·도서의 열람은 일과시간이나 취침시
    간 등을 제외하고는 자유롭게 보장된다.   (   )

정답 ○

24. 근로에 종사하는 피치료감호자에게는 근로의욕을 북돋우고 석방 후 사회정착에 도움이 될
    수 있도록 법무부장관이 정하는 바에 따라 근로보상금을 지급할 수 있다.   (   )

> 해설 근로에 종사하는 피치료감호자에게는 근로의욕을 북돋우고 석방 후 사회정착에 도움이 될 수 있도록
> 법무부장관이 정하는 바에 따라 근로보상금을 지급하여야 한다(치료감호 등에 관한 법률 제29조).
>
> 정답 ✕

25. 법무부장관은 연 2회 이상 치료감호시설의 운영실태 및 피치료보호자에 대한 처우상태를 점
    검하여야 한다.   (   )

정답 ○

26. 피치료감호자에 대한 치료감호가 종료되었을 때에는 피치료감호자에 대하여 보호관찰이 시
    작된다.   (   )

> 해설 피치료감호자가 다음 각 호의 어느 하나에 해당하게 되면 「보호관찰 등에 관한 법률」에 따른 보호관찰
> (이하 "보호관찰"이라 한다)이 시작된다(치료감호 등에 관한 법률 제32조 제1항).
> 1. 피치료감호자에 대한 치료감호가 가종료되었을 때
> 2. 피치료감호자가 치료감호시설 외에서 치료받도록 법정대리인등에게 위탁되었을 때
> 3. 제16조 제2항 각 호에 따른 기간 또는 같은 조 제3항에 따라 연장된 기간(이하 "치료감호기간"이
>   라 한다)이 만료되는 피치료감호자에 대하여 제37조에 따른 치료감호심의위원회가 심사하여 보호
>   관찰이 필요하다고 결정한 경우에는 치료감호기간이 만료되었을 때
>
> 정답 ○

27. 보호관찰을 받기 시작한 자(이하 "피보호관찰자")의 보호관찰기간이 끝나기 전이라도 치료감
    호심의위원회의 치료감호의 종료결정이 있을 때에는 보호관찰이 종료된다.   (   )

> **해설** 보호관찰을 받기 시작한 자(이하 "피보호관찰자"라 한다)가 다음 각 호의 어느 하나에 해당하게 되면 보호관찰이 종료된다(치료감호 등에 관한 법률 제32조 제3항).
> 1. 보호관찰기간이 끝났을 때
> 2. 보호관찰기간이 끝나기 전이라도 제37조에 따른 치료감호심의위원회의 치료감호의 종료결정이 있을 때
> 3. 보호관찰기간이 끝나기 전이라도 피보호관찰자가 다시 치료감호 집행을 받게 되어 재수용되었을 때
> **정답** ○

28. 피보호관찰자가 보호관찰기간 중 새로운 범죄로 금고 이상의 형의 집행을 받게 된 때에는 보호관찰은 종료되지 아니하며, 해당 형의 집행기간 동안 피보호관찰자에 대한 보호관찰기간은 계속 진행된다. (   )

> **해설** 피보호관찰자가 보호관찰기간 중 새로운 범죄로 금고 이상의 형의 집행을 받게 된 때에는 보호관찰은 종료되지 아니하며, 해당 형의 집행기간 동안 피보호관찰자에 대한 보호관찰기간은 계속 진행되고(치료감호 등에 관한 법률 제32조 제4항), 피보호관찰자에 대하여 제4항에 따른 금고 이상의 형의 집행이 종료·면제되는 때 또는 피보호관찰자가 가석방되는 때에 보호관찰기간이 아직 남아 있으면 그 잔여기간 동안 보호관찰을 집행한다(동법 제32조 제5항).
> **정답** ○

29. 피보호관찰자나 법정대리인 등은 출소 후 7일 이내에 주거, 직업, 치료를 받는 병원, 피보호관찰자가 등록한 「정신보건법」에 따른 정신보건센터, 그 밖에 필요한 사항을 보호관찰관에게 서면으로 신고하여야 한다. (   )

> **해설** 피보호관찰자나 법정대리인 등은 출소 후 10일 이내에 주거, 직업, 치료를 받는 병원, 피보호관찰자가 등록한 「정신보건법」 제13조 제3항에 따른 정신보건센터, 그 밖에 필요한 사항을 보호관찰관에게 서면으로 신고하여야 한다(치료감호 등에 관한 법률 제34조 제2항).
> **정답** ✕

30. 보호관찰소의 장이 피보호관찰자를 유치할 수 있는 기간은 구인한 날부터 30일로 한다. 다만, 유치기간의 연장은 검사의 청구로 관할 지방법원 판사의 허가를 받아 20일의 범위에서 한 차례만 할 수 있다. (   )

> **해설** 보호관찰소의 장이 피보호관찰자를 유치할 수 있는 기간은 구인한 날부터 30일로 한다. 다만, 보호관찰소의 장은 검사의 신청이 있는 경우에 치료감호심의위원회의 심사에 필요하면 검사에게 신청하여 검사의 청구로 관할 지방법원 판사의 허가를 받아 20일의 범위에서 한 차례만 유치기간을 연장할 수 있다(치료감호 등에 관한 법률 제33조의2 제6항).
> **정답** ○

31. 유치된 피보호관찰자에 대하여 가종료 등이 취소된 경우에는 그 유치기간을 치료감호기간에 산입하지 아니한다. (   )

해설 유치된 피보호관찰자에 대하여 가종료 등이 취소된 경우에는 그 유치기간을 치료감호기간에 산입한다 (치료감호 등에 관한 법률 제33조의2 제8항).

정답 ✕

32. 치료감호심의위원회는 피보호관찰자가 준수사항이나 그 밖에 보호관찰에 관한 지시·감독을 위반하였을 때, 고의 또는 과실로 금고 이상의 형에 해당하는 죄를 지은 때에는 결정으로 가종료나 치료의 위탁을 취소하고 다시 치료감호를 집행할 수 있다.　　　　(　　　)

해설 제37조에 따른 치료감호심의위원회는 피보호관찰자(제32조 제1항 제3호에 따라 치료감호기간 만료 후 피보호관찰자가 된 사람은 제외한다)가 다음 각 호의 어느 하나에 해당할 때에는 결정으로 가종료 등을 취소하고 다시 치료감호를 집행할 수 있다(치료감호 등에 관한 법률 제36조).
1. 금고 이상의 형에 해당하는 죄를 지은 때. 다만, 과실범은 제외한다.
2. 제33조의 준수사항이나 그 밖에 보호관찰에 관한 지시·감독을 위반하였을 때
3. 제32조 제1항 제1호에 따라 피보호관찰자가 된 사람이 증상이 악화되어 치료감호가 필요하다고 인 정될 때

정답 ✕

33. 치료감호심의위원회는 판사, 검사, 법무부의 고위공무원단에 속하는 일반직공무원 또는 변호 사의 자격이 있는 6명 이내의 위원과 정신건강의학과 등 전문의의 자격이 있는 3명 이내의 위원으로 구성하고, 위원장은 법무부장관으로 한다.　　　　(　　　)

해설 위원회는 판사, 검사, 법무부의 고위공무원단에 속하는 일반직공무원 또는 변호사의 자격이 있는 6명 이내의 위원과 정신건강의학과 등 전문의의 자격이 있는 3명 이내의 위원으로 구성하고, 위원장은 법 무부차관으로 한다(치료감호 등에 관한 법률 제37조 제2항).

정답 ✕

34. 치료감호심의위원의 위원 중 공무원이 아닌 위원의 임기는 2년으로 한다.　　(　　　)

해설 공무원이 아닌 위원의 임기는 3년으로 한다(치료감호 등에 관한 법률 시행령 제14조 제2항).

정답 ✕

35. 치료를 명하는 경우 「보호관찰 등에 관한 법률」에 따른 보호관찰을 병과할 수 있다.
　　　　　　　　　　　　　　　　　　　　　　　　　　　　(　　　)

해설 치료를 명하는 경우 「보호관찰 등에 관한 법률」에 따른 보호관찰을 병과하여야 한다(치료감호 등에 관 한 법률 제44조의2 제2항).

정답 ✕

36. 치료명령을 받은 사람에게는 보호관찰소장의 지시에 따라 성실히 치료에 응할 것, 보호관찰 소장의 지시에 따라 인지행동 치료 등 심리치료 프로그램을 성실히 이수할 것이 준수사항으 로 부과된다.　　　　　　　　　　　　　　　　　　　　　　　　(　　　)

> **해설** 치료명령을 받은 사람은 다음 각 호의 사항을 준수하여야 한다(치료감호 등에 관한 법률 제44조의5).
> 1. 보호관찰관의 지시에 따라 성실히 치료에 응할 것
> 2. 보호관찰관의 지시에 따라 인지행동 치료 등 심리치료 프로그램을 성실히 이수할 것
>
> 정답 ✕

37. 그 밖에 치료명령의 집행에 관하여 필요한 사항은 법무부령으로 정한다. ( )

> **해설** 그 밖에 치료명령의 집행에 관하여 필요한 사항은 대통령령으로 정한다(치료감호 등에 관한 법률 제44조의6 제4항).
>
> 정답 ✕

38. 법무부장관은 치료명령을 받은 사람의 치료를 위하여 치료기관을 지정할 수 있으며, 치료기관의 지정기준 등 필요한 사항은 법무부령으로 정한다.

> 정답 ○

39. 치료기간 동안 치료비용은 원칙적으로 국가가 부담한다. 다만, 치료비용을 부담할 경제력이 있다고 인정되는 경우에는 치료명령을 받은 사람에게 부담하게 할 수 있다. ( )

> **해설** 치료명령을 받은 사람은 치료기간 동안 치료비용을 부담하여야 한다. 다만, 치료비용을 부담할 경제력이 없는 사람의 경우에는 국가가 비용을 부담할 수 있다(치료감호 등에 관한 법률 제44조의9 제1항).
>
> 정답 ✕

40. 치료감호 청구의 시효는 치료감호가 청구된 사건과 동시에 심리하거나 심리할 수 있었던 죄에 대한 공소시효기간이 지나면 완성된다. ( )

> 정답 ○

41. 치료감호가 청구된 사건은 판결의 확정 없이 치료감호가 청구되었을 때부터 15년이 지나면 청구의 시효가 완성된 것으로 본다. ( )

> 정답 ○

42. 마약·향정신성의약품 등에 중독된 자로서 금고 이상의 형에 해당하는 죄를 지은 피치료감호자는 그 판결이 확정된 후 집행을 받지 아니 하고 10년이 지나면 시효가 완성되어 집행이 면제된다. ( )

> **해설** 10년이 아닌 7년이다.
>
> ▌**치료감호의 시효(치료감호 등에 관한 법률 제46조)**
> 피치료감호자는 그 판결이 확정된 후 집행을 받지 아니하고 다음 각 호의 구분에 따른 기간이 지나면

시효가 완성되어 집행이 면제된다.
1. 제2조 제1항 제1호(심신장애인) 및 제3호(정신성적 장애인)에 해당하는 자의 치료감호 : 10년
2. 제2조 제1항 제2호(마약 등ㅇ 중독된 자)에 해당하는 자의 치료감호 : 7년

정답 ✕

43. 치료감호의 집행을 종료하거나 집행이 면제된 자가 자격정지 이상의 형이나 치료감호를 선고받지 아니하고 10년이 지났을 때에는 그 재판이 실효된 것으로 본다.　　　　　(　　　)

해설 치료감호의 집행을 종료하거나 집행이 면제된 자가 피해자의 피해를 보상하고 자격정지 이상의 형이나 치료감호를 선고받지 아니하고 7년이 지났을 때에는 본인이나 검사의 신청에 의하여 그 재판의 실효 (失效)를 선고할 수 있고(치료감호 등에 관한 법률 제48조 제1항 전단), 치료감호의 집행을 종료하거나 집행이 면제된 자가 자격정지 이상의 형이나 치료감호를 선고받지 아니하고 10년이 지났을 때에는 그 재판이 실효된 것으로 본다(동법 제48조 제2항).

정답 ○

— CHAPTER 03 —
형법 일반(형의 실효 등에 관한 법률)

1. 1년 이하의 징역이나 금고, 자격정지 또는 벌금의 형을 선고할 경우에 양형의 조건에 관한 사항을 고려하여 뉘우치는 정상이 뚜렷할 때에는 그 형의 선고를 유예할 수 있다. (   )

   정답 ○

2. 자격정지 이상의 형을 받은 전과가 있는 사람에 대하여는 선고를 유예할 수 없다. (   )

   정답 ○

3. 형을 병과할 경우에는 선고를 유예할 수 없다.   (   )

   해설 형을 병과할 경우에도 형의 전부 또는 일부에 대하여 선고를 유예할 수 있다(형법 제59조 제2항).

   정답 ✕

4. 선고를 유예하는 경우에 보호관찰을 받을 것을 명할 수 있으며 보호관찰의 기간은 1년으로 한다.   (   )

   정답 ○

5. 형의 선고유예를 받은 날부터 2년을 경과한 때에는 형의 집행이 면제된다.   (   )

   해설 형의 선고유예를 받은 날부터 2년을 경과한 때에는 면소된 것으로 간주한다(형법 제60조).

   정답 ✕

6. 형의 선고유예를 받은 자가 유예기간 중 자격정지 이상의 형에 처한 판결이 확정되거나 자격정지 이상의 형에 처한 전과가 발견된 때에는 유예한 형을 선고한다.   (   )

   정답 ○

7. 보호관찰을 명한 선고유예를 받은 자가 보호관찰기간 중에 준수사항을 위반하고 그 정도가 무거운 때에는 유예한 형을 선고할 수 있다. (   )

정답 ○

8. 3년 이하의 징역이나 금고 또는 500만원 이하의 벌금의 형을 선고할 경우에 그 정상에 참작할 만한 사유가 있는 때에는 1년 이상 5년 이하의 기간 형의 집행을 유예할 수 있다. (   )

정답 ○

9. 금고 이상의 형을 선고한 판결이 확정된 때부터 그 집행을 종료하거나 면제된 후 3년까지의 기간에 범한 죄에 대하여 형을 선고하는 경우에는 집행유예를 선고할 수 없다. (   )

정답 ○

10. 형을 병과할 경우에는 그 형의 일부에 대하여 집행을 유예할 수 있다. (   )

정답 ○

11. 형의 집행을 유예하는 경우에는 보호관찰, 사회봉사 또는 수강명령 중 어느 하나를 명할 수 있다. 이 경우 보호관찰과 사회봉사 또는 수강명령을 동시에 명하여서는 아니 된다. (   )

해설 형의 집행을 유예하는 경우에는 보호관찰을 받을 것을 명하거나 사회봉사 또는 수강을 명할 수 있다 (형법 제62조의2 제1항). 위 조항의 해석과 관련하여 보호관찰과 사회봉사 또는 수강명령을 동시에 명할 수 있는지 문제된 사안에서 대법원은 "형법 제62조에 의하여 집행유예를 선고할 경우에도 보호관찰, 사회봉사 또는 수강명령을 동시에 명할 수 있으며 반드시 그 양자를 동시에 명할 수 없다는 취지로 해석할 수 없다."라고 판결한 바 있다(대법원 1998.4.24. 98도98).

정답 ✕

12. 집행유예 선고 시 보호관찰을 명하는 경우 그 보호관찰의 기간은 집행을 유예한 기간으로 한다. 다만, 법원은 유예기간의 범위 내에서 보호관찰기간을 정할 수 있다. (   )

정답 ○

13. 사회봉사명령 또는 수강명령은 집행유예기간 내에 이를 집행한다. (   )

정답 ○

14. 집행유예의 선고를 받은 자가 유예기간 중 고의 또는 과실로 범한 죄로 금고 이상의 실형을 선고받아 그 판결이 확정된 때에는 집행유예 선고는 효력을 잃는다.　　　　(　　)

　　해설　집행유예의 선고를 받은 자가 유예기간 중 고의로 범한 죄로 금고 이상의 실형을 선고받아 그 판결이 확정된 때에는 집행유예의 선고는 효력을 잃는다(형법 제63조).

　　　　　　　　　　　　　　　　　　　　　　　　　　　　　　　정답 ✕

15. 집행유예의 선고를 받은 후 금고 이상의 형을 선고한 판결이 확정된 때부터 그 집행을 종료하거나 면제된 후 3년까지의 기간에 범한 죄가 발각된 때에는 집행유예의 선고를 취소한다.　　　　　　(　　)

　　　　　　　　　　　　　　　　　　　　　　　　　　　　　　　정답 ○

16. 집행유예의 선고를 받은 후 그 선고의 실효 또는 취소됨이 없이 유예기간을 경과한 때에는 형의 선고는 효력을 잃는다.　　　　(　　)

　　　　　　　　　　　　　　　　　　　　　　　　　　　　　　　정답 ○

17. 벌금을 선고할 때에는 동시에 그 금액을 완납할 때까지 노역장에 유치할 것을 명할 수 있다.　　　　(　　)

　　　　　　　　　　　　　　　　　　　　　　　　　　　　　　　정답 ○

18. 벌금을 납입하지 아니한 자는 1일 이상 3년 이하의 기간 노역장에 유치하여 작업에 복무하게 한다.　　　　(　　)

　　　　　　　　　　　　　　　　　　　　　　　　　　　　　　　정답 ○

19. 선고하는 벌금이 1억원 이상 5억원 미만인 경우에는 300일 이상, 5억원 이상 50억원 미만인 경우에는 500일 이상, 50억원 이상일 경우에는 1,000일 이상의 유치기간을 정하여야 한다.　　　　(　　)

　　　　　　　　　　　　　　　　　　　　　　　　　　　　　　　정답 ○

20. 벌금 또는 과료를 선고할 때에는 이를 납입하지 아니하는 경우의 노역장 유치기간을 정하여 동시에 선고할 수 있다.　　　　(　　)

　　해설　벌금이나 과료를 선고할 때에는 이를 납입하지 아니하는 경우의 노역장 유치기간을 정하여 동시에 선고하여야 한다(형법 제70조 제1항).

정답 ✕

21. 가석방은 징역 또는 금고의 집행 중에 있는 사람을 대상으로 한다. (   )

정답 ○

22. 가석방이 되기 위해서는 최소한 무기형은 10년, 유기형은 형기의 3분의 1이 지나야 한다.
(   )

해설 가석방이 되기 위해서는 무기형은 20년, 유기형은 형기의 3분의 1이 지나야 한다(형법 제72조 제1항).

정답 ✕

23. 벌금이나 과료가 병과되어 있는 때에는 그 금액을 완납하여야만 가석방이 가능하다.
(   )

정답 ○

24. 가석방의 기간은 무기형에 있어서는 10년으로 하고 유기형에 있어서는 남은 형기로 하되
그 기간은 10년을 초과할 수 없다. (   )

25. 가석방 기간 중 고의로 지은 죄로 자격정지 이상의 형을 선고받아 그 판결이 확정된 경우에
가석방 처분은 효력을 잃는다. (   )

해설 가석방 기간 중 고의로 지은 죄로 금고 이상의 형을 선고받아 그 판결이 확정된 경우에 가석방 처분은
효력을 잃는다(형법 제74조).

정답 ✕

26. 가석방이 실효 또는 취소된 경우에는 가석방 중의 일수는 형기에 산입하지 아니한다.
(   )

정답 ○

27. 현행 「형법」상 형(사형은 제외한다)을 선고받은 자에 대해서는 시효가 완성되면 그 집행이
면제된다. (   )

정답 ○

28. 벌금, 몰수, 추징, 구류 및 과료의 경우, 형을 선고하는 재판이 확정된 후 그 집행을 받지 아니하고 3년이 지나면 시효가 완성된다. (　　　)

> **해설** 벌금, 몰수 또는 추징의 시효기간은 5년, 구류 또는 과료의 시효기간은 1년이다.
>
> ▌형의 시효의 기간(형법 제78조)
> 시효는 형을 선고하는 재판이 확정된 후 그 집행을 받지 아니하고 다음 각 호의 구분에 따른 기간이 지나면 완성된다.
> 1. 삭제 〈2023.8.8.〉
> 2. 무기의 징역 또는 금고는 20년
> 3. 10년 이상의 징역 또는 금고는 15년
> 4. 3년 이상의 징역이나 금고 또는 10년 이상의 자격정지는 10년
> 5. 3년 미만의 징역이나 금고 또는 5년 이상의 자격정지는 7년
> 6. 5년 미만의 자격정지, 벌금, 몰수 또는 추징은 5년
> 7. 구류 또는 과료는 1년

정답 ✕

29. 시효는 형의 집행의 유예나 정지 또는 가석방 기타 집행할 수 없는 기간은 진행되지 아니한다. (　　　)

정답 ○

30. 징역 또는 금고의 집행을 종료하거나 집행이 면제된 자가 피해자의 손해를 보상하고 자격정지 이상의 형을 받음이 없이 5년을 경과한 때에는 본인 또는 검사의 신청에 의하여 그 재판의 실효를 선고할 수 있다. (　　　)

> **해설** 징역 또는 금고의 진행을 종료하거나 집행이 면제된 자가 피해자의 손해를 보상하고 자격정지 이상의 형을 받음이 없이 7년을 경과한 때에는 본인 또는 검사의 신청에 의하여 그 재판의 실효를 선고할 수 있다(형법 제81조).

정답 ✕

31. 3년을 초과하는 징역형을 받은 자가 자격정지 이상의 형을 받지 아니하고 형의 집행을 종료하거나 그 집행이 면제된 날부터 10년이 경과한 때에 그 형은 실효된다. (　　　)

정답 ○

— CHAPTER 04 —

전자장치 부착 등에 관한 법률

1. 전자장치 부착 등에 관한 법률상 ""특정범죄"란 성폭력범죄, 미성년자 대상 유괴범죄, 살인범죄, 강도범죄 및 스토킹범죄를 말한다.   (   )

    정답 ○

2. 만 19세 미만의 자에 대하여는 전자장치 부착명령을 선고할 수 없다.   (   )

    해설 만 19세 미만의 자에 대하여 부착명령을 선고한 때에는 19세에 이르기까지 이 법에 따른 전자장치를 부착할 수 없다(전자장치 부착 등에 관한 법률 제4조). 즉, 부착을 할 수 없을 뿐 선고는 가능하다.

    정답 ✕

3. 부착명령의 청구는 공소가 제기된 특정범죄사건의 항소심 변론종결 시까지 하여야 한다.

    (   )

    정답 ○

4. 성폭력범죄로 징역형의 실형을 선고받은 사람이 그 집행을 종료한 후 또는 집행이 면제된 후 10년 이내에 성폭력범죄를 저지르고 성폭력범죄를 다시 범할 위험성이 있는 때 전자장치 부착명령을 청구할 수 있다.   (   )

    해설 검사는 다음 각 호의 어느 하나에 해당하고 성폭력범죄를 다시 범할 위험성이 있다고 인정되는 사람에 대하여 전자장치를 부착하도록 하는 명령을 법원에 청구할 수 있다(전자장치 부착 등에 관한 법률 제5조 제1항).
    1. 성폭력범죄로 징역형의 실형을 선고받은 사람이 그 집행을 종료한 후 또는 집행이 면제된 후 10년 이내에 성폭력범죄를 저지른 때
    2. 성폭력범죄로 이 법에 따른 전자장치를 부착받은 전력이 있는 사람이 다시 성폭력범죄를 저지른 때
    3. 성폭력범죄를 2회 이상 범하여(유죄의 확정판결을 받은 경우를 포함한다) 그 습벽이 인정된 때
    4. 19세 미만의 사람에 대하여 성폭력범죄를 저지른 때
    5. 신체적 또는 정신적 장애가 있는 사람에 대하여 성폭력범죄를 저지른 때

    정답 ○

5. 검사는 살인범죄로 징역형의 실형 이상의 형을 선고받아 그 집행이 종료 또는 면제된 후 다시 살인범죄를 저지른 경우에는 부착명령을 청구하여야 한다. ( )

정답 ○

6. 검사는 19세 미만의 사람에 대하여 성폭력범죄를 저지르고 성폭력범죄를 다시 범할 위험성이 있는 사람에 대하여 전자장치 부착명령을 청구할 수 있다. ( )

해설 검사는 다음 각 호의 어느 하나에 해당하고, 성폭력범죄를 다시 범할 위험성이 있다고 인정되는 사람에 대하여 전자장치를 부착하도록 하는 명령(이하 "부착명령"이라 한다)을 법원에 청구할 수 있다(전자장치 부착 등에 관한 법률 제5조 제1항).
1. 성폭력범죄로 징역형의 실형을 선고받은 사람이 그 집행을 종료한 후 또는 집행이 면제된 후 10년 이내에 성폭력범죄를 저지른 때
2. 성폭력범죄로 이 법에 따른 전자장치를 부착받은 전력이 있는 사람이 다시 성폭력범죄를 저지른 때
3. 성폭력범죄를 2회 이상 범하여(유죄의 확정판결을 받은 경우를 포함한다) 그 습벽이 인정된 때
4. 19세 미만의 사람에 대하여 성폭력범죄를 저지른 때
5. 신체적 또는 정신적 장애가 있는 사람에 대하여 성폭력범죄를 저지른 때

정답 ○

7. 부착명령 청구사건의 관할은 특정범죄사건의 관할과 분리한다. ( )

해설 부착명령 청구사건의 관할은 부착명령 청구사건과 동시에 심리하는 특정범죄사건의 관할에 따른다(전자장치 부착 등에 관한 법률 제7조 제1항).

정답 ✕

8. 19세 미만의 사람에 대하여 법정형의 상한이 사형 또는 무기징역인 특정범죄를 저지른 경우에는 20년 이상 30년 이하의 범위 내에서 부착기간을 정하여 판결로 부착명령을 선고하여야 한다. ( )

정답 ○

9. 여러 개의 특정범죄에 대하여 동시에 부착명령을 선고할 때에는 법정형이 가장 중한 죄의 부착기간 상한의 2분의 1까지 가중하며, 이때는 각 죄의 부착기간의 상한을 합산한 기간을 초과할 수 있다. ( )

해설 여러 개의 특정범죄에 대하여 동시에 부착명령을 선고할 때에는 법정형이 가장 중한 죄의 부착기간 상한의 2분의 1까지 가중하되, 각 죄의 부착기간의 상한을 합산한 기간을 초과할 수 없다. 다만, 하나의 행위가 여러 특정범죄에 해당하는 경우에는 가장 중한 죄의 부착기간을 부착기간으로 한다(전자장치 부착 등에 관한 법률 제9조 제2항).

정답 ✕

10. 하나의 행위가 여러 특정범죄에 해당하는 경우에는 가장 중한 죄의 부착기간을 부착기간으로 한다. ( )

> 해설 여러 개의 특정범죄에 대하여 동시에 부착명령을 선고할 때에는 법정형이 가장 중한 죄의 부착기간 상한의 2분의 1까지 가중하되, 각 죄의 부착기간의 상한을 합산한 기간을 초과할 수 없다. 다만, 하나의 행위가 여러 특정범죄에 해당하는 경우에는 가장 중한 죄의 부착기간을 부착기간으로 한다(전자장치 부착 등에 관한 법률 제9조 제2항).
>
> 정답 ○

11. 부착명령을 선고받은 사람에 대하여는 부착기간 동안 「보호관찰 등에 관한 법률」에 따른 보호관찰을 부과할 수 있다. ( )

> 해설 부착명령을 선고받은 사람은 부착기간 동안 「보호관찰 등에 관한 법률」에 따른 보호관찰을 받는다(전자장치부착 등에 관한 법률 제9조 제3항). 즉, 이는 필요적 규정이다.
>
> 정답 ✕

12. 전자장치 부착명령의 선고는 특정범죄사건의 양형에 유리하게 참작되어서는 아니 된다. ( )

> 정답 ○

13. 특정범죄사건에 대하여 무죄를 선고하는 때에는 원칙적으로 검사의 부착명령 청구에 대하여 법원이 기각하여야 하나, 심신상실을 이유로 치료감호가 선고된 경우는 기각하여야 할 사유에서 제외된다. ( )

> 해설 법원은 다음 각 호의 어느 하나에 해당하는 때에는 판결로 부착명령 청구를 기각하여야 한다(전자장치 부착 등에 관한 법률 제9조 제4항).
> 1. 부착명령 청구가 이유 없다고 인정하는 때
> 2. 특정범죄사건에 대하여 무죄(심신상실을 이유로 치료감호가 선고된 경우는 제외한다) · 면소 · 공소 기각의 판결 또는 결정을 선고하는 때
> 3. 특정범죄사건에 대하여 벌금형을 선고하는 때
> 4. 특정범죄사건에 대하여 선고유예 또는 집행유예를 선고하는 때(제28조 제1항에 따라 전자장치 부착을 명하는 때를 제외한다).
>
> 정답 ○

14. 부착명령을 선고하는 경우 부과할 수 있는 준수사항 중 특정범죄 치료프로그램의 이수는 500시간의 범위에서 그 기간을 정하여야 한다. ( )

> 해설 법원은 제9조 제1항에 따라 부착명령을 선고하는 경우 부착기간의 범위에서 준수기간을 정하여 다음 각 호의 준수사항 중 하나 이상을 부과할 수 있다. 다만, 제4호의 준수사항은 500시간의 범위에서 그 기간을 정하여야 한다(전자장치 부착 등에 관한 법률 제9조의2 제1항).

    1. 야간, 아동·청소년의 통학시간 등 특정 시간대의 외출제한
    2. 어린이 보호구역 등 특정지역·장소에의 출입금지 및 접근금지
    2의2. 주거지역의 제한
    3. 피해자 등 특정인에의 접근금지
    4. 특정범죄 치료 프로그램의 이수
    5. 마약 등 중독성 있는 물질의 사용금지
    6. 그 밖에 부착명령을 선고받는 사람의 재범방지와 성행교정을 위하여 필요한 사항

정답 ○

15. 19세 미만의 사람을 대상으로 성폭력범죄를 저지른 사람에 대해서 부착명령을 선고하는 경우에 반드시 부과하여야 하는 준수사항은 '피해자 등 특정인에의 접근금지'이다. (   )

> 해설 법원은 성폭력범죄를 저지른 사람(19세 미만의 사람을 대상으로 성폭력범죄를 저지른 사람으로 한정한다) 또는 스토킹범죄를 저지른 사람에 대해서 제9조제1항에 따라 부착명령을 선고하는 경우에는 다음 각 호의 구분에 따라 제1항의 준수사항을 부과하여야 한다(전자장치 부착 등에 관한 법률 제9조의2 제3항 제1호).
>   1. 19세 미만의 사람을 대상으로 성폭력범죄를 저지른 사람: 제1항 제1호 및 제3호의 준수사항을 포함할 것. 다만, 제1항 제1호의 준수사항을 부과하여서는 아니 될 특별한 사정이 있다고 판단하는 경우에는 해당 준수사항을 포함하지 아니할 수 있다.
>   2. 스토킹범죄를 저지른 사람: 제1항 제3호의 준수사항을 포함할 것

정답 ○

16. 법원은 제9조에 따라 부착명령을 선고한 때에는 그 판결이 확정된 날부터 3일 이내에 부착명령을 선고받은 자(이하 "피부착명령자")의 주거지를 관할하는 보호관찰소의 장에게 판결문의 등본을 송부하여야 한다. (   )

정답 ○

17. 교도소, 소년교도소, 구치소, 국립법무병원 및 군교도소의 장은 피부착명령자가 석방되기 5일 전까지 피부착명령자의 주거지를 관할하는 보호관찰소의 장에게 그 사실을 통보하여야 한다. (   )

정답 ○

18. 부착명령은 특정범죄사건에 대한 형의 집행이 종료되거나 면제·가석방되는 날 또는 치료감호의 집행이 종료 종료되는 날 석방 직전에 피부착명령자의 신체에 전자장치를 부착함으로써 집행한다. (   )

정답 ○

19. "구속영장의 집행을 받아 구금된 후에 법원의 무죄, 면소, 공소기각 판결 또는 공소기각 결정이 확정된 경우"는 부착명령의 집행이 정지되지 아니하고 그 구금기간 동안에는 부착명령이 집행된 것으로 본다.　　　　　　　　　　　　　　　　　　　　　（　　　）

> 해설　다음 각 호의 어느 하나에 해당하는 때에는 부착명령의 집행이 정지된다(전자장치 부착 등에 관한 법률 제13조 제6항).
> 1. 부착명령의 집행 중 다른 죄를 범하여 구속영장의 집행을 받아 구금된 때
> 2. 부착명령의 집행 중 다른 죄를 범하여 금고 이상의 형의 집행을 받게 된 때
> 3. 가석방 또는 가종료된 지에 대하여 전자장치 부착기간 동안 가석방 또는 가종료가 취소되거나 실효된 때
>
> ▍부착명령의 집행(전자장치 부착 등에 관한 법률 제13조 제7항)
> 구속영장의 집행을 받아 구금된 후에 다음 각 호의 어느 하나에 해당하는 사유로 구금이 종료되는 경우 그 구금시간 동안에는 부착명령이 집행된 것으로 본다. 다만, 제1호 및 제2호의 경우 법원의 판결에 따라 유죄로 확정된 경우는 제외한다.
> 1. 사법경찰관이 불송치결정을 한 경우
> 2. 검사가 혐의없음. 죄가안됨, 공소권없음 또는 각하의 불기소처분을 한 경우
> 3. 법원의 무죄, 면소, 공소기각 판결 또는 공소기각 결정이 확정된 경우
>
> 정답 ○

20. 피부착자는 특정범죄사건에 대한 형의 집행이 종료되거나 면제·가석방되는 날부터 10일 이내에 주거지를 관할하는 보호관찰소에 출석하여 서면으로 신고하여야 한다.　　（　　　）

> 정답 ○

21. 피부착자는 주거를 이전하거나 30일 이상의 국내여행을 하거나 출국할 때에는 미리 보호관찰관에게 신고하여야 한다.　　　　　　　　　　　　　　　　　　　　　（　　　）

> 해설　피부착자는 주거를 이전하거나 7일 이상의 국내여행을 하거나 출국할 때에는 미리 보호관찰관의 허가를 받아야 한다(전자장치 부착 등에 관한 법률 제14조 제3항).
>
> 정답 ✕

22. 피부착자가 정당한 사유 없이 신고의무가 있는 사항을 신고하지 아니한 경우에는 법원은 보호관찰소의 장의 신청에 따른 검사의 청구로 1년의 범위에서 부착기간을 연장하거나 준수사항을 추가 또는 변경하는 결정을 할 수 있다.　　　　　　　　　　　　（　　　）

> 해설　피부착자가 다음 각 호의 어느 하나에 해당하는 경우에는 법원은 보호관찰소의 장의 신청에 따른 검사의 청구로 1년의 범위에서 부착기간을 연장하거나 제9조의2 제1항의 준수사항을 추가 또는 변경하는 결정을 할 수 있다(전자장치 부착 등에 관한 법률 제14조의2 제1항).
> 1. 정당한 사유 없이 「보호관찰 등에 관한 법률」 제32조에 따른 준수사항을 위반한 경우
> 2. 정당한 사유 없이 제14조 제2항을 위반하여 신고하지 아니한 경우
> 3. 정당한 사유 없이 제14조 제3항을 위반하여 허가를 받지 아니하고 주거이전·국내여행 또는 출국을 하거나, 거짓으로 허가를 받은 경우

4. 정당한 사유 없이 제14조 제3항에 따른 출국허가 기간까지 입국하지 아니한 경우

정답 ○

23. 임시해제 신청은 부착명령의 집행이 개시된 날부터 6개월이 경과한 후에 하여야 한다. 신청이 기각된 경우에는 기각된 날부터 6개월이 경과한 후에 다시 신청할 수 있다. (   )

해설 임시해제 신청은 부착명령의 집행이 개시된 날부터 3개월이 경과한 후에 하여야 한다. 신청이 기각된 경우에는 기각된 날부터 3개월이 경과한 후에 다시 신청할 수 있다(전자장치 부착 등에 관한 법률 제17조 제2항).

정답 ✕

24. 임시해제된 자가 재범의 위험성이 있는 때에는 보호관찰소장의 신청 및 보호관찰심사위원회의 결정으로 취소될 수 있으며, 임시해제가 취소된 자는 잔여 부착명령기간 동안 전자장치를 부착하고 부착명령할 때 개시된 보호관찰을 받아야 하며 부과된 준수사항을 준수하여야 한다. 이 경우 임시해제기간은 부착명령기간에 산입하지 아니한다. (   )

정답 ○

25. 피부착명령자는 그 판결이 확정된 후 집행을 받지 아니하고 함께 선고된 특정범죄사건의 형의 시효가 완성되면 그 집행이 면제되고, 부착명령의 시효는 피부착명령자를 체포함으로써 중단된다. (   )

정답 ○

26. "부착명령의 집행 중 다른 죄를 범하여 금고 이상의 형의 집행을 받게 된 때"는 부착명령의 집행이 정지되는 사유이다. (   )

해설 제9조에 따라 선고된 부착명령은 다음 각 호의 어느 하나에 해당하는 때에 그 집행이 종료된다(전자장치 부착 등에 관한 법률 제20조).
1. 부착명령기간이 경과한 때
2. 부착명령과 함께 선고한 형이 사면되어 그 선고의 효력을 상실하게 된 때
3. 삭제 〈2008.6.13.〉
4. 부착명령이 임시해제된 자가 그 임시해제가 취소됨이 없이 잔여 부착명령기간을 경과한 때

정답 ○

27. 법원은 부착명령 청구를 기각하는 경우로서 보호관찰명령을 선고할 필요가 있다고 인정하는 때에는 직권으로 보호관찰명령을 선고할 수 있다. (   )

정답 ○

28. 법원이 보호관찰명령을 선고하는 경우에 부과할 수 있는 준수사항 중 특정범죄 치료프로그램의 이수는 최대 300시간까지 부과할 수 있고, 19세 미만의 사람에 대하여 성폭력범죄 또는 스토킹범죄를 저지른 사람에게 보호관찰명령을 선고하는 경우에는 '피해자 등 특정인에의 접근금지'를 포함하여 준수사항을 부과하여야 한다. ( )

정답 ○

29. 법원은 보호관찰명령이 청구된 사람이 금고 이상의 선고형에 해당하고 보호관찰명령의 청구가 이유 있다고 인정하는 때에는 1년 이상 5년 이하의 범위에서 기간을 정하여 보호관찰명령을 선고하여야 한다. ( )

해설 법원은 제21조의2 각 호의 어느 하나에 해당하는 사람이 금고 이상의 선고형에 해당하고 보호관찰명령의 청구가 이유 있다고 인정하는 때에는 2년 이상 5년 이하의 범위에서 기간을 정하여 보호관찰명령을 선고하여야 한다(전자장치 부착 등에 관한 법률 제21조의3 제1항).

∥ 보호관찰명령의 청구(전자장치 부착 등에 관한 법률 제21조의2)
검사는 다음 각 호의 어느 하나에 해당하는 사람에 대하여 형의 집행이 종료한 때부터 「보호관찰 등에 관한 법률」에 따른 보호관찰을 받도록 하는 명령(이하 "보호관찰명령"이라 한다)을 법원에 청구할 수 있다.
1. 성폭력범죄를 저지른 사람으로서 성폭력범죄를 다시 범할 위험성이 있다고 인정되는 사람
2. 미성년자 대상 유괴범죄를 저지른 사람으로서 미성년자 대상 유괴범죄를 다시 범할 위험성이 있다고 인정되는 사람
3. 살인범죄를 저지른 사람으로서 살인범죄를 다시 범할 위험성이 있다고 인정되는 사람
4. 강도범죄를 저지른 사람으로서 강도범죄를 다시 범할 위험성이 있다고 인정되는 사람
5. 스토킹범죄를 저지른 사람으로서 스토킹범죄를 다시 범할 위험성이 있다고 인정되는 사람

∥ 보호관찰명령의 판결(전자장치 부착 등에 관한 법률 제21조의3 제2항)
법원은 제1항에도 불구하고 제9조 제4항 제1호에 따라 부착명령 청구를 기각하는 경우로서 제21조의2 각 호의 어느 하나에 해당하여 보호관찰명령을 선고할 필요가 있다고 인정하는 때에는 직권으로 제1항에 따른 기간을 정하여 보호관찰명령을 선고할 수 있다.

정답 ✕

30. 부착명령 판결을 선고받지 아니한 특정 범죄자로서 형의 집행 중 가석방되어 보호관찰을 받게 되는 자는 준수사항 이행 여부 확인 등을 위하여 가석방기간 동안 전자장치를 부착하게 할 수 있다. ( )

해설 제9조에 따른 부착명령 판결을 선고받지 아니한 특정 범죄자로서 형의 집행 중 가석방되어 보호관찰을 받게 되는 자는 준수사항 이행 여부 확인 등을 위하여 가석방기간 동안 전자장치를 부착하여야 한다. 다만, 심사위원회가 전자장치 부착이 필요하지 아니하다고 결정한 경우에는 그러하지 아니하다(전자장치 부착 등에 관한 법률 제22조 제1항). 즉, 원칙적으로 전자장치를 부착하여야 한다.

정답 ✕

31. 「치료감호법」 제37조에 따른 치료감호심의위원회는 부착명령 판결을 선고받지 아니한 특정범죄자로서 치료감호의 집행 중 가종료 또는 치료위탁되는 피치료감호자나 보호감호의 집행 중 가출소되는 피보호감호자에 대하여 「치료감호법」 또는 「사회보호법」에 따른 준수사항 이행 여부 확인 등을 위하여 보호관찰기간의 범위에서 기간을 정하여 전자장치를 부착하게 할 수 있다.　　　　　　　　　　　　　　　　　　　　　　　　　　　　　　（　　　）

정답 ○

32. 법원은 특정범죄를 범한 자에 대하여 형의 집행을 유예하면서 보호관찰을 받을 것을 명할 때에는 보호관찰기간의 범위 내에서 기간을 정하여 준수사항의 이행 여부 확인 등을 위하여 전자장치를 부착하여야 한다.　　　　　　　　　　　　　　　　（　　　）

해설　법원은 특정범죄를 범한 자에 대하여 형의 집행을 유예하면서 보호관찰을 받을 것을 명할 때에는 보호관찰기간의 범위 내에서 기간을 정하여 준수사항의 이행 여부 확인 등을 위하여 전자장치를 부착할 것을 명할 수 있다(전자장치 부착 등에 관한 법률 제28조 제1항). 즉, 이때에는 임의적으로 전자장치를 부착할 수 있다.

정답 ✕

33. 법원은 전자장치 부착을 명하기 위하여 필요하다고 인정하는 때에는 피고인의 주거지 또는 그 법원의 소재지를 관할하는 보호관찰소의 장에게 범죄의 동기, 피해자와의 관계, 심리상태, 재범의 위험성 등 피고인에 관하여 필요한 사항의 조사를 요청할 수 있다.　（　　　）

정답 ○

34. 법원은 보석을 허가하는 경우에 보석조건으로 피고인에게 전자장치 부착을 명할 수 있다.　　　　　　　　　　　　　　　　　　　　　　　　　　　　　　　　（　　　）

정답 ○

35. 전자장치 부착명령을 받고 석방된 피고인은 법원이 지정한 일시까지 주거지를 관할하는 보호관찰소에 출석하여 신고한 후 보호관찰관의 지시에 따라 전자장치를 부착하여야 한다.　　　　　　　　　　　　　　　　　　　　　　　　　　　　　　　　（　　　）

정답 ○

36. 보호관찰소의 장은 필요하다고 인정한 경우에는 피고인의 보석조건 이행상황을 법원에 통지할 수 있다.　　　　　　　　　　　　　　　　　　　　　　　　　　　　　（　　　）

해설　보호관찰소의 장은 피고인의 보석조건 이행상황을 법원에 정기적으로 통지하여야 한다(전자장치 부착 등에 관한 법률 제31조의4 제1항).

정답 ✕

37. 보호관찰소의 장은 피고인이 전자장치 부착명령을 위반한 경우 및 전자장치 부착을 통하여 피고인에게 부과된 주거의 제한 등 「형사소송법」에 따른 다른 보석조건을 위반하였음을 확인한 경우, 지체 없이 법원과 검사에게 이를 통지하여야 한다. (   )

정답 ○

38. 전자장치 부착 업무를 담당하는 자가 정당한 사유 없이 피부착자의 전자장치를 해제하거나 손상한 때에는 1년 이상의 유기징역에 처한다. (   )

정답 ○

39. 전자장치 부착 업무를 담당하는 자가 금품을 수수·요구 또는 약속하고 피부착자의 전자장치를 해제하거나 손상한 때에는 2년 이상의 유기징역에 처한다. (   )

정답 ○

40. 피부착자가 전자장치의 부착기간 중 전자장치를 신체에서 임의로 분리·손상, 전파방해 또는 수신자료의 변조, 그 밖의 방법으로 그 효용을 해한 때에는 1년 이하의 징역 또는 1천만원 이하의 벌금에 처한다. (   )

해설 피부착자가 제14조를 위반하여 전자장치의 부착기간 중 전자장치를 신체에서 임의로 분리·손상, 전파방해 또는 수신자료의 변조, 그 밖의 방법으로 그 효용을 해한 때에는 7년 이하의 징역 또는 2천만원 이하의 벌금에 처한다(전자장치 부착 등에 관한 법률 제38조).

정답 ✕

41. 피부착자 또는 보호관찰 대상자가 피해자 등 특정인에의 접근금지, 특정범죄 치료프로그램의 이수 등의 준수사항을 정당한 사유 없이 위반한 때에는 3년 이하의 징역 또는 1천만원 이하의 벌금에 처한다. (   )

정답 ○

— CHAPTER 05 —

스토킹범죄의 처벌 등에 관한 법률

1. 현행 「스토킹범죄의 처벌 등에 관한 법률」상 신고를 받은 사법경찰관리가 즉시 현장에 나가서 취해야 할 응급조치로 재발 우려 시 임시조치를 신청할 수 있음을 통보할 수 있다.

(   )

해설 재발우려 시 임시조치를 신청할 수 있음을 통보가 아니라, 향후 스토킹행위의 중단통보 및 스토킹행위를 지속적 또는 반복적으로 할 경우 처벌 서면경고이다.

▮ 스토킹범죄의 처벌 등에 관한 법률 정리

사법경찰관리 현장응급조치	• 스토킹행위의 제지, 향후 스토킹행위의 중단통보 및 스토킹행위를 지속적 또는 반복적으로 할 경우, 처벌 서면경고 • 스토킹행위자와 피해자등의 분리 및 범죄수사 • 피해자등에 대한 긴급응급조치 및 잠정조치 요청의 절차 등 안내 • 스토킹피해 관련 상담소 또는 보호시설로의 피해자등 인도(동의한 경우)	단, 긴급응급조치의 기간은 1개월 초과 X	응급조치변경	• 긴급응급조치 대상자나 대리인은 취소 또는 종류변경을 사경에 신청 가능 • 상대방이나 대리인은 상대방 등의 주거등을 옮긴 경우 사경에 긴급응급조치 변경신청 가능 • 상대방이나 대리인은 긴급응급조치 필요하지 않은 경우, 취소신청 가능 • 사경은 직권 또는 신청에 의해 긴급조치를 취소할 수 있고, 지방법원 판사의 승인을 받아 종류변경 가능
사법경찰관 긴급응급조치 (직권 또는 피해자등 요청)	• 스토킹행위의 상대방등이나 그 주거등으로부터 100m 이내의 접근금지 • 스토킹행위의 상대방등에 대한 전기통신을 이용한 접근금지			※ 통지와 고지 • 상대방 등이나 대리인은 취소 또는 변경취지 통지 • 긴급조치대상자는 취소 또는 변경조치내용 및 불복방법 등 고지
검사의 잠정조치 (청구)	검사는 스토킹범죄가 재발될 우려가 있다고 인정하면 직권 또는 사경의 신청에 따라 잠정조치 청구할 수 있음	–	잠정조치 변경 신청	• 피해자, 동거인, 가족, 법정대리인은 2호(100m 이내 접근금지) 결정 있은 후 주거 등 옮긴 경우 법원에 잠정조치 결정 변경신청 가능 • 스토킹행위자나 그 법정대리인은 잠정조치 취소 또는 종류변경을 법원에 신청 가능 • 검사는 직권이나 사경의 신청에 따라 기간의 연장 또는 종류변경 청구 가능, 필요하지 않은 경우 취소청구도 가능
법원의 잠정조치	① 피해자에 대한 스토킹범죄 중단에 관한 서면경고 ② 피해자 또는 그의 동거인, 가족이나 그 주거등으로부터 100m 이내의 접근금지 ③ 피해자 또는 그의 동거인, 가족에 대한 전기통신을 이용한 접근금지	①·②·③·④는 3개월 초과 X(두 차례에 한정하여 각 3개월의 범위에서 연장 가능) ⑤는 1개월 초과 X		

| 법원의
잠정조치 | ④ 전자장치의 부착
⑤ 국가경찰관서의 유치장 또는
구치소 유치 | – | • 법원은 결정할 수 있고, 고지
하여야 함 |

[정답] ✕

2. 법원은 스토킹범죄의 피해자 보호를 위하여 필요하다고 인정하는 경우, 결정으로 스토킹행위자에게 '피해자의 주거로부터 100미터 이내의 접근금지' 조치를 할 수 있다.　　　(　　　)

[정답] ○

3. 사법경찰관은 스토킹범죄의 원활한 조사·심리를 위하여 필요하다고 인정하는 경우, 직권으로 스토킹행위자에게 '국가경찰관서의 유치장 또는 구치소에의 유치' 조치를 할 수 있다.

(　　　)

> **해설** 법원은 스토킹범죄의 원활한 조사·심리 또는 피해자 보호를 위하여 필요하다고 인정하는 경우에는 결정으로 스토킹행위자에게 다음 각 호의 어느 하나에 해당하는 조치(이하 "잠정조치"라 한다)를 할 수 있다(스토킹범죄의 처벌 등에 관한 법률 제9조 제1항).
> 1. 피해자에 대한 스토킹범죄 중단에 관한 서면경고
> 2. 피해자 또는 그의 동거인, 가족이나 그 주거 등으로부터 100미터 이내의 접근금지
> 3. 피해자 또는 그의 동거인, 가족에 대한 「전기통신기본법」 제2조제1호의 전기통신을 이용한 접근금지
> 3의2. 「전자장치 부착 등에 관한 법률」 제2조 제4호의 위치추적 전자장치의 부착
> 4. 국가경찰관서의 유치장 또는 구치소에의 유치

[정답] ✕

4. 검사는 기간이 만료된 접근금지 잠정조치를 청구했을 때와 동일한 스토킹범죄사실과 스토킹범죄 재발우려를 이유로 다시 새로운 잠정조치를 청구할 수 있다.　　　(　　　)

[정답] ○

5. 행위자가 전화를 걸어 피해자의 휴대전화에 벨소리가 울리게 하거나 부재중 전화 문구 등이 표시되도록 하여 피해자에게 불안감이나 공포심을 일으키는 행위는 스토킹행위에 해당한다.

(　　　)

[정답] ○

6. 법원이 기존에 내려진 잠정조치 결정 당시 스토킹범죄사실과 동일한 스토킹범죄사실만을 이유로 한 새로운 접근금지 잠정조치 결정을 하는 경우 각 2개월의 범위에서 두 차례에 한정해서만 추가로 가능하다.　　　(　　　)

> **해설** 기간이 정하여져 있으나 연장이 가능한 접근금지 잠정조치(스토킹처벌법 제9조 제1항 제2호의 100m

이내 접근금지, 제3호의 전기통신을 이용한 접근금지) 결정은 특별한 사정이 없는 한 그 기간의 연장 결정 없이 기간이 만료되면 효력을 상실하고, 그 이후에는 해당 잠정조치 기간을 연장하는 결정을 할 수 없다. 그러나 검사는 기간이 만료된 접근금지 잠정조치를 청구했을 때와 동일한 스토킹범죄사실과 스토킹범죄 재발 우려를 이유로 제8조 제1항에 의하여 다시 새로운 잠정조치를 청구할 수 있고, 법원 도 제9조 제1항에 의하여 피해자 보호 등을 위하여 필요하다고 인정하면 다시 새로운 접근금지 잠정조 치 결정을 할 수 있다. 다만 접근금지 잠정조치 기간연장과의 균형을 위해 기존에 내려진 잠정조치 결 정 당시 스토킹범죄사실과 동일한 스토킹범죄사실만을 이유로 한 새로운 접근금지 잠정조치 결정은 각 2개월의 범위에서 두 차례에 한정해서만 추가로 가능하다(대법원 2023.2.23. 2022모2092). 그러나 현행 개정법률은 제9조 제7항에서 "제1항 제2호(피해자 또는 그의 동거인, 가족이나 그 주거등으로부 터 100미터 이내의 접근금지) · 제3호(피해자 또는 그의 동거인, 가족에 대한 「전기통신기본법」 제2조 제1호의 전기통신을 이용한 접근금지) 및 제3호의2(「전자장치 부착 등에 관한 법률」 제2조 제4호의 위치추적 전자장치의 부착)에 따른 잠정조치기간은 3개월, 같은 항 제4호(국가경찰관서의 유치장 또는 구치소에의 유치)에 따른 잠정조치기간은 1개월을 초과할 수 없다. 다만, 법원은 피해자의 보호를 위하 여 그 기간을 연장할 필요가 있다고 인정하는 경우에는 결정으로 제1항 제2호 · 제3호 및 제3호의2에 따른 잠정조치에 대하여 <u>두 차례에 한정하여 각 3개월의 범위에서 연장할 수 있다</u>."고 규정하고 있다. 따라서 현행 개정법령에 따르면 이는 틀린 지문이 된다.

정답 X

7. 상대방을 따라다니는 행위가 객관적 · 일반적으로 볼 때 이를 인식한 상대방에게 불안감 또는 공포심을 일으키기에 충분한 정도라고 평가되더라도 현실적으로 상대방이 불안감 내지 공포 심을 갖게 되지 않는 경우에는 스토킹행위에 해당하지 않는다.　　　　(　　　)

해설 스토킹행위를 전제로 하는 스토킹범죄는 행위자의 어떠한 행위를 매개로 이를 인식한 상대방에게 불안 감 또는 공포심을 일으킴으로써 그의 자유로운 의사결정의 자유 및 생활형성의 자유와 평온이 침해되 는 것을 막고 이를 보호법익으로 하는 위험범이라고 볼 수 있으므로, 구 스토킹범죄의 처벌 등에 관한 법률(2023.7.11. 법률 제19518호로 개정되기 전의 것, 이하 '구 스토킹처벌법'이라 한다) 제2조 제1 호 각 목의 행위가 객관적 · 일반적으로 볼 때 이를 인식한 상대방에게 불안감 또는 공포심을 일으키기 에 충분한 정도라고 평가될 수 있다면 현실적으로 상대방이 불안감 내지 공포심을 갖게 되었는지와 관계없이 '스토킹행위'에 해당하고, 나아가 그와 같은 일련의 스토킹행위가 지속되거나 반복되면 '스토 킹범죄'가 성립한다. 이때 구 스토킹처벌법 제2조 제1호 각 목의 행위가 객관적 · 일반적으로 볼 때 상대방에게 불안감 또는 공포심을 일으키기에 충분한 정도인지는 행위자와 상대방의 관계 · 지위 · 성 향, 행위에 이르게 된 경위, 행위태양, 행위자와 상대방의 언동, 주변의 상황 등 행위 전후의 여러 사정 을 종합하여 객관적으로 판단하여야 한다(대법원 2023.12.14. 2023도10313).

정답 X

— CHAPTER 06 —

성폭력범죄자의 성충동 약물치료에 관한 법률

1. "성도착증 환자"란 치료감호법상 정신성적 장애자로서 금고 이상의 형에 해당하는 성폭력범죄를 지은 사람 및 정신건강의학과 전문의의 감정에 의하여 성적 이상 습벽으로 인하여 자신의 행위를 스스로 통제할 수 없다고 판명된 사람을 말한다. ( )

    정답 ○

2. "성충동 약물치료"란 비정상적인 성적 충동이나 욕구를 억제하기 위한 조치로서 성도착증 환자에게 약물투여 및 심리치료 등의 방법으로 도착적인 성기능을 일정 기간 약화 또는 정상화하는 치료를 말한다. ( )

    정답 ○

3. 약물치료에 대한 당사자의 동의가 있을 것은 「성폭력범죄자의 성충동 약물치료에 관한 법률」상 약물치료의 요건에 해당한다. ( )

    해설 성폭력범죄자의 성충동 약물치료에 관한 법률은 약물치료에 대한 당사자의 동의를 요하지 않는다.

    ▌약물치료의 요건(성폭력범죄자의 성충동 약물치료에 관한 법률 제3조)
    약물치료는 다음 각 호의 요건을 모두 갖추어야 한다.
    1. 비정상적 성적 충동이나 욕구를 억제하거나 완화하기 위한 것으로서 의학적으로 알려진 것일 것
    2. 과도한 신체적 부작용을 초래하지 아니 할 것
    3. 의학적으로 알려진 방법대로 시행될 것

    정답 ×

4. 검사는 사람에 대하여 성폭력범죄를 저지른 성도착증 환자로서 성폭력범죄를 다시 범할 위험성이 있다고 인정되는 19세 이상의 사람에 대하여 약물치료명령을 법원에 청구할 수 있다. ( )

    정답 ○

5. 검사는 치료명령 청구대상자에 대하여 정신건강의학과 전문의의 진단이나 감정을 받은 후 치료명령을 청구하여야 한다. ( )

정답 ○

6. 치료명령의 청구는 공소가 제기되거나 치료감호가 독립청구된 성폭력범죄사건의 제1심 변론종결 시까지 하여야 한다. ( )

해설 치료명령의 청구는 공소가 제기되거나 치료감호가 독립청구된 성폭력범죄사건의 항소심 변론종결 시까지 하여야 한다(성폭력범죄자의 성충동 약물치료에 관한 법률 제4조 제3항).

정답 ×

7. 피고사건에 대하여 판결의 확정 없이 공소가 제기되거나 치료감호가 독립청구된 때부터 15년이 지나면 치료명령을 청구할 수 없다. ( )

정답 ○

8. 치료명령을 선고받은 사람에게는 치료기간 동안 「보호관찰 등에 관한 법률」에 따른 보호관찰을 받게 할 수 있다. ( )

해설 치료명령을 선고받은 사람은 치료기간동안 「보호관찰 등에 관한 법률」에 따른 보호관찰을 받는다(성충동 약물치료에 관한 법률 제8조 제2항). 즉, 필요적 규정이다.

정답 ×

9. 법원은 피고사건에 대하여 선고를 유예하거나 집행유예를 선고하는 때에는 판결로 치료명령 청구를 기각하여야 한다. ( )

해설 법원은 다음 각 호의 어느 하나에 해당하는 때에는 판결로 치료명령 청구를 기각하여야 한다(성폭력범죄자의 성충동 약물치료에 관한 법률 제8조 제3항).
1. 치료명령 청구가 이유 없다고 인정하는 때
2. 피고사건에 대하여 무죄(심신상실을 이유로 치료감호가 선고된 경우는 제외한다)·면소·공소기각의 판결 또는 결정을 선고하는 때
3. 피고사건에 대하여 벌금형을 선고하는 때
4. 피고사건에 대하여 선고를 유예하거나 집행유예를 선고하는 때

정답 ○

10. 치료명령의 집행면제 신청은 치료명령의 원인이 된 범죄에 대한 징역형의 집행이 종료되기 전 12개월부터 9개월까지의 기간에 하여야 하며, 법원은 징역형의 집행이 종료되기 3개월 전까지 치료명령의 집행면제 여부를 결정하여야 한다. ( )

정답 ○

11. 치료감호심의위원회는 피치료감호자 중 치료명령을 받은 사람이 집행면제 신청을 한 때에는 그에 대하여 치료명령의 집행이 필요하지 아니하다고 인정되면 치료명령의 집행을 면제하는 결정을 하여야 한다.   (   )

> **해설** 「치료감호 등에 관한 법률」 제37조에 따른 치료감호심의위원회(이하 "치료감호심의위원회"라 한다)는 같은 법 제16조 제1항에 따른 피치료감호자 중 치료명령을 받은 사람(피치료감호자 중 징역형과 함께 치료명령을 받은 사람의 경우 형기가 남아 있지 아니하거나 9개월 미만의 기간이 남아 있는 사람에 한정한다)에 대하여 같은 법 제22조 또는 제23조에 따른 치료감호의 종료 · 가종료 또는 치료위탁 결정을 하는 경우에 치료명령의 집행이 필요하지 아니하다고 인정되면 치료명령의 집행을 면제하는 결정을 하여야 한다(성폭력범죄자의 성충동 약물치료에 관한 법률 제8조의3 제1항). 즉, 당사자의 집행면제 신청은 불가하다.
>
> 정답 ✕

12. 치료감호심의위원회의 치료명령 집행면제의 결정은 피치료감호자 중 징역형과 함께 치료명령을 받은 사람의 경우 형기가 남아 있지 아니하거나 9개월 미만의 기간이 남아 있는 사람에 한정하여 할 수 있다.   (   )

> 정답 ○

13. 치료명령을 받은 사람이 형의 집행이 종료되거나 면제 · 가석방 또는 치료감호의 집행이 종료 · 가종료 또는 치료위탁으로 석방되는 경우 보호관찰관은 석방되기 전 2개월 이내에 치료명령을 받은 사람에게 치료명령을 집행하여야 한다.   (   )

> 정답 ○

14. 치료명령의 집행 중 금고 이상의 형의 집행을 받게 된 때에는 치료명령의 집행이 종료된다.   (   )

> **해설** 치료명령의 집행 중 금고 이상의 형의 집행을 받게 된 때에는 치료명령의 집행이 정지된다(성폭력범죄자의 성충동 약물치료에 관한 법률 제14조 제4항 제2호). 즉, 종료사유가 아닌 정지사유이다.
>
> ▍치료명령의 집행(성폭력범죄자의 성충동 약물치료에 관한 법률 제14조 제4항)
> 다음 각 호의 어느 하나에 해당하는 때에는 치료명령의 집행이 정지된다.
> 1. 치료명령의 집행 중 구속영장의 집행을 받아 구금된 때
> 2. 치료명령의 집행 중 금고 이상의 형의 집행을 받게 된 때
> 3. 가석방 또는 가종료 · 가출소된 자에 대하여 치료기간 동안 가석방 또는 가종료 · 가출소가 취소되거나 실효된 때
>
> 정답 ✕

15. 치료명령을 받은 사람은 형의 집행이 종료되거나 면제 · 가석방 또는 치료감호의 집행이 종료 · 가종료 또는 치료위탁되는 날부터 10일 이내에 주거지를 관할하는 보호관찰소에 신고하여야 한다.   (   )

정답 ○

16. 치료명령을 받은 사람은 주거이전 또는 30일 이상의 국내여행을 하거나 출국할 때에는 미리 보호관찰관에게 신고하여야 한다. (　　　)

> 해설 치료명령을 받은 사람은 주거이전 또는 7일 이상의 국내여행을 하거나 출국할 때에는 미리 보호관찰관의 허가를 받아야 한다(성폭력범죄지의 성충동 약물치료에 관한 법률 제15조 제3항).
>
> 정답 ✕

17. 보호관찰소의 장 또는 치료명령을 받은 사람 및 그 법정대리인은 해당 보호관찰소를 관할하는 보호관찰 심사위원회에 치료명령의 임시해제를 신청할 수 있다. (　　　)

정답 ○

18. 치료명령의 임시해제 신청은 치료명령의 집행이 개시된 날부터 6개월이 지난 후에 하여야 하며, 신청이 기각된 경우에는 기각된 날부터 6개월이 지난 후에 다시 신청할 수 있다.

(　　　)

정답 ○

19. 치료명령이 임시해제된 사람이 재범의 위험성이 현저하여 임시해제가 취소된 경우에는 잔여 치료기간 동안 약물치료를 받아야 한다. 이 경우 임시해제기간은 치료기간에 산입한다.

(　　　)

> 해설 임시해제가 취소된 사람은 잔여 치료기간 동안 약물치료를 받아야 한다. 이 경우 임시해제기간은 치료기간에 산입하지 아니한다(성폭력범죄자의 성충동 약물치료에 관한 법률 제19조 제2항).
>
> 정답 ✕

20. 가석방 또는 가종료 · 가출소된 자에 대하여 치료기간 동안 가석방 또는 가종료 · 가출소가 취소되거나 실효된 때 치료명령이 종료된다. (　　　)

> 해설 가석방 또는 가종료 · 가출소된 자에 대하여 치료기간 동안 가석방 또는 가종료 · 가출소가 취소되거나 실효된 때에는 치료명령의 집행이 정지된다(성폭력범죄자의 성충동 약물치료에 관한 법률 제14조 제4항 제3호). 즉, 종료사유가 아닌 정지사유이다.
>
> ▌치료명령의 집행(성폭력범죄자의 성충동 약물치료에 관한 법률 제14조 제4항)
> 다음 각 호의 어느 하나에 해당하는 때에는 치료명령의 집행이 정지된다.
> 1. 치료명령의 집행 중 구속영장의 집행을 받아 구금된 때
> 2. 치료명령의 집행 중 금고 이상의 형의 집행을 받게 된 때
> 3. 가석방 또는 가종료 · 가출소된 자에 대하여 치료기간 동안 가석방 또는 가종료 · 가출소가 취소되거나 실효된 때

▮ 치료명령 집행의 종료(성폭력범죄자의 성충동 약물치료에 관한 법률 제20조)
제8조 제1항에 따라 선고된 치료명령은 다음 각 호의 어느 하나에 해당하는 때에 그 집행이 종료된다.
1. 치료기간이 지난 때
2. 치료명령과 함께 선고한 형이 사면되어 그 선고의 효력을 상실하게 된 때
3. 치료명령이 임시해제된 사람이 그 임시해제가 취소됨이 없이 잔여 치료기간을 지난 때

〔정답〕 ✕

21. 검사는 성폭력범죄를 저질러 징역형 이상의 형이 확정되었으나 치료명령이 선고되지 아니한 수형자 중 성도착증 환자로서 성폭력범죄를 다시 범할 위험성이 있다고 인정되고 약물치료를 받는 것을 동의하는 사람에 대하여 관할 지방법원에 치료명령을 청구할 수 있다. (   )

〔정답〕 ○

22. 법원의 치료명령 결정에 대하여는 결정을 고지받은 날부터 7일 이내에 고등법원에 항고할 수 있고, 항고를 할 때에는 항고장을 원심법원에 제출하여야 한다. (   )

〔정답〕 ○

23. 치료감호심의위원회는 가종료자 등에 대하여 치료명령을 부과하는 결정을 할 경우에는 결정일 전 6개월 이내에 실시한 정신건강의학과 전문의의 진단 또는 감정 결과를 반드시 참작하여야 한다. (   )

〔정답〕 ○

24. 보호관찰관은 가종료자 등이 가종료·치료위탁 또는 가출소되기 전 3개월 이내에 치료명령을 집행하여야 한다. (   )

해설 보호관찰관은 가종료자 등이 가종료·치료위탁 또는 가출소되기 전 2개월 이내에 치료명령을 집행하여야 한다. 다만, 치료감호와 형이 병과된 가종료자의 경우 집행할 잔여 형기가 있는 때에는 그 형의 집행이 종료되거나 면제되어 석방되기 전 2개월 이내에 치료명령을 집행하여야 한다(성폭력범죄자의 성충동 약물치료에 관한 법률 제27조).

〔정답〕 ✕

— CHAPTER 07 —
소년법

1. 소년보호사건의 심리는 당사자주의 및 비공개주의를 원칙으로 하나 일반형사사건의 심리는 직권주의 및 공개주의를 원칙으로 한다.   (   )

   해설 소년보호사건의 심리는 직권주의 및 비공개주의를 원칙으로 하고 있는 반면(소년법 제22조, 제24조, 제37조), 일반형사사건의 심리는 당사자주의 및 공개주의를 원칙으로 하고 있다(형사소송법 제121조, 제135조, 제163조, 제294조, 제303조 등, 헌법 제27조 제3항, 형사소송법 제266조의7 제4항).
   정답 ×

2. 소년보호사건의 관할은 소년의 행위지, 거주지 또는 현재지로 한다.   (   )

   정답 ○

3. 경찰서장은 범죄소년, 촉법소년 및 우범소년이 있을 때에는 직접 관할 소년부에 송치하여야 한다.   (   )

   해설 제1항 제2호(촉법소년) 및 제3호(우범소년)에 해당하는 소년이 있을 때에는 경찰서장은 직접 관할 소년부에 송치(送致)하여야 한다(소년법 제4조 제2항). 즉, 촉법소년과 우범소년에 한한다. 참고로, 범죄소년은 검사의 판단하에 보호사건으로 처리할 것인지 일반형사사건으로 처리할 것인지가 결정되므로, 경찰서장은 검사에게 송치하여야 한다.
   정답 ×

4. 범죄소년, 촉법소년 및 우범소년을 발견한 보호자 또는 학교·사회복지시설·보호관찰소(보호관찰지소를 포함한다)의 장은 이를 관할 소년부에 통고할 수 있다.   (   )

   정답 ○

5. 보호사건을 송치받은 소년부는 보호의 적정을 기하기 위하여 필요하다고 인정하면 결정(決定)으로써 사건을 다른 관할 소년부에 이송할 수 있다.   (   )

   정답 ○

6. 소년부는 조사 또는 심리한 결과 금고 이상의 형에 해당하는 범죄사실이 발견된 경우 그 동기와 죄질이 형사처분을 할 필요가 있다고 인정하면 결정으로써 사건을 관할 형사 지방법원에 이송하여야 한다. (   )

> **해설** 소년부는 조사 또는 심리한 결과 금고 이상의 형에 해당하는 범죄사실이 발견된 경우 그 동기와 죄질이 형사처분을 할 필요가 있다고 인정하면 결정으로써 사건을 관할 지방법원에 대응한 검찰청 검사에게 송치하여야 한다(소년법 제7조 제1항). 즉, 사건을 관할 검찰청 검사에게 송치하여 검사의 기소 여부에 따라 형사재판을 받게 될 것인지가 결정된다.
>
> **정답** ✕

7. 소년부는 조사 또는 심리한 결과 사건의 본인이 19세 이상인 것으로 밝혀진 경우에는 결정으로써 사건을 관할 지방법원에 대응하는 검찰청 검사에게 송치하여야 한다. (   )

> **정답** ○

8. 소년부는 형사처분 등을 위한 관할 검찰청으로의 송치결정을 하였을 때에는 지체 없이 그 사유를 사건 본인과 그 보호자에게 알려야 한다. (   )

> **정답** ○

9. 소년부 판사는 조사관에게 사건 본인, 보호자 또는 참고인의 심문이나 그 밖에 필요한 사항을 조사하도록 명할 수 있다. (   )

> **정답** ○

10. 소년부는 조사 또는 심리를 할 때에 정신건강의학과의사·심리학자·사회사업가·교육자나 그 밖의 전문가의 진단, 소년분류심사원의 분류심사 결과와 의견, 보호관찰소의 조사결과와 의견 등을 고려할 수 있다. (   )

> **해설** 소년부는 조사 또는 심리를 할 때에 정신건강의학과의사·심리학자·사회사업가·교육자나 그 밖의 전문가의 진단, 소년분류심사원의 분류심사 결과와 의견, 보호관찰소의 조사결과와 의견 등을 고려하여야 한다(소년법 제12조).
>
> **정답** ✕

11. 사건 본인이나 보호자가 정당한 이유 없이 소환에 응하지 아니하면 소년부 판사는 동행영장을 발부할 수 있다. (   )

> **정답** ○

12. 소년부 판사는 사건 본인을 보호하기 위하여 긴급조치가 필요하다고 인정하면 소환 없이 동
    행영장을 발부할 수 있다.   (   )

    정답 ○

13. 보호자나 변호사를 보조인으로 선임하는 경우에는 소년부 판사의 허가를 받지 아니하여도
    된다.   (   )

    정답 ○

14. 소년부 판사는 보조인이 심리절차를 고의로 지연시키는 등 심리진행을 방해하거나 소년의
    이익에 반하는 행위를 할 우려가 있다고 판단하는 경우에는 보조인 선임의 허가를 취소할
    수 있다.   (   )

    정답 ○

15. 보조인의 선임은 항고 및 재항고가 있는 경우 그 효력이 소멸하지 아니한다.   (   )

    해설 보조인의 선임은 심급마다 하여야 한다(소년법 제17조 제5항). 따라서 각 심급이 끝날 때 보조인 선임
          의 효력도 소멸하며, 항고 및 재항고가 있는 경우에는 그때마다 별도의 보조인 선임이 필요하다.

    정답 ✕

16. 소년이 소년분류심사원에 위탁된 경우 보조인이 없을 때에는 법원은 변호사 등 적정한 자를
    보조인으로 선정할 수 있다.   (   )

    해설 소년이 소년분류심사원에 위탁된 경우 보조인이 없을 때에는 법원은 변호사 등 적정한 자를 보조인으
          로 선정하여야 한다(동법 제17조의2 제1항).

    정답 ✕

17. 소년에게 신체적·정신적 장애가 의심되는 경우에는 법원은 변호사 등 적정한 자를 보조인
    으로 선정할 수 있다.   (   )

    정답 ○

18. 소년부 판사가 보조인이 필요하다고 인정하는 경우에는 법원은 변호사 등 적정한 자를 보조
    인으로 선정할 수 있다.   (   )

    해설 소년이 소년분류심사원에 위탁되지 아니하였을 때에도 다음의 경우 법원은 직권에 의하거나 소년 또는
          보호자의 신청에 따라 보조인을 선정할 수 있다(소년법 제17조의2 제2항).

1. 소년에게 신체적 · 정신적 장애가 의심되는 경우
2. 빈곤이나 그 밖의 사유로 보조인을 선임할 수 없는 경우
3. 그 밖에 소년부 판사가 보조인이 필요하다고 인정하는 경우

[정답] ○

19. 동행된 소년 또는 검사나 법원의 소년부 송치결정에 따라 인도된 소년에 대하여는 도착한 때로부터 24시간 이내에 임시조치를 하여야 한다. (   )

[정답] ○

20. 보호자, 소년을 보호할 수 있는 적당한 자 또는 시설에 위탁하는 경우, 병원이나 그 밖의 요양소에 위탁하는 경우 및 소년분류심사원에 위탁하는 경우에 그 위탁기간은 3개월을 초과하지 못한다. (   )

> **해설** 제1항 제1호(보호자, 소년을 보호할 수 있는 적당한 자 또는 시설에 위탁하는 경우) 및 제2호(병원이나 그 밖의 요양소에 위탁하는 경우)의 위탁기간은 3개월을, 제1항 제3호(소년분류심사원에 위탁하는 경우)의 위탁기간은 1개월을 초과하지 못한다. 다만, 특별히 계속 조치할 필요가 있을 때에는 한 번에 한하여 결정으로써 연장할 수 있다(소년법 제18조 제3항).

[정답] ✕

21. 소년부 판사는 심리 불개시의 결정을 할 때에도 필요한 경우에는 임시조치를 계속할 수 있다. (   )

> **해설** 심리 불개시의 결정이 있을 때에는 제18조의 임시조치는 취소된 것으로 본다(소년법 제19조 제3항). 심리 불개시가 결정되면 사건의 심리는 진행되지 않고 종료되므로 임시조치를 계속할 이유가 없게 된다. 따라서 임시조치는 당연히 취소하도록 규정하고 있다.

[정답] ✕

22. 소년보호사건의 심리는 원칙적으로 공개하여야 한다. 다만, 소년부 판사는 소년의 보호를 위하여 필요한 경우에는 비공개로 할 수 있다. (   )

> **해설** 심리는 공개하지 아니한다. 다만, 소년부 관사는 적당하다고 인정하는 자에게 참석을 허가할 수 있다(소년법 제24조 제2항). 즉, 원칙적으로 비공개하여야 한다.

[정답] ✕

23. 「소년법」상 심리의 절차에서 검사는 소년의 품행을 교정하고 피해자를 보호하기 위하여 필요하다고 인정하면 소년에게 피해변상 등 피해자와의 화해를 권고할 수 있다. (   )

> **해설** 소년부 판사는 소년의 품행을 교정하고 피해자를 보호하기 위하여 필요하다고 인정하면 소년에게 피해변상 등 피해자와의 화해를 권고할 수 있다(동법 제25조의3 제1항).

[정답] ✕

24. 소년부 판사는 소년이 권고에 따라 피해자와 화해하였을 경우에는 보호처분을 결정할 때 이를 고려할 수 있다. ( )

정답 ○

25. 선도조건부 기소유예와 1년 기간의 소년원 송치는 「소년법」상 보호처분에 속한다. ( )

해설 소년부 판사는 심리 결과 보호처분을 할 필요가 있다고 인정하면 결정으로써 다음 각 호의 어느 하나에 해당하는 처분을 하여야 한다(소년법 제32조 제1항).
1. 보호자 또는 보호자를 대신하여 소년을 보호할 수 있는 자에게 감호 위탁
2. 수강명령
3. 사회봉사명령
4. 보호관찰관의 단기(短期) 보호관찰(1년)
5. 보호관찰관의 장기(長期) 보호관찰(2년)
6. 「아동복지법」에 따른 아동복지시설이나 그 밖의 소년보호시설에 감호 위탁
7. 병원, 요양소 또는 「보호소년 등의 처우에 관한 법률」에 따른 의료재활소년원에 위탁
8. 1개월 이내의 소년원 송치
9. 단기 소년원 송치(6개월 이내)
10. 장기 소년원 송치(2년 이내)

정답 ✕

26. 장기 보호관찰과 1개월 이내의 소년원 송치는 「소년법」상 둘 이상 보호처분을 병합할 수 있다. ( )

해설 다음 각 호 안의 처분 상호 간에는 그 전부 또는 일부를 병합할 수 있다.
1. 제1항 제1호 · 제2호 · 제3호 · 제4호 처분
2. 제1항 제1호 · 제2호 · 제3호 · 제5호 처분
3. 제1항 제4호 · 제6호 처분
4. 제1항 제5호 · 제6호 처분
5. 제1항 제5호 · 제8호 처분

정답 ○

27. 소년의 보호처분은 그 소년의 장래 신상에 어떠한 영향도 미치지 아니한다. ( )

정답 ○

28. 장기 보호관찰의 처분을 할 때에는 6개월 이내의 기간을 정하여 부가처분을 받을 것을 명할 수 있다. ( )

해설 제32조 제1항 제4호(단기 보호관찰) 또는 제5호(장기 보호관찰)의 처분을 할 때에 3개월 이내의 기간을 정하여 「보호소년 등의 처우에 관한 법률」에 따른 대안교육 또는 소년의 상담 · 선도 · 교화와 관련된 단체나 시설에서의 상담 · 교육을 받을 것을 동시에 명할 수 있다(소년법 제32조의2 제1항).

정답 ✕

29. 단기 보호관찰의 처분을 할 때에 1년 이내의 기간을 정하여 야간 등 특정 시간대의 외출을 제한하는 명령을 보호관찰대상자의 준수사항으로 부과할 수 있다.　　　　　(　　)

정답 ○

30. 소년부 판사는 가정상황 등을 고려하여 필요하다고 판단되면 보호자에게 소년원·소년분류심사원 또는 보호관찰소 등에서 실시하는 소년의 보호를 위한 특별교육을 받을 것을 명할 수 있다.　　　　　(　　)

정답 ○

31. 소년부 판사는 보호자 등에 감호위탁하거나 아동복지시설 등에 감호위탁하는 처분, 병원 등에 위탁하는 보호처분과 대안교육, 상담·교육 등의 부가처분을 직권으로 변경할 수 있다.　　　　　(　　)

정답 ○

32. 검사·경찰서장의 송치 또는 보호자 등의 통고에 의한 사건인 경우, 보호처분이 계속 중일 때에 사건 본인이 처분 당시 19세 이상인 것으로 밝혀진 경우에는 소년부 판사는 결정으로써 그 보호처분을 취소하고 관할 지방법원에 이송한다.　　　　　(　　)

> 해설 검사·경찰서장의 송치 또는 보호자 등의 통고에 의한 사건인 경우, 보호처분이 계속 중일 때에 사건 본인이 처분 당시 19세 이상인 것으로 밝혀진 경우에는 소년부 판사는 결정으로써 그 보호처분을 취소하고 과할 지방법원에 대응하는 검찰청 검사에게 송치한다(소년법 제38조 제1항 제1호).
>
> ▮ 보호처분의 취소(소년법 제38조 제1항)
> 보호처분이 계속 중일 때에 사건 본인이 처분 당시 19세 이상인 것으로 밝혀진 경우에는 소년부 판사는 결정으로써 그 보호처분을 취소하고 다음의 구분에 따라 처리하여야 한다.
> 1. 검사·경찰서장의 송치 또는 제4조 제3항의 통교에 의한 시간인 경우에는 관할 지방법원에 대응하는 검찰청 검사에게 송치한다.
> 2. 제50조에 따라 법원이 송치한 사건인 경우에는 송치한 법원에 이송한다.

정답 ✕

33. 범죄소년·촉법소년에 대한 보호처분이 계속 중일 때에 사건 본인이 행위 당시 10세 미만으로 밝혀진 경우 또는 우범소년에 대한 보호처분이 계속 중일 때에 사건 본인이 처분 당시 10세 미만으로 밝혀진 경우에는 소년부 판사는 결정으로써 그 보호처분을 취소하여야 한다.　　　　　(　　)

정답 ○

34. 보호처분이 계속 중일 때에 사건 본인에 대하여 유죄판결이 확정된 경우에 보호처분을 한 소년부 판사는 그 처분을 존속할 필요가 없다고 인정하면 결정으로써 보호처분을 취소할 수 있다. ( )

정답 ○

35. 보호처분이 계속 중일 때에 사건 본인에 대하여 새로운 보호처분이 있었을 때에는 그 처분을 한 소년부 판사는 이전의 보호처분을 취소하여야 한다. ( )

해설 보호처분이 계속 중일 때에 사건 본인에 대하여 새로운 보호처분이 있었을 때에는 그 처분을 한 소년부 판사는 이전의 보호처분을 한 소년부에 조회하여 어느 하나의 보호처분을 취소하여야 한다(소년법 제40조).

정답 ✕

36. 보호자 등에 위탁하거나 병원 등에 위탁하는 경우 및 아동복지시설 등에 감호위탁하는 처분을 받은 소년의 보호자는 위탁받은 자에게 그 감호에 관한 비용의 전부 또는 일부를 지급하여야 한다. 다만, 보호자가 지급할 능력이 없을 때에는 소년부가 지급할 수 있다. ( )

정답 ○

37. 보호처분 및 부가처분 등의 결정 또는 변경결정이 해당 결정에 영향을 미칠 법령위반이 있거나 중대한 사실오인이 있는 경우 또는 처분이 현저히 부당한 경우에는 사건 본인, 보호자 등은 관할 가정법원 또는 지방법원 본원 합의부에 항고할 수 있다. ( )

정답 ○

38. 항고를 제기할 수 있는 기간은 7일로 하고, 항고는 결정의 집행을 정지시키는 효력이 있다. ( )

해설 7일은 맞으나, 항고는 결정의 집행을 정지시키는 효력이 없다(소년법 제46조).

정답 ✕

39. 항고가 이유가 있다고 인정되어 보호처분의 결정을 다시 하는 경우에는 원결정에 따른 보호처분의 집행기간은 그 전부를 항고에 따른 보호처분의 집행기간에 산입한다. ( )

정답 ○

40. 소년부는 검사에 의하여 송치된 사건을 조사 또는 심리한 결과, 그 동기와 죄질이 금고 이상의 형사처분을 할 필요가 있다고 인정할 때에는 결정으로써 해당 검찰청 검사에게 송치할 수 있다. 이 경우 검사는 사건을 다시 소년부에 송치할 수 없다. ( )

정답 ○

41. 법원은 소년에 대한 피고사건을 심리한 결과 보호처분에 해당할 사유가 있다고 인정하면 결정으로써 사건을 관할 소년부에 송치하여야 한다. ( )

정답 ○

42. 소년부는 법원으로부터 송치받은 사건을 조사 또는 심리한 결과 사건의 본인이 19세 이상에 해당하는 경우에는 사건을 관할 지방법원에 대응한 검찰청 검사에게 송치하여야 한다. ( )

해설 소년부는 제50조에 따라 송치받은 사건을 조사 또는 심리한 결과 사건의 본인이 19세 이상인 것으로 밝혀지면 결정으로써 송치한 법원에 사건을 다시 이송하여야 한다(소년법 제51조). 이는 이미 검사가 공소제기를 한 사건이므로 검사가 아닌 법원에 이송하여야 한다.

정답 ✕

43. 검사는 소년 피의사건에 대하여 소년부 송치, 공소제기, 기소유예 등의 처분을 결정하기 위하여 필요하다고 인정하면 피의자의 주거지 또는 검찰청 소재지를 관할하는 보호관찰소의 장, 소년분류심사원장 또는 소년원장에게 피의자의 품행, 경력, 생활환경이나 그 밖에 필요한 사항에 관한 조사를 요구할 수 있다. ( )

정답 ○

44. 검사는 피의자에 대하여 범죄예방자원봉사위원의 선도, 소년의 선도·교육과 관련된 단체·시설에서의 상담·교육·활동 등을 받게 하고, 피의사건에 대한 공소를 제기하지 아니할 수 있다. 이 경우 선도 등의 조치는 피의자 등의 동의 여부와 관계없이 검사의 재량에 의한다. ( )

해설 검사는 피의자에 대하여 다음 각 호에 해당하는 선도(善導) 등을 받게 하고, 피의사건에 대한 공소를 제기하지 아니할 수 있다. 이 경우 소년과 소년의 친권자·후견인 등 법정대리인의 동의를 받아야 한다(소년법 제49조의3).
1. 범죄예방자원봉사위원의 선도
2. 소년의 선도·교육과 관련된 단체·시설에서의 상담·교육·활동 등

정답 ✕

45. 법원이 보호처분에 해당하는 사유가 있다고 인정하여 사건을 관할 소년부에 송치하는 결정을 한 경우에는 소년을 구금하고 있는 시설의 장은 검사의 이송지휘를 받은 때로부터 법원 소년부가 있는 시·군에서는 24시간 이내에, 그 밖의 시·군에서는 48시간 이내에 소년을 소년부에 인도하여야 한다. (   )

정답 ○

46. 소년부 송치결정으로 소년을 소년부에 인도하는 경우 구속영장의 효력은 소년부 판사가 임시조치 규정에 따른 소년의 감호에 관한 결정을 한 때에 상실한다. (   )

정답 ○

47. 보호처분을 받은 소년에 대하여는 그 심리가 결정된 사건은 다시 공소를 제기하거나 소년부에 송치할 수 없다. 다만, 보호처분의 계속 중 사건 본인이 처분 당시 19세 이상인 것으로 밝혀져 보호처분이 취소된 경우에는 공소를 제기할 수 있다. (   )

정답 ○

48. 「소년법」상 심리개시 결정이 된 경우에도 그 사건에 대한 공소시효의 진행은 정지되지 아니한다. (   )

해설 심리개시 결정이 있었던 때로부터 그 사건에 대한 보호처분의 결정이 확정될 때까지 공소시효는 그 진행이 정지된다(소년법 제54조).

정답 ×

49. 소년에 대한 구속영장은 부득이한 경우가 아니면 발부하지 못한다. (   )

정답 ○

50. 소년에 대한 형사사건의 심리는 다른 피의사건과 관련된 경우에도 심리에 지장이 없으면 그 절차를 분리하여야 한다. (   )

정답 ○

51. 죄를 범할 당시 19세 미만인 소년에 대하여 사형 또는 무기형(無期刑)으로 처할 경우에는 15년의 유기징역으로 한다. (   )

해설 죄를 범할 당시 18세 미만인 소년에 대하여 사형 또는 무기형(刑)으로 처할 경우에는 15년의 유기징역으로 한다(소년법 제59조).

정답 ✕

52. 소년이 법정형으로 장기 2년 이상의 유기형(有期刑)에 해당하는 죄를 범한 경우에는 그 형의 범위에서 장기와 단기를 정하여 선고한다. 다만, 장기는 10년, 단기는 5년을 초과하지 못한다. ( )

정답 ○

53. 형의 집행유예나 선고유예를 선고할 때에는 장기 10년, 단기 5년을 초과하지 않는 범위에서 부정기형을 선고하여야 한다. ( )

해설 형의 집행유예나 선고유예를 선고할 때에는 부정기형을 선고할 수 없다(소년법 제60조 제3항).

정답 ✕

54. 소년에 대한 부정기형을 집행하는 기관의 장은 형의 단기가 지난 소년범의 행형(行刑)성적이 양호하고 교정의 목적을 달성하였다고 인정되는 경우에는 관할 검찰청 검사의 지휘에 따라 그 형의 집행을 종료시킬 수 있다. ( )

정답 ○

55. 소년을 소년분류심사원에 위탁하는 임시조치가 있었을 때에는 그 위탁기간은 형법 제57조 제1항의 판결선고 전 구금일수(拘禁日數)로 본다. ( )

정답 ○

56. 징역 또는 금고를 선고받은 소년에 대하여는 특별히 설치된 교도소 또는 일반 교도소 안에 특별히 분리된 장소에서 그 형을 집행한다. 다만, 소년이 형의 집행 중에 23세가 되면 일반 교도소에서 집행할 수 있다. ( )

정답 ○

57. 보호처분이 계속 중일 때에 징역, 금고 또는 구류를 선고받은 소년에 대하여는 보호처분의 집행이 끝난 후 그 형을 집행한다. ( )

해설 보호처분이 계속 중일 때에 징역, 금고 또는 구류를 선고받은 소년에 대하여는 먼저 그 형을 집행한다(소년법 제64조).

정답 ✕

58. 징역 또는 금고를 선고받은 소년이 가석방된 후 그 처분이 취소되지 아니하고 가석방 전에 집행을 받은 기간과 같은 기간이 지난 경우에는 형의 집행을 종료한 것으로 한다. 다만, 제59조의 형기 또는 제60조 제1항에 따른 장기의 기간이 먼저 지난 경우에는 그 때에 형의 집행을 종료한 것으로 한다. ( )

정답 ○

59. 소년이었을 때 범한 죄에 의하여 형을 선고받은 자가 그 집행을 종료하거나 면제받은 이후에 형사사건의 법령을 적용할 때에는 장래에 향하여 형의 선고를 받지 아니한 것으로 본다. ( )

해설 소년이었을 때 범한 죄에 의하여 형을 선고받은 자가 그 집행을 종료하거나 면제받은 이후에 자격에 관한 법령을 적용할 때 장래에 향하여 형의 선고를 받지 아니한 것으로 본다(소년법 제67조 제1항).

┃ 자격에 관한 법령의 적용(소년법 제67조)
① 소년이었을 때 범한 죄에 의하여 형의 선고 등을 받은 자에 대하여 다음 각 호의 경우 자격에 관한 법령을 적용할 때 장래에 향하여 형의 선고를 받지 아니한 것으로 본다.
1. 형을 선고받은 자가 그 집행을 종료하거나 면제받은 경우
2. 형의 선고유예나 집행유예를 선고받은 경우
② 제1항에도 불구하고 형의 선고유예가 실효되거나 집행유예가 실효 · 취소된 때에는 그때에 형을 선고받은 것으로 본다.

정답 ×

60. 소년법에 따라 조사 또는 심리 중에 있는 보호사건이나 형사사건에 대하여는 성명 · 연령 · 직업 · 용모 등으로 비추어 볼 때 그 자가 당해 사건의 당사자라고 미루어 짐작할 수 있는 정도의 사실이나 사진을 신문이나 그 밖의 출판물에 싣거나 방송할 수 없다. ( )

정답 ○

61. 성인(成人)이 고의로 나이를 거짓으로 진술하여 보호처분이나 소년 형사처분을 받은 경우에는 1년 이하의 징역에 처한다. ( )

— CHAPTER 08 —

보호소년 등의 처우에 관한 법률

1. 소년원, 소년분류심사원은 법무부장관이 관장한다. (　　)

    정답 ○

2. 신설하는 소년원 및 소년분류심사원은 수용정원이 500명 이내의 규모가 되도록 하여야 한다. 다만, 소년원 및 소년분류심사원의 기능·위치나 그 밖의 사정을 고려하여 그 규모를 증대할 수 있다. (　　)

    해설 신설하는 소년원 및 소년분류심사원은 수용정원이 150명 이내의 규모가 되도록 하여야 한다. 다만, 소년원 및 소년분류심사원의 기능 위치나 그 밖의 사정을 고려하여 그 규모를 증대할 수 있다(보호소년 등의 처우에 관한 법률 제6조 제1항).

    정답 ✕

3. 보호소년에게는 소년원 및 소년분류심사원에 수용될 당시에 평가된 기준에 따라 처우하여야 하며, 수용기간이 종료될 때까지 처우의 정도를 동일하게 유지하여야 한다. (　　)

    해설 보호소년에게는 품행의 개선과 진보의 정도에 따라 점차 향상된 처우를 하여야 한다(보호소년 등의 처우에 관한 법률 제2조 제2항).

    정답 ✕

4. 보호소년, 위탁소년, 유치소년을 소년원이나 소년분류심사원에 수용할 때에는 법원소년부의 결정서, 법무부장관의 이송허가서 또는 지방법원 판사의 유치허가장에 의하여야 한다.(　　)

    정답 ○

5. 소년원장 및 소년분류심사원장은 새로 수용된 보호소년등의 보호자나 보호소년등이 지정하는 자에게 지체 없이 수용사실을 알려야 한다. (　　)

    정답 ○

6. 소년원장 및 소년분류심사원장은 보호소년등을 분리수용하는 경우 비행, 공범관계, 처우과정 등을 고려하여 법무부령으로 정하는 바에 따라 생활실을 구분할 수 있다. ( )

정답 ○

7. 소년원장은 분류처우 대상 보호소년에 대하여 보호소년등처우·징계위원회의 심사를 거쳐 개별처우계획을 수립해야 한다. ( )

정답 ○

8. 소년원장은 보호소년의 개별처우계획을 변경할 필요가 있는 경우에는 지체 없이 수정하여야 한다. 이 경우에는 처우·징계위원회의 심사를 거치지 아니한다. ( )

해설 소년원장은 제10조 제1항에 따라 수립한 보호소년의 개별처우계획을 변경할 필요가 있는 경우에는 지체 없이 처우·징계위원회의 심사를 거쳐 수정해야 한다(보호소년 등의 처우에 관한 법률 시행령 제11조).

정답 ✕

9. 소년원장은 보호소년이 중환자로 판명되어 수용하기 위험하거나 장기간 치료가 필요하여 교정교육의 실효를 거두기가 어렵다고 판단되는 경우에는 소년원 소재지를 관할하는 법원소년부에 「소년법」 제37조에 따른 보호처분의 변경을 신청할 수 있다. ( )

정답 ○

10. 소년분류심사원장은 유치소년이 시설의 안전과 수용질서를 현저히 문란하게 하는 보호소년에 대한 교정교육을 위하여 보호기간을 연장할 필요가 있는 경우에는 유치허가를 한 지방법원 판사 또는 소년분류심사원 소재지를 관할하는 법원소년부에 유치허가의 취소에 관한 의견을 제시할 수 있다. ( )

해설 소년분류심사원장은 유치소년이 제1항 제1호 또는 제2호에 해당하는 경우에는 유치허가를 한 지방법원 판사 또는 소년분류심사원 소재지를 관할하는 법원소년부에 유치허가의 취소에 관한 의견을 제시할 수 있다(보호소년 등의 처우에 관한 법률 제9조 제3항).

▮ 보호처분의 변경 등(보호소년 등의 처우에 관한 법률 제9조 제1항)
소년원장은 보호소년이 다음 각 호의 어느 하나에 해당하는 경우에는 소년원 소재지를 관할하는 법원소년부에 「소년법」 제37조에 따른 보호처분의 변경을 신청할 수 있다.
1. 중환자로 판명되어 수용하기 위험하거나 장기간 치료가 필요하여 교정교육의 실효를 거두기가 어렵다고 판단되는 경우
2. 심신의 장애가 현저하거나 임신 또는 출산(유산·사산한 경우를 포함한다). 그 밖의 사유로 특별한 보호가 필요한 경우
3. 시설의 안전과 수용질서를 현저히 문란하게 하는 보호소년에 대한 교정교육을 위하여 보호기간을 연장할 필요가 있는 경우

정답 ✕

11. 보호처분의 변경을 할 경우 보호소년이 19세 이상인 경우에도 「소년법」상 보호사건 규정을 적용한다. ( )

정답 ○

12. 보호소년등은 그 처우에 대하여 불복할 때에는 법무부장관에게 문서로 청원할 수 있다. ( )

정답 ○

13. 소년원장은 분류수용, 교정교육상의 필요, 그 밖의 이유로 보호소년을 다른 소년원으로 이송하는 것이 적당하다고 인정하면 법무부장관에게 그 사실을 보고하고 이송할 수 있다. ( )

해설 소년원장은 분류수용, 교정교육상의 필요, 그 밖의 이유로 보호소년을 다른 소년원으로 이송하는 것이 적당하다고 인정하면 법무부장관의 허가를 받아 이송할 수 있다(보호소년 등의 처우에 관한 법률 제12조 제1항).

정답 ✕

14. 소년법상 병원, 요양소 또는 의료재활소년원에 위탁하는 처분을 받은 보호소년은 의료재활소년원에 해당하지 아니하는 소년원으로 이송할 수 없다. ( )

정답 ○

15. 보호소년등이 소년원이나 소년분류심사원을 이탈하였을 때에는 그 소속 공무원이 재수용할 수 있다. ( )

정답 ○

16. 소년원장은 소년원·소년분류심사원의 안전이나 질서를 해칠 우려가 현저한 경우에는 소속 공무원으로 하여금 보호소년등에 대하여 수갑이나 포승을 사용하게 할 수 있다. ( )

해설 원장은 다음 각 호의 어느 하나에 해당하는 경우에는 소속 공무원으로 하여금 보호소년등에 대하여 수갑, 포승 또는 보호대를 사용하게 할 수 있다(보호소년 등의 처우에 관한 법률 제14조의2 제2항).
1. 이탈·난동·폭행·자해·자살을 방지하기 위하여 필요한 경우
2. 법원 또는 검찰의 조사·심리, 이송, 그 밖의 사유로 호송하는 경우
3. 그 밖에 소년원·소년분류심사원의 안전이나 질서를 해칠 우려가 현저한 경우

정답 ○

17. 소년원장은 법원 또는 검찰의 조사, 심리, 이송, 그 밖의 사유로 호송하는 경우에는 소속 공무원으로 하여금 보호소년등에 대하여 수갑, 포승 또는 보호대 외에 가스총이나 전자충격기를 사용하게 할 수 있다. ( )

> **해설** 법원 또는 검찰의 조사·심리, 이송, 그 밖의 사유로 호송하는 경우는 보호소년등에 대하여 수갑, 포승 또는 보호대를 사용할 수 있는 사유이다(보호소년 등의 처우에 관한 법률 제14조의2 제2항 제2호). 따라서 가스총이나 전자충격기는 사용하게 할 수 없다.
>
> ▮ 보호장비의 사용(보호소년 등의 처우에 관한 법률 제14조의2 제3항)
> 원장은 다음 각 호의 어느 하나에 해당하는 경우에는 소속 공무원으로 하여금 보호소년등에 대하여 수갑, 포승 또는 보호대 외에 가스총이나 전자충격기를 사용하게 할 수 있다.
> 1. 이탈, 자살, 자해하거나 이탈, 자살, 자해하려고 하는 때
> 2. 다른 사람에게 위해를 가하거나 가하려고 하는 때
> 3. 위력으로 소속 공무원의 정당한 직무집행을 방해하는 때
> 4. 소년원·소년분류심사원의 설비·기구 등을 손괴하거나 손괴하려고 하는 때
> 5. 그 밖에 시설의 안전 또는 질서를 크게 해치는 행위를 하거나 하려고 하는 때
>
> [정답] ✕

18. 보호소년등에게 사용할 수 있는 보호장비의 종류에는 수갑, 포승, 보호대(帶), 가스총, 전자충격기, 머리보호장비가 있다. ( )

> [정답] ○

19. 「보호소년 등의 처우에 관한 법률」상 보호장비의 사용절차에서 가스총이나 전자충격기를 사용하려면 사전에 상대방에게 이를 경고하여야 한다. 다만, 상황이 급박하여 경고할 시간적인 여유가 없는 때에는 그러하지 아니하다. ( )

> [정답] ○

20. 소년원장은 보호소년등이 시설의 안전 또는 질서를 크게 해치는 행위를 하거나 하려고 하는 때에는 소속 공무원으로 하여금 보호소년 등에게 머리보호장비를 사용하게 할 수 있다. ( )

> **해설** 원장은 보호소년 등이 자해할 우려가 큰 경우에는 소속 공무원으로 하여금 보호소년등에게 머리보호장비를 사용하게 할 수 있다(보호소년 등의 처우에 관한 법률 제14조의2 제5항).
>
> [정답] ✕

21. 그 밖에 시설의 안전과 질서유지를 위하여 대통령령으로 정하는 규율을 위반하는 행위는 「보호소년 등의 처우에 관한 법률」상 규율위반행위에 해당한다. ( )

> **해설** 대통령령이 아닌 <u>법무부령</u>으로 정하는 규율을 위반하는 행위이다(보호소년 등의 처우에 관한 법률 제14조의4 제6호).

▌규율위반행위(보호소년 등의 처우에 관한 법률 제14조의4)

보호소년등은 다음 각 호의 행위를 하여서는 아니 된다.

1. 「형법」, 「폭력행위 등 처벌에 관한 법률」, 그 밖의 형사 법률에 저촉되는 행위
2. 생활의 편의 등 자신의 요구를 관철할 목적으로 자해하는 행위
3. 소년원·소년분류심사원의 안전 또는 질서를 해칠 목적으로 단체를 조직하거나 그 단체에 가입하거나 다중을 선동하는 행위
4. 금지물품을 반입하거나 이를 제작·소지·사용·수수(授受)·교환 또는 은닉하는 행위
5. 정당한 사유 없이 교육 등을 거부하거나 게을리하는 행위
6. 그 밖에 시설의 안전과 질서 유지를 위하여 법무부령으로 정하는 규율을 위반하는 행위

▌규율위반(보호소년 등의 처우에 관한 법률 시행규칙 제27조의2)

"법무부령으로 정하는 행위"란 다음 각 호의 행위를 말한다.

1. 보호소년등이 이탈을 하는 행위
2. 다른 사람을 처벌받게 하거나 직원의 집무집행을 방해할 목적으로 거짓사실을 신고하는 행위
3. 보호장비, 영상정보처리기기, 그 밖의 보안시설의 기능을 훼손하는 행위
4. 음란한 행위를 하거나 다른 사람에게 성적 언동 등으로 성적 수치심 또는 혐오감을 느끼게 하는 행위
5. 다른 사람에게 부당한 금품을 요구하는 행위
6. 교육·면회·전화통화 등 다른 보호소년 등의 정상적인 일과진행 또는 직원의 직무를 방해하는 행위
7. 문신을 하거나 이물질을 신체에 삽입하는 등 의료 외의 목적으로 신체를 변형시키는 행위
8. 허가 없이 지정된 장소를 벗어나거나 금지구역에 출입하는 행위
9. 허가 없이 다른 사람과 만나거나 연락하는 행위
10. 수용생활의 편의 등 자신의 요구를 관철할 목적으로 이물질을 삼키는 행위
11. 인원점검을 회피하거나 방해하는 행위
12. 시설의 설비나 물품을 고의로 훼손하는 행위
13. 큰 소리를 내거나 시끄럽게 하여 다른 보호소년 등의 평온한 생활을 방해하는 행위
14. 도박이나 그 밖에 사행심을 조장하는 놀이나 내기를 하는 행의
15. 지정된 생활실에 입실하기를 거부하는 등 정당한 사유 없이 직원의 직무상 지시나 명령을 따르지 아니하는 행위

[정답] ✕

---

22. 30일 이내의 단체 체육활동 정지는 「보호소년 등의 처우에 관한 법률」상 보호소년에 대하여 부과할 수 있는 징계이다. ( )

[해설] 20일 이내의 단체 체육활동 정지이다(보호소년 등의 처우에 관한 법률 제15조 제1항 제5호).

▌징계(보호소년 등의 처우에 관한 법률 제15조 제1항)

원장은 보호소년 등이 제14조의4 각 호의 어느 하나에 해당하는 행위를 하였을 때에는 다음 각 호의 어느 하나에 해당하는 징계를 할 수 있다.

1. 훈계
2. 원내 봉사활동
3. 서면사과
4. 20일 이내의 텔레비전 시청 제한
5. 20일 이내의 단체 체육활동 정지
6. 20일 이내의 공동행사 참가 정지
7. 20일 이내의 기간 동안 지정된 실내에서 근신하게 하는 것

[정답] ✕

23. 소년원장은 보호소년이 징계를 받은 경우에는 법무부령으로 정하는 기준에 따라 교정성적 점수를 빼야 한다.　　　　　　　　　　　　　　　　　　　　　　　　（　　　）

정답 ○

24. 원장은 징계를 병과(倂科)할 수 있다. 즉, 서면사과, 20일 이내의 텔레비전 시청 제한, 20일 이내의 단체 체육활동 정지, 20일 이내의 공동행사 참가 정지의 처분은 함께 부과할 수 있다.　　　　　　　　　　　　　　　　　　　　　　　　　　　　　　　（　　　）

정답 ○

25. 「보호소년 등의 처우에 관한 법률」상 보호소년에 대한 징계 중 20일 이내의 기간 동안 지정된 실(室) 안에서 근신하게 하는 처분은 14세 미만의 보호소년에게는 부과하지 못한다.　　　　　　　　　　　　　　　　　　　　　　　　　　　　　　　（　　　）

정답 ○

26. 20일 이내의 기간 동안 지정된 실(室) 안에서 근신하게 하는 처분을 받은 보호소년에게는 그 기간 중 원내 봉사활동, 서면사과, 20일 이내의 텔레비전 시청 제한, 20일 이내의 단체 체육활동 정지, 20일 이내의 공동행사 참가 정지의 처우제한이 함께 부과된다.　　　　（　　　）

> 해설 20일 이내의 기간 동안 지정된 실(室) 안에서 근신하게 하는 처분을 받은 보호소년에게는 그 기간 중 20일 이내의 텔레비전 시청 제한, 20일 이내의 단체 체육활동 정지, 20일 이내의 공동행사 참가 정지의 처우제한이 함께 부과된다(보호소년 등의 처우에 관한 법률 제15조 제5항 본문).

정답 ×

27. 원장은 20일 이내의 기간 동안 지정된 실(室) 안에서 근신하게 하는 것의 처분을 받은 보호소년 등에게 개별적인 체육활동시간을 보장하여야 한다. 이 경우 매주 1회 이상 실외운동을 할 수 있도록 하여야 한다.　　　　　　　　　　　　　　　　　　　　　（　　　）

정답 ○

28. 소년원 및 소년분류심사원에 보호소년등처우·징계위원회는 위원장을 포함한 5명 이상 11명 이하의 위원으로 구성하고, 민간위원은 1명 이상으로 한다.　　　　　　　　（　　　）

정답 ○

29. 처우·징계위원회가 징계대상자에 대한 징계를 심의·의결하는 경우에는 1명 이상의 민간위원이 해당 심의·의결에 참여하여야 한다.　　　　　　　　　　　　　　　　（　　　）

정답 ○

30. 처우 · 징계위원회의 위원은 소년원장 및 소년분류심사원장이 성별을 고려하여 임명하거나 위촉하고, 위촉된 위원의 임기는 2년으로 하며, 위원장은 위원 중에서 호선한다. ( )

> 해설 처우 · 징계위원회의 위원장은 원장이 된다(보호소년 등의 처우에 관한 법률 시행령 제30조의3 제1항).
> ▮ 처우 · 징계위원회의 구성(동법 시행령 제30조의3 제2항)
> 처우 · 징계위원회의 위원(이하 "위원"이라 한다)은 다음 각 호에 해당하는 사람 중에서 위원장이 성별을 고려하여 임명하거나 위촉한다. 이 경우 의료재활소년원에 두는 처우 · 징계위원회의 위원에는 의무직공무원 및 간호직공무원이 포함돼야 한다.
> 1. 해당 소년원등의 각 과장 및 6급 이상의 공무원
> 2. 소년보호에 관한 학식과 경험이 풍부한 사람

정답 ✕

31. 원장은 비행집단과 교제하고 있다고 의심할 만한 상당한 이유가 있는 경우 등 보호소년등의 보호 및 교정교육에 지장이 있다고 인정되는 경우 외에는 보호소년 등의 면회를 허가하여야 한다. ( )

정답 ○

32. 보호소년등의 면회는 평일에 교육 등 일과진행에 지장이 없는 범위에서 1일 1회 30분 이내로 한다. ( )

> 해설 보호소년 등의 면회는 평일[원장이 필요하다고 인정하는 경우에는 토요일(공휴일은 제외한다)을 포함한다]에 교육 등 일과진행에 지장이 없는 범위에서 1일 1회 40분 이내로 한다. 다만, 특별한 사유가 있을 때에는 그렇지 않다(보호소년 등의 처우에 관한 법률 시행령 제36조 제1항).

정답 ✕

33. 원장은 보호소년 등의 보호 및 교정교육에 지장이 있다고 인정되는 경우에는 보호소년등의 편지왕래를 제한할 수 있으며, 편지의 내용을 검사할 수 있다. ( )

정답 ○

34. 보호소년등이 변호인 또는 보조인과 주고받는 편지는 제한하거나 검사할 수 없다. 다만, 증거인멸 또는 시설의 안전 질서를 해할 우려가 있는 경우에는 예외로 한다. ( )

> 해설 보호소년등이 변호인 등과 주고받는 편지는 제한하거나 검열할 수 없다. 다만, 상대방이 변호인등임을 확인할 수 없는 때에는 예외로 한다(보호소년 등의 처우에 관한 법률 제18조 제5항). 즉, 예외적으로 상대방이 변호인등임을 확인할 수 없는 때에 한하여 제한하거나 검사할 수 있다.

정답 ✕

35. 20일 이내의 기간 동안 지정된 실(室) 안에서 근신하게 하는 징계를 받은 보호소년등에 대한 면회는 그 상대방이 변호인이나 보조인 또는 보호자인 경우에 한정하여 허가할 수 있다. (   )

정답 O

36. 「보호소년 등의 처우에 관한 법률」상 소년원장은 보호소년에게 일정한 사유가 있을 때에는 본인이나 보호자등의 신청에 따라 또는 직권으로 외출을 허가할 수 있는데, 형제자매가 위독하거나 사망하였을 때도 사유 중 하나이다. (   )

해설 소년원장은 보호소년에게 다음 각 호의 어느 하나에 해당하는 사유가 있을 때에는 본인이나 보호자 등의 신청에 따라 또는 직권으로 외출을 허가할 수 있다(보호소년 등의 처우에 관한 법률 제19조).
    1. 직계존속이 위독하거나 사망하였을 때
    2. 직계존속의 회갑 또는 형제자매의 혼례가 있을 때
    3. 천재지변이나 그 밖의 사유로 가정에 인명 또는 재산상의 중대한 피해가 발생하였을 때
    4. 병역, 학업, 질병 등의 사유로 외출이 필요할 때
    5. 그 밖에 교정교육상 특히 필요하다고 인정할 때

정답 X

37. 「보호소년 등의 처우에 관한 법률 시행령」상 보호소년의 병역, 학업, 질병 등의 사유로 외출이 필요한 경우에 소년원장이 원칙적으로 허가할 수 있는 외출기간은 7일이다. (   )

해설 법 제19조에 따른 외출기간은 7일 이내로 한다. 다만, 특별한 사유가 있을 때에는 그 기간을 연장할 수 있다(보호소년 등의 처우에 관한 법률 시행령 제40조).

정답 O

38. 「보호소년 등의 처우에 관한 법률 시행규칙」상 원장은 보호소년등의 보건·위생관리를 위한 종합대책과 세부 생활지도계획을 분기별로 수립·시행하여야 한다. (   )

정답 O

39. 원장은 보호소년등의 신체·의류·거실·침구·식기·취사장·화장실 그 밖의 생활환경을 청결히 하도록 하여야 하며, 생활환경의 청결유지상태를 월 1회 이상 점검하여야 한다. (   )

정답 O

40. 보호소년등은 이발을 월 1회 이상, 목욕을 주 2회 이상 하여야 하며 세부사항은 교육활동·계절·시설·여건 등을 고려하여 원장이 정한다. (   )

> 해설 원장은 위생을 위해 보호소년등이 이발과 목욕을 수시로 하게 해야 한다(보호소년 등의 처우에 관한 법률 시행규칙 제42조).
>
> 정답 ✕

41. 「보호소년 등의 처우에 관한 법률 시행규칙」상 보호소년의 정기검진은 분기별로 1회 이상 실시하되, 「학교건강검사규칙」에 따른 신체검사 및 건강검진이 연 1회 이상 포함되어야 한다.

( )

정답 ○

42. 원장은 미성년자인 보호소년 등이 친권자나 후견인이 없거나 있어도 그 권리를 행사할 수 없을 때에는 법원의 허가를 받아 그 보호소년 등을 위하여 친권자나 후견인의 직무를 행사할 수 있다.

( )

정답 ○

43. 법무부장관은 대통령령으로 정하는 바에 따라 소년원에 「초·중등교육법」상의 학교(이하 "소년원 학교")를 설치·운영할 수 있다.

( )

정답 ○

44. 소년원학교에는 「초·중등교육법」에 따른 자격을 갖춘 교원을 두되, 교원은 일반직공무원으로 임용할 수 있다.

( )

정답 ○

45. 소년원장은 보호소년이 직업능력개발훈련과정을 마쳤을 때에는 산업체에 통근취업하게 할 수 있으며, 산업체에서 지급하는 보수는 국고수입으로 한다.

( )

> 해설 소년원장은 보호소년이 직업능력개발훈련과정을 마친 후 산업체에 통근취업을 하였을 때에는 해당 산업체로 하여금 근로기준법을 지키게 하고, 보호소년에게 지급되는 보수는 전부 본인에게 지급하여야 한다(보호소년 등의 처우에 관한 법률 제37조 제2항).
>
> 정답 ✕

46. 소년원장은 교정성적이 양호하며 교정의 목적을 이루었다고 인정되는 보호소년(「소년법」상 1개월 이내의 소년원 송치 처분에 따라 송치된 보호소년은 제외)에 대하여는 보호관찰심사위원회에 퇴원을 신청하여야 한다.

( )

정답 ○

47. 위탁소년 또는 유치소년의 소년분류심사원 퇴원은 법무부장관의 허가를 얻어야 한다.
( )

> 해설 위탁소년 또는 유치소년의 소년분류심사원 퇴원은 법원소년부의 결정서에 의하여야 한다(보호소년 등의 처우에 관한 법률 제43조 제4항).
>
> 정답 ✕

48. 소년원장은 퇴원 또는 임시퇴원이 허가된 보호소년을 보호자등에게 직접인도하여야 한다. 다만, 보호소년의 보호자등이 없거나 출원예정일부터 10일 이내에 보호자 등이 인수하지 아니하면 사회복지단체, 독지가, 그 밖의 적당한 자에게 인도할 수 있다. ( )

> 정답 ○

49. 퇴원 또는 임시퇴원이 허가된 보호소년이 질병에 걸리거나 본인의 편익을 위하여 필요하면 소년원장의 직권 또는 본인의 신청에 의하여 계속 수용할 수 있다. ( )

> 해설 퇴원 또는 임시퇴원이 허가된 보호소년이 질병에 걸리거나 본인의 편익을 위하여 필요하면 본인의 신청에 의하여 계속 수용할 수 있다(보호소년 등의 처우에 관한 법률 제45조 제1항).
>
> 정답 ✕

50. 소년보호협회의 이사장의 임기는 3년으로 하고, 감사 및 당연직이사를 제외한 이사의 임기는 2년으로 한다. 그리고 이사장 1명, 상임이사 1명, 이사 5명 이상 15명 이하(이사장 및 상임이사를 포함한다), 감사 2명의 임원을 둔다. ( )

> 해설 이사장 및 감사의 임기는 2년으로 하고, 당연직이사를 제외한 이사의 임기는 3년으로 한다(보호소년 등의 처우에 관한 법률 시행령 제93조 제3항).
>
> 정답 ✕

51. 보호소년 등의 교육 및 사후지도를 지원하기 위하여 소년보호위원을 둔다. ( )

> 해설 보호소년 등의 교육 및 사후지도를 지원하기 위하여 소년보호위원을 둘 수 있다(보호소년 등의 처우에 관한 법률 제51조의2 제1항).
>
> 정답 ✕

52. 소년보호위원은 명예직으로 하며, 법무부장관이 위촉한다. ( )

> 정답 ○

53. 소년보호위원에게는 예산의 범위에서 직무수행에 필요한 비용의 전부 또는 일부를 지급할 수 있다. ( )

정답 ○

54. 국가공무원법 제33조 각 호의 결격사유에 해당하는 사람은 소년보호위원으로 위촉할 수 없다.

( )

> 해설 법무부장관은 보호소년등의 선도·보호에 관한 학식과 경험이 풍부한 자를 소년보호위원으로 위촉하여 교정교육에 참여시킬 수 있다. 다만, 다음 각 호의 어느 하나에 해당하는 자는 소년보호위원으로 위촉할 수 없다(보호소년 등의 처우에 관한 법률 시행규칙 제88조 제1항).
> 1. 국가공무원법 제33조 각 호의 결격사유에 해당하는 사람
> 2. 심신장애로 인하여 직무수행이 불가능하거나 현저히 곤란하다고 인정되는 사람
> 3. 직무태만·품위손상 그 밖의 사유로 해촉된 사실이 있거나 소년보호위원으로서 적당하지 아니하다고 인정되는 사람

정답 ○

— CHAPTER 09 —
벌금 미납자의 사회봉사 집행에 관한 특례법

1. 500만원 범위 내의 벌금형이 확정된 벌금 미납자는 검사의 납부명령일부터 30일 이내에 주거지를 관할하는 지방검찰청의 검사에게 사회봉사를 신청할 수 있다.　　　(　　　)

　　　　　　　　　　　　　　　　　　　　　　　　　　　　　　　　　정답 ○

2. 현행 「벌금 미납자의 사회봉사 집행에 관한 특례법」상 검사는 신청일부터 7일 이내에 사회봉사의 청구 여부를 결정하여야 한다.　　　(　　　)

　　　　　　　　　　　　　　　　　　　　　　　　　　　　　　　　　정답 ○

3. 법원은 검사로부터 사회봉사 허가 청구를 받은 날부터 14일 이내에 벌금 미납자의 경제적 능력, 사회봉사 이행에 필요한 신체적 능력, 주거의 안정성 등을 고려하여 사회봉사 허가 여부를 결정한다.　　　(　　　)

　　　　　　　　　　　　　　　　　　　　　　　　　　　　　　　　　정답 ○

4. 사회봉사를 허가받지 못한 벌금 미납자는 그 결정을 고지받은 날부터 30일 이내에 벌금을 내야 하며, 위의 기간 내에 벌금을 내지 아니할 경우 노역장에 유치한다.　　　(　　　)

　　해설　사회봉사를 허가받지 못한 벌금 미납자는 그 결정을 고지받은 날부터 15일 이내에 벌금을 내야 하며, 위의 기간 내에 벌금을 내지 아니할 경우 노역장에 유치한다(벌금 미납자의 사회봉사 집행에 관한 특례법 제6조 제5항 본문).

　　　　　　　　　　　　　　　　　　　　　　　　　　　　　　　　　정답 ×

5. 법원은 사회봉사를 허가하는 경우 그 확정일부터 7일 이내에 사회봉사 대상자의 주거지를 관할하는 보호관찰소의 장에게 사회봉사허가서, 판결문 등본, 약식명령 등본 등 사회봉사 집행에 필요한 서류를 송부하여야 한다.　　　(　　　)

　　해설　법원은 사회봉사를 허가하는 경우 그 확정일부터 3일 이내에 사회봉사 대상자의 주거지를 관할하는 보호관찰소(보호관찰지소를 포함한다)의 장에게 사회봉사허가서, 판결문 등본, 약식명령 등본 등 사회봉사 집행에 필요한 서류를 송부하여야 한다(벌금 미납자의 사회봉사 집행에 관한 특례법 제7조 제2항).

정답 ✕

6. 사회봉사 대상자는 법원으로부터 사회봉사 허가의 고지를 받은 날부터 7일 이내에 사회봉사 대상자의 주거지를 관할하는 보호관찰소의 장에게 주거, 직업, 그 밖에 대통령령으로 정하는 사항을 신고하여야 한다. ( )

> 해설 사회봉사 대상자는 법원으로부터 사회봉사 허가의 고지를 받은 날부터 10일 이내에 사회봉사 대상자의 주거지를 관할하는 보호관찰소의 장에게 주거, 직업, 그 밖에 대통령령으로 정하는 사항을 신고하여야 한다(벌금 미납자의 사회봉사 집행에 관한 특례법 제8조 제1항).

정답 ✕

7. 징역 또는 금고와 동시에 벌금을 선고받은 사람은 사회봉사를 신청할 수 없다. ( )

정답 ○

8. 사회봉사는 보호관찰관이 집행한다. 다만, 보호관찰관은 그 집행의 전부 또는 일부를 국·공립기관이나 그 밖의 단체 또는 시설에 위탁할 수 있다. ( )

> 해설 사회봉사는 보호관찰관이 집행한다. 다만, 보호관찰관은 그 집행의 전부 또는 일부를 국·공립기관이나 그 밖의 단체 또는 시설의 협력을 받아 집행할 수 있다(벌금 미납자의 사회봉사 집행에 관한 특례법 제9조 제1항). 즉, 보호관찰관은 협력을 받을 수 있을 분 업무를 위탁할 수는 없다.

정답 ✕

9. 보호관찰관은 사회봉사 대상자의 성격, 사회경력, 범죄의 원인 및 개인적 특성 등을 고려하여 사회봉사의 집행분야를 정하여야 한다. ( )

정답 ○

10. 사회봉사는 1일 9시간을 넘겨 집행할 수 없다. 다만, 사회봉사의 내용상 연속집행의 필요성이 있어 보호관찰관이 승낙한 경우에는 본인의 동의 여부와 관계없이 연장하여 집행할 수 있다. ( )

> 해설 사회봉사는 1일 9시간을 넘겨 집행할 수 없다. 다만, 사회봉사의 내용상 연속집행의 필요성이 있어 보호관찰관이 승낙하고 사회봉사 대상자가 분명히 동의한 경우에만 연장하여 집행할 수 있다(벌금 미납자의 사회봉사 집행에 관한 특례법 제10조 제1항). 즉, 보호관찰관의 승낙분만 아니라 사회봉사 대상자의 분명한 동의를 요한다(총 13시간).

정답 ✕

11. 사회봉사의 집행시간은 사회봉사기간 동안의 집행시간을 합산하여 시간단위로 인정한다. 다만, 집행시간을 합산한 결과 1시간 미만이면 1시간으로 인정한다. ( )

정답 ○

12. 사회봉사의 집행은 사회봉사가 허가된 날부터 6개월 이내에 마쳐야 한다. 다만, 보호관찰관은 특별한 사정이 있으면 검사의 허가를 받아 6개월 범위에서 한 번 그 기간을 연장하여 집행할 수 있다. ( )

정답 ○

13. 사회봉사 대상자가 사회봉사가 허가된 날부터 6개월 이내(연장한 경우에는 그 기간 내에 사회봉사를 마치지 아니한 경우에는 보호관찰소 관할 지방검찰청의 검사는 보호관찰소의 장의 신청에 의하여 사회봉사 허가의 취소를 법원에 청구한다. ( )

정답 ○

14. 법원은 검사의 사회봉사 허가의 취소청구가 있는 날부터 14일 이내에 사회봉사 취소 여부를 결정한다. 다만, 사회봉사 대상자의 의견을 듣거나 필요한 자료의 제출요구 등에 걸리는 기간은 위 기간에 포함하지 아니한다. ( )

정답 ○

15. 사회봉사 허가가 취소된 사회봉사 대상자는 취소통지를 받은 날부터 15일 이내에 남은 사회봉사시간에 해당하는 미납벌금을 내야 하며, 그 기간 내에 미납벌금을 내지 아니하면 노역장에 유치한다. ( )

해설 사회봉사 허가가 취소된 사회봉사 대상자는 취소통지를 받은 날부터 7일 이내에 남은 사회봉사시간에 해당하는 미납벌금을 내야 하며, 그 기간 내에 미납벌금을 내지 아니하면 노역장에 유치한다(벌금 미납자의 사회봉사 집행에 관한 특례법 제14조 제7항).

정답 ✕

— CHAPTER 10 —

범죄피해자 보호법

1. 「범죄피해자 보호법」은 범죄피해자 보호·지원의 기본정책 등을 정하고 타인의 범죄행위로 인하여 생명·신체 또는 재산에 피해를 받은 사람을 구조(救助)함으로써 범죄피해자의 복지증진에 기여함을 목적으로 한다.　　　　　　　　　　　　　　　　　　（　　　）

> 해설　이 법은 범죄피해자 보호·지원의 기본정책 등을 정하고 타인의 범죄행위로 인하여 생명·신체에 피해를 받은 사람을 구조함으로써 범죄피해자의 복지증진에 기여함을 목적으로 한다(범죄피해자 보호법 제1조). 즉, 재산에 피해를 받은 사람은 그 대상이 아니다.
>
> 정답　✕

2. 형법상 정당행위, 정당방위에 따라 처벌되지 아니하는 행위 및 과실에 의한 행위로 인하여 사망하거나 장해 또는 중상해를 입은 경우는 구조대상 범죄피해에서 제외된다.　（　　　）

> 정답　○

3. 범죄피해 방지 및 범죄피해자 구조활동으로 피해를 당한 사람도 범죄피해자로 본다.
> 　　　　　　　　　　　　　　　　　　　　　　　　　　　　　　　　　　（　　　）
>
> 정답　○

4. 법무부장관은 범죄피해자 보호위원회의 심의를 거쳐 범죄피해자 보호·지원에 관한 기본계획을 10년마다 수립하여야 한다.　　　　　　　　　　　　　　　　　　（　　　）

> 해설　법무부장관은 범죄피해자 보호위원회의 심의를 거쳐 범죄피해자 보호·지원에 관한 기본계획을 5년마다 수립하여야 한다(범죄피해자 보호법 제12조 제1항).
>
> 정답　✕

5. 법무부장관, 관계 중앙행정기관의 장과 특별시장·광역시장·도지사·특별자치도지사는 범죄피해자 보호·지원의 기본계획에 따라 연도별 시행계획을 수립·시행하여야 한다.　（　　　）

> 정답　○

6. 범죄피해자 보호·지원에 관한 기본계획 및 주요 사항 등을 심의하기 위하여 법무부장관 소속으로 범죄피해자 보호위원회를 두며, 위원장은 법무부장관이 된다.　　　　(　　)

[정답] ○

7. 범죄피해자 보호위원회는 위원장을 포함하여 20명 이내의 위원으로 구성한다.　　(　　)

[정답] ○

8. 범죄피해자 보호위원회에는 10명 이내의 민간위원을 두며, 민간위원의 임기는 2년으로 하되 두 차례만 연임할 수 있다.　　　　(　　)

[정답] ○

9. 실무위원회에는 범죄피해자 보호·지원에 관한 전문지식과 경험이 풍부한 사람 중에서 법무부장관이 위촉하는 5명 이내의 민간위원을 둔다.　　　　(　　)

> 해설　실무위원회에는 범죄피해자 보호·지원에 관한 전문지식과 경험이 풍부한 사람 중에서 법무부장관이 위촉하는 10명 이내의 민간위원을 둔다(범죄피해자 보호법 시행령 제15조 제4항 제2호).
>
> [정답] ✕

10. 실무위원회는 위원장 1명을 포함하여 20명 이내의 위원으로 구성하고, 위원장은 법무부차관이 된다.　　　　(　　)

[정답] ○

11. 「범죄피해자 보호법」상 구조금은 유족구조금·장해구조금 및 중상해구조금으로 구분하며, 일시금으로 지급한다.　　　　(　　)

[정답] ○

12. 유족구조금을 지급함에 있어 유족으로 배우자 및 구조피해자의 사망 당시 구조피해자의 수입으로 생계를 유지하고 있는 구조피해자의 자녀가 있는 경우에는 배우자에게 전액 지급한다.　　　　(　　)

> 해설　유족구조금은 구조피해자가 사망하였을 때 제18조(유족의 범위 및 순위)에 따라 맨 앞의 순위인 유족에게 지급한다. 다만, 순위가 같은 유족이 2명 이상이면 똑같이 나누어 지급한다(범죄피해자 보호법 제17조 제2항). 배우자(사실상 혼인관계를 포함한다) 및 구조피해자의 사망 당시 구조피해자의 수입으로 생계를 유지하고 있는 구조피해자의 자녀는 순위가 같으므로(동법 제18조 제1항 제1호), 똑같이 나누어 지급한다.
>
> [정답] ✕

13. 배우자(법률상 혼인관계에 한하며 사실상 혼인관계는 제외한다) 및 구조피해자의 사망 당시 구조피해자의 수입으로 생계를 유지하고 있는 구조피해자의 자녀는 1순위의 유족에 해당한다.
( )

> 해설 사실상 혼인관계를 포함한다.
>
> ▌유족의 범위 및 순위(범죄피해자 보호법 제18조)
> ① 유족구조금을 지급받을 수 있는 유족은 다음 각 호의 어느 하나에 해당하는 사람으로 한다.
> 1. 배우자(사실상 혼인관계를 포함한다) 및 구조피해자의 사망 당시 구조피해자의 수입으로 생계를 유지하고 있는 구조피해자의 자녀
> 2. 구조피해자의 사망 당시 구조피해자의 수입으로 생계를 유지하고 있는 구조피해자의 부모, 손자 · 손녀, 조부모 및 형제자매
> 3. 제1호 및 제2호에 해당하지 아니하는 구조피해자의 자녀 부모 손자 · 손녀 조부모 형제자매
> ③ 유족구조금등을 받을 유족의 순위는 제1항 각 호에 열거한 순서로 하고, 같은 항 제2호 및 제3호에 열거한 사람 사이에서는 해당 각 호에 열거한 순서로 하며, 부모의 경우에는 양부모를 선순위로 하고 친부모를 후순위로 한다.
>
> 정답 ✕

14. 구조피해자가 사망한 후 유족구조금을 받을 수 있는 선순위 또는 같은 순위의 유족을 고의로 사망하게 한 경우에는 유족구조금을 받을 수 있는 유족으로 보지 아니한다. ( )

> 해설 유족이 다음 각 호의 어느 하나에 해당하면 유족구조금등을 받을 수 있는 유족으로 보지 아니한다(범죄피해자 보호법 제18조 제4항)
> 1. 구조피해자를 고의로 사망하게 한 경우
> 2. 구조피해자가 사망하기 전에 그가 사망하면 유족구조금등을 받을 수 있는 선순위 또는 같은 순위의 유족이 될 사람을 고의로 사망하게 한 경우
> 3. 구조피해자가 사망한 후 유족구조금등을 받을 수 있는 선순위 또는 같은 순위의 유족을 고의로 사망하게 한 경우
>
> 정답 ○

15. 구조피해자와 가해자가 4촌 이내의 친족인 경우에는 구조금을 지급하지 아니 한다.
( )

> 해설 범죄행위 당시 구조피해자와 가해자 사이에 다음 각 호의 어느 하나에 해당하는 친족관계가 있는 경우에는 구조금을 지급하지 아니한다(범죄피해자 보호법 제19조 제1항).
> 1. 부부(사실상의 혼인관계를 포함한다)
> 2. 직계혈족
> 3. 4촌 이내의 친족
> 4. 동거친족
>
> 정답 ○

16. 구조피해자가 해당 범죄행위를 교사 또는 방조하는 행위를 한 때에는 구조금을 지급하지 아니한다.
( )

해설 구조피해자가 다음 각 호의 어느 하나에 해당하는 행위를 한 때에는 구조금을 지급하지 아니한다(범죄피해자 보호법 제19조 제3항).
1. 해당 범죄행위를 교사 또는 방조하는 행위
2. 과도한 폭행·협박 또는 중대한 모욕 등 해당 범죄행위를 유발하는 행위
3. 해당 범죄행위와 관련하여 현저하게 부정한 행위
4. 해당 범죄행위를 용인하는 행위
5. 집단적 또는 상습적으로 불법행위를 행할 우려가 있는 조직에 속하는 행위(다만, 그 조직에 속하고 있는 것이 해당 범죄피해를 당한 것과 관련이 없다고 인정되는 경우는 제외한다)
6. 범죄행위에 대한 보복으로 가해자 또는 그 친족이나 그 밖에 가해자와 밀접한 관계가 있는 사람의 생명을 해치거나 신체를 중대하게 침해하는 행위

정답 ○

17. 국가는 구조피해자나 유족이 해당 구조대상 범죄피해를 원인으로 하여 손해배상을 받았으면 그 범위에서 구조금을 지급하지 아니한다. ( )

정답 ○

18. 국가는 지급한 구조금의 범위에서 해당 구조금을, 받은 사람이 구조대상 범죄피해를 원인으로 하여 가지고 있는 손해배상청구권을 대위하되 가해자인 수형자나 보호감호대상자의 작업장려금 또는 근로보상금을 대위하여서는 아니 된다. ( )

해설 국가는 지급한 구조금의 범위에서 해당 구조금을 받은 사람이 구조대상 범죄피해를 원인으로 하여 가지고 있는 손해배상청구권을 대위하고(범죄피해자 보호법 제21조 제2항), 제2항에 따라 손해배상청구권을 대위할 때 대통령령으로 정하는 바에 따라 가해자인 수형자나 보호감호대상자의 작업장려금 또는 근로보상금에서 손해배상금을 받을 수 있다(동법 제21조 제3항).

정답 ✕

19. 구조금 지급에 관한 사항을 심의·결정하기 위하여 각 지방검찰청에 범죄피해구조심의회(이하 "지구심의회")를 두고, 법무부에 범죄피해구조본부심의회(이하 "본부심의회")를 둔다. ( )

정답 ○

20. 지구심의회의 회의는 위원장을 포함한 재적의원 과반수의 출석으로 개의하고, 출석위원 과반수의 찬성으로 의결한다. ( )

해설 지구심의회의 회의는 위원장을 포함한 재적의원 과반수의 출석으로 개의하고, 출석위원 3분의 2 이상의 찬성으로 의결한다(범죄피해자 보호법 시행령 제31조 제2항).

정답 ✕

21. 구조금을 받으려는 사람은 법무부령으로 정하는 바에 따라 그 주소지, 거주지 또는 범죄발생지를 관할하는 지구심의회에 신청하여야 한다. ( )

정답 ○

22. 구조금의 지급신청은 해당 구조대상 범죄피해의 발생을 안 날부터 3년이 지나거나 해당 구조대상 범죄피해가 발생한 날부터 10년이 지나면 할 수 없다. ( )

정답 ○

23. 지구심의회에서 구조금 지급신청을 기각 또는 각하하면 신청인은 결정의 정본이 송달된 날부터 2주일 이내에 그 지구심의회를 거쳐 본부심의회에 재심을 신청할 수 있다. ( )

정답 ○

24. 구조금을 받을 권리는 그 구조결정이 해당 신청인에게 송달된 날부터 5년간 행사하지 아니하면 시효로 인하여 소멸된다. ( )

해설 구조금을 받을 권리는 그 구조결정이 해당 신청인에게 송달된 날부터 2년간 행사하지 아니하면 시효로 인하여 소멸된다(범죄피해자 보호법 제31조).

정답 ✕

25. 검사는 피의자와 범죄피해자 사이에 형사분쟁을 공정하고 원만하게 해결하여 범죄피해자가 입은 피해를 실질적으로 회복하는 데 필요하다고 인정하면 당사자의 신청 또는 직권으로 수사 중인 형사사건을 형사조정에 회부할 수 있다. ( )

정답 ○

26. 피의자가 도주하거나 증거를 인멸할 염려가 있는 경우, 공소시효의 완성이 임박한 경우 및 불기소처분의 사유에 해당함이 명백한 경우에는, 형사조정에 회부할 수 없다. 다만, 기소유예처분의 사유에 해당하는 경우에는 형사조정에 회부할 수 있다. ( )

정답 ○

27. 형사조정위원회는 3명 이상의 형사조정위원으로 구성한다. ( )

해설 형사조정위원회는 2명 이상의 형사조정위원으로 구성한다(범죄피해자 보호법 제42조 제2항).

정답 ✕

— CHAPTER 11 —
아동 · 청소년의 성보호에 관한 법률

1. "아동 · 청소년"이란 19세 미만의 자를 말한다.   (   )

   정답 ○

2. 음주 또는 약물로 인한 심신장애 상태에서 아동 · 청소년대상 성폭력범죄를 범한 때에는 형법상 심신장애자는 처벌하지 아니한다는 규정, 심신미약자 및 농아자의 행위에 대한 형의 감경에 관한 규정을 적용하지 아니할 수 있다.   (   )

   정답 ○

3. 법원은 아동 · 청소년대상 성범죄를 범한 소년법 제2조의 소년에 대하여 형의 선고를 유예하는 경우에는 보호관찰을 명할 수 있다.   (   )

   > 해설 법원은 아동 · 청소년대상 성범죄를 범한 소년법 제2조의 소년에 대하여 형의 선고를 유예하는 경우에는 반드시 보호관찰을 명하여야 한다(아동 · 청소년의 성보호에 관한 법률 제21조 제1항).
   >
   > 정답 ✕

4. 법원은 아동 · 청소년대상 성범죄를 범한 자에 대하여 유죄판결을 선고하는 경우에는 500시간의 범위에서 재범예방에 필요한 수강명령 또는 성폭력 치료프로그램의 이수명령을 병과(科)하여야 한다.   (   )

   정답 ○

5. 아동 · 청소년대상 성범죄의 공소시효는 해당 성범죄로 피해를 당한 아동 · 청소년이 성년에 달한 날부터 진행한다.   (   )

   정답 ○

6. 아동 · 청소년에 대한 강간 · 강제추행 등의 죄는 디엔에이(DNA) 증거 등 그 죄를 증명할 수 있는 과학적인 증거가 있는 때에는 형사소송법 및 군사법원법에 규정된 공소시효를 적용하지 아니한다.   (   )

> **해설** 아동·청소년에 대한 강간·강제추행 등의 죄는 디엔에이(DNA) 증거 등 그 죄를 증명할 수 있는 과학적인 증거가 있는 때에는 공소시효가 10년 연장된다(아동·청소년의 성보호에 관한 법률 제20조 제2항).
> **정답** ✕

7. 13세 미만의 사람 및 신체적인 또는 정신적인 장애가 있는 사람에 대하여 형법상 강간·강제추행 등의 죄를 범한 경우에는 형사소송법 및 군사법원법에 규정된 공소시효를 적용하지 아니한다. ( )

정답 ○

8. 아동·청소년대상 성범죄 피해자의 진술내용과 조사과정은 비디오녹화기 등 영상물 녹화장치로 촬영하여서는 아니 된다. ( )

> **해설** 아동·청소년대상 성범죄 피해자의 진술내용과 조사과정은 비디오녹화기 등 영상물 녹화장치로 촬영·보존하여야 하고(아동·청소년 성보호에 관한 법률 제26조 제1항), 영상물 녹화는 피해자 또는 법정대리인이 이를 원하지 아니하는 의사를 표시한 때에는 촬영을 하여서는 아니 된다. 다만, 가해자가 친권자 중 일방의 경우는 그러하지 아니하다(동법 제26조 제2항).
> **정답** ✕

9. 법원은 아동·청소년대상 성범죄의 피해자를 증인으로 신문하는 경우에 검사, 피해자 또는 법정대리인이 신청하는 경우에는 재판에 지장을 줄 우려가 있는 등 부득이한 경우가 아니면 피해자와 신뢰관계에 있는 사람을 동석하게 하여야 한다. ( )

정답 ○

10. 검사는 성범죄의 피해를 받은 아동·청소년을 위하여 지속적으로 위해의 배제와 보호가 필요하다고 인정하는 경우 법원에 보호관찰과 함께 피해를 받은 아동·청소년의 주거 등으로부터 가해자를 분리하거나 퇴거하는 조치, 피해를 받은 아동·청소년의 주거, 학교 등으로부터 100미터 이내에 가해자 또는 가해자의 대리인의 접근을 금지하는 조치 등을 청구할 수 있다. ( )

> **해설** 검사는 성범죄의 피해를 받은 아동·청소년을 위하여 지속적으로 위해의 배제와 보호가 필요하다고 인정하는 경우 법원에 제1호의 보호관찰과 함께 제2호부터 제5호까지의 조치를 청구할 수 있다. 다만, 「전자장치 부착 등에 관한 법률」 제9조의2 제1항 제2호 및 제3호에 따라 가해자에게 특정지역 출입금지 등의 준수사항을 부과하는 경우에는 그러하지 아니하다(아동·청소년의 성보호에 관한 법률 제41조).
> 1. 가해자에 대한 「보호관찰 등에 관한 법률」에 따른 보호관찰
> 2. 피해를 받은 아동·청소년의 주거 등으로부터 가해자를 분리하거나 퇴거하는 조치
> 3. 피해를 받은 아동·청소년의 주거, 학교 등으로부터 100미터 이내에 가해자 또는 가해자의 대리인의 접근을 금지하는 조치
> 4. 「전기통신기본법」 제2조 제1호의 전기통신이나 우편물을 이용하여 가해자가 피해를 받은 아동·청소년 또는 그 보호자와 접촉을 하는 행위의 금지
> 5. 보호시설에 대한 보호위탁결정 등 피해를 받은 아동·청소년의 보호를 위하여 필요한 조치

11. 법원은 피해아동·청소년 등을 위한 검사의 보호처분의 청구가 이유 있다고 인정할 때에는 6개월의 범위에서 기간을 정하여 판결로 보호처분을 선고하여야 한다.　　（　　　）

정답 ○

12. 「아동·청소년의 성보호에 관한 법률」상 검사는 보호처분기간의 연장이 필요하다고 인정하는 경우 법원에 그 기간의 연장을 청구할 수 있다. 이 경우 보호처분기간의 연장은 1회에 한하며 연장기간은 6개월 이내로 한다.　　（　　　）

> **해설** 검사는 보호처분기간의 연장이 필요하다고 인정하는 경우 법원에 그 기간의 연장을 청구할 수 있다. 이 경우 보호처분 기간의 연장횟수는 3회 이내로 하고, 연장기간은 각각 6개월 이내로 한다(아동·청소년의 성보호에 관한 법률 제42조 제3항).

정답 ✕

13. 법원은 아동·청소년대상 성폭력범죄를 저지른 자에 대하여 판결로 공개정보를 「성폭력범죄의 처벌 등에 관한 특례법」상의 등록기간 동안 정보통신망을 이용하여 공개하도록 하는 명령(이하 "공개명령")을 등록대상 사건의 판결과 동시에 선고하여야 한다.　　（　　　）

정답 ○

14. 「아동·청소년의 성보호에 관한 법률」상 성범죄로 유죄판결이 확정된 자의 신상정보 공개명령은 법무부장관이 정보통신망을 이용하여 집행한다.　　（　　　）

> **해설** 공개명령은 여성가족부장관이 정보통신망을 이용하여 집행한다(아동·청소년의 성보호에 관한 법률 제52조 제1항).

정답 ✕

15. 법원은 아동·청소년대상 성범죄를 범한 사람이 금고 이상의 선고형에 해당하고 보호관찰명령 청구가 이유 있다고 인정하는 때에는 1년 이상 7년 이하의 범위에서 기간을 정하여 보호관찰명령을 병과하여 선고하여야 한다.　　（　　　）

> **해설** 법원은 아동·청소년대상 성범죄를 범한 사람이 금고 이상의 선고형에 해당하고 보호관찰명령 청구가 이유 있다고 인정하는 때에는 2년 이상 5년 이하의 범위에서 기간을 정하여 보호관찰명령을 병과하여 선고하여야 한다(아동·청소년의 성보호에 관한 법률 제61조 제3항).

정답 ✕

— CHAPTER 12 —

보안관찰법

1. "보안관찰처분대상자"라 함은 보안관찰해당범죄 또는 이와 경합된 범죄로 금고 이상의 형의 선고를 받고 그 형기 합계가 3년 이상인 자로서 형의 전부 또는 일부의 집행을 받은 사실이 있는 자를 말한다.

정답 ○

2. 보안관찰처분의 기간은 5년으로 한다.

> 해설 보안관찰처분의 기간은 2년으로 한다(보안관찰법 제5조 제1항).

정답 ✕

3. 법무부장관은 검사의 청구가 있는 때에는 보안관찰처분심의위원회의 의결을 거쳐 그 기간을 갱신할 수 있다.

정답 ○

4. 보안관찰처분대상자 중 준법정신이 확립되어 있고 일정한 주거와 생업이 있으며 대통령령이 정하는 신원보증을 갖춘 자에 대하여는 보안관찰처분을 하지 아니하는 결정(이하 "면제결정")을 할 수 있다.

> 해설 법무부장관은 보안관찰처분대상자중 다음 각 호의 요건을 갖춘 자에 대하여는 보안관찰처분을 하지 아니하는 결정(이하 "면제결정"이라 한다)을 할 수 있다(보안관찰법 제11조 제1항).
> 1. 준법정신이 확립되어 있을 것
> 2. 일정한 주거와 생업이 있을 것
> 3. 대통령령이 정하는 신원보증이 있을 것

정답 ○

5. 보안관찰처분대상자의 면제신청이 있을 때에는 부득이한 사유가 있는 경우를 제외하고는 1월 내에 보안관찰처분면제 여부를 결정하여야 한다.

해설 법무장관은 면제결정의 요건을 갖춘 보안관찰처분대상자의 신청이 있을 때에는 부득이한 사유가 있는 경우를 제외하고는 3월 내에 보안관찰처분면제여부를 결정하여야 한다(보안관찰법 제11조 제2항).

정답 ✕

6. 보안관찰처분에 관한 사안을 심의·의결하기 위하여 법무부에 보안관찰처분심의위원회(이하 "위원회")를 두되, 위원회는 위원장 1인과 6인의 위원으로 구성한다.

정답 ○

7. 보안관찰처분심의위원장은 법무부장관이 되고, 위원은 학식과 덕망이 있는 자로 하되, 그 과반수는 변호사의 자격이 있는 자이어야 한다.

해설 위원장은 법무부차관이 되고, 위원은 학식과 덕망이 있는 자로 하되, 그 과반수는 변호사의 자격이 있는 자이어야 한다(보안관찰법 제12조 제3항).

정답 ✕

8. 보안관찰처분에 관한 결정은 위원회의 의결을 거쳐 법무부장관이 행한다. 이 경우 법무부장관은 보안관찰처분대상자에 대하여 위원회의 의결보다 유리한 결정을 하는 때가 아니면 위원회의 의결과 다른 결정을 할 수 없다.

정답 ○

9. 검사는 법무부장관에게 보안관찰처분의 취소청구를 할 수 있다. 다만 기간의 갱신청구는 할 수 없다.

해설 검사는 법무부장관에게 보안관찰처분의 취소 또는 기간의 갱신을 청구할 수 있다(보안관찰법 제16조 제1항).

정답 ✕

10. 검사는 피보안관찰자가 도주하거나 1월 이상 그 소재가 불명한 때에는 보안관찰처분의 집행중지결정을 할 수 있다.

정답 ○

11. 보안관찰처분대상자 또는 피보안관찰자가 보안관찰처분 또는 보안관찰을 면탈할 목적으로 은신 또는 도주한 때에는 3년 이하의 징역에 처한다.

정답 ○

12. 보안관찰처분대상자 또는 피보안관찰자를 은닉하거나 도주하게 한 자는 2년 이하의 징역에 처한다. 다만, 친족이 본인을 위하여 본문의 죄를 범한 때에는 형기의 2분의 1을 감경한다.

> 해설 보안관찰처분대상자 또는 피보안관찰자를 은닉하거나 도주하게 한 자는 2년 이하의 징역에 처한다. 다만, 친족이 본인을 위하여 본문의 죄를 범한 때에는 벌하지 아니한다(보안관찰법 제27조 제6항).
>
> 정답 ✕

— CHAPTER 13 —
사면법

1. 일반사면은 형을 선고받은 자를 대상으로 한다.

   해설 일반사면은 죄를 범한 자를 대상으로 한다(사면법 제3조 제1호).

   정답 ✕

2. 일반사면은 형 선고의 효력이 상실되며, 형을 선고받지 아니한 자에 대하여는 공소권(公訴權)이 상실된다. 다만, 특별한 규정이 있을 때에는 예외로 한다.

   정답 ○

3. 특별사면은 형의 집행이 면제된다. 다만, 특별한 사정이 있을 때에는 이후 형 선고의 효력을 상실하게 할 수 있다.

   정답 ○

4. 일반(一般)에 대한 감형은 특별한 규정이 없는 경우에는 형을 변경하고, 특정한 자에 대한 감형은 형의 집행을 경감한다. 다만, 특별한 사정이 있을 때에는 형을 변경할 수 있다.

   정답 ○

5. 형의 선고에 따른 기성(旣成)의 효과는 사면, 감형 및 복권으로 인하여 소멸한다.

   해설 형의 선고에 따른 기성(旣成)의 효과는 사면, 감형 및 복권으로 인하여 변경되지 아니한다(사면법 제5조 제2항).

   정답 ✕

6. 일반사면은 죄의 종류를 정하여 대통령령으로 한다.

   정답 ○

7. 특별사면은 죄를 범한 자를 대상으로 대통령령으로 한다.

> **해설** 특별사면 및 감형은 형을 선고받은 자를 대상으로 하고(사면법 제3조 제2호), 특별사면, 특정한 자에 대한 감형 및 복권은 대통령이 한다(동법 제9조). 즉, 일반사면과 달리 대통령령의 형식을 요하지 않는다.
>
> 정답 ✕

8. 특별사면 시 법무부장관은 사면심사위원회의 심사를 거쳐 대통령에게 특별사면, 특정한 자에 대한 감형 및 복권을 상신(上申)한다.

> 정답 ○

9. 검찰총장은 직권으로 또는 형의 집행을 지휘한 검찰청 검사의 보고 또는 수형자가 수감되어 있는 교정시설의 장의 보고에 의하여 법무부장관에게 특별사면 또는 특정한 자에 대한 감형을 상신할 것을 신청할 수 있다.

> 정답 ○

10. 특별사면, 특정한 자에 대한 감형 및 복권 상신의 적정성을 심사하기 위하여 법무부장관 소속으로 사면심사위원회를 둔다.

> 정답 ○

11. 사면심사위원회는 위원장 1명을 포함한 9명의 위원으로 구성한다.

> 정답 ○

12. 사면심사위원장은 법무부장관이 되고, 위원은 법무부장관이 임명하거나 위촉하되, 공무원이 아닌 위원을 3명 이상 위촉하여야 한다.

> **해설** 위원장은 법무부장관이 되고, 위원은 법무부장관이 임명하거나 위촉하되, 공무원이 아닌 위원을 4명 이상 위촉하여야 한다(사면법 제10조의2 제3항).
>
> 정답 ✕

13. 사면심사위원회에서 공무원이 아닌 위원의 임기는 2년으로 하며, 한 차례만 연임할 수 있다.

> 정답 ○

MEMO

MEMO

MEMO

MEMO

MEMO